建设工程合同法律实务

项　平／著

CONSTRUCTION CONTRACT LAW & PRACTICE

法律出版社 LAW PRESS · CHINA

北京

图书在版编目(CIP)数据

建设工程合同法律实务 / 项平著. -- 北京 : 法律出版社, 2022
ISBN 978-7-5197-7035-8

Ⅰ. ①建… Ⅱ. ①项… Ⅲ. ①建筑工程-经济合同-合同法-中国 Ⅳ. ①D923.6

中国版本图书馆 CIP 数据核字(2022)第 158600 号

建设工程合同法律实务
JIANSHE GONGCHENG HETONG FALÜ SHIWU

项 平 著

责任编辑 朱铁佳
装帧设计 贾丹丹

出版发行 法律出版社
编辑统筹 司法实务出版分社
责任校对 李慧艳
责任印制 胡晓雅
经　　销 新华书店

开本 710 毫米×1000 毫米 1/16
印张 28.5 **字数** 480 千
版本 2022 年 11 月第 1 版
印次 2022 年 11 月第 1 次印刷
印刷 三河市兴达印务有限公司

地址:北京市丰台区莲花池西里 7 号(100073)
网址:www.lawpress.com.cn
投稿邮箱:info@lawpress.com.cn
举报盗版邮箱:jbwq@lawpress.com.cn

销售电话:010-83938349
客服电话:010-83938350
咨询电话:010-63939796

书号:ISBN 978-7-5197-7035-8　　**定价**:99.00 元
凡购买本社图书,如有印装错误,我社负责退换。电话:010-83938349

序

随着《民法典》的颁布与最高人民法院《关于审理建设工程施工合同纠纷案件适用法律问题的解释(一)》(法释〔2020〕25 号)的施行,建设工程合同纠纷的法律适用发生较大的变化,对于建设工程合同纠纷中的争议焦点与法律分歧,如合同效力、工程价款、工程质量、工程期限、合同解除、优先受偿权等,非常有必要基于《民法典》的基本规定,结合新的建设工程司法解释、具体司法案例的裁判观点,聚焦建设工程合同审判实践中的热点、难点、疑点和焦点问题,展开深入系统研究与积极探索。

目标是行动的方向。本书正是基于上述研究背景而进行认真研究和反思的厚积薄发之作。本书有以下几个显著的特点:一是覆盖面广,重点突出。围绕建设工程合同纠纷中最为主要的六大争议焦点分别进行阐述,在介绍基本知识点的同时,以问题为导向,详细剖析了每个争议焦点项下的细分争议点。二是以问题主义为先导,直面司法实践。主要从法律的基本理论和规定为出发点,并结合实务中建设工程合同纠纷案件的司法裁判观点,对建设工程合同纠纷中的重点和难点问题进行剖析。三是汲取有益的研究成果,旨在答疑解惑。将建设工程司法解释在司法适用过程中的一些重大、疑难、复杂问题与相关有益的研究成果相结合,并力争为这些疑惑问题提供一些解答思路。四是实体与程序相结合,重在解决实体问题。抓住建设工程合同的主要矛盾,同时对所涉及的程序问题作了详细的阐述,与纠纷的实体处理相呼应。

建设工程合同的研究,涉及的研究领域非常广泛,专业性问题与技术性问题相互交织，相关研究成果汗牛充栋，而且，无论是《民法典》还是建设工程相关司法解释，都会涉及一些理论界和实务界长期争论的法学理论深层次问题，因此可以说，对具备事实的复杂性和法律适用的争议性的建设工程合同领域进行深入研究，是一件非常具有挑战性的艰苦事业。“既然选择了远方，便只顾风雨兼程。”本书的作者项平同志，自西南政法大学硕士毕业后专心从事建设工程合同的研究工作，勇于挑战“不可能”，在坚持本职工作的同时，还先后多次积极参与“中国法院类案检索与裁判规则专项研究”工作，积极探索，埋头苦干，坚持不懈，深耕细作，相信本书的出版正是他自参加工作以来，作为一名司法实务工作者对于建设工程合同问题矢志不渝深入研究的一个很好的总结、回顾和展望，一个丰富丰硕的阶段性研究成果。

学术研究永无止境。任何值得去的地方，都没有捷径，行远自迩，笃行不怠，只要路是对的，就不怕路远。衷心希望项平同志锲而不舍，筚路蓝缕，再接再厉，一步一个脚印地持续努力，一点一滴地不断成长，继续在建设工程合同的研究道路上开出更多更好的美丽花朵，继续为广大读者奉献更多更好的胜利果实，在自己的法学研究道路上不断奋力前行。

是为序。

中国应用法学研究所研究员　李　明

于北京国瑞城

2022 年 9 月 28 日

本书规范性文件简称说明

一、法律、行政法规

本书所涉我国的法律、行政法规名称中带有“中华人民共和国”字样的，均统一略去“中华人民共和国”进行简称。例如，《中华人民共和国建筑法》简称为《建筑法》；《中华人民共和国招标投标法实施条例》简称为《招标投标法实施条例》。

二、部门规章及规范性文件

全称	简称
住房和城乡建设部、财政部《建设工程质量保证金管理办法》	《质量保证金管理办法》
住房和城乡建设部《建筑工程施工发包与承包违法行为认定查处管理办法》	《发承包违法行为认定查处办法》
住房和城乡建设部《房屋建筑和市政基础设施工程竣工验收规定》	《工程竣工验收规定》
住房和城乡建设部、国家发展和改革委员会《房屋建筑和市政基础设施项目工程总承包管理办法》	《房建市政工程总承包管理办法》

三、司法解释及司法指导文件

全称	简称
最高人民法院《关于审理建设工程施工合同纠纷案件适用法律问题的解释(一)》	《建设工程司法解释(一)》
最高人民法院《关于审理建设工程施工合同纠纷案件适用法律问题的解释》(已失效)	原《建设工程司法解释》

续表

全称	简称
最高人民法院《关于审理建设工程施工合同纠纷案件适用法律问题的解释(二)》(已失效)	原《建设工程司法解释(二)》
最高人民法院《关于建设工程价款优先受偿权问题的批复》(已失效)	原《优先受偿权批复》
最高人民法院《关于适用〈中华人民共和国民事诉讼法〉的解释》	《民事诉讼法解释》
最高人民法院《关于民事诉讼证据的若干规定》	《民事诉讼证据规定》
最高人民法院《关于审理商品房买卖合同纠纷案件适用法律若干问题的解释》	《商品房买卖合同司法解释》
最高人民法院《关于审理买卖合同纠纷案件适用法律问题的解释》	《买卖合同司法解释》
最高人民法院《关于审理城镇房屋租赁合同纠纷案件具体应用法律若干问题的解释》	《城镇房屋租赁合同司法解释》
最高人民法院《关于审理涉及国有土地使用权合同纠纷案件适用法律问题的解释》	《国有土地使用权合同司法解释》
最高人民法院《关于审理民间借贷案件适用法律若干问题的规定》	《民间借贷规定》
最高人民法院《关于适用〈中华人民共和国合同法〉若干问题的解释(一)》(已失效)	原《合同法解释(一)》
最高人民法院《关于适用〈中华人民共和国合同法〉若干问题的解释(二)》(已失效)	原《合同法解释(二)》
最高人民法院《全国法院民商事审判工作会议纪要》	《九民纪要》

四、标准、规范及合同示范文本

全称	简称
住房和城乡建设部《建筑工程施工质量验收统一标准》(GB 50300－2013)	《施工质量验收标准》
住房和城乡建设部《建设工程工程量清单计价规范》(GB 50500－2013)	《2013 版清单计价规范》
住房和城乡建设部《建设工程监理规范》(GB/T 50319－2013)	《建设工程监理规范》

续表

全称	简称
住房和城乡建设部《建设工程造价鉴定规范》(GB/T 51262－2017)	《建设工程造价鉴定规范》
住房和城乡建设部、原国家工商行政管理总局《建设工程施工合同(示范文本)》(GF－2017－0201)	《2017 版施工合同范本》
住房和城乡建设部、国家市场监督管理总局《建设项目工程总承包合同(示范文本)》(GF－2020－0216)	《2020 版工程总承包合同范本》

目　　录

第一章 建设工程合同

建设工程合同是承包人进行工程建设，发包人支付价款的合同。建设工程合同包括建设工程勘察合同、建设工程设计合同以及建设工程施工合同。建设工程合同具备承揽合同的一般性特征，但建设工程合同的承揽标的是建设工程，与一般的定作物不同，建设工程不仅涉及合同当事人的利益，更关乎社会公共利益，包括人民群众的生命财产安全、社会资源的合理配置等，因此建设工程合同虽然在法律性质上属于承揽合同，但基于其特殊性，法律将建设工程合同单列一章进行规定，在该章中没有规定的，可以适用承揽合同的有关规定。

第一节 建设工程合同概述

基于建设工程的公共属性，我国制定并颁布了众多法律法规对建设工程合同的签订与履行进行规范，如《民法典》《建筑法》《招标投标法》《建设工程质量管理条例》等。建设工程合同的签订与履行，必须遵守相关法律法规的规定。

一、建设工程合同的主体与客体

建设工程合同的主体是发包人和承包人，建设工程合同的客体是建设工程。因而建设工程合同是发包人与承包人就工程建设事宜所签订的合同。

（一）主体：发包人与承包人

发包人，一般是指投资建设工程的单位，是在建设工程合同中与勘察、设计、施工承包人签订合同协议书的当事人及取得该当事人资格的合法继承人。[1] 这里的"合法继承人"，是指发包人进行合并、分立并合法继受发包人在该建设工程合同中的权利义务的主体。建设工程的发包人一般为建设工程的建设单位，即投资建设该项工程的单位，通常也称为"业主"。

承包人，一般是指与发包人签订建设工程合同，具有相应工程承包资质的当事人及取得该当事人资格的合法继承人。在建设工程勘察合同中，其也被称为"勘察单位"；在建设工程设计合同中，其也被称为"设计单位"；在建设工程施工合同中，其也被称为"施工单位"。

发包人在建设工程合同中的主要义务，是按照合同约定的时间和金额向承包人支付工程勘察费、设计费以及工程款。承包人在建设工程合同中的主要义务，是在合同约定的时间内，向发包人交付符合合同约定的质量标准的勘察、设计成果或者建设工程。围绕发包人与承包人的主要合同义务，工程价款、工程期限和工程质量是建设工程合同的三个最为重要的因素，建设工程合同履行过程中所产生的争议，也都与该三者紧密相关。

（二）客体：建设工程

建设工程合同的客体是建设工程，是指土木建筑工程和建筑业范围内的线路、管道、设备安装工程的新建、扩建、改建及大型的建筑装修装饰活动，主要包括房屋、铁路、公路、机场、港口、桥梁、矿井、水库、电站、通信线路等。[2]

我国于1997年制定了《建筑法》，以加强对建筑活动的监督管理，维护建筑市场秩序，保证建筑工程的质量和安全，促进建筑业健康发展。该法所规制的"建筑活动"所对应的标的是"建筑工程"。而《民法典》《建设工程质量管理条例》等规定中所对应的均是"建设工程"。"建筑工程"和"建设工程"是完全不同的概念，有必要进行区分。而《建筑法》的适用范围是否绝对限于"房屋建筑"，也需要进行明确。

1. 建筑工程

建筑工程，是指通过对各类房屋建筑及其附属设施的建造和与其配套的线

---

〔1〕 参见《2017版施工合同范本》第1.1.2.2目的约定，"发包人"是指与承包人签订合同协议书的当事人及取得该当事人资格的合法继承人。

〔2〕 参见黄薇主编：《中华人民共和国民法典合同编解读》（下册），中国法制出版社2020年版，第989页。

路、管道、设备的安装活动所形成的工程实体。《建筑法》第2条对“建筑活动”进行了规定,“是指各类房屋建筑及其附属设施的建造和与其配套的线路、管道、设备的安装活动”。该条所称的“房屋建筑”,是指具有顶盖、梁柱和墙壁,供人们生产、生活等使用的建筑物,包括民用住宅、厂房、仓库、办公楼、影剧院、体育馆、学校校舍等各类房屋。“附属设施”,是指与房屋建筑配套建造的围墙、水塔等附属的建筑设施。“安装活动”,是指与建筑配套的电气、通信、煤气、给水、排水、空气调节、电梯、消防等线路、管道和设备的安装活动。[1]

2. 建设工程

建设工程,是指为人类生活、生产提供物质技术基础的各类建筑物和工程设施的统称。建设工程按照自然属性可分为建筑工程、土木工程和机电工程三类。《建设工程质量管理条例》和《建设工程安全生产管理条例》都对“建设工程”的范围有所规定,“是指土木工程、建筑工程、线路管道和设备安装工程及装修工程”。建筑工程是土木工程学科的重要分支,从广义上讲,建筑工程和土木工程应属于同一意义上的概念。土木工程包括道路工程、轨道交通工程、桥梁涵洞工程、隧道工程、水利和水运工程、矿山工程、架线与管沟工程以及其他土木工程。机电工程包括机械设备工程、静置设备与工艺金属结构工程、电气工程、自动化控制仪表工程、建筑智能化工程、管道工程、消防工程、净化工程、通风与空调工程、设备及管道防腐蚀与绝热工程、工业炉工程、电子与通信及广信工程。装饰装修工程也属于建设工程的一部分。[2]

由上述定义及内容可见,建筑工程包含在建设工程的范围之内,二者是包含与被包含的关系。

3.《建筑法》的适用范围

在提交全国人大常委会审议的《建筑法(草案)》中,曾将该法的适用范围规定为土木建筑工程和建筑业范围内的线路、管道、设备安装工程的新建、扩建、改建及建筑装修装饰活动。立法机关在对草案进行审议时认为,草案规定的适用范围过宽。房屋建筑与铁路、公路、机场、港口、矿井、水库、通信线路等专业建筑工程的建造活动有较大的不同,专业工程建设也各有其主管部门,《建

---

〔1〕 参见卞耀武主编:《中华人民共和国建筑法释义》,法律出版社1998年版,第34页。

〔2〕 《国民经济行业分类》(GB/T 4754－2017)第47项,将建筑业分为“房屋建筑业”“土木工程建筑业”“建筑安装业”“建筑装饰、装修和其他建筑业。”

筑法》对各专业建设工程的建筑活动难以完全适用,亦无法解决对它们的监督管理问题。由于房屋建筑涉及千家万户和社会各个方面,实际上存在的问题也比较突出,《建筑法》的适用范围应当规定为包括民用住宅、工业用房和作为公共活动场所的房屋建筑在内的各类房屋建筑及其附属设施的建造与其配套的线路、管道、设备的安装活动,这样规定重点突出、针对性强,管理体制上也比较顺。至于铁路、公路、机场、港口、矿井、水库、通信线路等各项专业建筑工程的建筑活动,可以依照《建筑法》规定的有关原则,根据各专业建筑活动的特点,由国务院另行制定具体适用办法。经过反复认真的研究,最终将《建筑法》规定的建筑活动的范围限定为,"是指各类房屋建筑及其附属设施的建造和与其配套的线路、管道、设备的安装活动"。

虽然《建筑法》限缩了适用范围,但并非绝对排除了房屋建筑活动以外的其他专业建筑活动的适用。《建筑法》第 81 条规定:"本法关于施工许可、建筑施工企业资质审查和建筑工程发包、承包、禁止转包,以及建筑工程监理、建筑工程安全和质量管理的规定,适用于其他专业建筑工程的建筑活动,具体办法由国务院规定。"房屋建筑活动与其他专业工程建筑活动有其共性,都是广义上的建筑活动的组成部分,在其共性方面,应当遵守共同的基本准则。《建筑法》对房屋建筑活动应当遵守的一些基本行为规范的规定,可以作为适用于各类建筑活动的基本准则,既适用于各类房屋的建筑活动,也适用于各类专业工程的建筑活动。[1]

二、建设工程合同的签订与履行

建设工程合同涉及社会公共利益,因而国家颁布了众多的法律法规对之进行指导与规范,当事人签订与履行建设工程合同都要严格遵守相关规定。

(一)建设工程的招标投标

招标投标,是在市场经济条件下进行大宗货物的买卖、工程建设项目的发包与承包,以及服务项目的采购与提供时,所采用的一种交易方式。[2]

---

〔1〕 参见卞耀武主编:《中华人民共和国建筑法释义》,法律出版社 1998 年版,第 202 页。
〔2〕 参见卞耀武主编:《中华人民共和国招标投标法释义》,法律出版社 2000 年版,第 17 页。

1. 招标投标的基本原则

《招标投标法》第5条规定:“招标投标活动应当遵循公开、公平、公正和诚实信用的原则。”《民法典》第790条规定:“建设工程的招标投标活动,应当依照有关法律的规定公开、公平、公正进行。”所谓公开,是指:(1)进行招标活动的信息要公开;(2)开标的程序要公开;(3)评标的标准和程序要公开;(4)中标的结果要公开。所谓公平、公正,是指招标人应当严格按照公开的招标条件和程序进行招标,同等对待每个投标人,不得以不合理的条件限制或者排斥潜在投标人,不得对潜在投标人实行歧视待遇。

2. 招标投标行为的法律性质

招标行为属于要约邀请。所谓招标,是招标人采用公开或邀请的方式发出吸引投标人进行投标的意思表示。招标文件中应当包括招标项目的技术要求、对投标人资格审查的标准、投标报价要求和评标标准等所有实质性要求和条件,以及拟签订合同的主要条款。要约邀请是希望他人向自己发出要约的表示。显然,招标行为是招标人吸引潜在的投标人向自己投标的意思表示,根据《民法典》第473条第1款“拍卖公告、招标公告……等为要约邀请”的规定,招标人的招标行为的法律性质应为要约邀请。

投标行为属于要约。《民法典》第472条规定:“要约是希望与他人订立合同的意思表示。”所谓投标,是投标人向招标人提交的想要中标并与之订立合同的意思表示。招标文件应当对招标文件提出的实质性要求和条件作出响应。投标文件的内容具体明确,且已表明只要中标即受投标文件内容约束,因此投标行为的法律性质应为要约。

确定中标人的行为属于承诺。《民法典》第479条规定:“承诺是受要约人同意要约的意思表示。”招标人确定中标人的行为,表现为向中标人发出中标通知书,即招标人同意按照中标人的投标文件订立合同。《招标投标法》第45条第2款规定:“中标通知书对招标人和中标人具有法律效力。中标通知书发出后,招标人改变中标结果的,或者中标人放弃中标项目的,应当依法承担法律责任。”可见,招标人发出中标通知书的行为的法律性质应为承诺。

3. 必须招标的工程建设项目

根据《招标投标法》第3条的规定,在中国境内进行下列工程建设项目包括项目的勘察、设计、施工、监理以及与工程建设有关的重要设备、材料等的采购,必须进行招标:

(1)大型基础设施、公用事业等关系社会公共利益、公共安全的项目。根据《必须招标的基础设施和公用事业项目范围规定》第2条的规定,这些项目包括:①煤炭、石油、天然气、电力、新能源等能源基础设施项目;②铁路、公路、管道、水运,以及公共航空和A1级通用机场等交通运输基础设施项目;③电信枢纽、通信信息网络等通信基础设施项目;④防洪、灌溉、排涝、引(供)水等水利基础设施项目;⑤城市轨道交通等城建项目。

(2)全部或者部分使用国有资金投资或者国家融资的项目。根据《必须招标的工程项目规定》第2条的规定,这些项目包括:①使用预算资金200万元人民币以上,并且该资金占投资10%以上的项目;②使用国有企业事业单位资金,并且该资金占控股或者主导地位的项目。

(3)使用国际组织或者外国政府贷款、资金的项目。根据《必须招标的工程项目规定》第3条的规定,这些项目包括:①使用世界银行、亚洲开发银行等国际组织贷款、援助资金的项目;②使用外国政府及其机构贷款、援助资金的项目。

(二)国家重大建设工程合同的订立

《民法典》第792条规定:“国家重大建设工程合同,应当按照国家规定的程序和国家批准的投资计划、可行性研究报告等文件订立。”明确了国家重大项目的建设工程合同应当按照国家规定的程序订立。

1. 国家重大建设项目的识别

根据《国家重大建设项目招标投标监督暂行办法》第3条的规定,国家重大建设项目,是指国家出资融资的,经国家发改委审批或审核后报国务院审批的建设项目。国家重大建设工程项目,指一般列入国家重点投资计划而且投资额巨大,建设周期特别长,由中央政府全面投资或者参与投资的工程,属于国家重点建设项目,如三峡工程。有些虽然未列入国家重点投资计划,投资额不算巨大,但影响很大的工程项目,也是属于国家重大建设工程项目,如国家大剧院工程;还有些工程,虽然属于地方政府投资,但投资巨大、影响广泛,如杭州亚运工程,主要是由杭州市政府投资的工程,但其投资计划经过国家批准,也属于国家重大建设工程项目。被确定为国家重大建设项目的工程项目,将被纳入国家重大建设项目库。国家发改委办公厅印发了《国家重大建设项目库运行管理暂行办法》,进一步规范国家重大建设项目库的管理。

《国家重点建设项目管理办法》第2条规定,本办法所称国家重点建设项目,是指从下列国家大中型基本建设项目中确定的,对国民经济和社会发展有重大影响的骨干项目:(1)基础设施、基础产业和支柱产业中的大型项目;(2)高科技并能带动行业技术进步的项目;(3)跨地区并对全国经济发展或者区域经济发展有重大影响的项目;(4)对社会发展有重大影响的项目;(5)其他骨干项目。国家重点建设项目的确定,根据国家产业政策、国民经济和社会发展的需要和可能,实行突出重点、量力而行、留有余地、防止资金分散、保证投资落实和资金供应的原则,由国务院计划主管部门商国务院有关主管部门确定。

2. 国家重大建设工程合同的订立程序

一般工程项目的确定,首先要立项,即由有关业务主管部门和建设单位提出项目建议书,经批准后进行可行性研究,编制可行性研究报告,选定工程地址。只有在可行性研究报告经批准后,才能根据可行性研究报告签订勘察、设计合同。只有在勘察、设计合同履行后,才能根据所批准的初步设计、技术设计、施工图纸和总概算等签订施工合同。

国家重大建设工程项目应当事先进行可行性研究,对工程的投资规模、建设效益进行论证分析,并编制可行性研究报告,然后申请立项。立项批准后,再根据立项进行投资计划,并报国家发改委审批或审核后报国务院批准,投资计划批准后,有关建设单位根据工程的可行性研究报告和国家批准的投资计划,遵照《建筑法》《招标投标法》等有关法律、行政法规规定的重大工程建设项目订立程序进行发包,与承包人订立建设工程合同。[1]

根据《国家重大建设项目招标投标监督暂行办法》的规定,依法必须招标的国家重大建设项目,必须在报送可行性研究报告或者资金申请报告中增加有关招标内容,具体办法按《建设项目可行性研究报告增加招标内容以及核准招标事项暂行规定》执行。招标人自行招标的,必须符合《工程建设项目自行招标试行办法》的有关规定。招标人和中标人应按照《招标投标法》《招标投标法实施条例》的有关规定签订书面合同,合同中确定的建设标准、建设内容、合同价格必须控制在批准的设计及概算文件范围内。

3. 国家重大建设项目稽察制度

根据《国家重大建设项目稽察办法》的规定,我国对国家重大建设项目的监

---

〔1〕 参见黄薇主编:《中华人民共和国民法典合同编解读》(下册),中国法制出版社 2020 年版,第 1002 页。

督，实行稽察特派员制度。原国家发展计划委员会（现为国家发展和改革委员会）负责组织和管理国家重大建设项目稽察工作。国家重大建设项目稽察特派员由国家发展计划委员会派出，对国家重大建设项目的建设和管理进行稽察。原国家重大建设项目稽察工作，实行稽察特派员负责制。一名稽察特派员一般配备3~5名助理，协助稽察特派员工作。稽察特派员及其助理，均为国家公务员。

稽察特派员履行的职责包括：(1)监督被稽察单位贯彻执行国家有关法律、行政法规和方针政策的情况，监督被稽察单位有关建设项目的决定是否符合法律、行政法规和规章制度规定的权限、程序；(2)检查建设项目的招标投标、工程质量、进度等情况，跟踪监测建设项目的实施情况；(3)检查被稽察单位的财务会计资料以及与建设项目有关的其他资料，监督其资金使用、概算控制的真实性、合法性；(4)对被稽察单位主要负责人的经营管理行为进行评价，提出奖惩建议。

（三）建设工程的合同形式

根据《民法典》第789条的规定，建设工程合同应当采用书面形式。

1. 合同形式

我国合同立法对于合同形式的规定，经历了从“形式强制”到“形式自由”的过程。《经济合同法》（已失效）第3条规定：“经济合同，除即时清结者外，应当采用书面形式。”《技术合同法》（已失效）第9条规定：“技术合同的订立、变更和解除采用书面形式。”在《合同法》（已失效）施行前，司法实践中对于未采用法律规定形式订立的合同，通常认定为无效。最高人民法院《关于适用〈中华人民共和国涉外经济合同法〉若干问题的解答》（已失效）第3条第5项规定，订立涉外经济合同未采用书面形式的，应当法院确认无效。

1999年《合同法》（已失效）第10条规定：“当事人订立合同，有书面形式、口头形式和其他形式。法律、行政法规规定采用书面形式的，应当采用书面形式。当事人约定采用书面形式的，应当采用书面形式。”该条第1款确认了合同形式自由原则，规定订立合同可以采用包括书面、口头及其他形式，书面形式并不作为订立合同的唯一形式。同时，“考虑到既要适应现实需要，又要提倡当事人尽量采取书面形式订立合同，避免口说无凭，使订立的合同规范化，法制化”[1]，该条第2款又规定，法律、行政法规规定，或者当事人约定采用书面形

---

〔1〕 胡康生主编：《中华人民共和国合同法释义》（第2版），法律出版社2009年版，第19页。

式的，应当采用书面形式。其后的司法实践中，对于当事人未采用法律规定的形式签订的合同，也不再否定其效力。

《民法典》第 135 条规定："民事法律行为可以采用书面形式、口头形式或者其他形式；法律、行政法规规定或者当事人约定采用特定形式的，应当采用特定形式。"第 469 条规定："当事人订立合同，可以采用书面形式、口头形式或者其他形式。"《民法典》延续了原《合同法》的规定，对于合同形式，以不要式为原则，以要式为例外。合同形式的自由，也体现了契约自由、意思自治的合同法基本原则。

2. 建设工程合同应采用书面形式

根据《民法典》第 469 条第 2 款的规定，书面形式是指合同书、信件、电报、电传、传真等可以有形地表现所载内容的形式。以电子数据交换、电子邮件等方式能够有形地表现所载内容，并可以随时调取查用的数据电文，视为书面形式。书面形式最大的优点是有据可查，明确清晰，发生纠纷时举证容易。因此，对于比较重大、不能即时结清的合同，一般采用书面形式。[1] 包括《民法典》第 348 条规定的建设用地使用权出让合同，第 354 条规定的建设用地使用权转让、互换、出资、赠与、抵押合同，第 367 条规定的居住权合同，第 373 条规定的地役权合同，第 400 条规定的抵押合同，第 427 条规定的质押合同，第 668 条规定的借款合同，第 707 条规定的租期 6 个月以上的租赁合同，第 736 条规定的融资租赁合同，第 762 条规定的保理合同，第 789 条规定的建设工程合同，第 796 条规定的工程监理合同，第 851 条规定的技术开发合同，第 863 条规定的技术转让合同和技术许可合同，以及第 938 条规定的物业服务合同。

因建设工程合同标的额大，履行周期长，而且履行过程中情况复杂，极易出现变化，法律规定其应当采用书面形式，一方面，可以通过书面形式详细约定各方权利义务，促使当事人严格履行合同，防止发生纠纷；另一方面，即使发生纠纷，也可以依据合同约定，分清各方的法律责任。[2] 对此，住建部门制定了诸多建设工程合同的示范文本供民事主体签订合同时采用。

对于建设工程合同的组成，以建设工程施工合同为例，根据《2017 版施工合

---

〔1〕 参见最高人民法院民法典贯彻实施工作领导小组主编：《中华人民共和国民法典合同编理解与适用》（一），人民法院出版社 2020 年版，第 54 页。

〔2〕 参见最高人民法院民法典贯彻实施工作领导小组主编：《中华人民共和国民法典合同编理解与适用》（三），人民法院出版社 2020 年版，第 1906 页。

同范本》中“合同协议书”第6条的约定，该协议书与下列文件一起构成合同文件：(1)中标通知书(如果有)；(2)投标函及其附录(如果有)；(3)专用合同条款及其附件；(4)通用合同条款；(5)技术标准和要求；(6)图纸；(7)已标价工程量清单或预算书；(8)其他合同文件。在合同订立及履行过程中形成的，与合同有关的文件，均构成合同文件组成部分。对于在建设工程合同履行过程中所形成的包括签证、会议纪要、联系单等往来函件等书面文件，属于建设工程合同的组成部分，对合同当事人具有约束力。

3. 未采用书面形式的建设工程合同的效力

合同形式，应当视为证明合同成立的依据，而不能把其当作合同成立或者生效的要件。即对合同的书面形式，应采证据主义，不宜采生效主义。实践中，对于应当采用书面形式或者其他形式订立的合同，应着重考察当事人的意思表示是否取得一致，取得一致的，应当认定成立；反之，应当认定未成立。[1]

《民法典》第490条第2款规定：“法律、行政法规规定或者当事人约定合同应当采用书面形式订立，当事人未采用书面形式但是一方已经履行主要义务，对方接受时，该合同成立。”因当事人未采用书面形式订立合同，法官无法判断当事人是否意思表示达成一致，只有在一方当事人已经履行合同主要义务，且对方接受时，即说明双方对合同的主要内容达成了一致，法院方能断定合同已成立。反之，如果当事人均未履行合同主要义务，或一方履行，另一方未接受，在没有书面合同的情况下，法院无从判断当事人就合同主要内容是否达成一致，即不能断定合同成立。

尽管法律明确规定了建设工程合同应当采用书面形式签订，但在实践中，对于一些规模较小，或者转包、违法分包的工程，存在当事人没有签订书面合同的情况。而发生纠纷后，由于没有书面合同证明双方当事人之间是否存在建设工程法律关系，导致权利无法得到救济。根据《民法典》第490条第2款的规定，如果承包人能够证明已经进行了工程施工，法院应当认定双方存在建设工程合同关系。建设工程质量合格的，如承包人能够证明双方对工程价款有约定，合同有效时，承包人可以请求按照约定付款；合同无效时，承包人可以请求参照关于工程价款的约定折价补偿。如果没有证据证明双方对工程价款的金

---

〔1〕 参见最高人民法院经济审判庭编著：《合同法释解与适用》(上册)，新华出版社1999年版，第163页。

额或计算方式达成一致，则应通过造价鉴定来确定具体的工程款数额。

【典型案例】中铁二十四局集团有限公司与新疆甘泉堡神信物流有限责任公司建设工程施工合同纠纷案[1]

【基本案情】2010年10月10日，新疆甘泉堡神信物流有限责任公司(以下简称神信公司)负责建设的新疆甘泉堡神信铁路专用线项目奠基，之后中铁二十四局集团有限公司(以下简称二十四局)作为施工单位，首先进行了1.6公里试验段的工程施工。2012年7月20日，乌鲁木齐市委组织甘泉堡工业园区管委会、乌鲁木齐市铁路局等单位召开涉案铁路项目建设推进会，形成会议纪要。会议决定涉案铁路专用线工程于8月1日开工，由二十四局在试验段基础上继续延伸施工。2012年10月31日，神信公司支付工程款500万元。涉案工程于2013年5月进行了招投标，中铁二十一局集团有限公司中标，二十四局未中标。双方因工程款结算未能达成一致，遂成讼。

【裁判观点】本案系神信公司就其负责建设的新疆甘泉神信铁路专用线项目中的1.6公里试验段先发包由二十四局施工，后由于二十四局在神信铁路专用线工程招投标中未中标而形成已完工程的工程款纠纷。虽然双方未订立书面合同，但二十四局对神信铁路进行了部分施工，神信公司对此也予以接受，根据《合同法》(已失效)的有关规定，双方以实际履行的方式订立了合同。由于涉案合同关系在涉案工程正式招投标之前形成，且所涉工程主要为试验工程，应认定涉案合同并不违反《招标投标法》的相关规定，应为合法有效。

三、建设工程合同与承揽合同

承揽合同是承揽人按照定作人的要求完成工作，交付工作成果，定作人支付报酬的合同。建设工程合同系建设工程的定作与承揽，本质上属于承揽合同的范畴。《民法典》合同编中虽然将“建设工程合同”作为独立一章列在“承揽合同”之后，但在第808条中规定，“本章没有规定的，适用承揽合同的有关规定”。可见，承揽合同的规定适用于建设工程合同，即建设工程合同系特殊的承

---

[1] 参见最高人民法院民事判决书，(2016)最高法民终813号。

揽合同。

(一)比较法中的建设工程合同

大陆法系很多国家的民法中并没有将建设工程合同作为一种独立的合同类型进行规定,而仅仅在承揽合同中设有个别条文,对建筑物的承揽作特别的规定。如《德国民法典》第648条规定的"建筑承揽人之保全抵押权",《日本民法典》第638条和《意大利民法典》第1668条规定的"建筑物瑕疵担保责任的特殊存续期间"等。在这些国家的民法立法中,建筑物的承揽与其他定作物的承揽,区别有限,除个别条文规定外,均适用承揽合同的一般规定。

而在苏联的民法典中,则是将建设工程合同从承揽合同中分离出来作为一种独立的合同类型,称为"基本建设包工合同",单列为一章,位于"承揽合同"之后。虽然在理论上,苏联民法学者承认基本建设包工合同是承揽契约的特别种类[1],但苏联作为社会主义国家,奉行计划经济体制,经济合同均是为完成国民经济计划服务,而"法律制度是围绕着计划经济而构建的,为凸显计划经济中的基本建设工程,只得将其对应的基本建设包工合同予以独立规范"[2]。在苏联解体后,俄罗斯放弃计划经济体制转而施行市场经济制度,1995年颁布的《俄罗斯联邦民法典》将基本建设包工合同纳入承揽合同的规定中,并区分为日常生活的承揽、建筑承揽、完成设计和勘察工作的承揽等类型,不再将其作为与承揽合同并列的一类合同[3]。

(二)我国建设工程合同立法沿革

从中华人民共和国成立以后至改革开放前,我国没有制定民事合同相关的法律。但在1955年,原国家建设委员会颁布了《建筑安装工程包工暂行办法》(已失效),规定了建设单位发包给国营、地方国营建筑安装企业的建筑、安装工程的发包、承包、施工和竣工、结算等手续的办理办法。该暂行办法将包工合同分为全部建筑安装工程量签订的合同和年度工程签订的合同,规定发包人和承包人在进行建筑、安装工程前必须签订年度合同。但由于该时期我国实行社会

---

〔1〕 参见[苏]斯·恩·布拉都西等编著:《苏维埃民法》,中国人民大学民法教研室译,中国人民大学出版社1954年版,第132页。

〔2〕 张继承:《论建设工程合同规范定位的嬗变与完善》,载《时代法学》2013年第1期。

〔3〕 参见《俄罗斯联邦民法典》,黄秀道译,北京大学出版社2007年版,第264~271页。

主义计划经济体制,绝大多数建设项目的建设单位,勘察、设计乃至施工单位都由政府部门组建,建设项目的立项、实施,都由国家经济计划决定,合同在工程建设中的作用并不明显。

在改革开放后,我国开始强调运用合同制度来对基本建设进行管理,制定并颁布了一些规定。1979 年 4 月 20 日,原国家基本建设委员会发布《关于试行基本建设合同制的通知》(已失效),要求必须坚持按经济规律办事,采取经济方法,充分运用合同来管理基本建设。同日发布的还有《建筑安装工程合同试行条例》《勘察设计合同试行条例》。1983 年 8 月 8 日,国务院颁布《建设工程勘察设计合同条例》(已失效)、《建筑安装工程承包合同条例》(已失效),规定了勘察、设计、施工合同必须具备的条款。

我国与苏联同属社会主义国家,曾长期实行计划经济制度,因而我国的民法理论和法律制度受苏联民法影响较深。在 1981 年发布的《经济合同法》(已失效)中,第 18 条规定了建设工程承包合同,第 19 条规定了加工承揽合同,将建设工程合同作为独立的合同类型与承揽合同并列规定。1999 年施行的《合同法》(已失效),同样是将建设工程合同单列一章,置于承揽合同之后,作为独立的合同类型进行规定。而到了 2020 年颁布的《民法典》中,同样沿袭了这种做法,在合同编承揽合同章后单独设置了建设工程合同章。

(三)建设工程合同是否应并入承揽合同

有学者认为,建设工程合同与承揽合同并无本质区别,不应作为独立的有名合同进行规定,应当并入承揽合同。“建设工程合同是计划经济的产物,市场经济要求对其规制符合意思自治和法治原则,本来就属于契约法中承揽合同的建设工程合同,与承揽合同相比并无本质上的特殊性,不应作为独立的有名合同加以规范,应当并入承揽合同,理性回归契约精神。”[1]

虽然在制定《合同法》(已失效)以及《民法典》时,我国已经施行社会主义市场经济制度,但建设工程合同在签订以及履行的过程中仍然较多地体现国家的计划性和强制性管理,同时,与一般的承揽合同相比,建设工程合同的法律不仅要平衡当事人双方的利益,更是要保护社会公共利益。另外,建筑业是我国的国民支柱产业,但我国建筑业的发展起步较晚,整体的建筑业企业实力不强,

---

〔1〕 李志国:《建设工程合同并入承揽合同是契约精神的理性回归》,载《学术交流》2010 年第 11 期。

建筑市场也并不规范，如果突然放开政府的管控，可能会导致建筑业的混乱，影响国计民生。因而，建筑业的国家管控仍然将长期存在，但是会逐步放开。与之相配套的法律规定，《民法典》依然承袭了原《合同法》的规定，将建设工程的承揽从承揽合同中剥离出来单列建设工程合同一章，加强国家对建筑业的管理，规范建设工程合同的签订与履行，从而为我国建筑业的健康发展保驾护航。

第二节　建设工程勘察、设计合同

根据《建设工程勘察设计管理条例》第 2 条的规定，建设工程勘察，是指根据建设工程的要求，查明、分析、评价建设场地的地质地理环境特征和岩土工程条件，编制建设工程勘察文件的活动。建设工程设计，是指根据建设工程的要求，对建设工程所需的技术、经济、资源、环境等条件进行综合分析、论证，编制建设工程设计文件的活动。相应地，建设工程勘察、设计合同，是指勘察人、设计人完成工程勘察设计任务，发包人支付勘察设计费用，明确发包人与勘察人、设计人之间权利义务的协议。

一、勘察、设计合同的主要条款和内容

《民法典》第 794 条规定："勘察、设计合同的内容一般包括提交有关基础资料和概预算等文件的期限、质量要求、费用以及其他协作条件等条款。"据此，勘察、设计合同一般应当包括的内容有：

1. 发包人向勘察人、设计人提交有关基础资料的期限。勘察人、设计人进行勘察、设计工作必须依据发包人提交的基础文件和情况，为了保证勘察、设计工作的顺利进行，合同中应当明确发包人提交有关基础资料的期限。

2. 勘察人、设计人向发包人提交勘察、设计文件（包括概预算）的期限。从事建设工程勘察、设计活动，应当坚持先勘察、后设计、再施工的原则。勘察文件的交付影响设计工作的开展，设计文件的交付则影响施工的进度，因此当事人应当在合同中明确勘察人、设计人提交勘察、设计文件的期限。

3. 质量要求是发包人对勘察、设计工作提出的标准，是确定勘察人、设计人交付的勘察文件、设计文件工作责任的依据。

4. 费用，是指发包人向勘察人、设计人支付的完成勘察、设计工作的报酬，

包括费用的数额、计算方式、支付方式、支付期限等。

5. 其他协作条件是双方当事人为了保证勘察、设计工作顺利完成所应当履行的相互协助的义务。发包人的主要协助义务是为勘察、设计人员提供必要的工作条件和生活条件，勘察人、设计人的主要协作义务是配合工程的施工，进行设计交底，参加试车以及验收等。

《民法典》第 794 条是根据勘察、设计合同的特性作出的建议性规定，当事人签订的合同的内容除该条规定外，还包括其他应当具备的条款和内容。

二、勘察、设计合同示范文本

为了加强工程勘察设计市场管理，规范市场秩序，原建设部、原国家工商行政管理局于 1996 年制定了《建设工程勘察设计合同管理办法》《建设工程勘察合同》《建设工程设计合同》（均已失效）文本，要求凡在我国境内进行城市建筑工程勘察设计的单位，一律按《建设工程勘察设计合同管理办法》的有关规定，接受建设行政主管部门和工商行政管理部门（现为市场监管部门）对建设工程项目勘察设计合同的管理和监督。在我国境内承担工程勘察设计任务的单位，统一使用《建设工程勘察合同》《建设工程设计合同》文本。2000 年，原建设部对上述管理办法和合同文本进行了修订。2015 年，住建部和原国家工商行政管理总局颁布了《建设工程设计合同示范文本（房屋建筑工程）》（GF－2015－0209）、《建设工程设计合同示范文本（专业建设工程）》（GF－2015－0210），2016 年颁布了《建设工程勘察合同（示范文本）》（GF－2016－0203）。

《建设工程勘察合同（示范文本）》（GF－2016－0203）由合同协议书、通用合同条款和专用合同条款三部分组成。合同协议书共计 12 条，包括工程概况、勘察范围和阶段、技术要求及工作量、合同工期、质量标准、合同价款、合同文件构成、承诺、词语定义、签订时间、签订地点、合同生效和合同份数等内容，集中约定了合同当事人基本的合同权利义务。通用合同条款是合同当事人根据法律法规的规定，就工程勘察的实施及相关事项对合同当事人的权利义务作出的原则性约定，具体包括一般约定、发包人、勘察人、工期、成果资料、后期服务、合同价款与支付、变更与调整、知识产权、不可抗力、合同生效与终止、合同解除、责任与保险、违约、索赔、争议解决及补充条款共计 17 条，既考虑了现行法律法规对工程建设的有关要求，也考虑了工程勘察管理的特殊需要。专用合同条款是对通用合同条款原则性约定细化、完善、补充、修改或另行约定的条款。合同当事人可以根据不同建设工程的特点及具体情况,通过双方的谈判、协商,对相应的专用合同条款进行修改补充。该示范文本适用于岩土工程勘察、岩土工程设计、岩土工程物探/测试/检测/监测、水文地质勘察及工程测量等工程勘察活动。

根据适用的工程项目类型,住建部分别颁布了《建设工程设计合同示范文本(房屋建筑工程)》(GF－2015－0209)和《建设工程设计合同示范文本(专业建设工程)》(GF－2015－0210)。两个示范文本均由合同协议书、通用合同条款和专用合同条款三部分组成,前者适用于建设用地规划许可证范围内的建筑物构筑物设计、室外工程设计、民用建筑修建的地下工程设计及住宅小区、工厂厂前区、工厂生活区、小区规划设计及单体设计等,以及所包含的相关专业的设计内容(总平面布置、竖向设计、各类管网管线设计、景观设计、室内外环境设计及建筑装饰、道路、消防、智能、安保、通信、防雷、人防、供配电、照明、废水治理、空调设施、抗震加固等)等工程设计活动;后者适用于房屋建筑工程以外各行业建设工程〔1〕项目的主体工程和配套工程(含厂/矿区内的自备电站、道路、专用铁路、通信、各种管网管线和配套的建筑物等全部配套工程),以及与主体工程、配套工程相关的工艺、土木、建筑、环境保护、水土保持、消防、安全、卫生、节能、防雷、抗震、照明工程等工程设计活动。

第三节　建设工程施工合同

建设工程施工合同,是指发包方(建设单位)和承包方(施工单位)为完成商定的工程施工,明确权利、义务的协议。依照施工合同,施工单位应完成建设单位交给的施工任务,建设单位应按照约定提供必要条件并支付工程价款。

一、施工合同的主要条款和内容

《民法典》第795条规定:“施工合同的内容一般包括工程范围、建设工期、

〔1〕 房屋建筑工程以外的各行业建设工程统称为专业建设工程,具体包括煤炭、化工石化医药、石油天然气(海洋石油)、电力、冶金、军工、机械、商物粮、核工业、电子通信广电、轻纺、建材、铁道、公路、水运、民航、市政、农林、水利、海洋等工程。

中间交工工程的开工和竣工时间、工程质量、工程造价、技术资料交付时间、材料和设备供应责任、拨款和结算、竣工验收、质量保修范围和质量保证期、相互协作等条款。”据此，施工合同一般应当包括的内容有：

1. 工程范围。是指施工的界区，是施工人进行施工的工作范围，不同的工程范围对施工人的技术水平和管理水平的要求不同，工程范围是施工合同的“实质性内容”，是施工合同的必备条款。

2. 建设工期。是指施工人完成工程施工所需要的期限，包括按照合同约定所作的期限变更。不同的工程所需要的建设工期也有所不同，发包人为尽快获得投资收益，会尽可能地缩短工期，但必要且合理的建设工期是保证工程质量的关键，因此法律、行政法规规定禁止建设单位任意压缩合理工期，施工合同中应当对合理的建设工期进行约定。

3. 中间交工工程的开、竣工时间。中间交工工程，是指施工过程中的阶段性工程，为了保证工程各阶段的顺利衔接，确保按计划完成工程施工，应当在合同中明确中间交工工程的开工和竣工时间。

4. 工程质量。是指工程的安全性、舒适性的等级要求，工程质量应当符合国家规定的强制性标准要求，当事人也可以约定高于国家强制性标准的质量要求。工程质量是施工合同的核心内容。质量不符合国家强制性标准的工程，不仅没有使用价值，浪费社会资源，还可能危及社会公共安全，发包人有权拒绝支付工程款，同时可以要求承包人赔偿损失。

5. 工程造价。是指完成工程施工所需要的费用，包括人工费、材料费、税金、利润等。施工合同中，发包人在满足设计需求的同时想要尽可能地降低工程造价，而承包人则在完成施工任务的同时想要尽可能地获得更多利润，在工程造价过低时，有些施工人会选择偷工减料、以次充好来避免亏损，因此，施工合同中约定合理的工程造价是保障工程质量的必要条件。

6. 技术资料的交付时间。技术资料，是指勘察报告、设计文件以及其他施工所必需的基础资料。向施工人交付技术资料是发包人的义务，且技术资料的交付会影响施工的进度，因此合同中应当对技术资料的交付时间进行约定。

7. 材料和设备供应责任。施工中所需要的材料和设备可以由施工人采购，也可以由发包人供应，合同中应当予以明确，同时约定材料和设备的种类、数量、供应时间和质量要求，以及相应的责任承担。

8. 拨款和结算。拨款，是指发包人向施工人支付工程价款。结算，是指工程竣工验收后对全部工程的造价进行计算，从而得出应支付的工程尾款数额。施工合同中应当约定工程款的拨付时间、方式和比例，以及工程竣工后结算的时间和程序，从而保证工程施工的顺利推进，保障施工人的工程款权益。

9. 竣工验收。这是对施工人完成的工程是否合乎设计要求和工程质量标准所进行的检查、考核的工作。施工人完成全部施工任务后，发包人应当及时组织进行竣工验收。竣工验收是施工合同履行过程中保障工程质量的最后一道防线，施工合同中应当对竣工验收的时间、程序、人员组成等进行约定。

10. 质量保修范围和质量保证期。建设工程在保修范围内和保修期限内发生质量问题的，施工人应当履行保修义务，并对造成的损失承担赔偿责任。施工合同应当对质量保修的范围和期限进行约定，明确保修责任，保障建设工程在使用过程中的质量安全。

11. 相互协作。发包人和施工人在施工合同履行过程中应当为对方履行合同义务提供必要的协助，从而保证工程的顺利施工。因此施工合同中应当明确约定发包人和施工人所承担的具体协助义务以及不履行协助义务的责任和后果。

二、施工合同示范文本

原建设部与原国家工商行政管理局制定了《建设工程施工合同示范文本》(GF-91-0201，已失效)，又于1999年、2013年、2017年分别发布更新版本。我国的建设工程施工合同示范文本借鉴了国际上广泛使用的国际咨询工程师联合会(Fédération Internationale Des Ingénieurs Conseils，FIDIC)土木工程施工合同条款，现行的《2017版施工合同范本》由合同协议书、通用合同条款和专用合同条款三部分组成。合同协议书共计13条，主要包括工程概况、合同工期、质量标准、签约合同价和合同价格形式、项目经理、合同文件构成、承诺以及合同生效条件等重要内容，集中约定了合同当事人的基本合同权利义务。通用合同条款是根据《建筑法》等法律法规的规定，就工程建设的实施及相关事项，对合同当事人的权利义务作出的原则性约定，共计20条，分别为一般约定、发包人、承包人、监理人、工程质量、安全文明施工与环境保护、工期和进度、材料与设备、试验与检验、变更、价格调整、合同价格、计量与支付、验收和工程试车、竣工结算、缺陷责任与保修、违约、不可抗力、保险、索赔和争议解决。专用合同条款是对通用合同条款原则性约定细化、完善、补充、修改或另行约定的条款。合同当事人可以根据不同建设工程的特点及具体情况，通过双方的谈判、协商对相应的专用合同条款进行修改补充。示范文本适用于房屋建筑工程、土木工程、线路管道和设备安装工程、装修工程等建设工程的施工承发包活动。

第四节　工程总承包合同

工程总承包，一般是指承包单位按照与建设单位签订的合同，对工程设计、采购、施工或者设计、施工等阶段实行总承包，并对工程的质量、安全、工期和造价等全面负责的工程建设组织实施方式。[1] 工程总承包合同，是指发包人与承包人采用工程总承包的工程建设组织实施方式所签订的，包含设计、采购、施工或者设计、施工等阶段的合同。

一、现行法律规定中的工程总承包

《建筑法》第 24 条规定提倡对建筑工程实行总承包，发包单位可以将建筑工程的勘察、设计、施工、设备采购一并发包给一个工程总承包单位，即采取工程总承包的方式发包；也可以将建筑工程的勘察、设计、施工、设备采购的一项或多项发包给一个工程总承包单位，即采取分专业总承包的方式发包[2]。《民法典》第 791 条第 1 款规定："发包人可以与总承包人订立建设工程合同，也可以分别与勘察人、设计人、施工人订立勘察、设计、施工承包合同。"根据该条的规定，发包人可以将建设工程的勘察、设计、施工等阶段全部发包给一个承包人，与承包人订立包含勘察、设计、施工内容的建设工程合同，即工程总承包合同。

（一）《建筑法》第 24 条的理解

《建筑法》第 24 条规定在第 2 节"发包"中，是对发包人发包工程行为的规

---

〔1〕 参见住建部、国家发改委《房建市政总承包管理办法》第 3 条的规定。
〔2〕 参见卞耀武主编：《中华人民共和国建筑法释义》，法律出版社 1998 年版，第 87 页。

制。且该条第1款的后半句是“禁止将建筑工程肢解发包”,支解[1]发包,是指建设单位将本应由一个承包单位整体承建完成的建设工程支解成若干部分,分别发包给不同承包单位的做法。可见,支解发包是相对于建筑工程的单项内容而言的,而由后半句反推前半句,这里的“总承包”应指勘察、设计、施工或设备采购中一项内容的总承包,而非强调同时包含设计与施工相融合特征的工程总承包模式。

并且,《建筑法》第24条第2款规定,“也可以将建筑工程勘察、设计、施工、设备采购的一项或者多项发包给一个工程总承包单位”,可见,即使承包人仅承包了其中一项内容,也符合该条款文义表述上的“工程总承包单位”,如设计总承包单位、施工总承包单位。也就是说,《建筑法》第24条所规定的“总承包”,并非相对于勘察、设计、施工、设备采购等单项内容承包而言,而是针对单项工程支解发包后的分别承包而言的。如称施工单项内容的承包为施工总承包,也是建筑法意义上的“工程总承包”,这里的“总”,显然强调的是建设工程的单项内容必须由一个承包单位总领负责,禁止支解成若干部分发包给几个承包单位。

从制定《建筑法》的目的来看,是为了加强国家对建筑活动的监督管理,维护建筑市场秩序,保证建筑工程的质量和安全,促进建筑业健康发展。[2] 显然,建筑法属于公法,强调国家对建筑活动的监督管理,而支解发包因破坏建筑市场秩序、威胁工程质量安全,必须为法律所禁止。“一些发包单位将按其性质和技术联系应当由一个承包单位整体承包的工程,肢解成若干部分,分别发包给几个承包单位,使整个工程建设在管理和技术上缺乏应有的统筹协调,往往造成施工现场秩序混乱、责任不清,严重影响工程建设质量。”[3]《建筑法》第24条即为禁止将建筑工程支解发包而作的规定,要求建设工程必须实行总承包,要么是包含勘察、设计、施工、设备采购全部内容的工程总承包,要么是仅包含一项内容或多项内容的工程总承包。可见,建筑法意义上的“工程总承包”,是相对于支解发包而言的,只要承包合同中包含有完整的勘察、设计、施工、设备

[1] 《民法典》第791条将“肢解”调整为“支解”,但《建筑法》第24条的表述仍为“肢解”,因此本书中除《建筑法》规定使用“肢解”外,其余均使用“支解”。

[2] 《建筑法》第1条规定:“为了加强对建筑活动的监督管理,维护建筑市场秩序,保证建筑工程的质量和安全,促进建筑业健康发展,制定本法。”

[3] 卞耀武主编:《中华人民共和国建筑法释义》,法律出版社1998年版,第87、88页。

采购中的一项或几项内容，均属于工程总承包。

（二）《民法典》第791条的理解

《民法典》第791条未提及“工程总承包”，而该条第1款规定“发包人可以与总承包人订立建设工程合同”，这里的“总承包人”被认为是工程总承包的承包人。但《民法典》第788条第2款规定建设工程合同包括工程勘察、设计、施工合同，条文中未有“等”的表述，表明在《民法典》语境下建设工程合同仅限于这三种合同。那么，《民法典》第791条第1款“发包人可以与总承包人订立建设工程合同”的规定，只能理解为发包人可以与同一个承包人就同一个工程分别签订勘察合同、设计合同和施工合同，这个承包人称为工程总承包人。如果发包人分别与勘察人、设计人、施工人订立勘察、设计、施工承包合同，则分别称为勘察总承包人、设计总承包人、施工总承包人。就合同关系而言，合同法意义上的工程总承包，指的是在发包人与同一个承包人之间同时成立勘察、设计、施工三个法律关系，而非成立一个工程总承包法律关系。且《民法典》第791条第1款最后一句规定“发包人不得将应当由一个承包人完成的建设工程支解成若干部分发包给几个承包人”，可见，该条规定最根本的意旨与《建筑法》第24条一致，均是强调禁止发包人支解发包，维护建筑市场秩序。

《建筑法》第24条、《民法典》第791条关于“工程总承包”的规定，仅是通过对发包人发包行为的管理和限制，实现禁止将工程支解发包这一立法意旨。这里的工程总承包，包括勘察总承包、设计总承包、施工总承包，也包括同时承包勘察、设计、施工的总承包。在一个工程建设过程中，虽然可能仅有一个承包人，但仍然存在勘察、设计、施工三个独立的法律关系，并不存在一个独立的工程总承包法律关系。因此，《建筑法》《民法典》规定下的“工程总承包”仅仅是形式意义上的，并不是真正的工程总承包。《民法典》第788条第2款也规定建设工程合同包括工程勘察、设计、施工合同，并未包括工程总承包合同。这也直接导致法院在审理涉工程总承包合同纠纷案件时，对于案由及管辖的认定存在巨大的争议。

【典型案例】唐山市通宝焦化有限公司诉北京首钢机电有限公司建设工程施工合同纠纷案[1]

【裁判观点】建设工程合同作为加工承揽合同的一种,区别于一般的加工承揽合同,最大的特征在于合同标的物为建设工程。2011 年 3 月,唐山市通宝焦化有限公司(以下简称通宝公司)与北京首钢机电有限公司(以下简称首钢公司)公司签订了《唐山通宝焦化有限公司捣固焦改造工程承包合同书》及《唐山通宝焦化有限公司焦炉捣固焦改造工程技术协议书》,约定了焦炉捣固焦改造工程总承包的设计(工艺、土建、非标设备、地面除尘站系统、供电等)、设备制造及材料采购、施工安装、调试、培训、功能考核、竣工验收及投产、达产等事宜。从合同内容看,可以认定通宝公司与首钢公司存在建设工程合同关系,故本案的案由应为建设工程合同纠纷。从合同目的看,可以认定首钢公司在河北省唐山市为通宝公司承建焦炉捣固焦改造工程,故本案的合同履行地应为河北省唐山市。故北京市石景山人民法院以承揽合同纠纷受理首钢机电公司对唐山通宝公司的起诉不当,本案的管辖法院是河北省唐山市中级人民法院。

二、我国工程总承包的制度发展

2016 年以来,基于建筑业转型升级需要,以及我国大规模基础设施建设的全面铺开,国家开始大力推行工程总承包这一工程建设组织实施方式。住建部、国家发改委发布的《房屋建筑和市政基础设施项目工程总承包管理办法》已于 2020 年 3 月 1 日起施行,用于规范房屋建筑和市政基础设施项目工程总承包活动。按照该办法的规定,工程总承包,是指承包单位按照与建设单位签订的合同,对工程设计、采购、施工或者设计、施工等阶段实行总承包,并对工程的质量、安全、工期和造价等全面负责的工程建设组织实施方式。在此基础上,各地方也专门出台了工程总承包相关政策文件,对工程总承包的招标投标、工程实施、质量安全管理等作出了进一步的细化规定,以指导地方实践。该管理办法明确适用于“房屋建筑和市政基础设施项目”,而在水利工程、化工项目、通信工程、铁路工程领域,是否完全参照该管理办法执行,尚没有统一、明确的规定。

---

[1] 参见最高人民法院民事判决书,(2015)民立他字第 13 号。

如水利工程领域,较多地方明确水利工程总承包模式除了包含设计与施工工作外,还可以包含勘察工作,这主要基于水利工程勘察与设计密不可分的特点考虑。

具体到实施层面,我国早在 2011 年即发布了《建设项目工程总承包合同示范文本(试行)》(GF-2011-0216,已失效),为业主和承包商采用工程总承包模式进行工程项目建设提供了合同范本。自《房建市政总承包管理办法》发布之后,住建部、国家市场监管总局对该版本进行了更新,制定并发布了《2020 版工程总承包合同范本》,于 2021 年 1 月 1 日起施行。该示范文本适用于房屋建筑和市政基础设施项目工程总承包承发包活动,合同内容与该管理办法相匹配。

三、工程总承包合同示范文本

《2020 版工程总承包合同范本》由合同协议书、通用合同条件和专用合同条件三部分组成。合同协议书共计 11 条,包括工程概况、合同工期、质量标准、签约合同价与合同价格形式、工程总承包项目经理、合同文件构成、承诺、订立时间、订立地点、合同生效、合同份数,集中约定了合同当事人基本的合同权利义务。通用合同条件是合同当事人根据现行法律法规的规定,就工程总承包项目的实施及相关事项,对合同当事人的权利义务作出的原则性约定。通用合同条件共计 20 条,分别为一般约定、发包人、发包人的管理、承包人、设计、材料和工程设备、施工、工期和进度、竣工试验、验收和工程接收、缺陷责任与保修、竣工后试验、变更与调整、合同价格与支付、违约、合同解除、不可抗力、保险、索赔、争议解决。前述条款安排既考虑了现行法律法规对工程总承包活动的有关要求,也考虑了工程总承包项目管理的实际需要。专用合同条件是合同当事人根据不同建设项目的特点及具体情况,通过双方的谈判、协商对通用合同条件原则性约定细化、完善、补充、修改或另行约定的合同条件。该示范文本适用于房屋建筑和市政基础设施项目工程总承包承发包活动。

第五节 建设工程监理合同

建设工程监理合同是发包人委托监理人对工程项目进行监理所签订的合同,在法律性质上属于委托合同,不属于建设工程合同。监理,是指监理人受委托人委托,依照法律、法规、工程建设标准、勘察设计文件及合同,在施工阶段对建设工程质量、进度、造价进行控制,对合同、信息进行管理,对工程建设相关方的关系进行协调,并履行建设工程安全生产管理法定职责的服务活动。

一、建设工程监理制度

《建筑法》第四章“建筑工程监理”规定,国家推行建筑工程监理制度,实行监理的建筑工程,由建设单位委托具有相应资质条件的工程监理单位监理。建设单位与其委托的工程监理单位应当订立书面委托监理合同。《民法典》第796条规定:“建设工程实行监理的,发包人应当与监理人采用书面形式订立委托监理合同。发包人与监理人的权利和义务以及法律责任,应当依照本编委托合同以及其他有关法律、行政法规的规定。”《建设工程监理规范》第1.0.3条规定:“实施建设工程监理前,建设单位应委托具有相应资质的工程监理单位,并以书面形式与工程监理单位订立建设工程监理合同,合同中应包括监理工作的范围、内容、服务期限和酬金,以及双方的义务、违约责任等相关条款。”

实施工程监理前,建设单位应当将委托的工程监理单位、监理的内容及监理权限,书面通知被监理的施工单位。工程监理单位应当在其资质等级许可的监理范围内,承担工程监理业务。工程监理单位应当根据建设单位的委托,客观、公正地执行监理任务。工程监理单位与被监理的承包单位以及建筑材料、建筑构配件和设备供应单位不得有隶属关系或者其他利害关系。工程监理单位不得转让工程监理业务。工程监理应当依照法律、行政法规及有关的技术标准、设计文件和建筑工程承包合同,对承包单位在施工质量、建设工期和建设资金使用等方面,代表建设单位实施监督。工程监理人员认为工程施工不符合工程设计要求、施工技术标准和合同约定的,有权要求施工企业改正。工程监理人员发现工程设计不符合建设工程质量标准或者合同约定的质量要求的,应当报告建设单位要求设计单位改正。工程监理单位不按照监理合同的约定履行监理义务,对应当监督检查的项目不检查或者不按照规定检查,给建设单位造成损失的,应当承担相应的赔偿责任。工程监理单位与承包单位串通,为承包单位谋取非法利益,给建设单位造成损失的,应当与承包单位承担连带赔偿责任。

二、监理合同示范文本

为适应建设监理事业发展的需要，提高监理委托合同签订的质量，更好地规范监理合同当事人的行为，原建设部、原国家工商行政管理局在 1995 年联合发布了《工程建设监理合同》（GF－95－0202），为工程建设领域的监理合同提供了示范文本。在《建筑法》、原《合同法》颁布施行后，原建设部、原国家工商行政管理局对《工程建设监理合同》进行了修订，于 2000 年 1 月 14 日印发了《建设工程委托监理合同（示范文本）》（GF－2000－0202）。住建部和原国家工商行政管理总局在此基础上作了进一步修订，于 2012 年 3 月 27 日印发了现行的《建设工程监理合同（示范文本）》（GF－2012－0202）。

《建设工程监理合同（示范文本）》（GF－2012－0202）由协议书、通用条件和专用条件组成。协议书共计 8 条，包括工程概况、词语限定、组成本合同的文件、总监理工程师、签约酬金、期限、双方承诺、合同订立。通用条件共计 8 条，包括定义与解释，监理人的义务，委托人的义务，违约责任，支付，合同生效、变更、暂停、解除与终止，争议解决，其他。专用条件是合同当事人根据项目具体情况，通过双方的谈判、协商，对通用条件原则性约定细化、完善、补充、修改或另行约定的合同条件。

三、监理人的主要合同义务

根据《建设工程监理合同（示范文本）》（GF－2012－0202）通用合同条款的相关约定，监理人的主要合同义务包括：（1）收到工程设计文件后编制监理计划，并在第一次工地会议 7 天前报委托人。根据有关规定和监理工作需要，编制监理实施细则。（2）熟悉工程设计文件，并参加由委托人主持的图纸会审和设计交底会议。（3）参加由委托人主持的第一次工地会议；主持监理例会并根据工程需要主持或参加专题会议。（4）审查施工承包人提交的施工组织设计，重点审查其中的质量安全技术措施、专项施工方案与工程建设强制性标准的符合性。（5）检查施工承包人工程质量、安全生产管理制度及组织机构和人员资格。（6）检查施工承包人专职安全生产管理人员的配备情况。（7）审查施工承包人提交的施工进度计划，核查承包人对施工进度计划的调整。（8）检查施工承包人的试验室。（9）审核施工分包人资质条件。（10）查验施工承包人的施工测量放线成果。（11）审查工程开工条件，对条件具备的签发开工令。（12）审查施工承包人报送的工程材料、构配件、设备质量证明文件的有效性和符合性，并按规定对用于工程的材料采取平行检验或见证取样方式进行抽检。(13)审核施工承包人提交的工程款支付申请，签发或出具工程款支付证书，并报委托人审核、批准。(14)在巡视、旁站和检验过程中，发现工程质量、施工安全存在事故隐患的，要求施工承包人整改并报委托人。(15)经委托人同意，签发工程暂停令和复工令。(16)审查施工承包人提交的采用新材料、新工艺、新技术、新设备的论证材料及相关验收标准。(17)验收隐蔽工程、分部分项工程。(18)审查施工承包人提交的工程变更申请，协调处理施工进度调整、费用索赔、合同争议等事项。(19)审查施工承包人提交的竣工验收申请，编写工程质量评估报告。(20)参加工程竣工验收，签署竣工验收意见。(21)审查施工承包人提交的竣工结算申请并报委托人。(22)编制、整理工程监理归档文件并报委托人。

第二章　合 同 效 力

由于建设工程关乎人民群众的生命财产安全等社会公共利益，我国法律、行政法规对于建设工程合同的签订与履行作了较多的强制性规定。但由于我国建筑业起步较晚，目前仍然处于发展完善阶段，实践中围标、串标、转包、挂靠、违法分包等违反法律、行政法规强制性规定的情况较为普遍，也导致大量的施工合同被认定为无效。因此，如何准确认定施工合同的效力，以及施工合同被认定无效后如何处理，是建设工程合同纠纷中所涉及的最为重要的争议焦点之一。

第一节　建设工程合同效力认定的基本原则

合同的效力，是指依法成立的合同在当事人之间产生的法律拘束力。〔1〕合同之所以能产生法律拘束力，不仅是当事人意思自治的结果，更来自法律的赋予。合同的效力反映了国家法律对当事人意志的评价，对于合同效力的认定，通常是解决合同纠纷所要处理的最为基础，也是最为重要的问题。“人民法院在审理合同纠纷案件中，对于合同的性质、效力，无论当事人是否存在争议，都应当依职权进行审查。”〔2〕合同有效的，法院应当尊重当事人的合意，使合同发生当事人约定的效果；合同无效的，法院应当依据法律的规定，使之产生折价补偿、损失赔偿等法律效果。

---

〔1〕参见王利明：《合同法》（上册）（第2版），中国人民大学出版社2021年版，第145页。

〔2〕榆林市凯奇莱能源投资有限公司诉西安地质矿产勘查开发院合作勘查合同纠纷案，最高人民法院（2011）民一终字第81号民事判决书。

一、合同效力应当依法认定

鼓励交易是合同法立法的宗旨之一，法律尽可能促成合同关系的成立，使成立的合同尽可能生效，使生效的合同尽可能得到全面的履行，从而促成合同债权的实现，增加社会财富。因而，从鼓励交易的角度来说，法院在审理合同纠纷案件时，对于合同效力的认定，应当遵循"依法认定"的原则，尽可能维护合同的效力，审慎认定合同无效。

我国法律对合同无效的认定标准，经历了由宽到严的过程。1981 年发布的《经济合同法》(已失效)第 7 条规定，违反法律和国家政策、计划的合同，即属于无效合同；该法在 1993 年修订后，第 7 条规定违反法律和行政法规的合同无效，从此违反国家政策和计划不再导致合同无效；而 1999 年发布的《合同法》(已失效)，则在第 52 条中进一步限制为仅违反法律、行政法规的强制性规定[1]的合同无效；到《民法典》第 153 条，更是进一步做出了限制，规定"违反法律、行政法规的强制性规定的民事法律行为无效。但是，该强制性规定不导致该民事法律行为无效的除外"。上述"合同无效"的规定体现了我国法律中合同效力制度的立法取向，即在无碍社会基本秩序的前提下，尽可能维持合同效力，尊重当事人意思自治，实现社会效益的最大化。[2]

对于"强制性规定"的识别，最高人民法院 2019 年发布的《九民纪要》第 30

---

〔1〕 原《合同法解释(一)》第 4 条进一步明确："合同法实施以后，人民法院确认合同无效，应当以全国人大及其常委会制定的法律和国务院制定的行政法规为依据，不得以地方性法规、行政规章为依据。"原《合同法解释(二)》第 14 条又规定："合同法第五十二条第(五)项规定的'强制性规定'，是指效力性强制性规定。"对于如何识别效力性强制性规定，最高人民法院，指出应当采用正反两个标准。在肯定性识别上，首先，判断标准是该强制性规定是否明确规定了违反的后果是合同无效，如果规定了违反的后果是导致合同无效，该规定属于效力性强制性规定。其次，法律、行政法规虽然没有规定违反将导致合同无效的，但违反该规定如使合同继续有效将损害国家利益和社会公共利益的，也应当认定该规定是效力性强制性规定。在否定性识别上，应当明确法律、行政法规的强制性规定仅关系当事人利益的，法律、行政法规的强制性规定仅是为了行政管理或纪律管理需要的，一般都不属于效力性强制性规定。具体而言，对于否定性识别应当从以下两个方面考虑：首先，我们可以从强制性规定的立法目的进行判断，倘其是为了实现管理的需要而设置，并非针对行为内容本身，则可认为并不属于效力性强制性规定。其次，也可从强制性规定的调整对象来判断该规定是否效力性强制性规定。一般而言，效力性强制性规定针对的都是行为内容，而管理性强制性规范很多时候单纯限制的是主体的行为资格。参见最高人民法院研究室编著：《最高人民法院关于合同法司法解释(二)理解与适用》，人民法院出版社 2009 年版，第 112 页。

〔2〕 参见最高人民法院研究室编著：《最高人民法院关于合同法司法解释(二)理解与适用》，人民法院出版社 2009 年版，第 106 页。

条进行了较为详细的说明,“合同法施行后,针对一些人民法院动辄以违反法律、行政法规的强制性规定为由认定合同无效,不当扩大无效合同范围的情形,合同法司法解释(二)第14条将原《合同法》第52条第5项规定的‘强制性规定’明确限于‘效力性强制性规定’。此后,《最高人民法院关于当前形势下审理民商事合同纠纷案件若干问题的指导意见》进一步提出了‘管理性强制性规定’的概念,指出违反管理性强制性规定的,人民法院应当根据具体情形认定合同效力。随着这一概念的提出,审判实践中又出现了另一种倾向,有的人民法院认为凡是行政管理性质的强制性规定都属于‘管理性强制性规定’,不影响合同效力。这种望文生义的认定方法,应予纠正。人民法院在审理合同纠纷案件时,要依据《民法总则》第153条第1款和合同法司法解释(二)第14条的规定慎重判断‘强制性规定’的性质,特别是要在考量强制性规定所保护的法益类型、违法行为的法律后果以及交易安全保护等因素的基础上认定其性质,并在裁判文书中充分说明理由。下列强制性规定,应当认定为‘效力性强制性规定’:强制性规定涉及金融安全、市场秩序、国家宏观政策等公序良俗的;交易标的禁止买卖的,如禁止人体器官、毒品、枪支等买卖;违反特许经营规定的,如场外配资合同;交易方式严重违法的,如违反招投标等竞争性缔约方式订立的合同;交易场所违法的,如在批准的交易场所之外进行期货交易。关于经营范围、交易时间、交易数量等行政管理性质的强制性规定,一般应当认定为‘管理性强制性规定’。”

二、施工合同效力认定的原则

对于建设工程施工合同效力的认定及处理问题,是审判实践中的重点和难点。重点在于,建设工程施工合同具有金额巨大、履行周期长等特点,合同效力的认定直接关系当事人的重大经济利益。正确处理纠纷、平衡当事人利益关系,需要准确认定合同效力;难点在于,一方面,我国现代建筑业起步较晚,建筑市场运行不规范,转包、违法分包、挂靠等违法违规现象普遍存在,但又往往披上了合法的外衣,给法院查清案件事实造成诸多困难;另一方面,建设工程关乎国计民生,其质量安全更是直接关系到人民群众的生命财产安全,因而国家对建筑市场进行严格的管控,这也导致调整规范建筑市场秩序的法律、行政法规、规章、政策等十分庞杂,甚至存在很多冲突的地方,这也给裁判者准确适用法律带来一定障碍。

建设工程施工合同不仅关系发承包双方当事人的重大利益,更关系社会公共利益。建设工程施工合同得到全面的履行,会增加社会财富,创造巨大的经济效益。反之,则可能导致社会资源的极大浪费。因而建设工程合同案件认定合同效力时,应当尽可能使之有效,慎重认定合同无效。合同部分条款存在违反法律、行政法规强制性规定的,裁判者应当认定该部分条款无效,避免全盘否定全部合同的效力。

第二节 招标投标与合同效力

招标投标,是在市场经济条件下进行大宗货物的买卖、工程建设项目的发包与承包,以及服务项目的采购与提供时,所采用的一种交易方式。在这种交易方式下,项目采购(包括货物的购买、工程的发包和服务的采购)的采购方作为招标方,通过发布招标公告或者向一定数量的特定供应商、承包商发出招标邀请等方式发出招标采购的信息,提出所需采购的项目及其质量、技术要求、交货或竣工期限,以及对供应商、承包商与之签订采购合同的意向,由各有意提供采购所需货物、工程或服务项目的供应商作为投标方,向招标方书面提出自己拟提供的货物、工程或服务的报价及其他响应招标要求的文件,参与投标竞争。招标方经对各投标者的报价及其他条件进行审查比较后,从中择优选定中标者,并与其签订采购合同。[1]

一、建设工程必须进行招标而未招标,签订的施工合同无效

根据《建设工程司法解释(一)》第1条的规定,建设工程必须进行招标而未招标的,应当依据《民法典》第153条第1款的规定,认定无效。

(一)必须招标的工程范围

《招标投标法》第3条规定:“在中华人民共和国境内进行下列工程建设项目包括项目的勘察、设计、施工、监理以及与工程建设有关的重要设备、材料等的采购,必须进行招标:(一)大型基础设施、公用事业等关系社会公共利益、公

〔1〕 参见卞耀武主编:《中华人民共和国招标投标法释义》,法律出版社2000年版,第17、18页。

共安全的项目；（二）全部或者部分使用国有资金投资或者国家融资的项目；（三）使用国际组织或者外国政府贷款、援助资金的项目。”《招标投标法实施条例》第 2 条规定：“招标投标法第三条所称工程建设项目，是指工程以及与工程建设有关的货物、服务。前款所称工程，是指建设工程，包括建筑物和构筑物的新建、改建、扩建及其他有关的装修、拆除、修缮等；所称与工程建设有关的货物，是指构成工程不可分割的组成部分，且为实现工程基本功能所必需的设备、材料等；所称与工程建设有关的服务，是指为完成工程所需的勘察、设计、监理等服务。”

根据《招标投标法》第 3 条第 2 款以及《招标投标法实施条例》第 3 条的规定，依法必须进行招标的工程建设项目的具体范围和规模标准，由国务院发展改革部门会同国务院有关部门制定，报国务院批准后公布施行。《招标投标法》于 2000 年 1 月 1 日施行后，原国家（发展）计划委员会制定并报国务院批准的《工程建设项目招标范围和规模标准规定》即于 2000 年 5 月 1 日起施行，其后该规定因《必须招标的工程项目规定》施行（2018 年 6 月 1 日）而被废止。《必须招标的工程项目规定》对《招标投标法》第 3 条规定的“全部或者部分使用国有资金投资或者国家融资的项目”以及“使用国际组织或者外国政府贷款、援助资金的项目”的范围进行了明确。同年，国家发改委于 2018 年 6 月 6 日发布了《必须招标的基础设施和公用事业项目范围规定》，对《招标投标法》中的“大型基础设施、公用事业等关系社会公共利益、公共安全的项目”的具体范围进行了明确。

因此，对于《招标投标法》规定的必须进行招标的工程建设项目的具体范围和规模标准，主要依据上述《必须招标的工程项目规定》以及《必须招标的基础设施和公用事业项目范围规定》来认定：

1. 大型基础设施、公用事业等关系社会公共利益、公共安全的项目，包括：（1）煤炭、石油、天然气、电力、新能源等能源基础设施项目；（2）铁路、公路、管道、水运，以及公共航空和 A1 级通用机场等交通运输基础设施项目；（3）电信枢纽、通信信息网络等通信基础设施项目；（4）防洪、灌溉、排涝、引（供）水等水利基础设施项目；（5）城市轨道交通等城建项目。

2. 全部或者部分使用国有资金投资或者国家融资的项目，包括：（1）使用预算资金 200 万元人民币以上，并且该资金占投资额 10% 以上的项目；（2）使用国有企业事业单位资金，并且该资金占控股或者主导地位的项目。

3. 使用国际组织或者外国政府贷款、援助资金的项目，包括：（1）使用世界银行、亚洲开发银行等国际组织贷款、援助资金的项目;(2)使用外国政府及其机构贷款、援助资金的项目。

4. 规模标准:上述范围内的项目,其勘察、设计、施工、监理以及与工程建设相关的重要设备、材料等的采购达到下列标准之一的,必须招标:(1)施工单项合同估算价在400万元人民币以上;(2)重要设备、材料等货物的采购,单项合同估算价在200万元人民币以上;(3)勘察、设计、监理等服务的采购,单项合同估算价在100万元人民币以上。同一项目中可以合并进行的勘察、设计、施工、监理以及与工程建设有关的重要设备、材料等的采购,合同估算价合计达到前款规定标准的,必须招标。

(二)依法必须进行招标的除外规定

《招标投标法》第66条和《招标投标法实施条例》第9条对属于《招标投标法》第3条规定的必须进行招标的工程范围,但基于特殊原因可以不进行招标的情况或情形进行了规定,具体包括:

(1)涉及国家安全、国家秘密、抢险救灾或者属于利用扶贫资金实行以工代赈、需要使用农民工等特殊情况,不适宜进行招标的项目;

(2)需要采用不可替代的专利或者专有技术;

(3)采购人依法能够自行建设、生产或者提供;

(4)已通过招标方式选定的特许经营项目投资人依法能够自行建设、生产或者提供;

(5)需要向原中标人采购工程、货物或者服务,否则将影响施工或者功能配套要求;

(6)国家规定的其他特殊情形。

(三)应当严格界定必须招标的工程范围

从目前的政策趋势来看,尊重非国有资金投资主体的发包自主性已经成为共识,对这些项目的发包限制也在逐步放开。如原住建部2014年发布的《关于推进建筑业发展和改革的若干意见》(建市〔2014〕92号)第5条规定:"改革招标投标监管方式。调整非国有资金投资项目发包方式,试行非国有资金投资项目建设单位自主决定是否进行招标发包,是否进入有形市场开展工程交易活动,并由建设单位对选择的设计、施工等单位承担相应的责任。"国务院办公厅

2017 年发布的《关于促进建筑业持续健康发展的意见》(国办发〔2017〕19 号)第 2 条第 2 项规定:"完善招标投标制度。加快修订《工程建设项目招标范围和规模标准规定》,缩小并严格界定必须进行招标的工程建设项目范围,放宽有关规模标准,防止工程建设项目实行招标'一刀切'。在民间投资的房屋建筑工程中,探索由建设单位自主决定发包方式。"一些地方政府的建设行政主管部门亦先后出台了类似规定。[1] 2018 年发布并施行的《必须招标的工程项目规定》《必须招标的基础设施和公用事业项目范围规定》与 2000 年发布并施行的《工程建设项目招标范围和规模标准规定》(已失效)相比,大幅缩小了必须招标的工程项目范围,大幅提高了必须招标工程项目的规模标准,给予了非国有资金投资项目业主更多的自主权。

《招标投标法》第 3 条规定的主要立法目的和功能如下:(1)规制大型基础设施、公用事业等关系社会公共利益、公众安全的项目建设,强调的是对诸如民生工程等属公共事务范畴项目的规制;(2)规制国有资金或者国际组织、外国政府借款、援助资金等公共资金的使用效益,防止使用该类资金的工程项目中的资金被滥用。因此,对于必须进行招标的工程项目,应严格限定而不得随意扩大其范围,除非法律、行政法规或根据其授权颁布实施的其他规范性文件另有明确规定,否则,对于纯民营资本投资且不涉及社会公共利益、公众安全的建设工程,一般不应认定为属于必须进行招标的工程项目范围。[2] 这就要求对必须招标的工程范围不能作扩张解释,应当严格按照《招标投标法》第 3 条以及《必须招标的工程项目规定》《必须招标的基础设施和公用事业项目范围》的规定予以认定。

---

〔1〕 如重庆市城乡建设委员会 2007 年发布的《关于非国有资金投资建设工程施工承发包监督管理有关事项的通知》(渝建发〔2007〕159 号)第 1 条规定:"对于全部使用非国有资金投资的建设工程施工发包,本着充分尊重非国有资金投资主体发包自主性的原则,由发包人自主决定发包方式,自主决定是否进入有形建筑市场开展承发包活动,自主依法组织承发包活动。"安徽省住建厅与青海省住建厅分别于 2014 年和 2015 年发布了《关于改革非国有资金投资房屋建筑和市政基础设施工程项目发包方式的通知》,两个通知的第 1 条均规定,在其本省行政区域内全部使用非国有资金投资的房屋建筑和市政基础设施工程项目,由项目建设单位自主决定是否进行招标或直接发包,是否进入有形建筑市场开展工程交易活动。黑龙江省人民政府发布的《关于促进建筑业改革发展的实施意见》(黑政办规〔2018〕59 号)亦指出:"非国有投资的房屋建筑工程,建设单位可自主选择招标发包或直接发包。"

〔2〕 参见江苏省苏中建设集团股份有限公司诉包头市恒源房地产开发有限责任公司建设工程施工合同纠纷案,最高人民法院(2018)最高法民终 620 号民事判决书。

（四）建设工程项目必须进行招标而未招标的法律后果

1. 行政法律后果

发包人对必须进行招标的项目不进行招标，将承担相应的行政法律责任。《招标投标法》第 49 条规定："违反本法规定，必须进行招标的项目而不招标的，将必须进行招标的项目化整为零或者以其他任何方式规避招标的，责令限期改正，可以处项目合同金额千分之五以上千分之十以下的罚款；对全部或者部分使用国有资金的项目，可以暂停项目执行或者暂停资金拨付；对单位直接负责的主管人员和其他责任人员依法给予处分。"

2. 民事法律后果

《建设工程司法解释（一）》第 1 条第 1 款规定："建设工程施工合同具有下列情形之一的，应当根据民法典第一百五十三条第一款的规定，认定无效：……（三）建设工程必须进行招标而未招标或者中标无效的。"必须进行招标的工程建设项目未进行招标而签订的建设工程施工合同，因违反《招标投标法》第 3 条的规定，应当认定为无效合同。

《民法典》第 153 条第 1 款规定："违反法律、行政法规的强制性规定的民事法律行为无效。但是，该强制性规定不导致该民事法律行为无效的除外。"此规定前半句的"强制性规定"的违反后果是法律行为无效，属于效力性强制性规定。对于"效力性强制性规定"的识别，《九民纪要》第 30 条进行了具体明确："下列强制性规定，应当认定为'效力性强制性规定'：……违反特许经营规定的，如场外配资合同；交易方式严重违法的，如违反招投标等竞争性缔约方式订立的合同……"《招标投标法》之所以规定某些特定的法律行为必须采取招标投标的方式订立，就是禁止当事人以招标投标之外的方式订立合同。从其保护的法益看，规范招标投标活动不仅涉及当事人的合法权益保护，同时也是维护公平竞争的市场经济秩序，预防和遏制腐败的重要环节，涉及国家利益、社会公共利益。因此，法律、行政法规规定的必须通过招标投标方式订立的合同，违反招标投标方式订立的，属于无效合同。[1]

对于必须招标的工程项目的具体范围和规模标准，系根据《必须招标的工

---

〔1〕 参见最高人民法院民事审判第二庭编著：《〈全国法院民商事审判工作会议纪要〉理解与适用》，人民法院出版社 2019 年版，第 249 页。

程项目规定》《必须招标的基础设施和公用事业项目范围规定》规定的内容来认定。有观点认为,这两个规定系部门规章,而法院认定合同效力需以法律、行政法规作为依据,不能据此认定合同效力。但对于特定工程项目必须招标的要求源于《招标投标法》,《必须招标的工程项目规定》《必须招标的基础设施和公用事业项目范围规定》是根据《招标投标法》的授权进行的具体细化的规定,而不是脱离法律、行政法规所新创设的规定。因此,法院认定合同效力的依据并非上述两个规章,而是《招标投标法》第3条的规定。

(五)必须招标范围发生变化后的合同效力

2018年发布并施行的《必须招标的工程项目规定》《必须招标的基础设施和公用事业项目范围规定》与2000年发布并施行的《工程建设项目招标范围和规模标准规定》(已失效)相比,大幅缩小了必须招标的工程项目范围,同时大幅提高了必须招标工程项目的规模标准,导致一些工程项目,如商品住宅项目,在2018年之前属于必须招标的工程建设项目,但在2018年的两个规定施行之后不属于必须招标的工程建设项目。该工程项目未经招标,在2018年之前签订了建设工程施工合同,但诉讼纠纷发生在2018年的两个规定施行之后,此时施工合同的效力应如何认定?

一种观点认为,根据《立法法》第93条的规定,法律、行政法规、地方性法规、自治条例和单行条例、规章不溯及既往,法院应当根据合同签订时法律法规的规定认定合同的效力。即工程建设项目在合同签订时属于必须招标的范围,即使因法律法规的变动已经不属于必须招标的范围,对于未履行招标程序签订的建设工程施工合同,法院也应当认定合同无效。即按照原《工程建设项目招标范围和规模标准规定》属于必须招标的工程因未进行招标,应当认定为无效合同。

【典型案例】浙江中邦建设工程有限公司与浙江荣宇房地产开发有限公司确认合同无效纠纷案[1]

【基本案情】2017年11月12日,浙江荣宇房地产开发有限公司(以下简称荣宇公司)与浙江中邦建设工程有限公司(以下简称中邦公司)签订《建设

---

〔1〕 参见浙江省高级人民法院民事判决书,(2019)浙民终92号。

工程施工合同》，约定荣宇公司将华都嘉园二期工程发包给中邦公司施工，签约合同价为28,000万元。涉案项目的建设用地规划许可证载明，用地项目为商业住宅楼建设项目。涉案施工合同签订以后，荣宇公司主张双方并未履行合同，中邦公司主张其已开始履行合同。后双方因该施工合同的效力产生争议。浙江省高级人民法院于2019年1月23日受理该案。

【裁判观点】根据《招标投标法》第3条、《工程建设项目招标范围和规模标准规定》第3条之规定，双方当事人于2017年11月12日签订的《建设工程施工合同》约定涉案工程总投资额为28,000万元，该规模属于必须招投标的工程项目无疑。虽然国家发改委于2018年6月1日起发布施行了《必须招标的工程项目规定》，经国务院批复同意，上述《工程建设项目招标范围和规模标准规定》同时废止，但是根据"法不溯及既往"的一般原则及相关司法解释的规定，涉案施工合同应认定无效。

另一种观点认为，在旧的规定废止，新的规定施行，工程建设项目不属于必须招标的范围时，应当认为未招标的行为不损害国家利益和社会公共利益，同时基于鼓励交易原则以及诚实信用原则，法院应当放宽认定合同效力的标准，认定合同有效。即由于建设工程的行业政策发生重大调整，法院应当本着合同法鼓励交易的原则，认定合同为有效。

【典型案例】云南润红房地产开发有限责任公司与长青建设集团有限公司建设工程施工合同纠纷案〔1〕

【基本案情】2012年11月21日，云南润红房地产开发有限责任公司（以下简称润红公司）与长青建设集团有限公司（以下简称长青公司）未经过招标投标，签订《建设工程施工合同》，约定润红公司将"扎西尚城"商住小区建设项目发包给长青公司施工，合同价款暂定1.3亿元。后因工程款支付发生争议，长青公司于2016年5月16日向一审法院起诉，一审法院于2018年12月27日作出一审判决。二审法院于2019年5月14日立案受理。

---

〔1〕 参见最高人民法院民事判决书，(2019)最高法民终791号。

【裁判观点】涉案合同签订时,《工程建设项目招标范围和规模标准规定》没有被废止,当事人应当严格遵照执行。润红公司作为项目开发商,是涉案项目的招标人,其以未招标订立合同为由否认涉案合同效力,违反上述规定,且有悖于诚实信用,具有重大过错,即使该抗辩成立也不能减轻或免除其应当依法承担的损失赔偿责任。本案原审判决于2018年12月27日作出,即在本案第一审程序审理期间,该规定被明文废止。本着合同法鼓励交易、信守合同的精神,亦不应当适用该规定而认定涉案合同不成立或无效。

事实上,"法不溯及既往"是一个基本原则,但有例外,相关司法解释对此有所规定:原《合同法解释(一)》第3条规定:"人民法院确认合同效力时,对合同法实施以前成立的合同,适用当时的法律合同无效而适用合同法合同有效的,则适用合同法。"《九民纪要》第4条规定:"民法总则施行前成立的合同,根据当时的法律应当认定无效,而根据民法总则应当认定有效或者可撤销的,应当适用民法总则的规定。"最高人民法院《关于适用〈中华人民共和国民法典〉时间效力的若干规定》第8条规定:"民法典施行前成立的合同,适用当时的法律、司法解释的规定合同无效而适用民法典的规定合同有效的,适用民法典的相关规定。"

之所以作出如上例外的规定,原因主要在于:(1)根据裁判时的法律规定,某一法律行为不具有违法性,法院适用现时的法律对合同效力进行评价,具有法律适用的正当性,也符合合同当事人签订合同的目的和预期[1];(2)基于鼓励交易和诚实信用的合同法基本原则的考虑。鼓励交易是合同法立法的宗旨之一,法律尽可能促成合同关系的成立,使成立的合同尽可能生效,使生效的合同尽可能得到全面履行,从而促成合同债权的实现。并且,我国法律中的合同效力制度的立法取向,也体现了在无碍社会基本秩序的前提下,尽可能维持合同效力,尊重当事人意思自治,实现社会效益的最大化的精神。[2] 基于上述理由,应当认为,工程建设项目在合同签订时属于必须招标项目,而裁判时不属于

---

〔1〕 参见最高人民法院民事审判第二庭编著:《〈全国法院民商事审判工作会议纪要〉理解与适用》,人民法院出版社2019年版,第108页。

〔2〕 参见最高人民法院研究室编著:《最高人民法院关于合同法司法解释(二)理解与适用》,人民法院出版社2009年版,第106页。

必须招标项目的，裁判者应当本着合同法鼓励交易、信守合同的精神，认可施工合同的效力。

【典型案例】南宁金胤房地产有限责任公司与中建三局第一建设工程有限责任公司、中国建设银行股份有限公司武汉东西湖支行等建设工程施工合同纠纷案[1]

【基本案情】涉案工程系商品房住宅工项目，南宁金胤房地产有限责任公司（以下简称金胤房开公司）未经公开招投标，直接与中建三局第一建设工程有限责任公司（以下简称中建三局）进行议标，并于2009年10月10日签订《建设工程施工合同》。2009年11月18日，金胤房开公司签发开工令，中建三局进场施工。涉案工程于2012年陆续完成竣工验收，整体工程竣工验收备案日期为2012年9月12日。

【裁判观点】2017年2月21日，国务院办公厅《关于促进建筑业持续健康发展的意见》明确提出，"完善招标投标制度。加快修订《工程建设项目招标范围和规模标准规定》，缩小并严格界定必须进行招标的工程建设项目范围，放宽有关规模标准，防止工程建设项目实行招标'一刀切'。在民间投资的房屋建筑工程中，探索由建设单位自主决定发包方式"。2018年3月27日，国家发改委关于《必须招标的工程项目规定》第4条规定，不属于该规定第2条、第3条规定情形的关系社会公共利益、公众安全的项目，必须招标的具体范围由国务院发展改革部门会同国务院有关部门按照确有必要、严格限定的原则制定。2018年6月6日，国家发改委颁布了《必须招标的基础设施和公用事业项目范围的规定》，进一步明确了不属于《必须招标的工程项目规定》第2条、第3条规定情形的大型基础设施、公用事业等关系社会公共利益、公众安全的项目范围，必须招标的具体范围不包括商品住宅。此情形下，涉案《建设工程施工合同》虽未经公开招投标程序而签订，但该行为的发生已不绝对地损害国家利益或者社会公共利益。参照原《合同法解释（一）》第4条"人民法院确认合同效力时，对合同法实施以前成立的合同，适用当时的法律合同无效而适用合同法合同有效的，则适用合同法"规定的精神，从保护市场交易的安全稳定和诚实信用原则考虑，涉案《建设工程施工合同》应认定有效。

---

〔1〕 参见最高人民法院民事判决书，(2018)最高法民再163号。

二、建设工程经招标但中标无效的，签订的施工合同无效

《招标投标法》第46条规定："招标人和中标人应当自中标通知书发出之日起三十日内，按照招标文件和中标人的投标文件订立书面合同。"因此，中标是签订建设工程施工合同的前提条件，中标合法也是施工合同合法的前提。换言之，中标因违反法律规定无效，必然导致建设工程施工合同无效。[1] 根据《招标投标法》《招标投标法实施条例》的相关规定，中标无效的情形主要包括：

（一）招标代理机构的违法行为影响中标结果的，中标无效

根据《招标投标法》第13条的规定，招标代理机构是依法设立、从事招标代理业务并提供相关服务的社会中介组织。该法第14条同时规定，招标代理机构与行政机关和其他国家机关不得存在隶属关系或者其他利益关系。《招标投标法实施条例》第14条规定，招标人应当与被委托的招标代理机构签订书面委托合同，故招标人和招标代理机构之间属于委托代理关系。招标代理机构应当在招标人委托的范围内办理招标事宜，并遵守《招标投标法》及《招标投标法实施条例》关于招标人的规定。招标代理机构违反法律规定的行为影响中标结果，进而导致中标无效的情况，具体如下：

1. 招标代理机构违反保密义务，泄露应当保密的与招标投标活动有关的情况和资料，影响中标结果的。这里所讲的"与招标投标活动有关的情况和资料"，包括编制和发售招标文件阶段的潜在投标人的名称、数量以及可能影响公平竞争的有关招标投标的其他情况，招标项目的标底，评标阶段的评标保密措施，对投标文件的评审和比较，中标候选人的推荐情况，以及与评标有关的其他情况。[2]

2. 招标代理机构与招标人、投标人串通损害国家利益、社会公共利益或者他人合法权益，影响中标结果的。具体包括三种情形：(1)招标代理机构与招标人串通，违反法律规定进行招标投标；(2)招标代理机构与投标人串通，意图使投标人中标，谋取不正当利益；(3)招标代理机构与招标人、投标人串通，违反法

---

〔1〕 参见最高人民法院民事审判第一庭编著：《最高人民法院建设工程施工合同司法解释的理解与适用》，人民法院出版社2015年版，第28页。

〔2〕 参见卞耀武主编：《中华人民共和国招标投标法释义》，法律出版社2000年版，第119页。

律规定虚假招投标。

根据《招标投标法实施条例》第 13 条、第 65 条的规定，招标代理机构不得在所代理的招标项目中投标或者代理投标，也不得为所代理的招标项目的投标人提供咨询。招标代理机构在所代理的招标项目中投标、代理投标或者向该项目投标人提供咨询的，接受委托编制标底的中介机构参加受托编制标底项目的投标或者为该项目的投标人编制投标文件、提供咨询的，依法追究其法律责任。根据《招标投标法》第 50 条的规定，招标代理机构违反法律规定，泄露应当保密的与招标投标活动有关的情况和资料的，或者与招标人、投标人串通，损害国家利益、社会公共利益或者他人合法权益的行为影响中标结果的，中标无效。

（二）招标人的违法行为影响中标结果的，中标无效

招标人，是指依照《招标投标法》的规定提出招标项目、进行招标的法人或者其他组织。《招标投标法》《招标投标法实施条例》对招标人在招投标过程中的行为作出了很多禁止性的规定，如招标人的行为违反了法律规定，影响中标结果的，则中标无效，主要如下：

1. 必须招标项目的招标人违反保密义务，影响中标结果的。《招标投标法》第 22 条规定，招标人不得向他人透露已获取招标文件的潜在投标人的名称、数量，以及可能影响公平竞争的有关招标投标的其他情况。招标人设有标底的，标底必须保密。根据该条规定，对可能影响公平竞争的有关招标投标的情况信息予以保密，是招标人的法定义务，招标人应当遵守。该条第 2 款专门对标底的保密义务作了规定，可见标底对于中标与否具有重要影响。标底，即招标项目的底价，是招标人购买工程、货物、服务的预算。对投标人而言，在不考虑其他因素的情况下，报价越接近标底的投标，中标的可能性就越大。因此，如标底被泄露，对其他竞标人来说显然是不公平的。故《招标投标法》第 52 条规定，依法必须进行招标的项目的招标人向他人透露已获取招标文件的潜在投标人的名称、数量或者可能影响公平竞争的有关招标投标的其他情况的，或者泄露标底，影响中标结果的，中标无效。

2. 必须招标项目的招标人在中标前与投标人就实质性内容进行谈判，影响中标结果的。《招标投标法》第 43 条规定："在确定中标人前，招标人不得与投标人就投标价格、投标方案等实质性内容进行谈判。"招标投标应当是各投标人

在公平、公正的前提下进行竞争。在确定中标人以前，如果允许招标人与个别投标人就其投标价格、投标方案等实质性内容进行谈判，招标人可能会利用一个投标人提交的投标对另一个投标人施加压力，迫使其降低投标价格或作出对招标人更有利的让步。同时，还有可能导致招标人与投标人的串通行为，投标人可能会借此机会根据从招标人处得到的信息对有关投标报价等实质性内容进行修改。这对于其他投标人显然是不公平的。因此，法律禁止招标人与投标人在确定中标人之前就实质性内容进行谈判。[1] 故《招标投标法》第55条规定，依法必须进行招标的项目，招标人违反该法规定，与投标人就投标价格、投标方案等实质性内容进行谈判，影响中标结果的，中标无效。

【典型案例】湖北嘉洲旅游开发有限公司与上海金岭建设有限公司合同纠纷案[2]

【基本案情】2014年1月22日，湖北嘉洲旅游开发有限公司（以下简称嘉洲公司）与上海金岭建设有限公司（以下简称金岭公司）签订《建筑工程施工总承包协议》（以下简称《总承包协议》），约定嘉洲公司将嘉鱼县三湖市政工程发包给金岭公司施工，工程暂定价为5000万元。同年2月20日，金岭公司通过招标投标程序成为嘉鱼县三湖工程施工单位。同日，嘉洲公司与金岭公司签订《嘉鱼县三湖工程施工总承包合同》，该合同进行了备案。2015年4月17日，嘉洲公司、金岭公司签订了《建筑工程施工总承包补充协议》（以下简称《补充协议》）。

【裁判观点】嘉洲公司与金岭公司签订《总承包协议》后，双方又以邀请招标方式签订《总承包合同》，并将《总承包合同》在当地相关部门进行备案。由于嘉洲公司与金岭公司在招投标前已经签订《总承包协议》，并约定中标合同作为备案使用，实际以《总承包协议》为准，双方存在事前串标并有实质性接触情形，违反《招标投标法》第32条的强制性规定，《总承包协议》《总承包合同》均为无效。因《补充协议》系对《总承包协议》条款的补充而不能独立存在，在《总承包协议》无效后，《补充协议》也应认定无效。

---

〔1〕 参见卞耀武主编：《中华人民共和国招标投标法释义》，法律出版社2000年版，第102页。

〔2〕 参见湖北省高级人民法院民事判决书，(2020)鄂民终449号。

3. 招标人在中标候选人以外确定中标人，必须招标项目在所有投标被否决后自行确定中标人的。根据《招标投标法》第 40 条、第 42 条的规定，招标人应根据评标委员会提出的书面评标报告和推荐的中标候选人确定中标人。依法必须进行招标的项目的所有投标被否决的，招标人应当依照该法重新招标。招标投标作为一种市场经济下的竞争机制交易方式，有利于择优选取中标者、避免腐败，从而营造公平竞争的市场环境。在评标委员会合法推荐了中标候选人的情况下，如招标人在候选人以外确定中标人，对其他竞标人尤其是中标候选人显然是不公平的，更会使招标投标失去其应有的意义。同样，对于法律规定必须招标的项目，如果所有投标均被否决，招标人不能从投标人中挑选一个中标人，或在投标人以外确定中标人，因为这样的话相当于没有经过招标投标程序而直接发包，违反了《招标投标法》的强制性规定。但对于非必须招标项目，发包人可以自由选择发包方式，在经过招标投标，但所有投标均被否决，无法确定中标人的情况下，发包人可以选择重新招标，也可以选择不再招标，进行直接发包。故《招标投标法》第 57 条规定，招标人在评标委员会依法推荐的中标候选人以外确定中标人的，依法必须进行招标的项目在所有投标被评标委员会否决后自行确定中标人的，中标无效。

（三）投标人违法行为导致中标无效

《招标投标法》第 25 条规定："投标人是响应招标、参加投标竞争的法人或者其他组织。"《招标投标法》《招标投标法实施条例》对投标人在招标投标过程中的行为作出了很多禁止性的规定，如投标人的行为违反了相应的法律规定，应认定中标无效。具体如下：

1. 投标人之间相互串通投标的。《招标投标法》第 32 条第 1 款规定："投标人不得相互串通投标报价，不得排挤其他投标人的公平竞争，损害招标人或者其他投标人的合法权益。"该条所规定的投标人"相互串通投标报价"，是指投标人彼此之间以口头或者书面的形式，就投标报价的形式互相通气，从而避免相互竞争，共同损害招标人或者其他投标人的合法权益的行为。[1] 根据《招标投标法实施条例》第 39 条、第 40 条的规定，下列情形属于投标人相互串通投标：（1）投标人之间协商投标报价等投标文件的实质性内容；（2）投标人之间约定

[1] 参见卞耀武主编：《中华人民共和国招标投标法释义》，法律出版社 2000 年版，第 82 页。

中标人；(3)投标人之间约定部分投标人放弃投标或者中标；(4)属于同一集团、协会、商会等组织成员的投标人按照该组织要求协同投标；(5)投标人之间为谋取中标或者排斥特定投标人而采取的其他联合行动。下列情形视为投标人相互串通投标：(1)不同投标人的投标文件由同一单位或者个人编制；(2)不同投标人委托同一单位或者个人办理投标事宜；(3)不同投标人的投标文件载明的项目管理成员为同一人；(4)不同投标人的投标文件异常一致或者投标报价呈规律性差异；(5)不同投标人的投标文件相互混装；(6)不同投标人的投标保证金从同一单位或者个人的账户转出。

2. 投标人与招标人串通投标的。《招标投标法》第 32 条第 2 款规定："投标人不得与招标人串通投标，损害国家利益、社会公共利益或者他人的合法权益。"该条所规定的"与招标人串通投标"，是指投标人与招标人在招标投标活动中，以不正当的手段从事私下交易，致使招标投标流于形式，共同损害国家利益、社会公共利益或者他人合法权益的行为。[1] 根据《招标投标法实施条例》第 41 条的规定，下列情形属于招标人与投标人串通投标：(1)招标人在开标前开启投标文件并将有关信息泄露给其他投标人；(2)招标人直接或者间接向投标人泄露标底、评标委员会成员等信息；(3)招标人明示或者暗示投标人压低或者抬高投标报价；(4)招标人授意投标人撤换、修改投标文件；(5)招标人明示或者暗示投标人为特定投标人中标提供方便；(6)招标人与投标人为谋求特定投标人中标而采取的其他串通行为。

3. 投标人以行贿手段谋取中标的。《招标投标法》第 32 条第 3 款规定："禁止投标人以向招标人或者评标委员会成员行贿的手段谋取中标。"该条所规定的"行贿"，是指投标人以谋取中标为目的，给予招标人（包括工作人员）或者评标委员会成员财物（包括有形财产和其他好处）的行为。这一行为的直接后果破坏了公平竞争的市场法则，损害了其他投标人的利益，同时也可能损害国家利益和社会公共利益，因此必须予以禁止。

对于串通投标以及行贿谋取中标的行为的法律后果，根据《招标投标法实施条例》第 51 条的规定，投标人有串通投标、弄虚作假、行贿等违法行为，评标委员会应当否决其投标。《招标投标法》第 53 条规定，投标人相互串通投标或者与招标人串通投标的，投标人以向招标人或者评标委员会成员行贿的手段谋

---

〔1〕 参见卞耀武主编：《中华人民共和国招标投标法释义》，法律出版社 2000 年版，第 82 页。

取中标的,中标无效。

4. 投标人以他人名义投标或者弄虚作假骗取中标的。根据《招标投标法》第33条的规定,投标人不得以他人名义投标或者以其他方式弄虚作假,骗取中标。该条规定的“以他人名义投标”,在实践中多表现为一些不具备法定或者投标文件规定的资格条件的单位或者个人,采取“挂靠”甚至冒名顶替的方法,以其他具备资格条件的企业、事业单位的名义进行投标竞争。[1] 且根据《招标投标法实施条例》第42条第1款的规定,使用通过受让或者租借等方式获取的资格、资质证书投标的,属于《招标投标法》第33条规定的以他人名义投标。这种做法严重扰乱了招标投标的正常秩序,如果让这类“以他人名义”投标的投标人中标,会严重影响中标项目的质量,不仅严重损害投标人的利益,也会给国家利益和社会公共利益造成危害。“以其他方式”弄虚作假的行为包括:(1)使用伪造、变造的许可证件;(2)提供虚假的财务状况或者业绩;(3)提供虚假的项目负责人或者主要技术人员简历、劳动关系证明;(4)提供虚假的信用状况;(5)其他弄虚作假的行为。《招标投标法》第54条规定,投标人以他人名义投标或者以其他方式弄虚作假,骗取中标的,中标无效。

三、低于成本价中标后签订的施工合同效力

《招标投标法》《招标投标法实施条例》都禁止投标人以低于成本的价格投标竞标,或者将投标报价不得低于成本价作为投标人中标的法定前提之一,但均未明确低于成本价中标是否属于中标无效,亦未明确约定的价款低于成本价的合同的效力。《招标投标法》第33条规定了投标人不得以低于成本的报价竞标;同时,该法第41条规定了中标人的投标应当能够满足招标文件的实质性要求,并且经评审的投标价格最低,但是投标价格低于成本的除外。《招标投标法实施条例》第51条第5项规定,投标报价低于成本的,评标委员会应当否决其投标。《建设工程质量管理条例》第10条第1款规定了建设工程发包单位不得迫使承包方以低于成本的价格竞标。《建筑工程施工发包与承包计价管理办法》第10条亦规定了投标报价不得低于工程成本。

法律禁止投标人以低于成本价竞标,主要原因在于:(1)投标人若以低于成本的价格中标,其在施工过程中必然会为了避免亏损而通过减少技术力量、设

---

[1] 参见卞耀武主编:《中华人民共和国招标投标法释义》,法律出版社2000年版,第84页。

备设施的投入,使用劣质材料或偷工减料,雇佣廉价劳动力等方式压缩成本,进而危及工程质量,损害社会公共利益;(2)维护正常的投标竞争秩序,防止产生投标人以低于其成本价的方式进行不正当竞争,损害其他以合理报价进行竞争的投标人的利益。在评标过程中,如果评标委员会发现投标人的报价明显低于其个别成本的,应当启动澄清程序,要求该投标人作出书面说明并提供相关证明材料。投标人不能合理说明或者不能提供相关证明材料的,评标委员会应当认定该投标人以低于成本报价竞标,否决其投标。〔1〕

(一)"成本"应为企业个别成本

投标人不得以低于成本的报价竞标,这里的"成本"应当如何认定,司法实践中存在不同的观点。

有观点认为,应当以造价鉴定机构依据工程定额标准和价格信息出具的鉴定意见作为认定"成本"的标准。例如,在佛山市南海第二建筑工程有限公司诉佛山华丰纺织有限公司建设工程施工合同纠纷案〔2〕中,一审法院佛山市中级人民法院及二审法院广东省高级人民法院均以鉴定机构出具的工程造价鉴定书来测算工程成本,进而认定中标价低于成本价。

但更多观点认为,"成本",是指低于投标人为完成投标项目所需支出的个别成本。由于每个投标人的管理水平、技术能力与条件不同,即使完成同样的招标项目,其个别成本也不可能完全相同,管理水平高、技术先进的投标人,生产、经营成本低,有条件以较低的报价参加投标竞争,这是其竞争实力强的表现。实行招标投标的目的,正是通过投标人之间的竞争,特别是在投标报价方面的竞争,择优选择中标者,因此,只要投标人的报价不低于自身的个别成本,即使是低于行业平均成本,也是完全可以的。〔3〕

如前述案件,最高人民法院在提审中亦认为,成本价应当属于企业个别成本,主张中标价低于成本价的承包人应当负证明其企业个人成本的举证责任,不能依据鉴定出来的社会平均成本来认定,"法律禁止投标人以低于成本的报价竞标,主要目的是规范招标投标活动,避免不正当竞争,保证项目质量,维护

---

〔1〕 参见国家发展和改革委员会法规司、国务院法制办公室财金司、监察部执法监察司编著:《中华人民共和国招标投标法实施条例释义》,中国计划出版社2017年版,第130页。

〔2〕 参见最高人民法院民事判决书,(2015)民提字第142号。

〔3〕 参见卞耀武主编:《中华人民共和国招标投标法释义》,法律出版社2000年版,第84页。

社会公共利益，如果确实存在低于成本价投标的，应当依法确认中标无效，并相应认定建设工程施工合同无效。但是，对何为‘成本价’应作正确理解，所谓‘投标人不得以低于成本的报价竞标’应指投标人投标报价不得低于其为完成投标项目所需支出的企业个别成本。招标投标法并不妨碍企业通过提高管理水平和经济效益降低个别成本以提升其市场竞争力”。[1]

造价鉴定机构出具的鉴定意见系依据建筑行业主管部门颁布的工程定额标准和价格信息编制，反映的是建筑市场的社会平均成本，不能等同于承包人的个别成本。但对于施工企业的个别成本，法院难以准确认定和查明，故提出“低于成本价”主张的承包人应承担举证证明责任，如承包人没有提交证据证明合同约定的价格低于其公司个别成本，则法院不应支持其主张。例如，在南通市通州百盛市政工程公司诉苏州市吴江东太湖综合开发有限公司建设工程施工合同纠纷案[2]中，最高人民法院认为：“苏州市姑苏工程造价事务所出具的鉴定结论书系依据建筑行业主管部门颁布的工程定额标准和价格信息编制的，反映的是建筑市场的社会平均成本，不能等同于百盛市政公司的个别成本。百盛市政公司也没有证据证明合同约定价格低于其个别成本，故百盛市政公司所称合同约定价格低于其成本价无事实依据，其主张案涉《建筑工程施工合同》因此而无效没有事实和法律依据。”

同时，最高人民法院民事审判第一庭亦指出：“招标投标法第三十三条所称的‘低于成本’，是指低于投标人为完成投标项目所需支出的个别成本。投标人以中标合同约定价格低于社会平均成本为由，主张符合招标投标法第三十三条规定的情形，合同约定价格条款无效的，人民法院不予支持。”[3]

【典型案例】南通启益建设集团有限公司与泰州市鹏宇房地产开发有限公司建设工程施工合同纠纷案[4]

【基本案情】2010年6月6日，南通启益建设集团有限公司（以下简称启益公司）与泰州市鹏宇房地产开发有限公司（以下简称鹏宇公司）签订《建设

---

〔1〕 最高人民法院民事判决书，(2015)民提字第142号。

〔2〕 参见最高人民法院民事裁定书，(2015)民申字第884号。

〔3〕 最高人民法院民事审判第一庭：《如何理解招投标法第三十三条所称的“低于成本”》，载《民事审判指导与参考》2014年第4辑，第663页。

〔4〕 参见江苏省高级人民法院民事判决书，(2018)苏民终821号。

工程施工合同》,约定鹏宇公司将金通桂园一、二、三标段工程发包给启益公司施工,承包方式为包工包料、总价包干方式。合同签订后,启益公司组织进行了施工。后双方因结算问题产生争议。启益公司诉至法院,认为合同价格低于成本价,合同应为无效,主张按照定额标准结算工程价款。

【裁判观点】启益公司与鹏宇公司就涉案工程签订的《建设工程施工合同》中就涉案工程价款均约定为固定总价结算方式,无论涉案施工合同的效力如何认定,该约定对双方均具有约束力。针对启益公司对工程成本提出异议,首先,《招标投标法》第 33 条规定,投标人不得以低于成本的报价投标。此处的成本应指企业个别成本。企业个别成本与企业规模、管理水平相关,管理水平越高的企业,其个别成本越低,亦即同样的工程量对于不同的企业而言个别成本是不同的。现启益公司并没有提供证据证明其企业的个别成本,故其主张施工合同约定的固定总价低于成本价,依据不足。其次,《招标投标法》第 33 条的立法目的是规范投标人的行为,维护公平竞争秩序。启益公司在投标时以鹏宇公司的招标控制价为基础,其主观上并无以低于成本价投标排挤其他竞争对手的恶意,因此不存在损害社会公共利益的情形,也不符合根据上述法律规定认定合同无效的情形。启益公司作为专业从事工程建设的单位,应能够依据招标时的工程量清单准确核算工程量,据此判断招标控制价是否低于个别成本而选择是否参加投标。如果启益公司压低报价中标涉案工程之后,又允许其在结算时以低于成本价为由要求按照定额标准结算工程价款,将极大损害其他投标人的利益,此亦为法律所不允许。故启益公司基于施工面积、主材指定、工期等原因主张合同固定总价低于成本价,并要求按照定额标准按实结算涉案工程价款,无事实和法律依据。

(二)低于成本价中标而签订的施工合同无效

对于低于成本价中标而签订的施工合同的效力问题,司法实践中的通说观点认为,《招标投标法》第 33 条、第 41 条属于效力性强制性规定,承包人有证据证明工程价款低于成本价的,法院应认定合同无效。[1] 江苏省高级人民法院

---

〔1〕 该观点参见王勇:《建设工程施工合同纠纷实务解析》,法律出版社 2019 年版,第 13 页;李玉生主编:《建设工程施工合同案件审理指南》,人民法院出版社 2019 年版,第 95 页。

2008年发布的《关于审理建设工程施工合同纠纷案件若干问题的意见》(已失效)第3条和2010年发布的《建设工程施工合同案件审理指南》第1条第2款均规定,中标合同约定的工程价款低于成本价的,法院可以确认施工合同无效。

但也有观点认为,低于成本价中标而签订的施工合同有效。理由是我国法律、行政法规及司法解释并没有明确规定低于成本价中标的施工合同无效,且《招标投标法》规定的六种中标无效的情况中,不包括低于成本价中标。首先,《招标投标法》之所以规定最低价中标必须高于成本价,主要是为了规范招标投标市场的秩序,故其应属于管理性的强制性规范,违反此规范并不必然导致合同无效。其次,低于成本价中标损害社会公共利益仅仅是一种假设的可能性。低于成本价中标的合同必然损害的是承包人的利益,对于经济实力雄厚的承包人,即使中标价低于施工成本,其仍然可能按照合同约定的质量完成施工,并不必然偷工减料,降低工程质量,从而危害社会公共利益。最后,成本价的认定在司法实践中基本不具备可操作性。司法实践中均认定"成本"应为企业个别成本,如承包人未能证明其个别成本低于合同价,则法院不能据此认定合同无效。但目前我国的法律、法规以及其他政府文件对于企业成本如何测算没有规定,承包人难以测算其企业成本,同时,即使承包人真的提交其个别成本的证据,法院亦难以对其真实性和准确性作出认定。[1]

但该观点仍有诸多不妥之处。《民法典》第153条规定,违反法律、行政法规的强制性规定的民事法律行为无效。强制性规定排除了合同当事人的意思自由,即当事人在合同中不得合意排除法律、行政法规强制性规定的适用,否则合同即因违反该条而被认定无效。强制性规定,是指法律、行政法规中对于人们不得为某些行为或者必须为某些行为的规定。[2]《招标投标法》第33条、第41条虽然没有明确低于中标价的合同无效,但其规定的"投标人不得以低于成本的报价竞标"显然属于禁止性的强制性规定。要说明的是,此处的"强制性规定"即效力性强制性规定,而判定效力性强制性规定的关键应当是法律的立法目的。仅仅当强制性规定所保护的利益为足够重大且需要牺牲合同自由原则

〔1〕参见史鹏舟:《以商事合同视角审查低于成本价中标施工合同的效力》,载微信公众号"建纬律师"2017年1月12日。

〔2〕参见胡康生主编:《中华人民共和国合同法释义》,法律出版社1999年版,第93页。

来实现时,才能判断其为效力性强制性规定。[1]《招标投标法》第 1 条明确了制定该法的目的是"规范招标投标活动,保护国家利益、社会公共利益和招标投标活动当事人的合法权益,提高经济效益,保证项目质量"。虽然承包人低于成本价中标施工并不会必然降低工程质量,危害公共利益,但必然损害建筑市场的交易秩序,破坏招标投标市场的公平竞争环境,侵害不特定的其他竞标人的权益,同样背离了《招标投标法》的立法目的。因而《招标投标法》关于禁止低于成本价中标的规定,属于效力性强制性条款,所签订的施工合同应认定为无效。

法律、行政法规虽然没有规定如何测算企业个别成本,但并不意味着承包人不能自行测算。对于承包人提交的个别成本的证据的认定,法院可以结合发包人的质证意见、鉴定机构的鉴定意见以及专家辅助人的意见综合进行判断。且民事诉讼中,当事人提交的证据只要能达到高度盖然性,能让法官产生内心确信,其主张即可能获得支持,反之其主张则可能被驳回。因而成本价的认定在司法实践中并非不具备可操作性。另外需要注意的是,即使认定施工合同因低于成本价中标而无效,也不能依据市场价或定额来计算工程价款,裁判者仍然应当适用《民法典》第 793 条的规定,参照合同中关于工程价款的约定,折价补偿承包人。

四、中标通知书发出后,一方当事人拒签合同的法律责任

《招标投标法》第 45 条规定:"中标确定后,招标人应当向中标人发出中标通知书,并同时将中标结果通知所有未中标的投标人。中标通知书对招标人和中标人具有法律效力。中标通知书发出后,招标人改变中标结果的,或者中标人放弃中标项目的,应当依法承担法律责任。"但《招标投标法》并未明确中标通知书具有何种法律效力,也未明确中标通知书发出后,招标人改变中标结果或者中标人放弃中标项目的,应承担何种法律责任。

(一)实践中的观点

对于中标通知书发出后拒签合同,招标人或中标人承担何种法律责任,实

---

[1] 参见李有星、高放:《主体资质影响合同效力之理论探析——以建设工程合同有效为例》,载《浙江大学学报(人文社会科学版)》2015 年第 5 期。

践中的观点主要有以下三种[1]：

第一种观点，违约责任说。该观点认为，中标通知书发出后，承诺即生效。根据《民法典》第483条的规定，承诺生效时合同成立。因此，招标人或中标人拒签合同的，应承担违约责任。"定标标志着招标投标程序的结束，就其法律性质而言，定标属于承诺，即招标人（发包人）同意建设工程施工任务由中标人（承包人）承揽。至此，通过招标投标程序，承包人与发包人已就签订建设工程施工合同的基本内容和条件分别提出了要约和作出了承诺，意思表示一致，合同已经成立。"[2]

第二种观点，缔约过失责任说。该观点认为，《招标投标法》第46条规定，招标人和中标应当自中标通知书发出之日起30日内签订书面合同，因此合同自书面合同签订之日起成立。中标通知书发出后，合同未成立，招标人或中标人拒签合同的，承担缔约过失责任。"在一般情况下，承诺通知到达要约人时合同成立，但由于合同法规定，当事人采用合同书形式订立合同的，自双方当事人签字或盖章时合同成立，而本法（招标投标法）又规定，招标人和中标人应当自中标通知书发出之后依法订立书面合同，所以，在招标人向中标人发出中标通知书并且该中标通知书送达中标人后，依法未订立书面合同之前，合同还未成立"[3]，仅在当事人之间产生订立合同的义务。

第三种观点，预约合同说。该观点认为，中标通知书发出，预约合同成立，招标人和中标人产生缔结本约合同的义务，一方拒签合同应承担预约合同的违约责任。"自性质而言，中标通知书当属预约，双方当事人据此具有订立本约之义务，依《招标投标法》第46条所订立的书面契约，才是本约，因为中标通知书出发之后，双方当事人的义务只是订立书面契约，而不是履行契约义务。"[4]

（二）中标通知书发出后，合同关系即告成立

对于中标通知书在法律性质上属于承诺，应无异议。《民法典》第483条规

[1] 参见何红锋：《〈招标投标法〉应明确中标通知书发出后拒签合同的法律责任》，载《招标采购管理》2018年第10期。
[2] 黄强光编著：《建设工程合同》，法律出版社1999年版，第32页。
[3] 全国人大法工委研究室编著：《中华人民共和国招标投标法释义》，人民法院出版社1999年版，第88页。
[4] 朱庆育：《民法总论》（第2版），北京大学出版社2016年版，第152页。

定，承诺生效时合同成立。从该角度来看，中标通知书发出后，合同应当成立。但《民法典》第 490 条又规定，当事人采用合同书形式订立合同的，自当事人均签名、盖章或者捺手印时合同成立。且《招标投标法》第 46 条又规定，招标人和中标人应当自中标通知书发出后 30 日内签订书面合同，如果中标通知书的发出意味着合同的成立，那么，对于再次订立的书面合同该做何理解？

对此，有学者认为，虽然法律〔1〕要求建设工程合同采用书面形式，但书面形式并不等于合同书。根据《民法典》第 469 条的规定，书面形式包括合同书、信件、电报、电传、传真等可以有形地表现所载内容的形式，合同书只是书面形式的一种。“尽管我国《招标投标法》要求中标通知书发出后 30 日内要求双方签订书面合同，但这一合同无非是招标文件和中标人投标文件的规范化而已。一旦中标结果确定，中标通知书发出，那么招标文件、中标人的投标文件以及中标通知书本身即可成为建设工程合同的书面形式。”〔2〕“因此，即使按照合同书面形式的要求看，通过招标投标订立的合同，在发出中标通知书后，就已经具备了书面形式，符合相关要求。”〔3〕

法律之所以规定建设工程合同采用书面形式，在于其具有合同标的额大、合同内容复杂、履行期较长的特点，为能够提示当事人适时地正确履行合同义务，发生合同纠纷时也便于分清责任，正确、及时地解决纠纷，法律特别明确采用书面形式。〔4〕虽然从《民法典》《建筑法》上无法得出建设工程合同必须采用合同书形式，但《招标投标法》第 46 条规定，“招标人和中标人应当自中标通知书发出之日起三十日内，按照招标文件和中标人的投标文件订立书面合同……”而在该条之前，《招标投标法》已详细规定了招标、投标、评标、中标的全部过程，所以此处所谓中标通知书发出之日起 30 日内按照招标文件和中标人的投标文件订立的“书面合同”，不应指招标文件、投标文件和中标通知书等书面文件，而是指“施工合同书”无疑。

---

〔1〕《民法典》第 789 条规定：“建设工程合同应当采用书面形式。”
《建筑法》第 15 条规定：“建筑工程的发包单位与承包单位应当依法订立书面合同，明确双方的权利义务。”

〔2〕毛亚敏：《论中标通知书的法律效力及毁标行为的法律责任——兼论我国〈招标投标法〉及〈合同法〉的完善》，载《政法论坛（中国政法大学学报）》2002 年第 4 期。

〔3〕何红锋：《〈招标投标法〉应明确中标通知书发出后拒签合同的法律责任》，载《招标采购管理》2018 年第 10 期。

〔4〕参见胡康生主编：《中华人民共和国合同法释义》，法律出版社 1999 年版，第 405 页。

从《民法典》《建筑法》的规定来看，中标通知书发出后，招标人和中标人之间的合同关系即告成立。而《招标投标法》第46条规定，并非强调对合同的形式要求，而是要求招标人和中标人必须按照招标文件、中标人的投标文件和中标通知书的内容来订立合同，更多体现的是《招标投标法》作为市场管理性法律对民事主体从事经济活动的管理性要求，而非对当事人合同自由的限制。

【典型案例】新疆中新资源有限公司与大庆油田工程有限公司委托设计合同纠纷案[1]

【基本案情】2008年3月2日，新疆中新资源有限公司（以下简称中新公司）下属的北京商贸分公司向大庆油田工程有限公司（以下简称大庆公司）发出了《投标邀请函》及《建设工程设计标书》，就哈萨克斯坦国阿克纠宾地区中心资源EM油田50万吨产能建设地面建设工程设计项目进行招标邀请。大庆公司应邀参加了该项目的投标。2008年3月17日，中新公司北京商贸分公司向大庆公司发出了中标通知书。在收到该项目中标通知书后，大庆公司实施了该项目的初设工作，完成了两个初步设计方案。在此之后，由于中新公司一直未提供技术参数，导致大庆公司的设计工作无法继续进行，大庆公司多次与中新公司进行联系，但均未获得答复。中新公司与大庆公司未签订建设工程设计合同。

【裁判观点】大庆公司收到《投标邀请函》后，按照中新公司的招标文件的要求，编制投标文件，对中新公司招标文件的实质性要求和条件作出响应，提出了设计项目的报价，参加了项目投标，递交了投标文件。大庆公司的投标文件内容具体确定，表明经中新公司接受，即受该意思表示约束，故大庆公司投标行为的性质应为要约；中新公司经过开标与评标程序，向大庆公司发出中标通知书，同意大庆公司的要约行为，中新公司发出的中标通知书的性质应为承诺，该中标通知书到达大庆公司时起承诺即生效。故双方当事人之间的建设工程设计合同已经成立。

[1] 参见最高人民法院民事判决书，(2016)最高法民再11号。

（三）拒签合同一方承担违约责任

《招标投标法》的立法目的是规范招标投标活动，保护国家利益、社会公共利益和当事人的合法权益。招标投标程序是通过公开、公平、公正的方式选取最为合适的合同相对方，使合同成立的过程规范化，消除因信息不对称而产生的缔约风险，消除权力寻租空间。中标通知书的发出即意味着招标投标程序立法目的的实现，形成一个经过严格、严肃的法律程序而产生的法律后果。而预约是一个暂时性、无强制执行力的契约，如果招标投标这一重要过程所形成的结果仅仅构成预约合同，显然淡化了招标投标程序的重要法律意义，降低了《招标投标法》的权威性和严肃性。"当事人按照招投法的规定，经过招标、投标、开标、评标、定标的一系列复杂的程序，产生具有法律约束力的中标通知，这一过程不仅体现了招投标双方当事人的意志，而且还体现了国家意志，其严肃性和权威性是无可置疑的，必须得到切实的维护。如果中标通知不能导致合同成立的法律后果，就不足以遏制招标人改变中标结果或中标人放弃中标现象的发生，其结果是招投标制度失去存在的前提条件，招投标法也将成为一纸空文。"〔1〕

从违约责任和缔约过失责任的法律后果的比较来看，违反本约的违约责任包含可得利益损失，而缔约过失责任不包括可得利益损失。建设工程投资大、管理复杂，招标投标双方均极为慎重，招标投标周期长、费用高，程序公开，是双方在缔约过程中均有时间、有精力、有专业人员参与的重大活动，基本上能够排除一方利用信息优势故意隐瞒重要事实、提供虚假情况，或一方长时间进行恶意磋商等不利情况。经过双方长期准备、慎重考虑，并以规范的招标投标文件形成的合同关系，若一方故意不签署合同书的责任仅是缔约过失责任的话，未免过轻，不足以弥补守约方的损失，也不足以惩罚违约方。

在不违背制定法的前提下，对法律行为的解释，既要服从文义解释、体系解释、目的解释，也要考虑特定的行为背景，以及对实践的价值导向。对于招标人将中标通知书发出后一方故意拒签施工合同的行为课以违约责任，更能体现法律的价值导向功能。

---

〔1〕 王建东：《论建设工程合同的成立》，载《政法论坛（中国政法大学学报）》2004 年第 3 期。

五、当事人另行签订的背离中标合同实质性内容的合同无效

根据《招标投标法》第46条的规定，招标人和中标人应当自中标通知书发出之日起30日内，按照招标文件和中标人的投标文件订立书面合同。《招标投标法实施条例》第57条规定，招标人和中标人应当按照《招标投标法》和该条例的规定签订书面合同，合同的标的、价款、质量、履行期限等主要条款应当与招标文件和中标人的投标文件的内容一致。同时，上述两条规定均明确，招标人和中标人不得再行订立背离合同实质性内容的其他协议。

之所以如此规定，是针对我国建筑市场上经常出现的，发包人利用其市场优势地位，迫使承包人签订一份相较于中标合同，工程价格更低、工程期限更短或工程质量标准更高的合同，以降低建设成本。而多数承包人，为了在诸多竞争者中脱颖而出，顺利承接工程，往往也愿意接受这些条件。相对于利润空间被压缩，没有承接到工程的损失显然会更大。但由于中标合同是经过招标投标程序签订的，招标人和中标人另行签订合同，变更合同的实质性内容，不仅涉及合同当事人之间的权利义务，而且会架空招标投标制度，破坏招标投标市场秩序，同时还侵害了其他竞标人公平竞争的权利，损害了其利益。另外，承包人在利润被压缩的情况下，可能会采取偷工减料，压缩施工成本的方式避免亏损或实现更大盈利，从而危及工程质量安全。因而对于招标人和中标人另行签订的背离中标合同实质性内容的合同，法院应当否定其效力。同时，根据《建设工程司法解释(一)》第2条第1款“招标人和中标人另行签订的建设工程施工合同约定的工程范围、建设工期、工程质量、工程价款等实质性内容，与中标合同不一致，一方当事人请求按照中标合同确定权利义务的，人民法院应予支持”的规定，应按照中标合同的内容确定当事人之间的权利义务。

对于何为“实质性内容”，从上述司法解释的规定来看，包括工程范围、建设工期、工程质量、工程价款等内容。同时，根据该条第2款的规定，招标人和中标人在中标合同之外，就明显高于市场价格购买承建房产、无偿建设住房配套设施、让利、向建设单位捐赠财物等签订合同，属于变相降低工程价款的行为，也应当认定背离了中标合同实质性内容，相应的合同应认定无效。

【典型案例】四川农业大学与四川铸坤建筑工程有限责任公司建设工程施工合同纠纷案[1]

【基本案情】2012年10月9日，四川农业大学与四川铸坤建筑工程有限责任公司（以下简称铸坤公司）通过招标投标程序就研究所、研究生公寓等工程签订《施工合同》。2012年10月23日，铸坤公司向四川农业大学出具《承诺》，载明铸坤公司在涉案工程中向四川农业大学让利170万元，可以从增加工程量的工程款中直接扣减。2014年10月20日，双方签订《补充合同》，约定根据铸坤公司出具的《承诺》，铸坤公司免费为四川农业大学完成176万元的附属工程内容。2015年6月5日，该附属工程竣工验收合格，双方对工程造价进行了确认。

【裁判观点】虽然铸坤公司2012年10月23日向四川农业大学出具《承诺》，主动让利170万元工程款的行为系单方承诺，铸坤公司与四川农业大学2014年10月20日签订的《补充合同》中，则明确对该份《承诺》所做出的让利内容进行了载明，应视为双方就铸坤公司做出的单方承诺行为进行了确认，并达成了一致认可。而该份补充合同所确认的内容，显然是对双方所签订的中标合同最终结算总价进行了实质性的变更。据此，根据《招标投标法》第46条之规定，确认涉案该份《承诺》属于招标人和中标人不得再行订立背离合同实质性内容的其他协议，应认定为无效。

第三节　承包人资质与合同效力

《建筑法》第13条规定："从事建筑活动的建筑施工企业、勘察单位、设计单位和工程监理单位，按照其拥有的注册资本、专业技术人员、技术装备和已完成的建筑工程业绩等资质条件，划分为不同的资质等级，经资质审查合格，取得相应等级的资质证书后，方可在其资质等级许可的范围内从事建筑活动。"《建设工程质量管理条例》第7条第1款规定："建设单位应当将工程发包给具有相应

---

[1] 参见四川省成都市中级人民法院民事判决书，(2018)川01民终8539号。

资质等级的单位。”《建筑法》第26条规定：“承包建筑工程的单位应当持有依法取得的资质证书，并在其资质等级许可的业务范围内承揽工程。禁止建筑施工企业超越本企业资质等级许可的业务范围或者以任何形式用其他建筑施工企业的名义承揽工程。禁止建筑施工企业以任何形式允许其他单位或者个人使用本企业的资质证书、营业执照，以本企业的名义承揽工程。”从事建筑活动的建筑施工企业、勘察单位、设计单位和工程监理单位的资质等级，是反映这些单位从事建筑活动的经济、技术能力和水平的标志，规定从事建筑活动的单位只能在其经依法核定的资质等级许可的范围内从事有关建筑活动，是保证建筑工程质量，维护建筑市场正常秩序的重要措施，所有从事建筑活动的单位必须严格执行。[1]

一、承包人未取得资质或者超越资质等级，签订的施工合同无效

《民法典》第153条规定：“违反法律、行政法规的强制性规定的民事法律行为无效。但是，该强制性规定不导致该民事法律行为无效的除外。”判断一条强制性规定是否导致合同无效，“法官需要作进一步的价值权衡，而对立法者的价值判断作出必要的补充”[2]，“即考察所要保护的法益是否超过合同自由这一法益”[3]。《九民纪要》第30条第2款指出，法院在审理合同纠纷案件时，要慎重判断“强制性规定”的性质，特别是要在考量强制性规定所保护的法益类型、违法行为的法律后果以及交易安全保护等因素的基础上认定其性质，并在裁判文书中充分说明理由。“事实上，效力性强制性规定的判定关键应当是法律的立法目的。仅仅当强制性规定所保护的利益为足够重大且需要牺牲合同自由原则来实现时，才能判断其为效力性强制性规定。”[4]

承包人未取得资质或者超越资质等级承揽工程，其与发包人签订的建设工程施工合同效力如何，需要考量《建筑法》《建设工程质量管理条例》中对于承包人资质规定的立法目的，其所保护的法益为何，进而与合同自由原则进行衡

---

〔1〕 参见卞耀武主编：《中华人民共和国建筑法释义》，法律出版社1998年版，第59页。

〔2〕 韩世远：《合同法总论》（第4版），法律出版社2018年版，第234页。

〔3〕 最高人民法院民事审判第二庭编著：《〈全国法院民商事审判工作会议纪要〉理解与适用》，人民法院出版社2019年版，第246页。

〔4〕 李有星、高放：《主体资质影响合同效力之理论探析——以建设工程合同为例》，载《浙江大学学报（人文社会科学版）》2015年第5期。

量。《建筑法》第1条规定:“为了加强对建筑活动的监督管理,维护建筑市场秩序,保证建筑工程的质量和安全,促进建筑业健康发展,制定本法。”《建设工程质量管理条例》第1条规定:“为了加强对建设工程质量的管理,保证建设工程质量,保护人民生命和财产安全,根据《中华人民共和国建筑法》,制定本条例。”可见,《建筑法》与《建设工程质量管理条例》的立法目的均是保证工程质量与安全,维护人民群众的生命财产安全等公共利益。

建筑业企业的资质等级是根据其拥有的注册资本、专业技术人员、技术装备和已完成的建筑工程业绩等资质条件来划分的。法律要求承包单位在其资质等级范围内承接工程,就是为了确保承包人的经济实力、技术实力以及工程建设经验足以承担相应工程的建设任务,避免因承包人实力或经验不足,导致工程质量安全事故的发生,危害人民群众的生命财产安全。另外,建筑业企业资质准入也体现了国家对建筑市场秩序的管理,是保障和促进我国建筑市场健康发展的基本要求。承包人未取得资质或者超越资质等级承揽工程,均是对建筑市场秩序的破坏。故《建设工程司法解释(一)》第1条规定,承包人未取得建筑业企业资质或者超越资质等级的,签订的建设工程施工合同应当认定无效。这是以严苛的私法制裁手段从根本上维护社会公共利益,实现立法目的的要求。〔1〕

二、承包人超越资质等级,在工程竣工前取得相应资质,合同有效

《建设工程司法解释(一)》第4条规定:“承包人超越资质等级许可的业务范围签订建设工程施工合同,在建设工程竣工前取得相应资质等级,当事人请求按照无效合同处理的,不予支持。”该条规定针对的是承包人超越资质等级许可的业务范围承揽工程并签订建设工程施工合同,如在工程竣工前该承包企业取得了与工程相应的资质等级的,合同违反建筑法禁止性规定的情形已经消失,满足合同生效条件,则合同效力得到补正,应为有效。

(一)合同效力补正规则

所谓合同效力补正规则,是指当事人所订立的合同因违反了法律禁止性规

〔1〕 参见李有星、高放:《主体资质影响合同效力之理论探析——以建设工程合同为例》,载《浙江大学学报(人文社会科学版)》2015年第5期。

定,导致合同不能满足有效条件,但当事人可以通过事后补正、实际履行、无效行为的转换和承认来使合同满足有效的条件,从而使合同有效。[1] 合同效力补正的直接法律后果是使原本无效的合同发生效力上的转化,成为有效合同。

合同无效,是指当事人所缔结的合同因严重欠缺生效要件,在法律上不按当事人合意的内容赋予效力。[2] 无效合同包括两种情况:一种情况是合同因明显违反法律、法规的强制性规定和公序良俗,不需要经过裁判的认定,合同就是当然无效。另一种情况是合同虽然违反了有关法律、法规的强制性规定,但法律、法规并没有明确违反该规定是否导致合同无效,需要经过法院裁判予以认定。许多法律、法规只是规定了违反强制性规定应当承担的行政责任,但未规定合同无效。由于行政责任与合同效力不是同一概念,即使承担行政责任,并非必然导致合同无效。这样,此类合同签订后,在法院作出认定之前虽然成立但不生效,并非不能通过事后补正或者实际履行来促使合同有效。[3] 尤其是因政策管控或行政许可缺失导致的合同无效,在当事人的合同行为符合政策管控要求或取得了相应的许可后,法院对合同效力予以认可,并不会违背法律强制性规定的立法目的。

(二)合同效力补正规则在司法解释中的应用

我国法律中没有规定无效合同的效力补正制度,但最高人民法院通过对司法实践的总结,在司法解释中肯定了无效合同效力补正的做法。[4] 具体如下:

《商品房买卖合同司法解释》第 2 条规定:"出卖人未取得商品房预售许可证明,与买受人订立的商品房预售合同,应当认定无效,但是在起诉前取得商品房预售许可证明的,可以认定有效。"

《国有土地使用权合同司法解释》第 2 条规定:"本解释实施前,开发区管理委员会作为出让方与受让方订立的土地使用权出让合同,起诉前经市、县人民政府自然资源主管部门追认的,可以认定合同有效。"

《城镇房屋租赁合同司法解释》第 2 条规定:"出租人就未取得建设工程规

---

〔1〕 参见杨佳、郑春玉:《论无效合同的效力补救》,载《前沿》2006 年第 9 期。

〔2〕 参见韩世远:《合同法总论》(第 4 版),法律出版社 2018 年版,第 213 页。

〔3〕 参见王利明:《合同法新问题研究》,中国社会科学出版社 2002 年版,第 289 ~ 291 页。

〔4〕 参见最高人民法院民事审判第一庭编著:《最高人民法院建设工程施工合同司法解释(二)理解与适用》,人民法院出版社 2019 年版,第 71 页。

划许可证或者未按照建设工程规划许可证的规定建设的房屋,与承租人订立的租赁合同无效。但在一审法庭辩论终结前取得建设工程规划许可证或者经主管部门批准建设的,人民法院应当认定有效。”

《建设工程司法解释(一)》第3条规定:“当事人以发包人未取得建设工程规划许可证等规划审批手续为由,请求确认建设工程施工合同无效的,人民法院应予支持,但发包人在起诉前取得建设工程规划许可证等规划审批手续的除外。”

综上可见,我国司法解释规定的可以效力补正的合同,包括商品房预售合同、国有土地使用权出让合同、城镇房屋租赁合同及建设工程施工合同,集中在国家政策管控非常严格的建筑房地产领域。国家在建筑房地产领域设定了诸多审批制度,一般来说,以未通过审批的房地产或建设工程项目为标的而签订的合同是无效的,但是为避免资源浪费,尊重当事人合同自由,在建筑房地产相关司法解释中应确立相应的合同效力补正规则。[1]

(三)效力补正的截止时间点

上述司法解释对合同效力补正的截止时间节点存在不同规定,包括起诉前、一审辩论终结前。但《建设工程司法解释(一)》第4条以工程竣工前作为承包人超越资质等级签订的施工合同效力的补正截止时间节点。《建筑法》之所以禁止承包人超越资质等级承揽工程,是因为不同资质等级的施工企业所拥有的注册资本、专业技术人员、技术装备存在着很大的差别。对资质等级要求越高的建设项目,技术复杂程度越高,对承包该项工程的施工企业所具有的经济和技术实力的要求也越高。如果企业超越资质许可的范围承揽与其自身经济和技术实力不相匹配的工程项目,则会导致工程的质量无法得到保证。

但如果在工程竣工前,承包工程的施工企业取得了工程要求的相应资质,则说明承包人具备承包该工程项目的经济和技术能力,故在工程质量得到保证的情况下,认可合同的效力,一方面,是充分尊重当事人合同自由,坚持慎用合同无效原则的体现;另一方面,也与《建筑法》通过对建筑施工企业资质的管理

---

〔1〕 参见最高人民法院民事审判第一庭编著:《最高人民法院建设工程施工合同司法解释(二)理解与适用》,人民法院出版社2019年版,第72页。

来达到保证建设工程质量的立法目的并不矛盾。该条之所以将“竣工前”作为合同效力补正的截止时间点，是因为承包工程的施工企业的经济、技术实力只有在施工过程中才会对工程质量产生影响。如果施工企业在工程竣工以后取得与承建工程相应的资质等级，并不能说明其在工程施工过程中具备该资质等级要求的经济和技术能力。尤其是很多建设工程纠纷往往发生在竣工几年之后，同时建设工程合同纠纷案情复杂，法院审理时间较长，如果以起诉时或一审辩论终结前作为合同效力补正的截止时间点，则承包人在当时所取得的资质和具备的施工能力，与已竣工工程的施工没有技术上的联系，对已竣工工程的质量没有任何保证，以此时取得的资质来认定合同效力，与《建筑法》的立法目的相违背。[1]

（四）未取得资质的企业不能适用效力补正规则

《建筑法》要求承包建筑工程的单位应当持有依法取得的资质证书，并在其资质等级许可的业务范围内承揽工程。因而欠缺资质签订施工合同包括两种情况，一是承包人没有资质，二是承包人超越资质等级。《建设工程司法解释（一）》第4条仅规定了承包人超越资质等级许可的业务范围签订建设工程施工合同，其效力可以通过在工程竣工前取得相应资质得到补正。但对没有资质的承包人签订的施工合同的效力是否可以得到补正，并没有作出规定。因而有观点认为，从合同补正的法理来看，对于超越资质等级许可的业务范围签订建设工程施工合同，在建设工程竣工前取得相应资质等级的，合同可被认定有效；同理，对于没有资质等级的施工企业签订建设工程施工合同，在建设工程竣工前取得相应资质等级的，该合同也应当被认定为有效。

本书认为，未取得任何资质的施工企业所签订的施工合同不能适用效力补正规则。一方面，《建筑法》等法律、行政法规明确禁止没有资质或超越资质等级承揽工程，对由此签订的建设工程施工合同，均应当认定无效。司法解释本着鼓励交易的合同法基本原则，规定了超越资质等级许可的业务范围签订的施工合同的效力补正规则。最高人民法院进行司法解释的依据是全国人大常委会1981年发布的《关于加强法律解释工作的决议》，该决议第2条规定，凡属于

---

〔1〕 参见最高人民法院民事审判第一庭编著：《最高人民法院建设工程施工合同司法解释的理解与适用》，人民法院出版社2015年版，第50页。

法院审判工作中具体应用法律、法令的问题，由最高人民法院进行解释。“最高人民法院的司法解释从其诞生之日起，就是我国最高司法机关在适用法律过程中对‘具体法律、法令’的解释，不具有立法功能。”[1]因此，对于司法解释的具体规定应作限缩理解，不应扩张其适用，不能对司法解释进行再解释。在《建设工程司法解释(一)》第4条仅规定“超越资质等级”时，该条的适用也应当仅限于该种情况，而不能任意扩张进行适用，否则有违司法解释的性质与定位。

另一方面，超越资质等级，意味着承包人已经依法取得了资质证书，只是资质证书的等级低于所承包工程的等级要求。但这也意味着承包人具备《建筑法》第12条所要求的资金、技术等条件，具有一些工程承包经验，同时也符合《建筑法》第26条第1款前半句的规定，即“承包建筑工程的单位应当持有依法取得的资质证书”。由于我国建设行政主管部门对建筑施工企业资质等级实行动态管理，即建设行政主管部门根据建筑施工企业的建设施工能力达到的程度，按照建筑施工企业的申请，可能会提高建筑施工企业的资质等级。但按照相关规定，建筑施工企业资质等级的提高需要一定的审批时间，对于承包人在签订建设工程施工合同时已经具备了与建设工程相适应的建设能力，并且已经申报与建设工程相适应的资质等级，但由于审批时间和程序的限制，不能立即取得，认定此种合同效力可以补正，不会影响建设工程质量，不会与《建筑法》的立法宗旨相违背，对于保证和促进建筑市场合同的稳定性都有重要意义。[2] 但未取得任何资质的承包人，其在承包工程时并未取得任何承包工程的资质，即其连最基本的建筑市场准入条件都不满足，其违法性相对于“超越资质等级”要更严重，已经严重违反了《建筑法》规定的资质管理制度。此外，没有资质，意味着承包人没有最基本的经济、技术实力以及工程承包经验，对于建设工程的质量完全没有保证，更是与《建筑法》的立法宗旨相悖。

---

〔1〕 曹士兵：《最高人民法院裁判、司法解释的法律地位》，载《中国法学》2006年第3期。

〔2〕 参见最高人民法院民事审判第一庭编著：《最高人民法院建设工程施工合同司法解释的理解与适用》，人民法院出版社2015年版，第48页。

【典型案例】贵州贵新煤业有限公司与贵州汇源建筑工程有限公司建设工程施工合同纠纷案[1]

【基本案情】2012年3月13日，贵州贵新煤业有限公司（以下简称贵新公司）与贵州汇源建筑工程有限公司（以下简称汇源公司）经过招标投标程序签订《建设工程施工合同》。涉案工程要求承包人必须具备二级资质。合同签订时，汇源公司具有土石方工程、建筑幕墙工程专业承包三级资质，经营范围包括房屋建筑工程、建筑装修装饰工程。汇源公司至迟于2013年7月5日取得房屋建筑工程施工总承包二级资质。

【裁判观点】从在案证据看，汇源公司至迟于2013年7月5日取得房屋建筑工程施工总承包二级资质。本案中，涉案工程竣工时间是在2013年10月31日（见《单位工程质量认证书》），根据司法解释的规定，本案贵新煤业以汇源公司不具备资质为由主张施工合同无效，法院不予支持。

三、借用资质承揽工程，签订的施工合同无效

"挂靠"是建筑行业内约定俗成的通行名词，与之概念相对应的法律概念是"借用资质"。[2] 挂靠，是指单位或个人以其他有资质的施工单位的名义承揽工程的行为，包括参与投标、订立合同、办理有关施工手续、从事施工等活动。[3] 我国对建筑施工企业实行资质强制管理制度，明确规定从事建筑活动的建筑施工企业在取得相应等级的资质证书后，方能在其资质等级许可的范围内承接工程。但实践中，大量存在不具备资质条件的个人或单位，为利润所趋，借用具有相应资质等级的建筑施工企业的资质对外承揽工程。一般来说，挂靠人会自带资金，自担工程盈亏风险。因而对于施工企业来说，出借资质给挂靠人，不仅可以缓解资金压力，收取工程造价一定比例的管理费作为收益，还能转移工程亏损的风险。这也是目前我国建筑市场上挂靠现象普遍的根本原因。但这种行为规避了行政管理机关对建筑施工企业资质条件的管理，扰乱了建筑市场的正

---

〔1〕 参见贵州省高级人民法院民事判决书，(2017)黔民终170号。
〔2〕 参见王勇：《建设工程施工合同纠纷实务解析》（增订第2版），法律出版社2019年版，第98页。
〔3〕 参见《发承包违法行为认定查处办法》第9条的规定。

常秩序，严重影响了建设工程的质量。[1] 因而，法律对该借用资质的行为明确予以禁止。《建筑法》第 26 条和《建设工程质量管理条例》第 25 条均规定，禁止施工单位或个人以其他施工单位的名义承揽工程，禁止施工单位允许其他单位或个人以本单位的名义承揽工程。

（一）挂靠的识别

根据住建部《发承包违法行为认定查处办法》第 8 条和第 10 条的规定，存在下列情形之一的，属于挂靠：

（1）没有资质的单位或个人借用其他施工单位的资质承揽工程；

（2）有资质的施工单位相互借用资质承揽工程，包括资质等级低的借用资质等级高的、资质等级高的借用资质等级低的、相同资质等级相互借用的；

（3）施工总承包单位或专业承包单位未派驻项目负责人、技术负责人、质量管理负责人、安全管理负责人等主要管理人员，或派驻的项目负责人、技术负责人、质量管理负责人、安全管理负责人中的一人及以上与施工单位没有订立劳动合同且没有建立劳动工资和社会养老保险关系，或派驻的项目负责人未对该工程的施工活动进行组织管理，又不能进行合理解释并提供相应证明；

（4）合同约定由承包单位负责采购的主要建筑材料、构配件及工程设备或租赁的施工机械设备，由其他单位或个人采购、租赁，或施工单位不能提供有关采购、租赁合同及发票等证明，又不能进行合理解释并提供相应证明；

（5）专业作业承包人承包的范围是承包单位承包的全部工程，专业作业承包人计取的是除上缴给承包单位"管理费"之外的全部工程价款；

（6）承包单位通过采取合作、联营、个人承包等形式或名义，直接或变相将其承包的全部工程转给其他单位或个人施工；

（7）专业工程的发包单位不是该工程的施工总承包或专业承包单位，但建设单位依约作为发包单位的除外；

（8）专业作业的发包单位不是该工程承包单位；

（9）施工合同主体之间没有工程款收付关系，或者承包单位收到款项后又将款项转拨给其他单位和个人，又不能进行合理解释并提供材料证明。

---

〔1〕 参见最高人民法院民事审判第一庭编著：《最高人民法院建设工程施工合同司法解释的理解与适用》，人民法院出版社 2015 年版，第 27 页。

以上第(3)项至第(9)项,还应当有其他证据佐证为挂靠,否则应当认定为转包。

一些地方高级人民法院的司法文件对于挂靠行为的具体情形做了列举。如北京市高级人民法院2012年发布的《关于审理建设工程施工合同纠纷案件若干疑难问题的解答》第2条指出,具有下列情形之一的,应当认定为原《建设工程司法解释》规定的“挂靠行为”:(1)不具有从事建筑活动主体资格的个人、合伙组织或企业以具备从事建筑活动资格的建筑施工企业的名义承揽工程;(2)资质等级低的建筑施工企业以资质等级高的建筑施工企业的名义承揽工程;(3)不具有施工总承包资质的建筑施工企业以具有施工总承包资质的建筑施工企业的名义承揽工程;(4)有资质的建筑施工企业通过名义上的联营、合作、内部承包等其他方式变相允许他人以本企业的名义承揽工程。

(二)挂靠的类型

工程实践中的挂靠主要分为以下三种类型:

第一种类型,“先包后挂”。即挂靠人已经与业主单位达成了承包工程的意向,但因自身没有承接该工程的资质,无法进行投标或合同备案,只能寻找符合要求的施工企业进行挂靠,以施工企业的名义进行投标并签订施工合同,被挂靠的施工企业则收取一定比例的管理费。在这种挂靠模式下,发包人对挂靠事实是明知的,且与挂靠人共同积极追求挂靠的发生。发包人系与挂靠人建立直接合作关系,挂靠人与被挂靠人之间缺乏互信,且被挂靠的施工企业仅仅是为了获取管理费利益出借资质,并不会实际参与到工程的管理当中。项目管理人员均由挂靠人聘请,工程款也有可能不经过被挂靠的施工企业账户而由发包人直接支付给挂靠人,施工过程中的管理较为混乱,产生的纠纷比较多。

第二种类型,“先挂后包”。即挂靠人与被挂靠的施工企业之间存在长期的合作关系,挂靠人与被挂靠人签订内部承包协议后,再以被挂靠人的名义承揽工程。在这种模式下,挂靠人与被挂靠单位之间通常签订有劳动合同,主要的项目管理人员,包括项目负责人、技术负责人、质量管理负责人、安全管理负责人等,均由施工单位派驻,或虽由挂靠人聘请但都与被挂靠单位建立了劳动关系,从而在形式上合法合规。被挂靠的施工企业通常会给挂靠人单独建立一个账户,被挂靠人在收到企业支付的工程款后扣除约定比例的管理费和税金,再支付给挂靠人。这种模式的挂靠与合法的企业内部承包很难进行区分,业主单位对挂靠事实也并不一定知晓。近年来,国家对工程领域的管理越来越严格,建筑施工企业的管理水平也日益提高,因而这种长期互利的合作模式越来越普遍。

第三种类型,“分公司”模式。即挂靠人与施工企业签订分公司合作经营协议,由施工企业提供相关资料、出借资质给挂靠人在外地成立分公司,挂靠人担任分公司的负责人或实际控制人。挂靠人以分公司名义对外承揽工程,独立核算、自负盈亏,在向施工企业按年或按项目缴纳管理费后,所有收入归挂靠人所有。该种模式下,挂靠人与施工企业之间也是长期合作多个工程项目,但与第二种模式相比,所产生的纠纷情况要更为复杂。实践中,大量存在挂靠人在以分公司名义承接工程后,又转包给其他实际施工人,或允许其他人挂靠分公司承接工程,从而形成“双重挂靠”或“挂靠 + 转包”的情况,法律关系更为复杂。且分公司作为施工企业的分支机构,如分公司亏损,施工企业将成为直接责任人。而分公司经营合作协议虽然实为挂靠,但很多法院会将分公司负责人的行为认定为职务代理行为,导致施工企业对外垫付亏损后,无法向作为分公司负责人的挂靠人进行追偿。

【典型案例】福建益新建筑工程有限公司与汤某某建设工程施工合同纠纷案〔1〕

【基本案情】福建益新建筑工程有限公司(以下简称益新公司)于2007年6月18日成立益新厦门分公司,法定代表人为黄某某。益新公司与汤某某于2008年签订《分公司合作经营合同》,约定分公司独立核算、自负盈亏,汤某某对其投入资产及所得享有所有权。2008年8月5日,厦门市公安局思明分局与益新厦门分公司签订施工合同。后因工程管理混乱,发生重大安全事故,且拖欠工人工资,益新公司被政府部门处以罚款,并垫付了工人工资。后汤某某、黄某某因伪造公司印章罪被判处承担刑事责任。后益新公司向法院起诉汤某某、黄某某追偿垫付款项。

【裁判观点】本案是基于《分公司合作经营合同》而发生的纠纷,并非建设工程施工合同纠纷。从《分公司合作经营合同》约定内容看,该合同是规避建筑法规定,以合作的方式行挂靠之实。内容违反了法律的规定,系无效合同。

---

〔1〕 参见福建省高级人民法院民事判决书,(2018)闽民终433号。

对于合同无效,益新公司与汤某某双方都有过错。益新厦门分公司是益新公司的分支机构,汤某某是分公司经理,其以益新厦门分公司的名义对外签订施工合同,系职务代理,因此产生的后果由益新公司承担。益新公司主张应当由汤某某承担的费用,均为益新公司应当承担的费用。同样,履行施工合同产生的收益亦由益新公司享有。因此,不能认为益新公司在本案要求汤某某、黄某某承担的费用就是益新公司的损失。本案中,益新公司能够要求汤某某、黄某某分担的责任应当是因合同无效而产生的损失赔偿。益新公司未能举证证明汤某某在履行《分公司合作经营合同》中给其造成的损失项目和数额,对其请求法院不予支持。

（三）挂靠关系中签订的合同效力

在挂靠关系中,存在三个行为主体,分别是挂靠人、被挂靠人以及发包人。他们之间形成了三个法律关系,分别是挂靠人和被挂靠人之间的挂靠合同法律关系,发包人与被挂靠人之间的建设工程施工合同关系,以及挂靠人与发包人之间的建设工程施工法律关系。

1. 挂靠人与被挂靠人之间的挂靠合同无效

挂靠人与被挂靠人通常会达成书面或口头的挂靠协议,具体约定挂靠施工的具体内容,主要包括管理费比例、工程款的转付、工程管理的责任以及挂靠人自负盈亏等。《建筑法》第 26 条第 2 款规定,禁止建筑施工企业以任何形式用其他建筑施工企业的名义承揽工程。禁止建筑施工企业以任何形式允许其他单位或者个人使用本企业的资质证书、营业执照,以本企业的名义承揽工程。《建设工程质量管理条例》第 25 条第 2 款规定,禁止施工单位以其他施工单位的名义承揽工程。禁止施工单位允许其他单位或者个人以本单位的名义承揽工程。因此,无论是挂靠人借用被挂靠人资质的行为,还是被挂靠人出借资质的行为,均违反了法律的强制性规定。而法律规定禁止挂靠行为的目的,在于维护建筑市场秩序,保障工程质量等社会公共利益,因此根据《民法典》第 153 条"违反法律、行政法规的强制性规定的民事法律行为无效"的规定,挂靠人和被挂靠人的挂靠行为因违反《建筑法》等法律的强制性规定而无效,基于挂靠行为签订的挂靠合同,亦应当认定无效。

2. 发包人与被挂靠人签订施工合同无效

挂靠人借用被挂靠人的资质承揽工程，最终由被挂靠人与发包人签订建设工程施工合同。对于该施工合同的效力，司法实践中存在两种观点：

第一种观点认为，应当区分发包人对挂靠事实是否明知来认定合同效力。如果发包人对挂靠事实是明知的，根据《民法典》第146条第1款“行为人与相对人以虚假的意思表示实施的民事法律行为无效”的规定，认定施工合同无效并无不妥。但如果发包人对挂靠事实并不知情，在认定合同无效的情况下，没有过错的发包人却要承担合同无效的法律后果，对发包人显然不公平，而承包人却可能因其违法行为而获益。“挂靠人以被挂靠人名义对外签订合同的效力，应根据合同相对人是否善意、在签订协议时是否知道挂靠事实来作出认定。如果相对人不知道挂靠事实，有理由相信承包人就是被挂靠人，则应优先保护善意相对人，双方所签订协议直接约束善意相对人和被挂靠人，该协议不属于无效协议。如果相对人在签订协议时知道挂靠事实，即相对人与挂靠人、被挂靠人通谋作出虚假意思表示，则当事人签订的建设工程施工合同属于无效合同。”[1]“对此情况，如无充分证据证明发包人对实际施工人借用资质的情况系明知，发生纠纷时，发包人主张其与承包人之间合同有效的，可予以支持。”[2]“如果明知则属于恶意串通无效，如果不明知，则属于可撤销的合同。”[3]

第二种观点认为，无论发包人是否明知，均应认定合同无效。施工合同的签订是被挂靠人出借单位公章、资质证明等给挂靠人所签，合同的履行是由挂靠人实际履行，挂靠人与被挂靠人的挂靠行为无效。因此，该施工合同是挂靠人和被挂靠人以合法形式掩盖非法目的的结果，根据法律关于合同无效情形的规定，该施工合同无效。或者说，在排除发包人知晓工程挂靠施工的前提下，该总包合同的签订，也是挂靠人与被挂靠人恶意串通，损害发包人或者其他投标人利益的行为，同样根据法律的规定，该施工合同无效。[4]

本书同意第二种观点，即只要存在挂靠行为，法院即应认定合同无效，无须考虑发包人是否“明知”。主要理由如下：

---

〔1〕 许昌信诺置业有限公司诉河南林九建设工程有限公司建设工程施工合同纠纷案，最高人民法院(2019)最高法民申1245号民事裁定书。

〔2〕 林一主编：《建设工程施工合同纠纷案件审判实务》，法律出版社2015年版，第96页。

〔3〕 李玉生主编：《建设工程施工合同案件审理指南》，人民法院出版社2019年版，第93页。

〔4〕 参见王勇：《建设工程施工合同纠纷实务解析》（增订第2版），法律出版社2019年版，第107页。

首先,合同无效,是指当事人所缔结的合同因严重欠缺生效要件,在法律上不按当事人合意的内容赋予效力。[1] 根据《民法典》第 143 条的规定,合同的有效要件包括:(1)行为人具有相应的民事行为能力;(2)意思表示真实;(3)不违反法律、行政法规的强制性规定,不违背公序良俗。而《建筑法》等法律、行政法规对借用资质行为予以明确禁止,只要承包人存在违法挂靠行为,该合同即属于"违反法律、行政法规的强制性规定",即欠缺了《民法典》第 143 条的生效要件,法院应当根据《民法典》第 153 条的规定对该法律行为进行否定性评价。该合同自始地对所有的人不发生效力并且保持其不发生效力的状态。[2] 法院通过判决认定合同的效力,仅有宣示的性质,无效的合同并非因判决而成为无效。无效无待当事人在诉讼上主张,法院应依职权认定其为无效。无效的合同不仅在当事人之间,原则上对任何人均为无效(绝对无效),在例外情形始为相对无效。[3] 如果发包人与被挂靠人签订的施工合同的效力,以发包人对挂靠事实是否明知而不同,显然与合同无效的基本理论相悖。

其次,认为在发包人不知情的情况下应当认可施工合同效力的主要理由是,在合同被认定无效后,如承包人存在违约行为,发包人无法向承包人主张合同约定的违约责任,发包人无过错却利益受损,而承包人违法反而可能获益。这种说法看似合理,实则经不起推敲。在多数情况下,合同生效条件欠缺导致合同无效,是一方当事人的原因,或不具备相应的民事行为能力,或意思表示不真实,或违反了法律、行政法规的强制性规定,违背了公序良俗;在少数情况下,是双方当事人的原因,如双方意思表示虚假。所有一方当事人过错导致的合同无效,对于无过错的当事人来说,自然是不公平的。如果因此就认定合同有效,显然直接违反了法律规定。另外,对于无效合同的无过错方,法律也规定了救济途径。《民法典》第 157 条规定,民事法律行为无效、被撤销或者确定不发生效力后,行为人因该行为取得的财产,应当予以返还;不能返还或者没有必要返还的,应当折价补偿。有过错的一方应当赔偿对方由此所受到的损失;各方都有过错的,应当各自承担相应的责任。因而,在施工合同被认定无效后,对挂靠不知情的发包人作为无过错方,仍然可以追究承包人的损失赔偿责任,并不会

---

〔1〕 参见韩世远:《合同法总论》(第 4 版),法律出版社 2018 年版,第 213 页。
〔2〕 参见韩世远:《合同法总论》(第 4 版),法律出版社 2018 年版,第 213 页。
〔3〕 参见韩世远:《合同法总论》(第 4 版),法律出版社 2018 年版,第 213 页;梁慧星:《民法总论》(第 3 版),法律出版社 2007 年版,第 195 ~ 196 页。

导致明显的利益失衡，足以保护作为善意相对人的发包人。

最后，发包人是否“明知”是一种主观状态，法院通过当事人提交的证据所认定的事实仅为法律真实，要求裁判者由此判断发包人的主观状态，实是“强人所难”。

也正是基于上述原因，最高人民法院在《建设工程司法解释（一）》第1条中规定，没有资质的实际施工人借用有资质的建筑施工企业名义签订的建设工程施工合同应当认定无效。在解释并未区分发包人是否明知时，应当严格按照解释规定，只要是借用资质签订的合同，都应无例外地认定无效。

【典型案例】中航建筑工程有限公司与韶山市科技和信息化局建设工程施工合同纠纷案[1]

【基本案情】中航建筑工程有限公司（以下简称中航公司）于2009年9月11日中标韶山市中小企业创业基地扩建工程，随后与韶山市科技和信息化局（以下简称韶山科技局）签订施工承包合同，合同尾部加盖两单位印章并由负责人签字，中航公司签字代表为胡某某。

【裁判观点】中航公司在庭审中承认，胡某某为该项目的投资人，且《补充协议》上胡某某以承包人代表身份签字，原审法院的执行笔录中胡某某也自认其为实际施工人，中航公司向韶山科技局出具的公函要求将项目部分工程款660万元支付给胡某某，中航公司与胡某某共同出具的《关于请求支付工程款的报告》中亦陈述胡某某全额带资，同时挂靠协议中记载胡某某借用资质承建，中航公司只收取总工程款1.4%的费用，并提供相关技术、资质。因此，上述证据可以共同证明涉案工程为没有施工资质的实际施工人胡某某借用有资质的建筑施工企业名义进行，涉案建设工程施工合同应为无效。

3. 发包人与挂靠人之间的工程承包法律行为无效

挂靠人借用被挂靠施工企业的资质，并以被挂靠人的名义与发包人签订施工合同，从形式上看，施工合同的当事人为发包人与被挂靠人，两者之间成立建设工程施工合同关系。但对于发包人与挂靠人之间的法律关系，因法律及司法解释均未作明确规定，审判实践中出现诸多不同观点。比较主流的观点，是要

---

〔1〕 参见湖南省高级人民法院民事判决书，（2016）湘民终652号。

区分发包人对挂靠事实是否明知来认定发包人与挂靠人之间的法律关系。“在处理无资质的企业或个人挂靠有资质的建筑企业承揽工程时,应进一步审查合同相对人是否善意、在签订协议时是否知道挂靠事实来作出相应认定。如果相对人不知晓挂靠事实,有理由相信承包人就是被挂靠人,则应优先保护善意相对人,双方所签订协议直接约束善意相对人和被挂靠人,此时挂靠人和被挂靠人之间可能形成违法转包关系,实际施工人可就案涉工程价款请求承包人和发包人承担相应的民事责任;如果相对人在签订协议时知道挂靠事实,即相对人与挂靠人、被挂靠人通谋作出虚假意思表示,则挂靠人和发包人之间可能直接形成事实上的合同权利义务关系,挂靠人可直接向发包人主张权利。”[1]

但如前文所述,在挂靠行为违反法律强制规定而无效的情况下,挂靠人借用被挂靠人名义与发包人签订的施工合同同样无效,系当然无效、绝对无效,不会因发包人主观上是否明知而发生变化。且《民法典》第 157 条明确规定了无效合同的非过错方有向过错方请求损失赔偿的权利,足以保障合同善意相对人的权益。因而,保护善意相对人并不能作为使无效合同产生效力的理由,反而直接违反了法律规定。

另外,更为重要的是,判断发包人是否“明知”的主观状态,本身就缺乏客观的标准,可以说是“公说公有理,婆说婆有理”,法官在审理案件过程中不易把握,也难以使当事人信服,不利于定分止争。且如果以发包人“明知”来左右施工合同的效力,来判断挂靠人是否有权向发包人主张权利,则显然赋予了法官过大的自由裁量权限,再加上工程案件涉及利益巨大,容易导致“权力寻租”,滋生司法腐败。基于此,最高人民法院在制定司法解释过程中,经过多方考虑,最后认为,只要认定了挂靠事实的存在,“实际施工人、出借资质的建筑施工企业和发包人都是明知的,而且各方都认可”[2],即法院在审理涉挂靠施工案件时,均应推定发包人“明知”。且从司法实践及工程实践来看,在绝大多数情况下,发包人对挂靠事实确是明知的。即使有个别发包人不明知,但法律赋予了其索赔权利,并不会导致各方当事人之间的利益失衡。

《民法典》第 146 条第 1 款规定,行为人与相对人以虚假的意思表示实施的

---

〔1〕 陈某某诉阜阳创伤医院、阜阳民生医院、第三人江西建工第四建筑有限公司建设工程施工合同纠纷案,最高人民法院(2019)最高法民终 1350 号民事裁定书。

〔2〕 最高人民法院民事审判第一庭编著:《最高人民法院建设工程施工合同司法解释(二)理解与适用》,人民法院出版社 2019 年版,第 500 页。

民事法律行为无效。因而挂靠人借用被挂靠人的名义与发包人签订施工合同的行为，系通谋虚伪行为，应为无效。同时，该条第2款规定，以虚假的意思表示隐藏的民事法律行为的效力，依照有关法律规定处理。发包人与被挂靠人签订施工合同所隐藏的，系挂靠人与发包人之间成立的事实上的建设工程施工法律关系。即发包人与被挂靠人签订的施工合同，实际上是发包人与挂靠人之间达成的一致意思表示，但因挂靠人没有资质，挂靠人与发包人之间的施工合同因违反法律强制性规定无效。根据《民法典》第157条的规定，民事法律行为无效后，发生财产返还或折价补偿的效果。且根据《民法典》第793条的规定，挂靠人可以直接基于双方无效的建设工程施工合同，要求发包人参照合同关于工程价款的约定对其进行折价补偿。

【典型案例】四川中顶建设工程有限公司与朱某军建设工程施工合同纠纷案〔1〕

【基本案情】2015年8月26日，四川中顶建设工程有限公司（以下简称中顶公司）与朱某军签订《挂靠协议》。2016年11月2日，朱某军以中顶公司名义与乌兰县原国土资源局签订施工合同，由中顶公司承建乌兰县柯柯镇托海村土地开发项目。后因工程款结算及支付问题产生纠纷。

【裁判观点】朱某军借用中顶公司的资质与乌兰县原国土资源局签订涉案施工合同，中顶公司作为被借用资质方，欠缺与发包人乌兰县原国土资源局订立施工合同的真实意思表示，中顶公司与乌兰县原国土资源局不存在实质性的法律关系。本案中，朱某军作为涉案工程的实际施工人，与发包人乌兰县原国土资源局在订立和履行施工合同的过程中，形成事实上的法律关系，朱某军有权向乌兰县原国土资源局主张工程款。

第四节 转包与合同效力

转包，是指承包单位承包工程后，不履行合同约定的责任和义务，将其承包

〔1〕 参见最高人民法院民事判决书，(2019)最高法民再329号。

的全部工程转给其他单位或个人施工，或者将其承包的全部工程支解后以分包的名义分别转给其他单位或个人施工的行为。因而转包包括两种情况：一是直接将全部工程转包；二是将全部工程支解后以分包之名行转包之实。

一、转包的具体认定

根据《发承包违法行为认定查处办法》第 8 条的规定，存在下列情形之一的，应当认定为转包，但有证据证明属于挂靠或者其他违法行为的除外：

（1）承包单位将其承包的全部工程转给其他单位（包括母公司承接建筑工程后将所承接工程交由具有独立法人资格的子公司施工的情形）或个人施工。

（2）承包单位将其承包的全部工程支解以后，以分包的名义分别转给其他单位或个人施工。

（3）施工总承包单位或专业承包单位未派驻项目负责人、技术负责人、质量管理负责人、安全管理负责人等主要管理人员，或派驻的项目负责人、技术负责人、质量管理负责人、安全管理负责人中一人及以上与施工单位没有订立劳动合同且没有建立劳动工资和社会养老保险关系，或派驻的项目负责人未对该工程的施工活动进行组织管理，又不能进行合理解释并提供相应证明。

（4）合同约定由承包单位负责采购的主要建筑材料、构配件及工程设备或租赁的施工机械设备，由其他单位或个人采购、租赁，或施工单位不能提供有关采购、租赁合同及发票等证明，又不能进行合理解释并提供相应证明。

（5）专业作业承包人承包的范围是承包单位承包的全部工程，专业作业承包人计取的是除上缴给承包单位“管理费”之外的全部工程价款。

（6）承包单位通过采取合作、联营、个人承包等形式或名义，直接或变相将其承包的全部工程转给其他单位或个人施工。

（7）专业工程的发包单位不是该工程的施工总承包或专业承包单位，但建设单位依约作为发包单位的除外。

（8）专业作业的发包单位不是该工程承包单位。

（9）施工合同主体之间没有工程款收付关系，或者承包单位收到款项后又将款项转拨给其他单位和个人，又不能进行合理解释并提供材料证明。

两个以上的单位组成联合体承包工程，在联合体分工协议中约定或者在项目实际实施过程中，联合体一方不进行施工也未对施工活动进行组织管理，并且向联合体其他方收取管理费或者其他类似费用的，视为联合体一方将承包的工程转包给联合体其他方。

二、法律严禁工程转包行为

我国的法律、行政法规明确规定禁止承包人转包建设工程。《民法典》第791条第2款规定："承包人不得将其承包的全部建设工程转包给第三人或者将其承包的全部建设工程支解以后以分包的名义分别转包给第三人。"《建筑法》第28条规定："禁止承包单位将其承包的全部建筑工程转包给他人，禁止承包单位将其承包的全部建筑工程肢解以后以分包的名义分别转包给他人。"《建设工程质量管理条例》第25条第3款规定："施工单位不得转包或者违法分包工程。"《招标投标法》第48条第1款规定："中标人应当按照合同约定履行义务，完成中标项目。中标人不得向他人转让中标项目，也不得将中标项目肢解后分别向他人转让。"

法律禁止工程转包的原因包括：

第一，转包行为架空了发包人对合同的信赖基础。建设工程项目往往投资巨大，发包人在选择承包人时十分慎重，要求承包人具备相应的资质、资金技术实力，以及丰富的项目管理经验，以确保工程项目建设顺利。因而对于重大项目，发包人根据法律规定或自身需求，通过招标方式选择项目承包人，并基于对承包人各方面条件的信赖与之签订施工合同。但如承包人将工程转包给第三方进行施工，则使发包人丧失了对合同的信赖基础。

第二，转包行为架空了招标投标制度。《民法典》第790条规定："建设工程的招标投标活动，应当依照有关法律的规定公开、公平、公正进行。"《招标投标法》第5条规定："招标投标活动应当遵循公开、公平、公正和诚实信用的原则。"各投标人通过法律规定的程序，按照招标文件的要求，进行公平公正的竞争，最终由发包人择优选择投标人签订施工合同。承包人在签订施工合同后，将建设工程转包给第三人，使整个招标投标程序丧失了意义，不仅损害了发包人和其他投标人的利益，更是破坏了整个招标投标市场的秩序，架空了招标投标制度，背离了《招标投标法》的立法目的。

第三，转包行为严重危及工程质量安全。承包人将工程转包给第三方时，通常会收取一定比例的管理费。如果工程经过多次转包，最后接手的实际施工人实际获得的工程款甚至会低于工程的成本价，为避免亏损、获取利润，施工过程中其往往会采取偷工减料的方式节省成本，如此便无法保证工程的质量，进而危及社会公共利益和公共安全。另外，转包后的实际施工人大多不具备相应的资质，也缺乏承包工程的资金、技术以及管理经验，以往发生的许多重大安全事故也都与转包有很大的关系。

三、转包行为的法律性质

有观点认为，“从合同法律关系上说，转包行为属于合同主体变更的行为，转包后，建筑工程承包合同的承包方由原承包人变更为接受转包的新承包人，原承包人对合同的履行不再承担责任。”[1]合同的变更有广义和狭义的区分。广义的合同变更，包括合同内容的变更与合同主体的变更。狭义的合同变更[2]，仅指合同内容的变更。合同内容的变更，是指当事人不变，合同的内容予以改变的情况。合同主体的变更，是指合同关系保持同一性，仅改换债权人或债务人的情况。无论是改换债权人，还是改变债务人，合同主体的变更都发生合同权利义务的转移，转移给新的债权人或债务人。因此，合同主体的变更实际上是合同权利义务的转让，分为合同权利的转让、合同义务的转让和合同权利义务的概括转让。[3]

也有观点认为，转包是承包人将施工合同中本应由自己承担的义务及享有的权利转移给第三方，因此转包的本质属性为合同权利义务的概括转移。[4] 合同权利义务的概况转移，是指合同当事人一方的权利义务一并转移给第三人，由该第三人取而代之成为合同当事人的现象，又称为合同地位的转移。[5] 合同权利义务的概况转移既可以基于法律行为而产生，即意定概括转移；也可以基于法律规定而产生，即法定概括转移。《民法典》第555条[6]的规定属于前者，《民法典》第67条[7]的规定属于后者。显然，转包既不属于当事人合意的合同

---

[1] 卞耀武主编：《中华人民共和国建筑法释义》，法律出版社1998年版，第94～95页。

[2] 从我国《民法典》第543条、第544条的规定来看，《民法典》合同编第六章“合同的变更与转让”中的合同变更系狭义的合同变更，即仅指合同内容的变更。

[3] 参见崔建远：《合同法总论》(中卷)(第2版)，中国人民大学出版社2016年版，第559页。

[4] 参见王勇：《建设工程施工合同纠纷实务解析》(增订第2版)，法律出版社2019年版，第67页。

[5] 韩世远：《合同法总论》(第4版)，法律出版社2018年版，第636页。

[6] 《民法典》第555条规定：“当事人一方经对方同意，可以将自己在合同中的权利和义务一并转让给第三人。”

[7] 《民法典》第67条规定：“法人合并的，其权利和义务由合并后的法人享有和承担。法人分立的，其权利和义务由分立后的法人享有连带债权，承担连带债务，但是债权人和债务人另有约定的除外。”

权利义务概括转移,也不属于法律明确规定的合同权利义务概括转移。

本书认为,转包既不属于合同主体变更,亦不属于合同权利义务的概括转移。首先,转包是承包人将本应由自己承担的施工义务转移给第三人,将第三人完成的工程作为自己的工作成果交付给发包人,发包人向承包人支付工程价款,承包人再根据转包合同向第三人支付工程价款。因而,转包并未使发包人与承包人之间的施工合同的主体发生变更,而是承包人与第三人另行订立一份合同,第三人在发包人与承包人的施工合同中并不享有任何权利,亦不承担任何义务。前文提到,转包除了直接转包,还包括将全部工程支解后全部分包出去,可见,转包所强调的是承包人不自己履行施工义务,而非第三人取代承包人的合同地位。其次,合同主体变更,抑或合同权利义务的概括转移,都需要符合法律规定的有效性或程序性条件,即合同变更或转让本身即是一个当然合法的概念。承包人将工程转包系违法行为,该民事法律行为因违反法律的强制性规定而无效,并不能使发包人与承包人之间的施工合同产生变更或权利义务的转让,因而,转包既不属于合同主体变更行为,亦不属于合同权利义务的概括转移。承包人转包工程的行为,在合同法意义上系违反施工合同约定的行为,其应向发包人承担违约责任;在建筑法意义上系违反法律规定的禁止性行为,其应当承担相应的行政责任。

四、转包的法律后果

承包人将建设工程转包,既违反建设工程施工合同的约定,也违反了《建筑法》等法律、行政法规的强制性规定,因此承包人既要承担民事违约的法律后果,也要承担行政违法的法律后果。

(一)行政法律后果

《建筑法》第 67 条第 1 款规定:"承包单位将承包的工程转包的,或者违反本法规定进行分包的,责令改正,没收违法所得,并处罚款,可以责令停业整顿,降低资质等级;情节严重的,吊销资质证书。"《招标投标法》第 58 条规定:"中标人将中标项目转让给他人,将中标项目肢解后分别转让给他人的,违反本法规定将中标项目的部分主体、关键性工作分包给他人的,或者分包人再次分包的,转让、分包无效,处转让、分包项目金额千分之五以上千分之十以下的罚款;有违法所得的,并处没收违法所得;可以责令停业整顿;情节严重的,由工商行政管理机关吊销营业执照。”

对于承包人转包、违法分包的行政处罚的追溯期限，根据全国人大常委会法制工作委员会《对建筑施工企业母公司承接工程后交由子公司实施是否属于转包以及行政处罚两年追溯期认定法律适用问题的意见》（法工办发〔2017〕223号）第2条的规定，对于违法发包、转包、分包、挂靠等行为的行政处罚追溯期限，应当从违法发包、转包、分包、挂靠的建筑工程竣工验收之日起计算。合同工程量未全部完成而解除或暂时终止履行合同的，为合同解除或终止之日。

（二）民事法律后果

工程转包法律关系中包含两个合同，即发包人与承包人签订的建设工程施工合同、承包人与第三人签订的工程转包合同。

1. 发包人与承包人之间的施工合同有效

《民法典》第143条规定：“具备下列条件的民事法律行为有效：（一）行为人具有相应的民事行为能力；（二）意思表示真实；（三）不违反法律、行政法规的强制性规定，不违背公序良俗。”发包人与承包人之间签订的建设工程施工合同，只要符合上述法律规定的条件，即应当认定有效。承包人在与发包人签订施工合同后，将工程转包给第三人的，不影响该施工合同的效力。转包行为在时间逻辑上发生在发包人与承包人的施工合同签订后，是施工合同履行过程中发生的违法违约行为。[1] 无效的合同自成立时即不发生当事人所欲发生的效力[2]，导致合同无效的因素在合同签订时即已存在，在不存在无效因素时，合同签订后即成立并生效。而承包人非法转包、违法分包的行为发生在承包人与发包人签订的施工合同履行过程中，对于合同履行中一方当事人的违法或违约行为，另一方当事人可以要求其承担违约责任或解除合同，而不能作为认定合同无效的依据。

2. 承包人与第三人之间的转包合同无效

《民法典》第791条规定，承包人不得将其承包的全部建设工程转包给第三人或者将其承包的全部建设工程支解以后以分包的名义转包给第三人。《建筑

---

〔1〕 参见龚雪林：《转包、分包和借用资质情形下的建设工程施工合同效力分析》，载《法律适用》2014年第12期。

〔2〕 韩世远：《合同法总论》（第4版），法律出版社2018年版，第213页。

法》第28条规定："禁止承包单位将其承包的全部建筑工程转包给他人，禁止承包单位将其承包的全部建筑工程肢解以后以分包的名义分别转包给他人。"因此，承包人将工程进行转包的行为违反了法律、行政法规的强制性规定，根据《民法典》第153条的规定，应当认定无效，承包人与第三人基于该无效民事法律行为签订的转包合同亦为无效。基于此，《建设工程司法解释(一)》第1条第2款规定："承包人因转包、违法分包建设工程与他人签订的建设工程施工合同，应当依据民法典第一百五十三条第一款及第七百九十一条第二款、第三款的规定，认定无效。"

【典型案例】长沙市建设工程集团有限公司、长沙市建设工程有限公司二分公司与中国水利水电第八工程局有限公司建设工程施工合同纠纷案[1]

【基本案情】2006年6月27日，中国水利水电第八工程局有限公司(以下简称水电八局)中标广元至巴中高速公路路基土建施工LJ5合同段。2006年7月25日，广巴高速指挥部与水电八局签订《合同协议书》。2007年3月22日，水电八局广巴高速公路LJ5合同段项目经理部与长沙市建设工程集团有限公司二分公司(以下简称长建二分公司)签订《工程施工合同》，约定由长建二分公司承建广巴高速公路LJ5合同段蒲家湾大桥、水井湾大桥建设施工工程。2007年4月8日，长建二分公司第五工程处与陈某武签订《四川省广巴高速LJ5合同段工程承包协议》，约定长建二分公司承接的广巴高速公路LJ5合同段工程由乙方承包施工。后陈某武组织进行施工。

【裁判观点】本案中，水电八局中标广元至巴中高速公路路基土建施工LJ5合同段工程，并于2006年7月25日与指挥部签订《合同协议书》，约定水电八局承包广巴高速公路LJ5合同段施工工程。2007年3月22日，水电八局与长建二分公司签订《工程施工合同》，约定由长建二分公司承包广巴高速公路LJ5合同段蒲家湾大桥、水井湾大桥建设施工工程。2008年8月26日，双方又签订《补充协议书》。上述事实表明，水电八局中标涉案工程后，并未进行实际施工，而是非法转包给长建公司进行施工。根据法律及司法解释的规定，涉案《工程施工合同》及《补充协议书》依法应为无效。

---

〔1〕 参见最高人民法院民事判决书，(2016)最高法民再346号。

第五节　分包与合同效力

所谓建设工程分包,是指对工程实行总承包的单位,将其总承包的工程项目的某一部分或某几部分,再发包给其他的承包单位,与其签订总承包合同项下的分包合同,此时,总承包合同的承包人即成为分包合同的发包人。建设工程施工合同由发包人与承包人签订,工程施工系承包人的合同义务,承包人应当自己履行。但是,对一些大中型建筑工程和结构复杂的建筑工程来说,实行总承包与分包相结合的方式,允许承包方在遵守一定条件的前提下,将自己总承包工程项目中的部分劳务工程或者自己不擅长的专业工程项目分包给其他承包商,以扬长避短,发挥各自的优势,对于提高工作效率,降低工程造价,保证工程质量及缩短工期,都是有好处的。[1] 根据《房屋建筑和市政基础设施工程施工分包管理办法》第 5 条的规定,施工分包分为专业工程分包和劳务作业分包。

一、工程分包的限制条件

《民法典》第 791 条第 2 款规定:“总承包人或者勘察、设计、施工承包人经发包人同意,可以将自己承包的部分工作交由第三人完成。”第 3 款规定:“禁止承包人将工程分包给不具备相应资质条件的单位。禁止分包单位将其承包的工程再分包。建设工程主体结构的施工必须由承包人自行完成。”

《建筑法》第 29 条第 1 款规定:“建筑工程总承包单位可以将承包工程中的部分工程发包给具有相应资质条件的分包单位;但是,除总承包合同中约定的分包外,必须经将建设单位认可。施工总承包的,建筑工程主体结构的施工必须由总承包单位自行完成。”第 3 款规定:“禁止总承包单位将工程分包给不具备相应资质条件的单位。禁止分包单位将其承包的工程再分包。”

《招标投标法》第 48 条第 2 款规定:“中标人按照合同约定或者经招标人同意,可以将中标项目的部分非主体、非关键性工作分包给他人完成。接受分包的人应当具备相应的资格条件,并不得再次分包。”

---

〔1〕 参见卞耀武主编:《中华人民共和国建筑法释义》,法律出版社 1998 年版,第 96 页。

综合上述法律规定,承包人将建设工程分包的,需要满足下列条件:

1. 分包须经发包人同意。发包人同意包括承包人在合同中明确约定以及工程实施过程中的认可。建设工程合同是承包人进行工程建设,发包人支付价款的合同。《民法典》第509条规定:"当事人应当按照约定全面履行自己的义务。"承包人应当按照建设工程施工合同的约定自行完成工程施工合同义务。如施工合同中对可以分包的工程范围有约定,承包人可以将该范围内的工程进行分包。对于合同未约定,或约定范围以外的工程,承包人不能进行分包。但如承包人另外就工程分包事项取得发包人同意,则依据《民法典》第543条关于"当事人协商一致,可以变更合同"的约定,发包人与承包人合意对合同进行了变更。如承包人擅自对外分包的,则构成违约,发包人有权追究承包人的违约责任。

2. 分包单位应具备相应的资质。《建筑法》第26条规定:"承包建筑工程的单位应当持有依法取得的资质证书,并在其资质等级许可的业务范围内承揽工程。"所有的工程承包行为都须遵守该条规定,缺乏相应资质的承包人,无法保证工程质量安全,对不特定的人民群众的生命财产安全构成巨大的潜在危险,因而分包工程的承包单位必须具备与分包工程相应的资质。《房屋建筑和市政基础设施工程施工分包管理办法》第7条规定,分包工程承包人必须具有相应的资质,并在其资质等级许可范围内承揽业务。

3. 主体结构不得分包。建设工程的主体结构是工程核心和关键,主体结构的质量是否合格是整个工程质量的基础,因而对于主体结构工程的施工,必须要由经济、技术实力更为强大,工程经验更为丰富的承包人来完成。同时,这也是防止工程承包人以分包的名义将工程支解转包,损害发包人利益,破坏建筑市场的秩序。

4. 不得将工程再分包。分包单位承包的工程通常都是专业技术相对较强的某一方面工作任务,如允许再分包,一方面,不利于施工计划安排和现场管理,导致施工秩序混乱,如出现问题,难以分清责任;另一方面,因层层分割利润,可能导致再分包的承包人为了降低施工成本、获取更大利润而偷工减料,难以保证工程质量。[1]

---

〔1〕 参见最高人民法院民法典贯彻实施工作领导小组主编:《中华人民共和国民法典合同编理解与适用》(三),人民法院出版社2020年版,第1926页。

二、违法分包行为的具体认定及合同效力

违法分包，是指承包单位承包工程后违反法律法规规定，把单位工程或分部分项工程分包给其他单位或个人施工的行为。

《建设工程质量管理条例》第78条第2款规定，本条例所称违法分包，是指下列行为：(1)总承包单位将建设工程分包给不具备相应资质条件的单位的；(2)建设工程总承包合同中未有约定，又未经建设单位认可，承包单位将其承包的部分建设工程交由其他单位完成的；(3)施工总承包单位将建设工程主体结构的施工分包给其他单位的；(4)分包单位将其承包的建设工程再分包的。

根据《发承包违法行为认定查处办法》第12条的规定，存在下列情形之一的，属于违法分包：(1)承包单位将其承包的工程分包给个人的；(2)施工总承包单位或专业承包单位将工程分包给不具备相应资质单位的；(3)施工总承包单位将施工总承包合同范围内的工程主体结构的施工分包给其他单位的，钢结构工程除外；(4)专业分包单位将其承包的专业工程中非劳务作业部分再分包的；(5)专业作业承包人将其承包的劳务再分包的；(6)专业作业承包人除计取劳务作业费用外，还计取主要建筑材料款和大中型施工机械设备、主要周转材料费用的。

《房屋建筑和市政基础设施工程分包管理办法》第14条规定，下列行为，属于违法分包：(1)分包工程发包人将专业工程或者劳务作业分包给不具备相应资质条件的分包工程承包人的；(2)施工总承包合同中未有约定，又未经建设单位认可，分包工程发包人将承包工程中的部分专业工程分包给他人的。

《建设工程司法解释(一)》第1条第2款规定，承包人因违法分包建设工程与他人签订的建设工程施工合同，应当依据《民法典》第153条第1款及第791条第2款、第3款的规定，认定无效。但司法解释仅是笼统地规定了违法分包签订的合同无效，并未对违法分包的具体类型进行区分，因而《建设工程质量管理条例》第78条规定的四种违法分包：分包人不具备相应资质、主体结构分包、分包单位再分包，以及未经发包人同意的分包，所签订的施工分包合同均为无效。

三、未经发包人同意的分包合同效力

实践中有观点认为，对于分包内容合法、主体资格合法的分包，如仅欠缺发

包人同意这一条件,不应当否定该分包合同的效力。“以合同当事人之外的某一民事主体的同意与否,作为界定他人之间合同有效无效的效力性强制性依据,在合同法框架内,缺乏法理依据。在合同法体系中,未经被涉及的他者同意而订立的涉他合同,一般均产生对他者不生效力的后果,并不直接导致该合同本身无效。目前的司法解释,将未经发包人同意而订立的分包合同与其他三类违法合同一同认定为无效,欠缺法理依据。”[1]

该观点具有一定的合理性:

首先,法律规定承包人将工程进行分包的,应当经过发包人的同意或认可,但并未规定承包人取得发包人同意的时间点。承包人在分包前取得发包人同意的,自无问题;如承包人未取得发包人同意即对外进行分包,但在分包合同签订后又向发包人进行报告,而后取得发包人同意的,该行为如何认定?显然,在法律未明确规定的情况下,这种事后取得发包人同意的分包应不属于违法分包,因为即使是事后同意,也属于“同意”的范畴。按照该逻辑,如认定未经发包人同意的分包合同无效,而发包人事后同意的行为又使得合同有效,发包人实际上能够左右他人签订合同的效力,显然与合同无效的基本法理相违背。

其次,司法解释认定违法分包合同无效的主要依据是《民法典》第 153 条的规定,即“违反法律、行政法规的强制性规定的民事法律行为无效。但是该强制性规定不导致该民事法律行为无效的除外”。而判断一个强制性规定是否会导致合同无效,主要判断该强制性规定所要保护的法益,是否重大到需要牺牲合同自由来实现。再进一步,判断一个强制性规定所保护的法益类型,需要从立法目的着手。《建筑法》等法律的立法目的在于维护建筑市场秩序、保证建设工程的质量和安全。《建筑法》第 29 条之所以要求分包单位具备相应资质、禁止主体结构施工分包、禁止再分包,是因为这些行为均直接影响工程的质量安全,进而影响人民群众生命财产安全这一社会公共利益,因而必须通过否定该行为的效力来实现保证工程质量安全的立法目的。但在分包主体、分包内容均合法的情况下,如仅仅是未取得发包人同意,并不会对工程的质量安全有直接的影响,并不会损害社会公共利益或违背建筑法立法目的。

本书认为,未经发包人同意的分包,不应认定为违法分包,应认定为“违约分包”为宜,发包人可以追究承包人的违约责任或解除合同,并不需要通过

---

〔1〕 曹文衔:《未经发包人同意的分包合同效力探究》,载微信公众号“天同诉讼圈”2019 年 8 月 8 日。

否定分包合同的效力来对发包人进行救济。但从目前法律、行政法规及司法解释的规定来看,《建设工程质量管理条例》第78条明确规定未经发包人同意的分包为违法分包,再结合《建设工程司法解释(一)》第1条第2款关于违法分包签订的合同无效的规定,法院在审理此类案件时,仍应根据相关规定认定合同无效。

四、总承包合同对分包合同效力影响

在总承包合同被认定无效的情况下,分包合同的效力如何认定,实践中存在分歧:

有观点认为,发包人与承包人签订的总承包合同无效,承包人与分包人签订的分包合同也应无效。[1] 理由是分包合同虽然独立于总承包合同,但总承包合同仍是签订、履行专业工程分包合同的前提和基础。可以将分包合同看作总包合同的从合同,主合同无效,从合同当然无效。[2]

也有观点认为,总承包合同与分包合同分属不同的合同主体,各自成立,在合同性质上亦不存在主从关系。[3] 两份合同相对独立,签订主体不一致,约定的内容也不尽相同,总承包合同是否无效并不影响分包合同的效力。[4]

本书认为,不能仅以总承包合同无效,径直认定分包合同无效。

主合同,是指不需要以其他合同的存在为前提即可独立存在的合同。从合同,是指以其他合同的存在为其存在前提的合同。主从关系的划分,主要的意义在于明确它们之间的制约关系。主合同不成立,从合同就不能有效成立;主合同变更或转让,从合同也不能单独存在,依具体情况相应地可能发生变更、随同转让或者消灭的效果;主合同被宣告无效、撤销或者终止,从合同便失去存在的意义,原则上应当归于消灭,当事人另有特别约定的除外。[5]

---

〔1〕 参见云南百炼矿业有限公司诉中十冶集团有限公司重庆城建分公司建设工程施工合同纠纷案,云南省高级人民法院(2010)云高民一终字第139号民事判决书。

〔2〕 参见常设中国建设工程法律论坛第八工作组:《中国建设工程施工合同法律全书:词条释义与实务指引》,法律出版社2019年版,第179页。

〔3〕 参见天地科技股份有限公司唐山分公司诉云南省第二安装工程公司建设工程施工合同纠纷案,河北省高级人民法院(2014)冀立民终字第64号民事裁定书。

〔4〕 参见福清市嘉盛建设工程有限公司诉华新国际建设有限公司、六盘水双巢气源开发有限公司、贵州勇能能源开发有限公司建设工程合同纠纷案,贵州省高级人民法院(2017)黔民终327号民事判决书。

〔5〕 参见韩世远:《合同法总论》(第4版),法律出版社2018年版,第90~91页。

《民法典》中关于主从合同的规定有两条，分别是第388条[1]规定的担保合同和第682条[2]规定的保证合同，作为主债权债务合同的从合同。法律并未将总承包合同与分包合同规定为主从合同，更未规定总承包合同无效导致分包合同无效，即关于总承包合同与分包合同的效力关系并没有直接的规定。故对于分包合同的效力认定，仍然要遵循《民法典》关于民事法律行为效力的规定。在分包合同不具备无效因素的情况下，如果仅以总承包合同无效为由认定分包合同无效，显然缺乏法律依据。另外，如法院在审理分包合同纠纷案件时，已经认定合同有效，并据此作出判决；其后总承包合同又在其他案件中被认定无效，那么分包合同当事人是否可以认为原法院认定分包合同有效错误而申请再审？如果认为总承包合同无效导致分包合同无效，那么法院在审理分包合同纠纷案件时是否也要同时对总承包合同的效力进行认定？

同时，也有人认为，“从实际履行来说，总包合同无效的，分包合同在事实上也已经陷入履行不能的情况，因此在总包合同无效的情况下，认定分包合同无效不会造成不良的社会后果，法律效果较好。”[3]但从合同履行的角度来考虑合同效力的问题，显然缺乏法律依据。合同无效是自始的无效，而不能说能够履行就有效，履行不能就无效。且合同无效的认定应当严格按照法律的规定，而非从认定的效果倒推考虑，这显然有悖于合同无效的基本理论。且从合同法鼓励交易的原则来看，只要合同没有法律规定的无效因素，司法解释也未明确合同无效，则应当认定合同有效，这也是合同自由原则的体现。因而，只要分包合同满足《民法典》第143条规定的条件即应认可其效力，总承包合同有效与否不能作为判定分包合同效力的依据。

五、劳务分包与违法分包的区分

劳务分包，又称劳务作业分包，是指施工总承包企业或者专业承包企业即劳务作业发包人将其承包工程的劳务作业发包给劳务承包企业即劳务作业承

---

[1] 《民法典》第388条第1款规定：“设立担保物权，应当依照本法和其他法律的规定订立担保合同。担保合同包括抵押合同、质押合同和其他具有担保功能的合同。担保合同是主债权债务合同的从合同。主债权债务合同无效的，担保合同无效，但法律另有规定的除外。”

[2] 《民法典》第682条第1款规定：“保证合同是主债权债务合同的从合同。主债权债务合同无效的，保证合同无效，但是法律另有规定的除外。”

[3] 宋仲春、于智淳：《总承包合同无效是否导致分包合同无效——基于法律相关判例的法律分析》，载微信公众号“建纬律师”2019年2月20日。

包人完成的活动。[1]

(一)劳务分包企业资质逐步被取消

2001年《建筑业劳务分包企业资质标准》将劳务分包企业资质划分为13类,包括木工作业、砌筑作业、抹灰作业、石制作、油漆作业、钢筋作业、混凝土作业、脚手架作业、模板作业、焊接作业、水暖电安装作业、钣金作业、架线作业。2014年11月6日,住建部发布《建筑业企业资质标准》,规定了施工劳务序列的部分类别和等级,只要符合规定的条件[2],即可承担各类施工劳务作业。

住建部于2016年4月11日发布《关于批准浙江、安徽、陕西3省开展建筑劳务用工制度改革试点工作的函》,同意上述三省开展建筑劳务用工制度改革试点工作,正式拉开了建筑劳务用工制度改革的序幕。其后,浙江省开始逐步取消建筑劳务企业资质,陕西省停止办理新申请劳务资质审批,安徽省取消了建筑劳务企业资质。2017年11月7日,住建部发布《关于培育新时期建筑产业工人队伍的指导意见(征求意见稿)》,指出"取消建筑施工劳务资质审批,设立专业作业企业资质,实行告知备案制"。2017年12月,山东省发文取消劳务企业资质及其安全生产许可证要求;2018年3月,青海省发文取消劳务企业资质及其安全生产许可证要求;2018年6月,江苏省发文取消施工劳务企业资质要;2018年11月,黑龙江省发文取消施工劳务资质要求。但截至本书完稿,住建部尚未发文在全国范围内取消劳务企业的资质要求。

(二)劳务分包的限制

《建设工程司法解释(一)》第5条规定:"具有劳务作业法定资质的承包人与总承包人、分包人签订的劳务分包合同,当事人请求确认无效的,人民法院依法不予支持。"根据该条的规定,只要劳务作业承包人具有相应的资质的,其与承包人、分包人签订的劳务分包合同均应认定有效。

---

[1] 参见最高人民法院民事审判第一庭编著:《最高人民法院建设工程施工合同司法解释的理解与适用》,人民法院出版社2015年版,第62页。

[2] 《建筑业企业资质标准》第49.1节规定了"施工劳务企业资质标准":"49.1.1 企业资产 (1)净资产200万元以上。(2)具有固定的经营场所。49.1.2 企业主要人员 (1)技术负责人具有工程序列中中级以上职称或高级工以上资格。(2)持有岗位证书的施工现场管理人员不少于5人,且施工员、质量员、安全员、劳务员等人员齐全。(3)经考核或培训合格的技术工人不少于50人。"

劳务分包的发包主体既可以是施工总承包企业,也可以是专业承包企业。《房屋建筑和市政基础设施工程施工分包管理办法》第 5 条第 3 款规定:“本办法所称劳务作业分包,是指施工总承包企业或者专业承包企业将其承包工程中的劳务作业发包给劳务分包企业完成的活动。”因而,施工总承包企业和专业工程承包企业都可以将自己承包范围内的劳务作业对外进行分包。专业工程承包企业不得将工程再分包,但可以将承包范围内的劳务作业对外分包。

劳务分包无须发包人同意。《房屋建筑和市政基础设施工程施工分包管理办法》第 9 条规定:“专业工程分包除在施工总承包合同中有约定外,必须经建设单位认可。专业分包工程承包人必须自行完成所承包的工程。劳务作业分包由劳务作业发包人与劳务作业承包人通过劳务合同约定。劳务作业承包人必须自行完成所承包的任务。”因而,承包人分包专业工程时须经发包人同意,但分包劳务作业无须经过发包人同意,直接由承包人与劳务作业承包人签订劳务分包合同即可。

劳务分包不得再分包。《发承包违法行为认定查处办法》第 12 条规定:“存在下列情形之一的,属于违法分包:……(五)专业作业承包人将其承包的劳务再分包的……”劳务作业承包人必须自行完成承包范围内的劳务作业,不得将部分或全部的劳务作业任务交由他人完成。

劳务分包内容不得“包工包料”。劳务分包是把一个复杂劳动中的简单劳动剥离出来交给劳务作业承包人去完成,承包的内容应仅为“劳务作业”,即“包清工”。因而对劳务分包的管理相对较为宽松。但实践中存在大量名为劳务分包,但承包内容“包工包料”,即劳务合同中约定承包人既提供劳务,又要提供主要建筑材料及大型机械设备等,此类约定超出了劳务分包合同的范畴,应认定为违法分包。《发承包违法行为认定查处办法》第 12 条规定:“存在下列情形之一的,属于违法分包:……(六)专业作业承包人除计取劳务作业费用外,还计取主要建筑材料款和大中型施工机械设备、主要周转材料费用的。”北京市高级人民法院 2012 年发布的《关于审理建设工程施工合同纠纷案件若干疑难问题的解答》第 4 条规定,合同约定劳务作业承包人负责与工程有关的大型机械、周转性材料租赁和主要材料、设备采购等内容的,不属于劳务分包。

【典型案例】上海曹乾建设工程有限公司与泰兴市文庆疏浚工程有限公司、浙江省正邦水电建设有限公司等建设工程施工合同纠纷案[1]

【基本案情】2012年2月3日,浙江省正邦水电建设有限公司(以下简称正邦公司)南通港吕四港区区域用海B标项目部作为甲方、泰兴市文庆疏浚工程有限公司(以下简称文庆公司)作为乙方签订《劳务合作协议书》一份,约定:承包范围为南通港吕四港区区域用海项目B标充泥管袋吹填及堤芯砂施工项目。2012年2月4日,文庆公司南通港吕四港区区域用海B标项目部作为甲方、上海曹乾建设工程有限公司(以下简称曹乾公司)作为乙方签订《劳务合作协议书》一份,协议约定的内容除约定的单价变更外,其余内容包括承包范围、开工日期、竣工日期等,均与正邦公司和文庆公司签订的《劳务合作协议书》内容相同。2014年1月6日,围堰工程经竣工验收。2014年4月22日,吹沙工程经竣工验收。

【裁判观点】正邦公司与文庆公司、文庆公司与曹乾公司签订的合同虽名为《劳务合作协议书》,但合同内容系对南通港吕四港区区域用海项目B标充泥管袋吹填及堤芯砂施工项目进行承包,相关合同约定曹乾公司不仅应保障充足的施工人员,还要保障现场充足的施工机械,文庆公司仅提供袋子,其余管袋运输费、装卸费、铺排费、机械燃料费全部由曹乾公司负担。因此,曹乾公司承包的内容并非仅为工程项目提供劳务,而是对整个项目进行承包,其上诉主张自己与文庆公司之间系劳务分包关系缺乏依据,其与文庆公司之间的转包合同无效。

(三)违法劳务分包的用工主体责任

劳务分包合同从性质上来说属于建设工程施工合同的范畴,其既不是劳动合同,也不是在发包人与承包人之间确定劳务关系的合同,更不是企业或者单位内部的劳务合同。劳务分包合同是基于建设工程施工合同派生出来的合同关系。[2] 劳务作业发包人与劳务作业承包人之间成立劳务分包合同关系,按照

〔1〕 参见江苏省高级人民法院民事判决书,(2016)苏民终267号。

〔2〕 参见最高人民法院民事审判第一庭编著:《最高人民法院建设工程施工合同司法解释的理解与适用》,人民法院出版社2015年版,第67页。

合同约定向劳务作业承包人支付劳务工程款。进行劳务作业的建筑工人与劳务作业承包单位之间建立劳动关系,由劳务作业承包单位向建筑工人支付工资报酬。一般而言,建筑工人与劳务作业发包人(总承包人)之间没有成立直接的用工关系,不能直接向劳务作业发包人主张权利。但实践中,很多的劳务作业发包人会将劳务作业分包给不具备用工主体资格的自然人,即“包工头”或“班组长”。此时,由于劳务作业承包人不具备用工主体资格,相应的用工责任,包括支付工资、工伤赔偿等,都可以向上追溯到最近的具有合法用工主体资格的单位来承担。

原劳动和社会保障部2005年发布的《关于确立劳动关系有关事项的通知》第4条规定:“建筑施工、矿山企业等用人单位将工程(业务)或经营权发包给不具备用工主体资格的组织或自然人,对该组织或自然人招用的劳动者,由具备用工主体资格的发包方承担用工主体责任。”从而确定了“用工主体责任”这一责任形式。吉林省高级人民法院在2021年发布的《关于审理劳动人事争议案件法律适用问题的解答(三)》第13条中对“用工主体责任”的概念进行了明确,是指在不存在劳动关系前提下,在特定领域或特定行业由相应主体参照劳动关系项下用人单位义务而承担的工伤保险责任或工资支付责任。

对于实际施工人雇佣的建筑工人主张工资支付或工伤赔偿的权利路径,浙江省高级人民法院民事审判第一庭2009年发布的《关于审理劳动争议案件若干问题的意见》第11条规定:“在建设工程层层转包、分包中,作为实际施工人的自然人与其招用的劳动者发生劳动争议的,最近的上一层转包、分包关系中具备合法用工主体资格的单位应作为当事人;也可视案情需要,将实际施工的自然人及违法转包人、分包人作为共同当事人。”《保障农民工工资支付条例》第36条规定:“建设单位或者施工总承包单位将建设工程发包或者分包给个人或者不具备合法经营资格的单位,导致拖欠农民工工资的,由建设单位或者施工总承包单位清偿。”

需要注意的是,由具有用工主体资格的劳务作业发包方承担用工主体责任,一方面,是考虑实践中包工头对农民工在施工中所遭受的伤害往往缺乏赔偿能力,故将最近的上一层转包、分包关系中具备合法用工主体资格的单位拉进来作为赔偿义务人,并参照工伤的规定由其予以赔偿,旨在充分保护劳动者的人身损害赔偿权利。另一方面,也是保障农民工工资支付的需要。包工头拖欠农民工工资的情况时有发生,而施工承包企业的违法分包行为,也是造成该情况的因素之一。通过加大施工承包企业的法律责任,倒逼企业更加规范、有序地施工,逐步解决施工中层层转包分包的违法现象。但不宜对上述规定作扩大化理解及适用,不能直接认定具备合法用工主体资格的单位与劳动者之间成立劳动关系,平等主体之间的合同相对性原理仍是普遍适用的原则。[1]

(四)不宜认定实际施工人雇用的劳动者与施工企业成立劳动关系

最高人民法院在2011年发布的《全国民事审判工作会议纪要》第59条中明确,"建设单位将工程发包给承包人,承包人又非法转包或者违法分包给实际施工人,实际施工人招用的劳动者请求确认与具有用工主体资格的发包人之间存在劳动关系的,不予支持"。其后,最高人民法院又在2014年发布了《关于对最高人民法院〈全国民事审判工作会议纪要〉第59条作出进一步释明的答复》,明确认为实际施工人与其招用的劳动者之间应认定为雇佣关系,但实际施工人的前一手具有用工主体资格的承包人、分包人或转包人与劳动者之间既不存在雇佣关系,也不存在劳动关系。主要理由如下:

首先,实际施工人的前一手具有用工主体资格的承包人、分包人或转包人与劳动者之间并没有丝毫的建立劳动关系的意思表示,更没有建立劳动关系的合意。我国《劳动合同法》第3条明确规定,建立劳动关系必须遵循自愿原则。自愿,就是指订立劳动合同完全是出于劳动者和用人单位双方的真实意志,是双方协商一致达成的,任何一方不得将自己的意志加给另一方。自愿原则包括订不订立劳动合同由双方自愿、与谁订立劳动合同由双方自愿、合同的内容取决于双方的自愿。现实生活中,劳动者往往不知道实际施工人的前一手具有用工主体资格的承包人、转包人或分包人是谁,承包人、转包人或分包人同样也不清楚该劳动者是谁,是否实际为其工程提供了劳务。在这种完全缺乏双方合意的情形下,直接认定二者之间存在合法劳动关系,不符合实事求是原则。如果实际施工人的前一手具有用工主体资格的承包人、分包人或转包人根本没有与劳动者订立劳动合同的意思,通过仲裁或者司法判决方式强行认定他们之间存在劳动关系,则等于违背了《劳动合同法》总则中对自愿原则的规定。

其次,如果认定实际施工人的前一手具有用工主体资格的承包人、分包人或转包人与劳动者之间存在劳动关系,那么,将由具有用工主体资格的承包人、

---

[1] 参见林一主编:《建设工程施工合同纠纷案件审判实务》,法律出版社2015年版,第44页。

分包人或转包人对劳动者承担劳动法上的责任,而实际雇用劳动者并承担管理职能的实际施工人反而不需要再承担任何法律责任,这种处理方式显然不符合公平原则。如果许可这种做法,实际施工人反而很容易逃避相应的法律责任。此外,如果强行认定实际施工人的前一手具有用工主体资格的承包人、分包人或转包人与劳动者之间存在劳动关系,还会导致一系列无法解决的现实难题:劳动者会要求与承包人、分包人或转包人签订书面劳动合同,要求为其办理社会保险手续,要求支付不签订书面劳动合同而应支付的双倍工资,等等。这些要求显而易见都是不应当得到支持的。

再次,《关于确立劳动关系有关事项的通知》第 4 条之所以规定可认定具备用工主体资格的发包方承担用工主体责任,其用意是惩罚那些违反《建筑法》的相关规定,任意分包、转包的建筑施工企业。本书认为,承包人、分包人或转包人违反了《建筑法》的相关规定,应当承担相应的行政责任或民事责任。不能为了达到制裁这种违法发包、分包或者转包行为的目的,就任意超越《劳动合同法》的有关规定,强行认定本来不存在的劳动关系。

最后,虽然不认定实际施工人的前一手具有用工主体资格的承包人、分包人或转包人与劳动者之间存在劳动关系,但这并不意味着劳动者的民事权益得不到保护。《劳动合同法》第 94 条规定:"个人承包经营者违反本法规定招用劳动者,给劳动者造成损害的,发包的组织与个人承包经营者承担连带赔偿责任。"实践中,个人承包经营者(实际施工人)往往没有承担民事责任的足够财力,为了保护劳动者的权益,在劳动者遭受损失时,承包人、分包人或转包人是要承担民事上的连带赔偿责任的。这是有利于对劳动者提供周全保护的。从诉讼程序看,劳动者既可以单独起诉实际施工人,也可以将承包人、分包人或转包人与实际施工人列为共同被告;从实体处理看,劳动者既可以要求实际施工人承担全部或者部分赔偿责任,也可以要求承包人、分包人或转包人承担全部或者部分赔偿责任,还可以要求承包人、分包人或转包人与实际施工人一起承担连带赔偿责任。

六、分包合同背靠背条款的效力

在建设工程分包合同中,承包人与分包人约定的"按照业主支付进度付款""在建设单位资金到账后按比例支付""以收到建设单位工程款为向分包人支付工程款的前提"等条款,被称为背靠背条款。背靠背条款的核心在于"以业主支付为前提”[1],承包人通过这种方式,将业主支付工程款的部分风险转移给分包人,以达到降低资金压力和风险的目的。

(一)背靠背条款的内容

背靠背条款起源于欧美国家工程建设中的“Pay - if - paid”和“Pay - when - paid”条款,但美国和欧洲国家对此类条款的理解并不相同。在美国的工程合同中,上述两个支付条款所蕴含的当事人意志是不同的。“Pay - if - paid”,是指总承包商在分包合同中设定的,以获得业主支付作为其向分包商支付的前提条件的条款。“Pay - when - paid”所表达的含义并非总承包商向其分包商的付款条件,而只是对付款时间的约定。“Pay - if - paid”条款对分包商获得付款设置了明确的条件,即总承包商先行获得业主的支付。虽然在“Pay - when - paid”条款里也提到了由业主向总承包商支付,但并不是说“当且仅当”总承包商取得业主付款之后向其分包商支付。因此,“对分包商来说,‘Pay - when - paid’条款比‘Pay - if - paid’条款更有利。”[2]因而,美国法院在审理此类案件时,对于合同中的“Pay - when - paid”条款基本都予以认可并执行,但对于“Pay - if - paid”条款则持有不同看法:一种观点认为,在没有政府干涉的情况下,双方有权约定协议中的合同条款;另一种观点认为,把业主无力支付的风险转嫁给无法控制业主破产的分包商是不公平的。[3]

在英国,“‘Pay - if - paid’条款和‘Pay - when - paid’条款被视为等同。”[4]针对该类条款引发的争端,英国出台了多部法令。如1996年通过的《住房许可、建设和重建法令》第110条[付款日期]规定:“每一个施工合同都应该(a)约定完备的机制来确定哪些款项到了合同约定的支付期限和何时支付,并且(b)为到期应付的任何金额约定最后的付款日期。当事人可以自由确定应付金额日期和最终付款日期之间的时间段长度。”但2009年通过的《地方

[1] 张永亮:《建设工程合同中背靠背条款的适用及其规制》,载《山东法官培训学院学报》2018年第6期。

[2] 包艳苹、孟友瑞:《国际工程分包合同中“Pay - if - paid”和“Pay - when - paid”条款辨析》,载《国际经济合作》2014年第11期。

[3] 参见包艳苹、孟友瑞:《国际工程分包合同中“Pay - if - paid”和“Pay - when - paid”条款辨析》,载《国际经济合作》2014年第11期。

[4] 余卓:《建设工程分包合同“背靠背条款”效力问题评析》,载《西安建筑科技大学学报(社会科学版)》2017年第5期。

民主、经济发展和建设法令》第 142 条[确定应付款]对上述法令该条作了修正，在上述(a)段后增加“施工合同不应以下述内容作为支付的前提条件:①根据另一个合同履行的义务;②任何人关于是否已经履行另一个合同义务做出的决策。”可以看出,英国对该类条款持否定的态度。澳大利亚、新西兰、新加坡和马来西亚等国家的现行法律都规定禁止总承包商与分包商在分包合同中约定“Pay - if - paid”和“Pay - when - paid”等类型条款。

我国工程实践中,对于“Pay - if - paid”和“Pay - when - paid”条款并未做区分,而统一译为“背靠背条款”,并且我国现行法律法规中对此没有作出规定。但住建部印发的《建设工程施工专业分包合同(示范文本)》(GF - 2003 - 0213)第 19.5 条约定,“分包合同价款与总包合同相应部分价款无任何连带关系”。该分包合同示范文本 2014 版的修订说明中也提到,“以业主支付为前提的工程款支付问题是困扰总包与分包企业合同支付的主要难题。2014 版分包合同没有将业主支付设置为承包人向分包人支付分包合同价款的条件,保持了分包工程款价款结算和支付的独立性”。可以看出,我国住建部门并不提倡当事人在分包合同中约定背靠背条款。

(二)背靠背条款的性质

关于“背靠背条款”的性质,实践中存在一定的争议,一种观点认为,其属于附条件条款;另一种观点认为,其是附期限条款。

《民法典》第 158 条和第 160 条规定了行为人在实施民事法律行为时,可以对其附条件,也可以附期限。民事法律行为的附条件和附期限,从本质上来讲都是当事人管控和分担风险的方式。“条件者,是法律行为效力的发生或消灭,系于将来是否发生客观上不确定的事实。期限者,指法律行为效力的发生或消灭,系于将来确定发生的事实。条件与期限乃同以将来的事实为内容,其主要区别在于条件系针对客观上不确定的事实,期限作为确定发生的事实。”[1] 因而,想要认定背靠背条款的性质,首先要认定“业主支付”这一事实是否确定发生。

目前的主流观点认为,业主能否给付承包人工程款属于不确定的事实,在业主破产或出现其他因素的情况下,业主支付存在无法实现的可能,故背靠背

---

〔1〕 王泽鉴:《民法总则》,北京大学出版社 2009 年版,第 395 页。

条款属于附条件条款[1]。但也有观点认为，业主付款属于确定发生的事实，故背靠背条款属于附期限条款[2]。

虽然我国对"Pay - if - paid"和"Pay - when - paid"条款的内涵未作区分，均译作"背靠背"条款，但这并不意味着"Pay - if - paid"和"Pay - when - paid"条款在我国具有相同的意义。判断背靠背条款的性质，需要区分背靠背条款的约定内容属于"Pay - if - paid"还是"Pay - when - paid"。

1. "Pay - when - paid"背靠背条款仅是当事人对付款时间的约定

"Pay - when - paid"条款一般表述为"总承包商取得业主付款十天内，完成对其分包商的支付"。此类表述仅是对承包人何时付款所作的约定。在业主付款时，承包人应在10天内向分包人付款；但若业主最终无法付款，承包人并不会免除付款义务，其仍应向分包人付款。"Pay - when - paid"条款通常是指总承包商有一段合理的时间，获得业主付款并向分包商支付，但合理的时间一旦到期，无论总承包商是否取得业主的付款，分包商都有权利得到总承包商的付款。[3] 可见，在"Pay - when - paid"条款下，"业主付款"并非分包人获得支付的前提条件，而仅是当事人对付款时间的约定。

2. "Pay - if - paid"背靠背条款属于附条件条款

"Pay - if - paid"条款一般表述为"承包人收到业主付款是分包人获得付款的前提条件，业主未支付的，分包人不得要求承包人支付工程款"，或"业主未付款时，承包商无需向分包人付款"。在此类表述下，承包人以获得业主支付作为其向分包人付款的前提条件，直接将业主拖延支付或破产导致无法支付的风险转移给了分包人。此类条款将"业主支付"作为承包人向分包人付款的条件，条件成就时，分包人才能向承包人要求支付工程款；条件不成就的，分包人无权要求支付。

我国工程实践中的背靠背条款通常是指"Pay - when - paid"条款，即以"业主支付"作为承包人向分包人付款的时间点，而非将"业主支付"作为承包人向

[1] 参见张永亮：《建设工程合同中背靠背条款的适用及其规制》，载《山东法官培训学院学报》2018年第6期（总第245期）；孟君婷：《建设工程施工合同中的背靠背条款的性质和效力研究》，载于健龙主编：《中国建设工程法律评论》（第9辑），法律出版社2019年版。

[2] 参见袁华之、丑斌：《分包合同中"背靠背"条款浅析》，载《财经法学》2017年第2期。

[3] 参见包艳苹、孟友瑞：《国际工程分包合同中"Pay - if - paid"和"Pay - when - paid"条款辨析》，载《国际经济合作》2014年第11期。

分包人付款的前提条件。业主是否支付,影响的是承包人的支付时间,并不会因此消灭承包人向分包人付款的义务。因此,在"Pay – when – paid"条款下,承包人的付款义务始终存在,并非因业主支付而产生,故我国语境下的背靠背条款,既不属于附条件条款,也不属于附期限条款。

(三)背靠背条款应为有效

1. 司法实践的观点

对于背靠背条款的效力问题,司法实践中的主流观点是认定有效,主要理由如下:

(1)背靠背条款体现了当事人的意思自治,不违反法律强制性规定。例如,在中冶沈勘工程技术有限公司诉中冶地勘岩土工程有限责任公司、丹东港集团有限公司建设工程施工合同纠纷案中,法院认为:"该条款内容不违反法律强制性规定,是双方当事人对建筑市场资金风险判断的共识,根据建筑市场众所周知的行业规则和施工习惯所作的约定,该条款体现了当事人的意思自治,符合民法中自愿平等的原则,应为有效条款。"[1]

(2)符合交易习惯及诚实信用原则。例如,在重庆市智翔铺道技术工程有限公司诉山东省路桥集团有限公司建设工程施工合同纠纷案中,法院认为:"该约定也从侧面反映出表明重庆智翔公司同意山东路桥公司收到业主支付分包工程的工程款后再向重庆智翔公司其支付工程款的意思表示。从交易习惯及诚实信用原则的角度看,山东路桥公司是按照工程进度和各分包单位完成的工程量逐期申请业主支付工程款,监理单位审核后签发支付凭证,业主按照支付凭证向山东路桥公司拨付工程款,山东路桥公司再按照支付凭证向相关分包单位支付工程款。"[2]

(3)背靠背条款存在一定的合理性和合法性。例如,在赵某某诉陕西建工安装集团有限公司建设工程施工合同纠纷案中,法院认为:"目前建筑市场处于绝对买方市场,业主为大,业主拖欠工程价款现象日趋普遍的建筑市场环境下,总包商为转移业主支付不能的风险,而在分包合同中设置'以业主支付为前提'的条款,通常称为'背靠背'条款,该条款有其一定的合理性和合法性,故该约定

---

〔1〕 辽宁省丹东市中级人民法院民事判决书,(2015)丹民一终字第00442号。
〔2〕 山东省济南市中级人民法院民事判决书,(2014)济民五终字第182号。

有效。”[1]

2. 背靠背条款符合权责一致的原则

一般来说，承包人与发包人签订总承包合同，应当就承包范围内的所有工程质量向发包人负责，而建设工程分包合同是承包人与分包人签订的，分包人与发包人之间并不存在直接的合同关系。根据合同相对性的原则，分包人只需向作为合同相对人的承包人负责，而无须对没有合同关系的发包人承担任何责任。即使分包人履行合同存在瑕疵，也应当是承包人向发包人承担责任后，再向分包人追偿。但为了保证工程质量，《建筑法》第 29 条第 2 款规定，“总承包单位和分包单位就分包工程对建设单位承担连带责任”，从而使分包人同样需要就分包工程向发包人承担责任，在分包工程出现问题时，发包人可以要求承包人承担责任，也可以要求分包人承担责任。从这个角度来看，承包人和分包人在分包合同中约定“以业主支付为前提”的背靠背条款，使得分包工程的付款直接受发包人付款的约束，承包人与分包人共同承受“业主支付”的风险，符合权责一致的原则，对分包人而言并无不公。

3. 法院应当尊重当事人的自由意志

我国民法以意思自治原则为核心原则，体现在合同法中即合同自由原则，法律行为在不违反法律、行政法规强制性规定时，原则上应认定其有效。但实践中也有基于公平原则而对背靠背条款不予认可的案例，例如，在天津讯广科技有限公司诉北京东方信联无线通信有限公司建设工程施工合同纠纷案中，法院认为：“东方通信公司在对付款条件的约定上，显然将第三人付款的风险转移给讯广科技公司。第三人何时付款、付款比例的大小、第三人拒绝付款或者违反约定延迟付款等均会影响到施工方讯广科技公司的利益，该约定明显有违公平原则。”[2]

但民法作为市民社会的基本法，是规范平等主体之间财产关系和人身关系的基本法，最大限度保护民事主体的自由意愿，民事主体可在法律允许的范围内从事民事活动，公权力不能随意介入。[3] 公平原则系对意思自治原则的补充，根据《民法典》第 151 条的规定，若合同条款存在显失公平的情况，属于可撤

---

〔1〕 河南省三门峡市中级人民法院民事判决书，(2014)三民终字第 199 号。

〔2〕 北京市第一中级人民法院民事判决书，(2014)一中民终字第 01260 号。

〔3〕 参见李克武：《合同法专题研究》，华中师范大学出版社 2011 年版，第 92～96 页。

销的合同,但不能以此来否定合同的效力。如前文所述,我国语境下的背靠背条款通常是指“Pay - when - paid”条款,但如果当事人约定了“Pay - if - paid”形式的背靠背条款,在业主无法支付的情况下,承包人据此主张无需向分包人支付工程款时,分包人可以基于“显失公平”请求法院撤销该条款。

(四)承包人不得滥用背靠背条款

背靠背条款系当事人对自身权利义务的安排,自有其合理性。建设工程项目投资大、周期长,若业主付款不到位,承包人通常无力以自有资金维持工程的正常施工,更无力支付分包人的工程款。在此情况下,承包人通过背靠背的支付条款抗辩分包人的支付请求,以取得时间利益,降低自身资金压力,从而保证工程项目的正常运转,存在一定的合理性。但如果业主在付款条件成就时拒不付款,而承包人怠于行使权利;或因承包人原因导致业主付款条件迟迟不能成就的,承包人不得援引背靠背条款拒绝向分包人支付工程款。前者如工程进度款或结算款已经符合总包合同约定的支付条件时,承包人不通过停工或诉讼方式积极向业主主张工程款权利;后者如承包人怠于履行总包合同或拖延提交结算,使总包合同约定的进度款或结算款支付条件迟迟无法成就。此时,如承包人再援引背靠背条款拒绝向分包人付款,对于分包人而言明显不公平。

承包人通过背靠背条款所获得的时间利益应当是合理的,而不能是没有限度的。这个“合理”时间应当依据总包合同正常履行时业主付款的时间来确定。在因承包人原因导致业主付款迟延时,分包人可以随时向承包人主张付款,裁判者可以基于分包人的请求剔除背靠背条款的适用。

综上所述,背靠背条款系当事人对自身权利义务的安排,不违反法律、行政法规的规定,应为有效。同时,分包人与承包人就分包工程向发包人承担连带责任,双方约定共同承受“业主支付”的风险,符合权责一致的原则。但承包人通过背靠背条款所获得的时间利益应当是合理的。这个“合理”时间应当依据总包合同正常履行时业主付款的时间来确定。因承包人原因导致业主付款条件迟迟未能成就,或业主付款条件成就后总承包人怠于主张工程款的,裁判者可以基于分包人的请求剔除背靠背条款的适用,认定承包人向分包人付款的条件成就。

第六节 工程“四证”与合同效力

我国对于建设用地以及建设工程项目的审批与监管较为严格，颁布了众多的法律、行政法规、部门规章以及政策性文件，对工程建设相关事宜进行指导和管理。建设工程关乎国计民生，当事人违反法律法规的行政管理要求所作出的民事法律行为，要通过判断其是否损害社会公共利益来具体认定其效力。

一、关于建设工程“四证”

建设工程的“四证”，是指建设用地使用权证、建设用地规划许可证、建设工程规划许可证、建设工程施工许可证。

（一）建设用地使用权证

1. 我国实行土地用途管制制度

根据《土地管理法》的相关规定，我国城市市区的土地属于国家所有。农村和城市郊区的土地，除由法律规定属于国家所有的以外，属于农民集体所有。宅基地和自留地、自留山，属于农民集体所有。国有土地和农民集体所有的土地，可以依法确定给单位或者个人使用。我国实行土地用途管制制度。国家编制土地利用总体规划，规定土地用途，将土地分为农用地、建设用地和未利用地。农用地，是指直接用于农业生产的土地，包括耕地、林地、草地、农田利用地、养殖水面等；建设用地，是指建造建筑物、构筑物的土地，包括城乡住宅和公共设施用地、工矿用地、交通水利设施用地、旅游用地、军事设施用地等。

经批准的建设项目需要使用国有建设用地的，建设单位应当依法持法律、行政法规规定的有关文件，向有批准权的县级以上人民政府自然资源主管部门提出建设用地申请，经自然资源主管部门审查，报本级人民政府批准。建设单位使用国有土地，应当以出让等有偿使用方式取得；但是，下列建设用地经县级以上人民政府依法批准，可以以划拨方式取得：(1)国家机关用地和军事用地；(2)城市基础设施用地和公益事业用地；(3)国家重点扶持的能源、交通、水利等基础设施用地；(4)法律、行政法规规定的其他用地。

2. 建设用地使用权

建设用地使用权人依法对国家所有的土地享有占有、使用和收益的权利，有权利用该土地建造建筑物、构筑物及其附属设施。建设用地使用权可以在土地的地表、地上或者地下分别设立。作为一类重要的用益物权，建设用地使用权主要是对土地的使用享有排他性支配的权利，其核心内容为“建设”，即利用土地建造建筑物、构筑物及其附属设施的行为。[1]

设立建设用地使用权，可以采取出让或者划拨等方式。工业、商业、旅游、娱乐和商品住宅等经营性用地以及同一土地有两个以上意向用地者的，应当采取招标、拍卖等公开竞价的方式出让。通过招标、拍卖、协议等出让方式设立建设用地使用权的，当事人应当采取书面形式订立建设用地使用权出让合同。建设用地使用权出让合同一般包括下列条款：（1）当事人的名称和住所；（2）土地界址、面积等；（3）建筑物、构筑物及其附属设施占用的空间；（4）土地用途、规划条件；（5）建设用地使用权期限；（6）出让金等费用及其支付方式；（7）解决争议的方法。

建设用地使用权人应当合理利用土地，不得改变土地用途；需要改变土地用途的，应当依法经有关行政主管部门批准。建设用地使用权人有权将建设用地使用权转让、互换、出资、赠与或者抵押，但是法律另有规定的除外。建设用地使用权被处分的，附着于该土地上的建筑物、构筑物及其附属设施一并处分。反之亦然。建设用地使用权期限届满前，因公共利益需要提前收回该土地的，应当对该土地上的房屋以及其他不动产给予补偿，并退还相应的出让金。

3. 建设用地使用权证

我国对土地使用权实行登记发证制度。《民法典》第 349 条规定，设立建设用地使用权的，应当向登记机构申请建设用地使用权登记。建设用地使用权自登记时设立。登记机构应当向建设用地使用权人发放权属证书，即建设用地使用权证。同时，根据《民法典》第 209 条“不动产物权的设立、变更、转让和消灭，经依法登记，发生效力；未经登记，不发生效力，但是法律另有规定的除外”的规定，建设用地使用权的登记为权利生效要件，而非对抗要件。

但根据《民法典》第 217 条“不动产权属证书是权利人享有该不动产物权的

---

〔1〕 参见最高人民法院民法典贯彻实施工作领导小组主编：《中华人民共和国民法典物权编理解与适用》（下），人民法院出版社 2020 年版，第 724、725 页。

证明。不动产权属证书记载的事项,应当与不动产登记簿一致;记载不一致的,除有证据证明不动产登记簿确有错误外,以不动产登记簿为准”的规定,建设用地使用权证只是权利人享有该不动产物权的证明,其只有证权效力,不具有设权效力,亦不能产生权利正确性推定效力及信赖保护效力。当其内容与不动产登记簿不一致时,应以登记簿为准。[1]

(二)建设用地规划许可证

建设用地规划许可证是经城乡规划主管部门依法审核的,确认有关建设用地符合城乡规划要求的法律凭证。根据《城乡规划法》第 37 条、第 38 条的规定,建设用地规划许可证的取得程序,因建设用地使用权的取得方式不同而有所差异。

在城市、镇规划区内以划拨方式提供国有土地使用权的建设项目,经有关部门批准、核准、备案后,建设单位应当向城市、县人民政府城乡规划主管部门提出建设用地规划许可申请,由城市、县人民政府城乡规划主管部门依据控制性详细规划核定建设用地的位置、面积、允许建设的范围,核发建设用地规划许可证。建设单位在取得建设用地规划许可证后,方可向县级以上地方人民政府土地主管部门申请用地,经县级以上人民政府审批后,由土地主管部门划拨土地。

在城市、镇规划区内以出让方式提供国有土地使用权的,在国有土地使用权出让前,城市、县人民政府城乡规划主管部门应当依据控制性详细规划,提出出让地块的位置、使用性质、开发强度等规划条件,作为国有土地使用权出让合同的组成部分。未确定规划条件的地块,不得出让国有土地使用权。以出让方式取得国有土地使用权的建设项目,建设单位在取得建设项目的批准、核准、备案文件和签订国有土地使用权出让合同后,向城市、县人民政府城乡规划主管部门领取建设用地规划许可证。

规划条件未纳入国有土地使用权出让合同的,该国有土地使用权出让合同无效;对未取得建设用地规划许可证的建设单位批准用地的,由县级以上人民政府撤销有关批准文件;占用土地的,应当及时退回;给当事人造成损失的,应

---

[1] 参见最高人民法院民法典贯彻实施工作领导小组主编:《中华人民共和国民法典物权编理解与适用》(下),人民法院出版社 2020 年版,第 762 页。

当依法给予赔偿。

(三)建设工程规划许可证

建设工程规划许可证是城市规划行政主管部门依法核发的,确认有关建设工程符合城市规划要求的法律凭证。《城乡规划法》第40条、第41条对在城市、镇规划区内和在乡、村庄规划区内申请办理建设工程规划许可证进行了规定。

在城市、镇规划区内进行建筑物、构筑物、道路、管线和其他工程建设的,建设单位或者个人应当向城市、县人民政府城乡规划主管部门或者省、自治区、直辖市人民政府确定的镇人民政府申请办理建设工程规划许可证。申请办理建设工程规划许可证,应当提交使用土地的有关证明文件、建设工程设计方案等材料。需要建设单位编制修建性详细规划的建设项目,还应当提交修建性详细规划。对符合控制性详细规划和规划条件的,由城市、县人民政府城乡规划主管部门或者省、自治区、直辖市人民政府确定的镇人民政府核发建设工程规划许可证。城市、县人民政府城乡规划主管部门或者省、自治区、直辖市人民政府确定的镇人民政府应当依法将经审定的修建性详细规划、建设工程设计方案的总平面图予以公布。

在乡、村庄规划区内进行乡镇企业、乡村公共设施和公益事业建设的,建设单位或者个人应当向乡、镇人民政府提出申请,由乡、镇人民政府报城市、县人民政府城乡规划主管部门核发乡村建设规划许可证。在乡、村庄规划区内使用原有宅基地进行农村村民住宅建设的规划管理办法,由省、自治区、直辖市制定。在乡、村庄规划区内进行乡镇企业、乡村公共设施和公益事业建设以及农村村民住宅建设,不得占用农用地;确需占用农用地的,应当依照《土地管理法》有关规定〔1〕办理农用地转用审批手续后,由城市、县人民政府城乡规划主管部门核发乡村建设规划许可证。建设单位或者个人在取得乡村建设规划许可证

〔1〕《土地管理法》第44条规定:“建设占用土地,涉及农用地转为建设用地的,应当办理农用地转用审批手续。永久基本农田转为建设用地的,由国务院批准。在土地利用总体规划确定的城市和村庄、集镇建设用地规模范围内,为实施该规划而将永久基本农田以外的农用地转为建设用地的,按土地利用年度计划分批次按照国务院规定由原批准土地利用总体规划的机关或者其授权的机关批准。在已批准的农用地转用范围内,具体建设项目用地可以由市、县人民政府批准。在土地利用总体规划确定的城市和村庄、集镇建设用地规模范围外,将永久基本农田以外的农用地转为建设用地的,由国务院或者国务院授权的省、自治区、直辖市人民政府批准。”

后，方可办理用地审批手续。

(四)建设工程施工许可证

建设工程施工许可证是确认建设单位符合施工条件、允许开工的批准文件，是建设单位进行工程施工的法律凭证。[1]《建筑法》第二章第一节“建筑工程许可”对施工许可证的相关问题作了具体明确的规定。

建筑工程开工前，建设单位应当按照国家有关规定向工程所在地县级以上人民政府住房和城乡建设主管部门申请领取施工许可证；但是国务院住房和城乡建设主管部门确定的限额以下的小型工程除外。按照国务院规定的权限和程序批准开工报告[2]的建筑工程，不再领取施工许可证。

申请领取施工许可证，应当具备下列条件：(1)已经办理该建筑工程用地批准手续；(2)依法应当办理建设工程规划许可证的，已经取得建设工程规划许可证；(3)需要拆迁的，其拆迁进度符合施工要求；(4)已经确定建筑施工企业；(5)有满足施工需要的资金安排、施工图纸及技术资料；(6)有保证工程质量和安全的具体措施。建设行政主管部门应当自收到申请之日起7日内，对符合条件的申请颁发施工许可证。

---

[1] 参见常设中国建设工程法律论坛第八工作组：《中国建设工程施工合同法律全书：词条释义与实务指引》，法律出版社2019年版，第156页。

[2] 开工报告是建设单位依照国家有关规定向计划行政主管部门申请准予开工的文件。为了避免出现同一项建设工程的开工由不同的政府行政主管部门多头重复审批的现象，对于实行开工报告审批制度的建设工程，不再领取施工许可证。开工报告审批制度主要用于公路运输、水利水运、化工机电以及政府投资的大中型建设项目。在工程开工前按照当地建设行政主管部门的要求，由建设单位编制开工申请报告，经批准后方能施工。开工报告制度首次规定在1979年原国家计划委员会、原国家建设委员会发布的《关于做好基本建设前期工作的通知》(已失效)，该通知第7条第2款指出：“建立基本建设项目开工报告制度。大中型项目开工前，在做好基本建设项目前期工作的基础上，由建设单位会同施工单位共同提出开工报告，按初步设计审批权限报批。”原交通部1996年发布的《公路建设市场管理办法》(已失效)、1997年发布的《水运工程建设市场管理办法》(已失效)均规定公路工程、水运工程严格执行开工报告制度。2002年国务院《关于取消第一批行政审批项目的决定》，取消了不需要政府投资，除国家明令限制之外的农业、林业、气象、交通等项目的开工报告审批。2004年国务院《关于投资体制改革的决定》指出，企业投资建设实行核准制的项目，不再经过开工报告程序。对于政府投资项目，采用直接投资和资本金注入方式的，从投资决策角度只审批项目建议书和可行性研究报告，除特殊情况外不再审批开工报告。2005年原交通部《关于实施公路建设项目施工许可工作的通知》(已失效)第3条第2款指出：“此前实行的公路建设项目开工报告制度同时废止。”2016年原交通部《水运建设市场监督管理办法》规定，施工许可制度与开工报告制度并行。2019年《政府投资条例》第20条第2款规定：“国务院规定应当审批开工报告的重大政府投资项目，按照规定办理开工报告审批手续后方可开工建设。”

建设单位应当自领取施工许可证之日起3个月内开工。因故不能按期开工的，应当向发证机关申请延期；延期以两次为限，每次不超过3个月。既不开工又不申请延期或者超过延期时限的，施工许可证自行废止。在建的建筑工程因故中止施工的，建设单位应当自中止施工之日起1个月内，向发证机关报告，并按照规定做好建筑工程的维护管理工作。建筑工程恢复施工时，应当向发证机关报告；中止施工满一年的工程恢复施工前，建设单位应当报发证机关核验施工许可证。按照国务院有关规定批准开工报告的建筑工程，因故不能按期开工或者中止施工的，应当及时向批准机关报告情况。因故不能按期开工超过6个月的，应当重新办理开工报告的批准手续。

二、未取得工程规划审批手续签订的施工合同效力

《建设工程司法解释(一)》第3条规定："当事人以发包人未取得建设工程规划许可证等规划审批手续为由，请求确认建设工程施工合同无效的，人民法院应予支持，但发包人在起诉前取得建设工程规划许可证等规划审批手续的除外。"

(一)发包人未取得规划审批手续签订的施工合同无效

司法解释之所以对发包人未取得规划审批手续签订的施工合同的效力予以否定评价，主要基于以下原因：

1. 如果建设项目未取得建设工程规划许可证等规划审批手续，必将造成完成的工程被认定为违法建筑的法律后果，因此以该违法建筑为标的而签订的施工合同，由于合同内容的违法而归于无效。[1] 违法建筑，是指未依法取得规划许可或者未按照规划许可内容建设的建筑物和构筑物，以及超过规划许可期限未拆除的临时建筑物和构筑物。[2] 虽然《城乡规划法》第64条对"未取得建设工程规划许可证或者未按照建设工程规划许可证的规定进行建设"的情况，规定了相应的行政处罚措施，未明确对合同效力进行评价，但"违法建筑损害了国家利益，规避了国家对规划体系、建筑产品质量、房地产交易市场等系列行为的

[1] 参见最高人民法院民事审判第一庭编著：《最高人民法院建设工程施工合同司法解释(二)理解与适用》，人民法院出版社2019年版，第62页。

[2] 参见浙江省人大及其常委会2020年发布的《浙江省违法建筑处置规定》第3条的规定。

监管,使违法建筑在现行体制以外生存,直接危及社会的公共安全,直接危及人民群众的生命财产安全”[1]。因此,发包人未取得规划许可的建设工程,属于违法建筑,对以此为标的签订的施工合同,应当认定无效。

2. 建设项目未取得规划审批手续,侵害了社会公共利益。《城乡规划法》第37条、第38条、第40条、第41条等关于建设单位申请规划审批手续的规定,属于效力性强制性规定,发包人违反该规定而签订的施工合同应为无效。《民法典》第153条第1款规定,“违反法律、行政法规的强制性规定的民事法律行为无效”,对于某一规定是否属于导致合同无效的效力性强制性规定,应根据相关法律、行政法规的立法目的,相关行为是否属于严重侵害国家、集体和社会公共利益,相关行为是否需要国家权力对当事人意思自治进行干预等标准进行判断。[2] 土地属于最基本、最稀缺的物质资源,我国实行社会主义公有与集体所有土地制度。建设用地规划与建设工程规划直接关系土地合理使用、科学利用及城乡整体布局,这与不特定的大多数人的切身利益是紧密相关的,所以,土地的使用(流转)、规划以及建设工程规划,都属于国民的基本利益所在,属于社会公共利益的范畴。[3] 《城乡规划法》的立法目的即是加强城乡规划管理,协调城乡空间布局,改善人居环境,促进城乡经济全面协调可持续发展。发包人按照法律规定取得建设工程规划许可证等规划审批手续,是合法进行工程建设的前提。发包人未取得规划审批手续进行工程建设,违反了《城乡规划法》等法律、行政法规的规定,违背了相关法律的立法目的,损害了社会公共利益,其签订的施工合同应属无效。

---

[1] 最高人民法院民事审判第一庭编著:《最高人民法院关于审理城镇房屋租赁合同纠纷案件司法解释的理解与适用》,人民法院出版社2009年版,第37页。

[2] 参见大连顺达房屋开发有限公司诉瓦房店市泡崖乡人民政府土地租赁合同纠纷案,最高人民法院(2016)最高法民申1223号民事裁定书。法院认为:“正确理解、识别效力性强制性规定与管理性规定,不仅关系到民商事合同效力维护,还影响市场交易的安全与稳定。人民法院应当根据法律法规的意旨,权衡相互冲突的权益,综合认定有关规定属于效力性强制性规定还是管理性规定。判断某项规定属于效力性强制性规定还是管理性规定的根本在于违反该规定的行为是否严重侵害国家、集体和社会公共利益,是否需要国家权利对当事人意思自治行为予以干预。”

[3] 参见最高人民法院民事审判第一庭编著:《最高人民法院建设工程施工合同司法解释(二)理解与适用》,人民法院出版社2019年版,第66页。

【典型案例】无锡市盛达建筑安装工程有限公司与江苏东洲环保设备有限公司建设工程施工合同纠纷案〔1〕

【基本案情】2009 年 7 月 16 日，无锡市盛达建筑安装工程有限公司（以下简称盛达公司）与江苏东洲环保设备有限公司（以下简称东洲公司）签订《建设工程施工合同》一份，约定由盛达公司承建东洲公司厂房车间的土建及水电安装工程。2009 年 9 月 11 日开工，2011 年 6 月 25 日竣工验收。后因工程款支付问题产生纠纷。

【裁判观点】根据《土地管理法》及《城乡规划法》的规定，工程建设应取得建设用地规划许可证、建设工程规划许可证和土地使用权证。经查，涉案工程未取得建设用地规划许可证、建设工程规划许可证，违反了法律强制性效力性规定，故双方签订的《建设工程施工合同》依法应认定为无效。

工程建设项目的规划审批手续包括建设用地规划许可和建设工程规划许可，根据《城乡规划法》第 40 条第 2 款"申请办理建设工程规划许可证，应当提交使用土地的有关证明文件、建设工程设计方案等材料"的规定，取得建设用地规划许可证是申请建设工程规划许可证的前提，发包人没有取得建设用地规划许可的，不可能取得建设工程规划可证；只要取得了建设工程规划许可证，即意味着已经取得了建设用地规划许可证。因而司法解释仅强调了"建设工程规划许可证"。同时，根据《城乡规划法》第 37 条第 1 款〔2〕、第 40 条第 1 款〔3〕的规定，申请建设用地规划许可证、建设工程规划许可证的法定义务主体是建设单位，即发包人，如施工合同因未取得规划审批手续而被认定无效，导致合同无效的过错在于发包方，承包人可以要求承包人承担相应责任。

〔1〕参见江苏省高级人民法院民事判决书，（2016）苏民终 996 号。

〔2〕《城乡规划法》第 37 条第 1 款规定："在城市、镇规划区内以划拨方式提供国有土地使用权的建设项目，经有关部门批准、核准、备案后，建设单位应当向城市、县人民政府城乡规划主管部门提出建设用地规划许可申请，由城市、县人民政府城乡规划主管部门依据控制性详细规划核定建设用地的位置、面积、允许建设的范围，核发建设用地规划许可证。"

〔3〕《城乡规划法》第 40 条第 1 款规定："在城市、镇规划区内进行建筑物、构筑物、道路、管线和其他工程建设的，建设单位或者个人应当向城市、县人民政府城乡规划主管部门或者省、自治区、直辖市人民政府确定的镇人民政府申请办理建设工程规划许可证。"

（二）发包人在起诉前取得规划审批手续的合同效力认定

关于合同效力补正的问题，在本书前文中已有论述。合同效力补正的直接法律后果是使原本无效的合同发生效力上的转化，成为有效合同。[1] 根据《建设工程司法解释（一）》第3条第1款的规定，发包人在起诉前取得建设工程规划许可证等规划审批手续的，将使发包人的违法因素消除，其工程建设行为符合《土地管理法》《城乡规划法》的相关规定，考虑避免资源浪费，尊重当事人合同自由，以及合同法鼓励交易的原则，在合同无效因素消除后，应当认可合同效力。之所以将施工合同效力补正的时间节点确定在起诉前，主要是因为：

第一，建设工程施工合同纠纷案件由于法律关系较为复杂，通常还会涉及转包、违法分包、实际施工人等多重主体和建设工程价款、工程质量等鉴定问题，较其他合同案件来说，具有涉及法律关系多、审限长等特点，如果将效力补正截止时间确定为“一审法庭辩论终结前”，会导致为了“等待规划许可证审批”而造成的人为“等待”审批和拖延审限的情况，不利于及时审结案件。

第二，如果合同效力补正的时间放在法庭调查后辩论终结前，容易造成审理阶段因为合同效力未定，无法确定当事人的诉讼请求，也不利于发挥合同效力规则的指引作用。“当事人就双方争议的法律关系诉讼到法院以后，形成的诉讼法律关系必须处于稳定的状态，倘若还允许其处于不确定的状态，并且在诉讼中法院对法律关系的定性还要受到当事人意志的影响，显然对司法的权威提出了挑战，构成了威胁，这是很不严肃的事情。”[2]

第三，从司法实践的角度来看，起诉前至法庭辩论终结前的时间相对较短，如果发包人能够办理建设规划许可证，早已办理完毕，而纠纷往往是由于发包方长期未办理建设规划许可证，致使承包人履行合同出现阻碍导致，因此，合同效力补正的时间确定为“起诉前”，既有利于促使发包人及时履约，也有利于承包人的权利及时得到保障。[3]

---

〔1〕 参见最高人民法院民事审判第一庭编著：《最高人民法院建设工程施工合同司法解释（二）理解与适用》，人民法院出版社2019年版，第71页。

〔2〕 最高人民法院民事审判第一庭编著：《最高人民法院关于审理商品房买卖合同纠纷案件司法解释的理解与适用》，人民法院出版社2003年版，第36页。

〔3〕 参见李明主编：《建设工程施工合同纠纷裁判规则（一）》，法律出版社2019年版，第102、103页。

(三)发包人能办理审理手续而未办理对合同效力的影响

《建设工程司法解释(一)》第3条第2款规定:“发包人能够办理审批手续而未办理,并以未办理审批手续为由请求确认建设工程施工合同无效的,人民法院不予支持。”根据该条解释的精神,发包人故意不予办理相关手续,其主观恶意明显,违背了合同法上严守合同约定、全面履行合同以及诚实信用等基本原则,司法解释对发包人利用恶意反悔获利的行为作出否定性评价,规定了不予支持发包人恶意主张合同无效的请求。[1] 针对该条规定,最高人民法院民事审判第一庭负责人也指出,“在建设工程施工合同纠纷案件中,有的当事人恶意不办理相关审批手续或者登记手续,导致合同不能继续履行,或者以此为由向人民法院起诉请求确认合同无效,企图通过不诚信行为谋取不正当利益。最高人民法院希望通过这条解释逐步树立一项裁判规则,即任何人不能从其不诚信的行为中获利。人民法院将始终高举诚实信用这面旗帜,保护善意当事人的合法权益,绝不允许当事人从不诚信行为中谋取不当利益”。[2]

但该条规定存在很大争议。首先,该条规定与无效合同的基本法理存在冲突。合同的效力是一种应然的状态,合同有效与否,应当根据《民法典》的相关规定来认定。法院对合同效力的认定,仅起到宣示的作用,并不会对合同效力产生影响。没有取得规划审批手续进行工程建设,无论发包人主观状态如何,该行为都违反了法律效力性强制性规定,根据《民法典》第153条的规定,就应当认定无效。其次,判断合同当事人的主观状态,对法官而言是一个很大的挑战。对当事人而言,也很难使其信服。同时也可能为权力寻租提供了空间,从而滋生腐败。再次,“发包人能够办理而不办理”的举证责任由承包人承担,而在建设工程施工过程中,承包人实际上根本不会接触此类证据。并且,如承包人进行了举证,发包人又主张存在客观不能的情况,会使得整个案件情况变得更为复杂。最后,对于发包人的不诚信行为,行政机关可以对其进行处罚,承包人也可以要求其承担合同无效的过错赔偿责任,并不一定必须要通过认定合同无效来进行救济。

---

〔1〕 参见最高人民法院民事审判第一庭编著:《最高人民法院建设工程施工合同司法解释(二)理解与适用》,人民法院出版社2019年版,第73、74页。

〔2〕《最高人民法院民一庭负责人就〈最高人民法院关于审理建设工程施工合同纠纷案件适用法律问题的解释(二)〉答记者问》。

三、发包人未取得施工许可证不影响施工合同效力

在建设工程开工前，建设单位应在法律规定的开工条件均满足后，向建设行政主管部门申请施工许可证。施工许可证制度是建设行政主管部门对建设工程项目加强监管的一种行政手段，主要目的是审查建设单位或者承包单位是否具备法律规定的建设或者施工条件，具有行政管理的性质。[1]

《建筑法》第 64 条规定："违反本法规定，未取得施工许可证或者开工报告未经批准擅自施工的，责令改正，对不符合开工条件的责令停止施工，可以处以罚款。"根据该条的规定，对于建设单位在符合开工条件，但未取得施工许可证的情况下，擅自安排施工单位进行施工的行为，行政处罚仅为"责令改正"，即补办施工许可证。可见，未办理施工许可证行为的违法程度较为轻微。施工许可证是建设行政主管部门确认工程项目符合开工条件、允许开工的法律凭证，这是行政管理的要求。因而《建筑法》第 7 条系管理性规范，违反该规定，并不会导致合同无效。浙江省高级人民法院、北京市高级人民法院、四川省高级人民法院、河北省高级人民法院等[2]出台的司法文件，均规定了发包人未取得建设工程施工许可证的，不影响施工合同效力。在大庆建筑安装集团有限责任公司诉淮北今一纺织制衣有限公司建设工程施工合同纠纷案中，法院即认为，《建筑法》虽然规定建设单位在开工前应当向有关主管部门申请领取施工许可证，但该规范系管理性强制性规定，因此，涉案工程是否办理建筑工程施工许可证并不影响涉案合同的效力。[3]

---

[1] 参见王勇：《建设工程施工合同纠纷实务解析》（增订第 2 版），法律出版社 2019 年版，第 56 页。

[2] 浙江省高级人民法院民事审判第一庭 2012 年发布的《关于审理建设工程施工合同纠纷案件若干疑难问题的解答》第 2 条第 2 款规定："发包人未取得建设用地使用权或建筑工程施工许可证的，不影响建设工程施工合同的效力。"北京市高级人民法院 2012 年发布的《关于审理建设工程施工合同纠纷案件若干疑难问题的解答》第 1 条第 2 款规定："发包人未取得建筑工程施工许可证的，不影响施工合同的效力。"四川省高级人民法院 2015 年发布的《关于审理建设工程施工合同纠纷案件若干疑难问题的解答》第 2 条第 2 款规定："建设单位未领取施工许可证的，不影响建设工程施工合同的效力。"河北省高级人民法院 2018 年发布的《建设工程施工合同案件审理指南》第 1 条规定："发包人未取得建设工程施工许可证的，不影响合同效力。"

[3] 参见最高人民法院民事裁定书，(2013)民申字第 1615 号。

第七节 建设工程施工合同无效后的处理

对于建设工程施工合同无效后的处理,原《建设工程司法解释》第 2 条规定:“建设工程施工合同无效,但建设工程经竣工验收合格,承包人请求参照合同约定支付工程价款的,应予支持。”由于其良好的司法适用效果,立法者在《民法典》制定过程中,将该司法解释确定的司法裁判规则上升为法律规定,在《民法典》第 793 条中规定:“建设工程施工合同无效,但是建设工程经验收合格的,可以参照合同关于工程价款的约定折价补偿承包人。”从而在法律层面明确了建设工程施工合同无效后的特殊处理规则。

一、合同无效的一般处理规则

《民法典》第 157 条规定:“民事法律行为无效、被撤销或者确定不发生效力后,行为人因该行为取得的财产,应当予以返还;不能返还或者没有必要返还的,应当折价补偿。有过错的一方应当赔偿对方由此所受到的损失;各方都有过错的,应当各自承担相应的责任。法律另有规定的,依照其规定。”合同被认定无效后,只是不能发生合同当事人所欲发生的效力,但仍然要根据法律的规定产生相应的法律后果。具体如下:

(一)返还财产

无效合同因不具备履行效力,合同当事人因合同履行行为所取得的所有财产,都因合同被认定无效而丧失合法依据,因而需要通过“返还财产”来使得当事人之间的财产关系恢复合同订立前的状态。返还财产,是指合同当事人在合同被确认无效以后,对已交付给对方的财产有权请求返还,已接受该财产的当事人则负有返还财产的义务,主要包括物的所有权的返还、金钱的返还、权利的返还。在财产“不能返还或者没有必要返还”的情况下,应当适用“折价补偿”的处理规则。

(二)折价补偿

在财产“不能返还或者没有必要返还”时,应当进行折价补偿。所谓“不能返还”,包括事实上的不能返还和法律上的不能返还。事实上不能返还的财产,包括有形财产原物灭失且无替代物或损毁严重无法修复,以及无形财产中的专有技术、劳务等。法律上的不能返还,主要是指民法上的“善意取得”制度,即已经交付给对方当事人的财产已经被第三方合法受让,接受财产的一方当事人在法律上无法履行返还的义务。所谓没有必要返还,“可以理解为虽然返还财产并非事实上或者法律上不能返还,但实际返还财产不符合经济原则”[1],主要是从经济合理性方面进行考量,如果返还财产造成更大的经济损失的,法院便可以认定“没有必要返还”。在合同一方当事人依据合同所取得的财产不能返还或者没有必要返还时,应当将该财产进行“折价”,以金钱的方式返还给财产给付人,因而“折价补偿”实质上也是返还财产的一种方式。

《九民纪要》对合同无效后的财产返还与折价补偿的法律适用问题作了进一步的明确,在第33条中指出,合同不成立、无效或者被撤销后,在确定财产返还时,要充分考虑财产增值或者贬值的因素。双务合同不成立、无效或者被撤销后,双方因该合同取得财产的,应当相互返还。应予返还的股权、房屋等财产相对于合同约定价款出现增值或者贬值的,法院要综合考虑市场因素、受让人的经营或者添附等行为与财产增值或者贬值之间的关联性,在当事人之间合理分配或者分担,避免一方因合同不成立、无效或者被撤销而获益。在标的物已经灭失、转售他人或者其他无法返还的情况下,当事人主张返还原物的,法院不予支持,但其主张折价补偿的,法院依法予以支持。折价时,应当以当事人交易时约定的价款为基础,同时考虑当事人在标的物灭失或者转售时的获益情况,综合确定补偿标准。标的物灭失时当事人获得的保险金或者其他赔偿金、转售时取得的对价,均属于当事人因标的物而获得的利益。对获益高于或者低于价款的部分,也应当在当事人之间合理分配或者分担。

(三)赔偿损失

《民法典》第157条后半段规定:“有过错的一方应当赔偿对方由此所受到的损失;各方都有过错的,应当各自承担相应的责任。”因此,在合同被认定无效后,除了发生返还财产或折价补偿的法律后果外,有过错的当事人还应承担损害赔偿责任。对于合同无效后的过错方承担的赔偿责任的性质,应当属于缔约

[1] 韩世远:《合同法总论》(第4版),法律出版社2018年版,第322页。

过失责任，其理由主要有二：其一，这种过错本身就意味着当事人一方或双方在缔约过程中有过错；其二，合同无效后，合同关系已经不存在，当事人一方无法基于有效的合同而请求另一方承担违约责任，一般只能基于缔约过失责任要求赔偿。[1] 对于损害赔偿的范围，《九民纪要》第32条明确，合同不成立、无效或者被撤销的情况下，当事人所承担的缔约过失责任不应超过合同履行利益。

二、施工合同无效的处理规则

《民法典》第788条规定："建设工程合同是承包人进行工程建设，发包人支付价款的合同。"在建设工程施工合同中，发包人的主要合同义务是支付工程价款，承包人的主要合同义务是进行工程的施工建设。承包人履行合同的行为即是进行工程施工的过程，是承包人组织人力、物力将建筑材料进行技术上的处理，使之构筑成为建筑物的过程。

在合同被认定无效后，应当适用返还财产的法律效果进行处理。对于建设工程施工合同而言，在合同履行的过程中，承包人取得的财产是发包人支付的工程价款，发包人取得的财产形式上是承包人建设的工程，实际上是承包人为施工而投入的劳动和建筑材料，是一种物化劳动[2]。已经物化在建设工程中的劳动，属于事实上不能返还的财产。而建筑材料，如混凝土、钢筋等，已经成为建筑物的一部分，即使能够进行拆解返还，也无法再次使用，会造成社会资源的极大浪费，不符合经济原则，属于法律规定的"没有必要返还"的范畴。因此，在建设工程施工合同被认定无效后，应当适用"折价补偿"的原则进行处理。

一般而言，合同被认定无效后，当事人取得的财产不能返还或者没有必要返还时，"取得该财产的当事人应当依据该原物当时的市价进行折价补偿"[3]。因此，根据法律规定，建设工程施工合同无效的，发包人应当根据承包人已经完成的工程量，按市场价折价补偿承包人。但原《建设工程司法解释》第2条规定，建设工程施工合同无效，但建设工程经竣工验收合格，承包人可以请求参照合同约定支付工程价款。《民法典》第793条也规定，建设工程施工合同无效，

---

〔1〕 参见王利明：《合同法研究》（第一卷）（第2版），中国人民大学出版社2019年版，第663页。

〔2〕 物化劳动，是指凝结在劳动对象中的，体现为劳动产品的人类劳动。某种新产品生产出来以后，生产这种产品的劳动，便由流动形式转化为物质形式，亦即凝结在物中，并同物结合在一起，所以称为物化劳动。

〔3〕 胡康生主编：《中华人民共和国合同法释义》（第2版），法律出版社2009年版，第106页。

但是建设工程经验收合格的,可以参照合同关于工程价款的约定折价补偿承包人。从而将建设工程施工合同无效后折价补偿的标准区别于其他合同,确立了无效施工合同参照合同约定的计价标准进行折价补偿的处理原则。之所以这样处理,主要理由如下:

(一)避免承包人恶意主张合同无效

为促进我国建筑市场健康发展,建筑行政主管部门颁布了建筑工程定额标准[1],同时也针对主要的建筑材料发布市场价格信息,两者主要反映的是社会平均价格。但"目前我国建筑市场属于发包人市场,发包人在签订合同时往往把工程款压得很低,常常低于当年适用的工程定额标准和政府公布的市场价格信息标准,如果合同无效按照上述两种标准折价补偿,就可能诱使承包人恶意主张合同无效,以达到获取高于合同约定工程款的目的,这与无效合同处理原则及制定司法解释以期达到规范建筑市场、为促进建筑业的发展提供法律保障的初衷相悖"[2]。实务中,合同当事人一方"借违法无效之名毁约"的现象屡见不鲜,即合同当事人一方或双方明知违反法律或行政法规的强制性规定却缔结合同,嗣后一旦合同有效于己不利,便主动诉至法院要求确认合同无效,或者在被对方诉请履行或承担违约责任之际以合同无效为由进行抗辩。其动机不一而足,或是为了逃避履行合同义务,或是为了规避承担违约责任,亦有可能是为了谋取不当经济利益。[3]

实务中,建设工程施工合同无效的情形,主要有以下几种:(1)承包人未取得建筑施工企业资质或者超越资质等级的;(2)没有资质的实际施工人借用有资质的建筑施工企业名义的;(3)建设工程必须进行招标而未招标或者中标无效的;(4)承包人转包、违法分包建设工程的;等等。可见,建设工程施工合同无效的原因,在多数情况下要归结于承包人的违法行为。如果建设工程施工合同无效后,承包人已经完成的工程量折价后的价格比合同约定的还要高,将使得

---

〔1〕 工程定额,是指在建筑安装工程施工生产过程中,为完成某项工程或某项结构构件,必须消耗一定数量的劳动力、材料和机具。在社会平均的生产条件下,把科学的方法和实践经验相结合,生产质量合格的单位工程产品所必需的人工材料、机具数量标准,就称为建筑安装工程定额,简称工程定额。

〔2〕 最高人民法院民事审判第一庭编著:《最高人民法院建设工程施工合同司法解释的理解与适用》,人民法院出版社2015年版,第33页。

〔3〕 参见夏昊晗:《诚信原则在"借违法无效之名毁约"案型中的适用》,载《法学》2019年第6期。

承包人因其违法行为获得了比有效合同更多的利益。如此就可能诱使承包人恶意主张合同无效,以达到获取高于合同约定工程款的目的。这显然与无效合同折价补偿的原则相悖。

(二)尽快解决纠纷,保护当事人合法权益

施工合同无效,如果排除合同中关于工程价款约定条款的适用,按照工程定额或者建设行政主管部门发布的市场价格信息作为计价标准来进行折价,都需要通过鉴定的方式来进行具体数额的认定。"这势必增加当事人的诉讼成本,扩大当事人的损失,案件审理期限延长,不能及时审结案件,不利于对当事人合法权益的保护,案件审判的法律效果与社会效果不能得到有机的统一。"〔1〕

一方面,根据"谁主张,谁举证"的证明责任规则,在承包人向发包人主张工程款时,其需要证明工程款的具体数额。在建设工程施工合同无效的情况下,承包人只能通过鉴定来完成举证证明责任。但工程造价鉴定需要鉴定申请人预交鉴定费用,根据合同价格的多寡,鉴定费用甚至高达几十万元乃至数百万元。在发包人长期拖欠工程款的情况下,承包人尤其是一些实际施工人,往往无力承担巨额的鉴定费用。如果法院仅据此认定承包人未能完成其举证证明责任,而径直驳回其诉讼请求,显然不妥当。

另一方面,建设工程的造价鉴定通常耗时良久,对于造价金额大、结构复杂的工程,鉴定机构一般都需要半年以上才能够出具鉴定意见,如果需要进行补充鉴定、重新鉴定的,可能需要一两年以上,甚至更久时间。司法实践中,因鉴定而四五年都无法审结的建设工程施工合同纠纷案件并不罕见。在纠纷久拖不决,承包人不能获得发包人支付工程款,反而需要对外垫付人工费、设备租赁费和材料货款的情况下,一些规模较小、资金实力并不雄厚的承包人可能会因此而破产。

因此,"在合同无效的情况下,参照合同约定支付工程款,与法理和现行法律有关无效合同的处理原则明显相悖,但这种处理方式有利于保障工程质量。

〔1〕 最高人民法院民事审判第一庭编著:《最高人民法院建设工程施工合同司法解释的理解与适用》,人民法院出版社2015年版,第33页。

且这种方式利于案件的审理,平衡当事人之间的利益关系,得到良好的社会效果”。[1]

三、施工合同无效后参照折价补偿的前提

《民法典》第793条规定:“建设工程施工合同无效,但是建设工程经验收合格的,可以参照合同关于工程价款的约定折价补偿承包人。”该条规定直接源于原《建设工程司法解释》第2条,该条规定“建设工程施工合同无效,但建设工程经竣工验收合格,承包人请求参照合同约定支付工程价款的,应予支持”。《民法典》将该条裁判规则上升为法律规定,但对“参照”前提进行了调整。

原司法解释对于工程质量是否合格的判断,以是否“经竣工验收合格”为依据,是根据原《合同法》第279条“建设工程竣工后,发包人应当根据施工图纸及说明书、国家颁发的施工验收规范和质量检验标准及时进行验收。验收合格的,发包人应当按照约定支付价款,并接收该建设工程”的规定,建设工程经竣工验收合格,发包人按照约定支付工程价款的前提,即是承包人行使价款给付请求权的前提。发包人与承包人签订建设工程施工合同的目的,是获得符合合同约定的工程用于使用或收益。如果工程竣工验收不合格的,将导致发包人无法使用该工程或利用该工程获得收益,发包人与承包人订立合同的目的亦完全落空。在工程竣工验收(包括修复后)不合格的情况下,仍然要求发包人向承包人支付工程款,对发包人而言显然极不公平。因此,工程竣工验收合格,亦是发包人向承包人支付工程款的前提。在建设工程竣工验收不合格的情况下,承包人无权要求进行竣工结算,更无权要求发包人支付工程价款。

但如果建设工程施工合同在履行时中途解除,承包人未能完成工程的施工任务,建设工程亦无法进行竣工验收,此时,不能当然地以建设工程未经竣工验收合格,而否定承包人工程价款给付的主张。未完工程只要质量合格,对于发包人而言,同样具有经济价值,发包人应当为承包人已经完成的工程支付相应的对价。《民法典》第806条第3款也规定:“合同解除后,已经完成的建设工程质量合格的,发包人应当按照约定支付相应的工程价款。”但在建设工程施工合同被认定无效,合同无法被解除时,针对发包人获得的财产,即未完工的建设工

---

[1] 最高人民法院民事审判第一庭编著:《最高人民法院建设工程施工合同司法解释的理解与适用》,人民法院出版社2015年版,第33页。

程，发包人应当对承包人进行折价补偿。对于建设工程的验收，除了竣工验收以外，还包括过程验收、分部工程的验收等，虽然司法解释表述为“竣工验收合格”后“可以参照”，但实践中的司法共识都认为，无论工程竣工与否，只要工程质量合格的，都可以参照。

《民法典》第793条将司法解释表述的“竣工验收合格”调整为“验收合格”，在表述上扩大了参照折价补偿的范围，涵盖了已完工程竣工验收合格、未完工程验收合格、部分验收合格部分验收不合格等所有情况。验收合格即意味着工程质量合格。对于未竣工工程的质量判定，在当事人无法达成一致的情况下，通常会采用司法鉴定或司法推定的方式进行处理，需要从发包人是否已将工程交由第三方进行续建的角度分别进行分析：

1. 发包人尚未将工程交由第三方续建时的未完工程质量认定。在承包人向发包人主张工程价款时，如发包人未明确提出质量抗辩，法院可以推定视为发包人对承包人未完工工程质量的认可，从而认定“验收合格”。如发包人明确表示对工程质量不认可，则承包人应当举证证明其完成的部分工程质量合格。承包人可以提供已完分部分项工程的验收记录，以证明工程质量合格，除非发包人有证据推翻该验收记录，否则法院应当认定工程质量合格。在承包人不能举证证明其施工的未完工程质量合格的情况下，法院应当进行释明，要求承包人在一定期限内明确是否申请质量鉴定。如承包人明确拒绝或在期限内未申请鉴定的，应当由承包人承担举证不能的法律后果。

2. 发包人已将工程交由第三方续建时的未完工程质量认定。发包人将承包人完成的部分工程交由第三方续建的，如工程最终竣工验收合格，则承包人所完成的工程当然视为合格。当然也不排除承包人所完成的部分工程质量不合格，但由第三方通过修复最终使工程通过了竣工验收。如工程最终竣工验收不合格，因承包人所完成的工程经过了第三人的续建，如何判定承包人的工程质量是否合格，显然存在难度。司法实践中通常认为，发包人在将工程交由第三人续建前，应当对承包人完成的工程进行质量验收，否则可以参照《建设工程司法解释(一)》第14条“建设工程未经竣工验收，发包人擅自使用后，又以使用部分质量不符合约定为由主张权利的，人民法院不予支持”的规定，认为发包人未经验收即接收工程并交由第三方续建的行为是对承包人所完成工程的质量的认可。

建设工程施工合同无效后，在工程无法进行返还的情况下，发包人应当对承包人进行折价补偿,但只有承包人所完成的工程具备相应的经济价值的情况下,方能够进行折价。因此,《民法典》规定,建设工程经验收合格是发包人折价补偿承包人的前提。《建筑法》等法律和行政法规均是将保障建设工程的质量作为立法的主要出发点和目的,作出了诸如招标投标发包,强制性资质准入,禁止转包、出借资质、违法分包等效力性强制性规定。建设工程施工合同无效的原因,多是当事人违反了这些旨在保障建设工程质量的强制性规范。"在建设工程经竣工验收合格后,无效合同与有效合同在《建筑法》制定的根本目的上已无很大的区别。"[1]即使施工合同无效,也不会当然地损害社会公共利益,亦不会损害发承包双方的利益。

四、承包人对合同无效的补偿方式没有选择权

原《建设工程司法解释》第 2 条规定:"建设工程施工合同无效,但建设工程经竣工验收合格,承包人请求参照合同约定支付工程价款的,应予支持。"从该条文的表述来看,其仅是对承包人如果请求参照合同约定支付工程价款的肯定态度,但是对承包人是否可以请求采用其他方式,如工程定额、市场价等确定工程价款,则未作规定。如果从私权利"法无禁止即可为"的角度来看,有观点认为,在没有禁止承包人请求以其他方式确定工程款的权利的情况下,承包人可以选择请求参照合同约定,也可以申请对工程进行鉴定,以工程定额或市场价来结算工程价款。

这显然是对该条规定的误读。如前文所述,建设工程施工合同无效,参照合同约定确定工程价款,有其必要性和合理性,目的是平衡承发包双方当事人的利益关系,减少当事人诉累,但不能将"参照合同约定"的处理方式"扩展"到其他的约定事项,更不等于赋予承包人以选择权,这样会偏离司法解释平衡当事人利益关系、减少当事人诉累的制定目的。最高人民法院立案二庭在 2010 年 4 月 20 日给江西省高级人民法院的内部函中指出,"《建设工程施工合同解释》对于无效合同的工程价款结算原则上是采取了参照合同约定结算的补偿方式,虽然在其表述中出现'承包人请求参照合同约定支付工程价款',但这并不意味着承包人对于两种补偿方式享有选择权。"最高人民法院 2015 年《全国民

---

〔1〕 最高人民法院民事审判第一庭编著:《最高人民法院建设工程施工合同司法解释的理解与适用》,人民法院出版社 2015 年版,第 30 页。

事审判工作会议纪要》第 47 条亦指出,“当事人就建设工程订立的施工合同被认定无效后,人民法院经审查,建设工程无规划变更、增加工程量、提高施工标准等情形的,应严格依据《最高人民法院关于审理建设工程施工合同纠纷案件适用法律问题的解释》第二条的规定精神,参照当事人的合同约定结算工程价款,对于实际施工人申请造价鉴定并据实结算的请求,一般不予支持。”

《民法典》在制定过程中吸收了原《建设工程司法解释》第 2 条规定的精神,但在表述上有所变化,第 793 条规定:“建设工程施工合同无效,但是建设工程经验收合格的,可以参照合同关于工程价款的约定折价补偿承包人”,自此,即使承包人没有请求参照合同约定结算,或者请求按照定额或其他标准进行结算,法院也应当主动适用该条“参照合同关于工程价款的约定”的规定,确定发包人折价补偿承包人的标准。

五、参照范围限于“合同关于工程价款的约定”

“参照”并非无效合同按有效处理,而是由于建筑领域工程计价方式的多样性和复杂性,基于平衡发承包双方当事人的利益,减少当事人诉累,确定的建设工程施工合同无效时的折价补偿的标准。因此,对于“参照”的范围必须严格限定,避免当事人借无效合同获利。《民法典》第 793 条的表述为“参照合同关于工程价款的约定折价补偿”,可见参照的范围仅限于“合同关于工程价款的约定”,包括工程价款的数额、计价方式和计价标准,合同其他条款则不属于参照的范围,裁判者仍然应当按照无效合同的一般处理原则来进行处理。

(一)违约责任条款不得参照

《民法典》第 155 条规定:“无效的或者被撤销的民事法律行为自始没有法律约束力。”违约责任条款系合同当事人约定的,在当事人一方不履行合同义务或者履行合同义务不符合约定时应承担的责任后果,而在合同约定的权利义务自始不具有法律约束力的情形下,违约责任条款同样不具有法律约束力[1]。建设工程施工合同中的违约责任主要包括承包人的工期违约责任、质量违约责任、管理违约责任,以及发包人的逾期付款违约责任。在建设工程施工合同无

---

〔1〕 参见元某某诉延边航北房地产开发有限公司建设工程施工合同纠纷案,最高人民法院(2017)最高法民再 229 号民事判决书。

效的情况下，违约责任条款无效，裁判者在审理案件过程中不能适用无效合同的违约责任条款裁判案件。

《建设工程司法解释(一)》第6条规定："建设工程施工合同无效，一方当事人请求对方赔偿损失的，应当就对方过错、损失大小、过错与损失之间的因果关系承担举证责任。损失大小无法确定，一方当事人请求参照合同约定的质量标准、建设工期、工程价款支付时间等内容确定损失大小的，人民法院可以结合双方过错程度、过错与损失之间的因果关系等因素作出裁判。"但该条规定仅是在施工合同无效时，一方当事人在损失无法确定的情况下，可以请求参照合同约定的质量标准、建设工期、工程价款支付时间等内容来确定损失大小，并非参照合同约定的违约金计算方式来计算损失。在建设工程施工合同无效时，除法律所规定的仍然有效或者可以参照的范围以外，所有合同条款均无效，应当按照法律规定的方式进行处理，不能任意参照适用。

(二)工程款支付时间不应参照

工程价款的支付，包括预付款、进度款和结算款，通常建设工程施工合同中会约定工程款的支付时间和支付比例。在承包人通过诉讼主张工程款时，发包人通常会以支付条件未成就进行抗辩。但在建设工程施工合同无效时，合同中关于工程款的支付条款同样无效。《民法典》第793条规定的"合同关于工程价款的约定"仅限于工程价款的计算标准，所解决的是如何计算折价补偿的金额问题，合同中工程款如何支付、何时支付、支付多少的条款，不属于"参照"的范围。

参照"合同关于工程价款的约定"进行折价补偿，是承包人行使合同无效后的财产返还请求权的体现，是法定的请求权，返还的条件不受当事人约定的限制，应当是即时的、全额的返还。因此，对于发包人以付款条件未成就为由进行抗辩的，应当不予支持。在确认合同无效的同时，应当由发包人即时、全额折价补偿承包人。

(三)质量保证金条款不应参照

建设工程施工合同中通常会对工程保修和质量保证金相关事宜进行约定。《2017版施工合同范本》通用合同条款和专用合同条款的第15条，均对质量保证金的预留和返还进行了约定。在建设工程施工合同无效的情况下，合同中关于质量保证金的约定同样无效,但是否应当“参照”,则存在争议。

一种观点认为,施工合同无效的,发包人预留质量保证金缺乏依据。例如,在中扶建设有限责任公司诉德化金龙置业有限公司建设工程施工合同纠纷案中,法院即认为施工合同无效,发包人关于依据合同预留质量保证金的主张缺乏依据,如果工程在保修期内出现质量问题的,发包人可以另行主张权利。[1]

另一种观点认为,质量保修义务是法律规定的承包人义务,施工合同无效的不影响该义务的履行,发包人可以参照合同约定预留工程质保金。[2] 如北京市高级人民法院 2012 年发布的《关于审理建设工程施工合同纠纷案件若干疑难问题的解答》第 31 条第 3 款规定:“建设工程施工合同无效,但工程经竣工验收合格并交付发包人使用的,承包人应依据法律、行政法规的规定承担质量保修责任。发包人要求参照合同约定扣留的一定比例的工程款作为工程质量保修金的,应予支持。”[3]

本书同意第一种观点,施工合同被认定无效,质量保证金的相关条款也无效,发包人无权依据约定主张扣留质保金。根据《质量保证金管理办法》第 2 条的规定,建设工程质量保证金,是指发包人与承包人在建设工程承包合同中约定,从应付工程款中预留,用以保证承包人在缺陷责任期内对建设工程出现的缺陷进行维修的资金。同时,该办法第 9 条规定:“缺陷责任期内,由承包人原因造成的缺陷,承包人应负责维修,并承担鉴定及维修费用。如承包人不维修也不承担费用,发包人可按合同约定从保证金或银行保函中扣除,费用超出保证金额的,发包人可按合同约定向承包人进行索赔。”根据该条规定,工程质量保证金实质上是为承包人在工程缺陷责任期内履行维修义务所提供的担保,如果承包人拒绝履行维修义务导致发包人垫付维修费用的,发包人可以通过直接扣除工程质量保证金的方式受偿。

建设工程施工合同无效,合同中关于质量保证金的约定亦无效。发包人扣留一定比例的工程款作为质量保证金,该部分工程款在性质上已转化为担保

---

〔1〕 参见最高人民法院民事判决书,(2017)最高法民终 766 号。

〔2〕 参见于某诉江苏南通三建集团有限公司、第三人孝昌县比得福建筑劳务有限公司建设工程分包合同纠纷案,最高人民法院(2012)民申字第 1332－1 号民事裁定书。

〔3〕 此外,山东省高级人民法院民一庭 2020 年发布的《关于审理建设工程施工合同纠纷案件若干问题的解答》第 1 条规定:“施工合同无效,建设工程经竣工验收合格的,可以将合同中关于工程价款、付款时间、工程款支付进度、下浮率、质保金等约定条款作为折价补偿的依据。”

金,质量保证金条款实质上是关于保证金具体数额以及何时返还的问题,并非“关于工程价款的约定”,因此发包人并不能依据《民法典》第793条第1款的规定,要求参照合同约定扣留质量保证金。但建设工程的保修是法律、行政法规明确规定承包人应当承担的义务,即使不预留质量保证金,承包人仍然需要按照法律的规定履行工程保修义务。

(四)奖励金条款应当参照

建设工程施工合同中通常会约定,承包人的施工达到某个标准时,发包人支付一定数额的奖励金,通常包括工期奖励金、质量奖励金等。工期奖励金,是指发包人和承包人在合同中约定的,以承包人提前完成施工作为前提条件而支付的一笔款项。质量奖励金,是指发包人和承包人在合同中约定的,以承包人完成的工程达到一定质量标准作为前提条件而支付的一笔款项。

对于奖励金的性质认定,对承包人的利益影响重大,包括是否可以“参照”、是否属于建设工程价款优先受偿权的范围等。司法实践中,对此颇有争议。有观点认为,无效施工合同约定的奖励金条款属于无效条款,且奖励款不属于法律规定的工程价款范畴。因此,无效施工合同的实际施工人请求参照施工合同中的工程奖励款的约定,支付工程奖励款的,法院不予支持。[1] 但也有观点认为,奖励条款的约定实际是以奖励的形式增加工程费用,在承包人实际已经符合奖励条件的情况下,发包人应当参照合同约定向承包人支付奖励款。[2]

建设工程施工合同作为平等民事主体之间签订的商事合同,合同中约定的所谓“奖励款”并非普遍意义上的奖励。“施工合同约定的款项,要么是对价款,要么是违约责任,而奖励款显然不属于违约责任,只能归之于对价款。”[3] 具体而言,无论是提前竣工奖励,还是质量奖励,承包人想要获得奖励金,必须要通

---

〔1〕持同样观点的还有浙江省高级人民法院民事审判第一庭2012年发布的《关于审理建设工程施工合同纠纷案件若干疑难问题的解答》第19条规定:“建设工程是合同关于工期和质量等奖惩办法的约定,应当视为违约金条款。当事人请求按照《中华人民共和国合同法》第一百一十四条第二款,以及最高人民法院《关于适用〈中华人民共和国合同法〉若干问题的解释(二)》第二十七条、第二十八条、第二十九条的规定调整的,可予支持。”

〔2〕参见重庆市吉力建设集团有限公司诉襄阳百洋房地产开发有限公司建设工程施工合同纠纷案,最高人民法院(2018)最高法民终843号民事判决书。

〔3〕邬砚:《建设工程合同纠纷:254个裁判规则深度解析》(增订第2版),法律出版社2018年版,第141页。

过加大人力、物力的投入，以符合获得奖励金的前提条件。从这个角度而言，奖励金实际上是发包人为承包人额外付出所支付的对价款，应当属于工程款的一部分。奖励金条款应当属于《民法典》第793条所规定的“合同关于工程价款的约定”，在建设工程施工合同无效时，应当参照适用该条款折价补偿承包人。

【典型案例】重庆市吉力建设集团有限公司与襄阳百洋房地产开发有限公司建设工程施工合同纠纷案[1]

【基本案情】2010年6月3日，襄阳百洋房地产开发有限公司（以下简称百洋公司）将涉案工程发包给重庆市吉力建设集团有限公司（以下简称吉力公司）进行施工，合同约定，百洋公司对吉力公司获得“隆中杯”荣誉称号的栋号给予吉力公司50万元每栋的奖励；若在吉力公司总承包的范围内未能获得一栋“隆中杯”荣誉称号，则百洋公司从应付吉力公司的工程款中扣减50万元；吉力公司若能获得“楚天杯”荣誉称号，则百洋公司按100万元每栋奖励吉力公司。吉力公司进场施工，后5号楼获得“隆中杯”荣誉称号，12号楼获得“楚天杯”荣誉称号。后双方因工程款结算产生争议。

【裁判观点】奖励条款的约定实际是以奖励的形式增加工程费用，合同中关于奖励款的约定系百洋公司与吉力公司达成的合意，为了鼓励施工方安全、文明施工，确保施工质量，应遵循诚实信用原则，在吉力公司实际已经符合奖励条件的情况下，百洋公司应参照合同约定向吉力公司支付奖励款。

（五）下浮率约定应当参照

施工合同无效后，合同中约定的下浮率条款能否参照适用，在司法实践中存在争议。有观点认为，建设工程施工合同无效的，下浮率条款也应认定无效，判决认定金额不予下浮。[2] 也有观点认为，建设工程施工合同无效的，可以参

---

[1] 参见最高人民法院民事判决书，(2018)最高法民终843号。

[2] 参见浙江宏成建设集团有限公司与陕西广厦投资发展集团有限公司建设工程施工合同纠纷案，最高人民法院(2020)最高法民终849号民事判决书。

照合同中的下浮率条款折价补偿。[1]

目前司法实践中的主流观点，认为下浮率属于“合同关于工程价款的约定”，在建设工程施工合同无效时，可以参照下浮率进行工程款的结算。“固定总价合同进行下浮是工程实践中的常规行为，体现了投标报价的竞争力。固定总价的下浮率本身属于计价方法之一，合同无效情形下仍应当参照适用。否则承包人反而因合同无效而获得违法利益。”[2]此外，一些地方高级人民法院的司法文件也对此作了规定。山东省高级人民法院民一庭2020年发布的《关于审理建设工程施工合同纠纷案件若干问题的解答》第1条规定，施工合同无效，建设工程经竣工验收合格的，可以将合同中关于工程价款、付款时间、工程款支付进度、下浮率、质保金等约定条款作为折价补偿的依据。江苏省高级人民法院2018年发布的《关于审理建设工程施工合同纠纷案件若干问题的解答》（已失效）第5条规定，建设工程施工合同无效，建设工程经竣工验收合格的，当事人主张工程价款或确定合同无效的损失时请求将合同约定的工程价款、付款时间、工程支付进度、下浮率、工程质量、工期等事项作为考虑因素的，应予支持。

---

〔1〕参见赵某某、胥某、王某诉南充明峰房地产有限责任公司、向某某建设工程施工合同纠纷案，最高人民法院（2019）最高法民申788号民事裁定书。

〔2〕宁波市鄞州龙鼎门窗厂诉宁波市北仑大矸建筑工程有限公司建设工程分包合同纠纷案，浙江省宁波市北仑区人民法院（2018）浙0206民初4111号民事判决书。

第三章　工 程 价 款

工程价款，是指发包人用于支付承包人按照建设工程施工合同约定完成承包范围内全部工作的金额，包括合同履行过程中按合同约定发生的价格变化。《民法典》第 788 条规定："建设工程合同是承包人进行工程建设，发包人支付价款的合同。"在建设工程施工合同中，支付工程价款是发包人最主要的合同义务，承包人承接工程进行施工最主要的目的也是获取工程价款。发包人应当按照合同约定的时间和金额向承包人支付工程价款，否则，承包人有权要求发包人承担违约责任。

第一节　工程计价方式与价格形式

一、工程计价方式

我国目前采用的工程计价方式主要为工程量定额计价和工程量清单计价两种方式。

(一)工程量定额计价

《建设工程定额管理办法》第 3 条规定，定额，是指正常施工条件下完成规定计量单位的合格建筑安装工程所消耗的人工、材料、施工机具台班、工期天数及相关费率等的数量基准。定额计价，是指根据招标文件，按照各国家建设行政主管部门发布的建设工程预算定额的工程量计算规则，同时参照省级建设行政主管部门发布的人工工日单价、机械台班单价、材料以及设备价格信息及同期市场价格，计算出直接工程费，再按规定的计算方法计算出间接费、利润、税金，汇总确定建筑安装工程造价。其中的直接工程费，是指施工过程中耗费的构成工程实体或独立计价措施项目的费用，以及按综合计费形式表现的措施费用。直接费包括人工费、材料费、施工机具使用费和其他直接费。间接费，是指施工企业为完成承包工程而组织生产和经营管理所发生的费用，包括管理人员薪酬、办公费、差旅交通费、施工单位进退场费、非生产性固定资产使用费、工具用具使用费、劳动保护费、财务费、税金，以及其他管理性的费用。[1]

定额计价是建立在以政府定价为主导的计划经济管理基础上的价格管理模式，它所体现的是政府对工程价格的直接管理和调控。在定额计价模式下，工程造价以建设行政主管部门颁布的预算定额和相应的配套文件作为计算依据。定额体现了编制时间点的常规建筑物在合理的劳动组织、材料消耗和机械使用量的前提下分部分项工程的直接费以及人工、材料、机械的社会平均水平消耗量。[2]

（二）工程量清单计价

工程量清单计价，是指招标人公开提供工程量清单，投标人自主报价或招标人编制标底及双方签订合同价款，工程竣工结算等活动，是由投标人完成招标人提供的工程量清单所需的全部费用，包括分部分项工程费、措施项目费、其他项目费、规费、税金。工程量清单，是指载明建设工程分部分项工程项目、措施项目和其他项目的名称和相应数量以及规费、税金项目等内容的明细清单。

原建设部于2003年发布了《建设工程工程量清单计价规范》，2008年和2013年进行了更新，现行使用的是《2013版清单计价规范》。该规范指出，使用国有资金投资的建设工程发承包，必须采用工程量清单计价；非国有资金投资的建设工程，宜采用工程量清单计价；工程量清单应采用综合单价计价。

（三）合同中计价方式约定不明时的计价依据

《建设工程价款结算暂行办法》第11条规定：“工程价款结算应按合同约定办理，合同未作约定或约定不明的，发承包双方应依照下列规定与文件协商处

---

〔1〕 参见住建部办公厅2017年发布的《建设项目总投资费用项目组成》第8条、第13条。

〔2〕 参见常设中国建设工程法律论坛第八工作组：《中国建设工程施工合同法律全书：词条释义与实务指引》，法律出版社2019年版，第261页。

理:(一)国家有关法律、法规和规章制度;(二)国务院建设行政主管部门、省、自治区、直辖市或有关部门发布的工程造价计价标准、计价办法等有关规定;(三)建设项目的合同、补充协议、变更签证和现场签证,以及经发、承包人认可的其他有效文件;(四)其他可依据的材料。"从该条规定可以看出,在施工合同对工程价款结算计价方式未作约定或约定不明时,发承包双方可以依据法律法规、规范文件、合同文件等材料进行协商处理。但该办法系规范性文件,仅能作为当事人协商解决纠纷的路径参考,在发承包双方未能协商一致而使争议进入诉讼或仲裁时,裁判者应按照相关法律的规定进行裁判。

《民法典》第511条第2项规定:"价格或者报酬不明确的,按照订立合同时履行地的市场价格履行;依法应当执行政府定价或者政府指导价的,依照规定履行。"《价格法》第18条规定:"下列商品和服务价格,政府在必要时可以实行政府指导价或者政府定价:(一)与国民经济发展和人民生活关系重大的极少数商品价格;(二)资源稀缺的少数商品价格;(三)自然垄断经营的商品价格;(四)重要的公用事业价格;(五)重要的公益性服务价格。"第19条规定:"政府指导价、政府定价的定价权限和具体适用范围,以中央和地方的定价目录为依据。"从目前来看,中央和地方的定价目录中均不包含建设工程,因而建设工程应不属于政府定价或政府指导价的范围。

同时,《价格法》第6条规定:"商品价格和服务价格,除依照本法第十八条规定适用政府指导价或者政府定价外,实行市场调节价,由经营者依照本法自主制定。"建设工程的定价实行市场调节价,由发承包双方在合同中自行约定。因此,在建设工程施工合同中对计价方式或标准未约定或约定不明时,应依据《民法典》第511条之规定,按照订立施工合同时履行地的市场价格来确定工程价款。

例如,在新疆生产建设兵团第六建筑安装工程公司诉张某某、李某某建设工程施工合同纠纷案中,法院认为:"涉案工程并非政府定价工程,且建设工程定额标准系地区建设主管部门根据本地建筑市场建筑成本的平均值确定,属于政府指导价范畴,系任意性规范并非强制性规定。而本案鉴定时,鉴定机构进行多方调查询证,包括对政府相关机构、大型建筑公司、建筑劳务公司、清包工个人以及其他工程造价咨询单位,结合涉案工程的规模、结构、层高等因素,以及施工地域、施工期等,综合修正后确定市场价格。该市场价更接近建筑工程的实际造价成本，对双方当事人更为公平。”[1]

（四）设计变更后的计价依据

《建设工程质量管理条例》第 5 条规定：“从事建设工程活动，必须严格执行基本建设程序，坚持先勘察、后设计、再施工的原则。”《建筑法》第 58 条第 2 款规定：“建筑施工企业必须按照工程设计图纸和施工技术标准施工，不得偷工减料。”因而，工程施工须以设计图纸为依据。如施工过程中发生设计变更，则后续施工内容发生相应的变更。施工合同价格是发承包双方根据施工图纸中所确定的工程量以及质量标准来确定的，设计变更导致建设工程的工程量或者质量标准发生变化，则合同价格也需要相应地进行调整。发承包人可以在合同中约定设计变更后价格调整的计价方式或计价标准。

但如果施工合同中未对此进行约定，设计变更范围内的工程价款如何认定？司法解释对此进行了规定。《建设工程司法解释（一）》第 19 条第 2 款规定：“因设计变更导致建设工程的工程量或者质量标准发生变化，当事人对该部分工程价款不能协商一致的，可以参照签订建设工程施工合同时当地建设行政主管部门发布的计价方法或者计价标准结算工程价款。”

根据该条规定，对于设计变更导致建设工程的工程量或者质量标准发生变化的，如当事人不能协商一致，不能直接适用合同约定的计价方式或计价标准来确定该部分的工程价款数额。原因在于，合同的约定内容是当事人基于合同签订时的基础情事作出的判断，尤其是承包人的报价，是以整个工程的工程量及工程质量标准来考量的。如设计变更导致工程量或者工程质量标准发生变化，则意味着合同约定内容所依据的基础情事发生变化，原先合同中关于计价方式或计价标准的约定不能当然适用于确定设计变更范围内的工程价款的数额，否则可能导致当事人之间的利益失衡。发承包双方需要就设计变更范围内工程价款的计价方式或计价标准再次达成一致意见，如不能达成一致的，裁判者可以参照签订施工合同时当地建设行政主管部门发布的计价方法或者计价标准结算工程价款。

行政主管部门发布的计价方法或计价标准不能被狭隘地理解为定额。建设工程定额标准是各地建设主管部门根据本地建筑市场建筑安装工程成本的

---

[1] 新疆维吾尔自治区高级人民法院民事判决书，（2017）新民终 204 号。

平均值确定的,可以理解为完成单位工程量所消耗的劳动、材料,以及机械台班等的标准额度,属于政府指导价范畴,是任意性规范而非强制性规范。这种计价模式在计划经济时代的确发挥了一定的作用,但其完全没有考虑企业的技术专长、劳动生产力水平、材料采购渠道和管理能力,既不能及时反映市场价格的变化,更不能体现企业的施工、技术、管理水平。鉴于此,原建设部发布了《建设工程工程量清单计价规范》,因而工程量清单计价法和定额计价法均属于建设行政主管部门发布的计价方法。

《建设工程造价鉴定规范》第 2.0.14 条对“计价依据”的定义为:“指由国家和省、自治区、直辖市建设行政主管部门或行业建设管理部门编制发布的适用于各类工程建设项目的计价规范、工程量计算规范、工程定额、造价指数、市场价格信息等。”故市场信息价和定额价均属于建设行政主管部门发布的计价标准。是否采用上述方法和标准,以及采用何种方法和标准,应该以满足准确计算承包人成本的需要为目的,必要时应由鉴定机构做出专业判断。但定额标准往往跟不上市场价格的变化,而建设行政主管部门发布的市场价格信息,更贴近市场价格,更接近建筑工程的实际造价成本,因此,以市场价作为合同履行的依据不仅更符合法律规定,而且对双方当事人更为公平。

【典型案例】齐河环盾钢结构有限公司与济南永君物资有限责任公司建设工程施工合同纠纷案[1]

【基本案情】2003 年 11 月,齐河环盾钢结构有限公司(以下简称环盾公司)冒用“第九冶金建筑公司第五分公司”名义与济南永君物资有限责任公司(以下简称永君公司)签订两份《建设工程施工合同》,约定永君公司将“翼缘板轧制厂工程”和“30 万吨棒线材轧钢厂工程”发包给环盾公司施工。后双方对于工程结算产生争议。诉讼过程中,法院委托鉴定单位对涉案工程造价进行鉴定。

【裁判观点】首先,建设工程定额标准是各地建设主管部门根据本地建筑市场建筑成本的平均值确定的,是完成一定计量单位产品的人工、材料、机械和资金消费的规定额度,是政府指导价范畴,属于任意性规范而非强制性规范。在当事人之间没有作出以定额价作为工程价款的约定时,一般不宜以定额价确定工程价款。

---

〔1〕 参见最高人民法院民事判决书,(2011)民提字第 104 号。

其次,以定额为基础确定工程造价没有考虑企业的技术专长、劳动生产力水平、材料采购渠道和管理能力,这种计价模式不能反映企业的施工、技术和管理水平。本案中,环盾公司假冒中国第九冶金建设公司第五工程公司的企业名称和施工资质承包涉案工程,如果采用定额取价,亦不符合公平原则。

再次,定额标准往往跟不上市场价格的变化,而建设行政主管部门发布的市场价格信息,更贴近市场价格,更接近建筑工程的实际造价成本。此外,本案所涉钢结构工程与传统建筑工程相比属于较新型建设工程,工程定额与传统建筑工程定额相比还不够完备,按照钢结构工程造价鉴定的惯例,以市场价鉴定的结论更接近造价成本,更有利于保护当事人的利益。

最后,根据《合同法》(已失效)第62条第2项[1]的规定,当事人就合同价款或者报酬约定不明确,依照《合同法》(已失效)第61条[2]的规定仍不能确定的,按照订立合同时履行地的市场价格履行;依法应当执行政府定价或者政府指导价的,按照规定履行。本案所涉工程不属于政府定价,因此,以市场价作为合同履行的依据不仅更符合法律规定,而且对双方当事人更公平。

二、施工合同价格形式

发包人和承包人可以在施工合同中对价格形式进行约定,在工程竣工后按照约定进行工程结算。

(一)现行规定的价格形式

《建设工程价款结算暂行办法》第8条规定,发包人和承包人在签订合同时对工程价款的约定,可选用下列一种约定方式:(1)固定总价。合同工期较短且工程合同总价较低的工程,可以采用固定总价合同方式。(2)固定单价。双方在合同中约定综合单价包含的风险范围和风险费用的计算方法,在约定的风险范围内综合单价不再调整。风险范围以外的综合单价调整方法,应当在合同中约定。(3)可调价格。可调价格包括可调综合单价和措施费等,双方应在合同

---

〔1〕 参见《民法典》第511条第2项。
〔2〕 参见《民法典》第510条。

中约定综合单价和措施费的调整方法，调整因素包括：①法律、行政法规和国家有关政策变化影响合同价款；②工程造价管理机构的价格调整；③经批准的设计变更；④发包人更改经审定批准的施工组织设计（修正错误除外）造成费用增加；⑤双方约定的其他因素。

《建筑工程施工发包与承包计价管理办法》第 13 条规定，发承包双方在确定合同价款时，应当考虑市场环境和生产要素变化对合同价款的影响。（1）实行工程量清单计价的建筑工程，鼓励发承包双方采用单价方式确定合同价款；（2）建设规模较小、技术难度较低、工期较短的建筑工程，发承包双方可以采用总价方式确定合同价款；（3）紧急抢险、救灾以及施工技术特别复杂的建筑工程，发承包双方可以采用成本加酬金方式[1]确定合同价款。

《2017 版施工合同范本》通用合同条款第 12.1 款约定了"合同价格形式"，发包人和承包人应在合同协议书中选择下列一种合同价格形式：（1）单价合同。单价合同，是指合同当事人约定以工程量清单及其综合单价进行合同价格计算、调整和确认的建设工程施工合同，在约定的范围内合同单价不做调整。合同当事人应在专用合同条款中约定综合单价包含的风险范围和风险费用的计算方法，并约定风险范围以外的合同价格的调整方法。（2）总价合同。总价合同，是指合同当事人约定以施工图、已标价工程量清单或预算书及有关条件进行合同价格计算、调整和确认的建设工程施工合同，在约定的范围内合同总价不做调整。合同当事人应在专用合同条款中约定总价包含的风险范围和风险费用的计算方法，并约定风险范围以外的合同价格的调整方法。（3）其他价格形式。合同当事人可在专用合同条款中约定其他合同价格形式。

（二）单价合同与总价合同

目前我国的工程实践中采用比较多的是单价合同及总价合同。

---

[1] 成本加酬金合同，是发承包双方以施工工程成本再加合同约定酬金进行合同价款计算、调整和确认的建设工程施工合同。承包人不承担任何价格变化和工程量变化的风险，不利于发包人对工程造价的控制。通常在如下情况下，方选择成本加酬金合同：（1）工程特别复杂，工程技术、结构方案不能预先确定，或者尽管可以确定工程技术和结构方案，但不可能进行竞争性的招标活动并以总价合同或单价合同的形式确定承包人；（2）时间特别紧迫，来不及进行详细的计划和商谈，如抢险、救灾工程。成本加酬金合同有多种形式，主要有成本加固定费用合同、成本加固定比例费用合同、成本加奖金合同等。（参见《2013 版清单计价规范》第 2.0.13 项及条文说明）

1. 单价合同

实行工程量清单计价的工程，一般应采用单价合同方式，即合同中的工程量清单项目综合单价在合同约定的条件内固定不变，超过合同约定条件时，依据合同约定进行调整；工程量清单项目及工程量依据承包人实际完成且应予计量的工程量确定。工程量清单应采用综合单价计价，无论分部分项工程项目、措施项目、其他项目，还是以单价或以总价形式表现的项目，其综合单价的组成内容应包括完成一个规定清单项目所需的人工费、材料和工程设备费、施工机具使用费和企业管理费、利润以及一定范围内的风险费用，但不包括规费和税费。措施项目中的安全文明施工费和规费、税金必须按照国家或省级、行业建设主管部门的规定计算，不得作为竞争性费用。

根据《2013 版清单计价规范》第 3.1 节的规定，使用国有资金投资的建设工程发承包，必须采用工程量清单计价。非国有资金投资的建设工程，宜采用工程量清单计价。如招标人采用工程量清单方式招标发包，招标人必须将工程量清单作为招标文件的组成部分，连同招标文件一并发（或售）给投标人。招标人对编制的招标工程量清单的准确性和完整性负责，投标人依据招标工程量清单进行投标报价。《2017 版施工合同范本》通用合同条款第 1.13 款约定了“工程量清单错误的修正”，除专用合同条款另有约定外，发包人提供的工程量清单应被认为是准确的和完整的。出现下列情形之一时，发包人应予以修正，并相应调整合同价格：（1）工程量清单存在缺项、漏项的；（2）工程量清单偏差〔1〕超出专用合同条款约定的工程量偏差范围的；（3）未按照国家现行计量规范强制性规定计量的。

2. 总价合同

总价合同，是以施工图纸、规范为基础，在工程任务内容明确、发包人的要求条件清楚、计价依据和要求确定的条件下，发承包双方依据承包人编制的施工图预算商谈确定合同价款。当合同约定工程施工内容和有关条件不发生变化时，发包人付给承包人的工程价款总额就不会发生变化。当工程施工内容和有关条件发生变化时，发承包双方根据变化情况和合同约定调整工程价款，但

---

〔1〕 工程量清单偏差，是指承包人按照合同工程的图纸（含经发包人批准的由承包人提供的图纸）实施，按照现行国家计量规范规定的工程量计算规则计算得到的完成合同工程项目应予计量的工程量与相应的招标工程量清单项目列出的工程量之间出现的量差。（参见《2013 版清单计价规范》第 2.0.17 项）

对工程量变化引起的合同价款调整应遵循以下原则:当合同价款是依据承包人根据施工图自行计算的工程量确定时,除工程变更造成的工程量变化外,合同约定的工程量是承包人完成的最终工程量,发承包双方不能以工程量变化作为合同价款调整的依据;当合同价款是依据发包人提供的工程量清单确定时,发承包双方应依据承包人最终实际完成的工程量(包括工程变更,工程量清单错、漏)调整确定工程合同价款。

第二节 工程价款调整

建设工程施工合同履行周期较长,变数较大,在合同履行过程中,可能会发生由于某一方当事人或不可归责于当事人的因素,引起工程价款的调整。

一、法律法规变化引起的调整

合同的当事人都是国家法律、法规、规章和政策的执行者,合同的签订与履行依据的都是当时的法律法规的具体规定。建设工程施工合同由于履行周期长,在合同履行期间,可能会遇到法律法规变化引起工程造价的增减变化的情况,此时发承包双方应当据此调整合同价款。

《2017 版施工合同范本》通用合同条款第 11.2 款"法律变化引起的调整"约定:基准日期后,法律变化导致承包人在合同履行过程中所需要的费用发生除第 11.1 款〔市场价格波动引起的调整〕约定以外的增加时,由发包人承担由此增加的费用;减少时,应从合同价格中予以扣减。基准日期后,因法律变化造成工期延误时,工期应予以顺延。因法律变化引起的合同价格和工期调整,合同当事人无法达成一致的,由总监理工程师按第 4.4 款〔商定或确定〕[1]的约定处理。因承包人原因造成工期延误,在工期延误期间出现法律变化的,由此

---

〔1〕 该款约定:合同当事人进行商定或确定时,总监理工程师应当会同合同当事人尽量通过协商达成一致,不能达成一致的,由总监理工程师按照合同约定审慎做出公正的确定。总监理工程师应将确定以书面形式通知发包人和承包人,并附详细依据。合同当事人对总监理工程师的确定没有异议的,按照总监理工程师的确定执行。任何一方合同当事人有异议,按照第 20 条〔争议解决〕约定处理。争议解决前,合同当事人暂按总监理工程师的确定执行;争议解决后,争议解决的结果与总监理工程师的确定不一致的,按照争议解决的结果执行,由此造成的损失由责任人承担。

增加的费用和(或)延误的工期由承包人承担。

对于“基准日期”的确定,《2017 版施工合同范本》通用合同条款第 1.1.4.6 目约定:“招标发包的工程以投标截止日前 28 天的日期为基准日期,直接发包的工程以合同签订日前 28 天的日期为基准日期。”《2013 版清单计价规范》第 9.2 节规定,招标工程以投标截止日 28 天、非招标工程以合同签订前 28 天为基准日,其后因国家的法律、法规、规章和政策发生变化引起工程造价增减变化的,发承包双方应按照省级或行业建设主管部门或其授权的工程造价管理机构据此发布的规定调整合同价款。因承包人原因导致工期延误,法律法规变化在合同工程原定竣工时间之后,合同价款调增的不予调整,合同价款调减的予以调整。

二、市场价格波动引起的调整

发包人和承包人应当在施工合同专用条款中明确约定市场价格波动时是否调整合同价格以及合同价格调整的方法。

《2013 版清单计价规范》第 9.8 节规定,合同履行期间,因人工、材料、工程设备、机械台班价格波动影响合同价款时,应根据合同约定的方法调整合同价款。承包人采购材料和工程设备的,应在合同中约定主要材料、工程设备价格变化的范围或幅度;没有约定,且材料、工程设备单价变化超过 5% 时,超过部分的价格应计算调整材料、工程设备费。发包人供应材料和工程设备的,应由发包人按照实际变化调整,列入合同工程的工程造价。发生合同工程工期延误的,应按照下列规定确定合同履行期的价格调整:(1)因非承包人原因导致工程延误的,计划进度日期后续工程的价格,应采用计划进度日期与实际进度日期两者的较高者;(2)因承包人原因导致工期延误的,计划进度日期后续工程的价格,应采用计划进度日期与实际进度日期两者的较低者。

《2017 版施工合同范本》通用合同条款第 11.1 款约定了两种合同价格调整的方式,一是采用价格指数进行价格调整;二是采用造价信息进行价格调整。发承包人在订立施工合同时可以在专用合同条款中约定,当市场价格波动超过约定的范围时,选择其中一种方式对合同价格进行调整。

三、工程变更引起的调整[1]

工程变更，是指合同工程实施过程中由发包人提出，或由承包人提出经发包人批准的，合同工程任何一项工作的增、减、取消，或施工工艺、顺序、时间的改变，设计图纸的修改，施工条件的改变，招标工程量清单的错、漏从而引起合同条件的改变或工程量的增减变化。

（一）变更的范围

《2017 版施工合同范本》通用合同条款第 10.1 款约定了“变更的范围”：除专用合同条款另有约定外，合同履行过程中发生以下情形的，应按照本条约定进行变更：(1)增加或减少合同中任何工作，或追加额外的工作；(2)取消合同中任何工作，但转由他人实施的工作除外；(3)改变合同中任何工作的质量标准或其他特性；(4)改变工程的基线、标高、位置和尺寸；(5)改变工程的时间安排或实施顺序。

《建设工程质量管理条例》第 5 条规定：“从事建设工程活动，必须严格执行基本建设程序，坚持先勘察、后设计、再施工的原则。”在施工总承包模式下，发包人会先委托设计单位进行施工图设计，再依据施工图进行施工发包。承包人必须按照工程设计图纸进行施工，不得擅自修改工程设计。承包人施工过程中的施工内容，必须要有相应的设计图纸；施工内容如要变动，必须以设计变更为前提。因而上述《2017 版施工合同范本》中约定的变更范围，多数是设计上的

---

〔1〕 财政部、原建设部《建设工程价款结算暂行办法》第 10 条对“工程设计变更价款调整”进行了规定：“（一）施工中发生工程变更，承包人按照经发包人认可的变更设计文件，进行变更施工，其中，政府投资项目重大变更，需按基本建设程序报批后方可施工。（二）在工程设计变更确定后 14 天内，设计变更涉及工程价款调整的，由承包人向发包人提出，经发包人审核同意后调整合同价款。变更合同价款按下列方法进行：1. 合同中已有适用于变更工程的价格，按合同已有的价格变更合同价款；2. 合同中只有类似于变更工程的价格，可以参照类似价格变更合同价款；3. 合同中没有适用或类似于变更工程的价格，由承包人或发包人提出适当的变更价格，经对方确认后执行。如双方不能达成一致的，双方可提请工程所在地工程造价管理机构进行咨询或按合同约定的争议或纠纷解决程序办理。（三）工程设计变更确定后 14 天内，如承包人未提出变更工程价款报告，则发包人可根据所掌握的资料决定是否调整合同价款和调整的具体金额。重大工程变更涉及工程价款变更报告和确认的时限由发承包双方协商确定。收到变更工程价款报告一方，应在收到之日起 14 天内予以确认或提出协商意见，自变更工程价款报告送达之日起 14 天内，对方未确认也未提出协商意见时，视为变更工程价款报告已被确认。确认增（减）的工程变更价款作为追加（减）合同价款与工程进度款同期支付。”

变更,进而引起承包人施工内容的变更。由于设计图纸是施工合同签订的重要依据,因而设计变更引起的工程造价增减必然使合同价格随之变化。但在工程总承包模式下,设计与施工均发包给同一承包人完成,承包人的主要合同义务是交付符合"发包人要求"[1],而非符合"设计要求"的建设工程。因而在《2020版工程总承包合同范本》中并未列举变更的范围。工程总承包模式下工程变更的引起,并非设计变更,而是发包人要求的变更。

(二)变更权与变更程序[2]

工程变更由发包人提出,也可以由监理人提出变更建议,在发包人同意后下发变更指示。承包人也有权提出合理化建议,经发包人批准同意后,再由监理人发出变更指示。

1. 变更权

发包人和监理人均可以提出变更。变更指示均通过监理人发出,监理人发出变更指示前应征得发包人同意。承包人收到经发包人签认的变更指示后,方可实施变更。未经许可,承包人不得擅自对工程的任何部分进行变更。涉及设计变更的,应由设计人提供变更后的图纸和说明。如变更超过原设计标准或批准的建设规模,发包人应及时办理规划、设计变更等审批手续。

2. 变更程序

发包人提出变更的,应通过监理人向承包人发出变更指示,变更指示应说明计划变更的工程范围和变更的内容。监理人提出变更建议的,需要向发包人以书面形式提出变更计划,说明计划变更的工程范围和变更的内容、理由,以及实施该变更对合同价格和工期的影响。发包人同意变更的,由监理人向承包人发出变更指示。发包人不同意变更的,监理人无权擅自发出变更指示。

承包人收到监理人下达的变更指示后,认为不能执行变更的,应立即提出不能执行该变更指示的理由;认为可以执行变更的,应当书面说明实施该变更指示对合同价格和工期的影响,且合同当事人应当按照约定确定变更估价。

---

〔1〕《2020版工程总承包合同范本》通用合同条款第1.1.1.6目约定:"《发包人要求》:指构成合同文件组成部分的名为《发包人要求》的文件,其中列明工程的目的、范围、设计与其他技术标准和要求,以及合同双方当事人约定对其所作的修改或补充。"

〔2〕该部分内容参见《2017版施工合同范本》通用合同条款第10.2款"变更权"、第10.3款"变更程序"及第10.5款"承包人的合理化建议"。

3. 承包人的合理化建议

承包人提出合理化建议的,应向监理人提交合理化建议说明,说明建议的内容和理由,以及实施该建议对合同价格和工期的影响。除专用合同条款另有约定外,监理人在收到承包人提交的合理化建议后7天内审查完毕并报送发包人,发现其中存在技术上的缺陷,应通知承包人修改。发包人应在收到监理人报送的合理化建议后7天内审批完毕。合理化建议经发包人批准的,监理人应及时发出变更指示,由此引起的合同价格调整,按约定执行。发包人不同意变更的,监理人应书面通知承包人。合理化建议降低了合同价格或者提高了工程经济效益的,发包人可对承包人给予奖励,奖励的方法和金额在专用合同条款中约定。

(三)变更估价〔1〕

工程变更对合同价格有影响的,应当进行调整。对调整的具体价格的认定,就是变更估价。

1. 变更估价原则

除当事人另有约定外,变更估价按照以下原则处理:(1)已标价工程量清单或预算书有相同项目的,按照相同项目单价认定;(2)已标价工程量清单或预算书中无相同项目,但有类似项目的,参照类似项目的单价认定;(3)变更导致实际完成的变更工程量与已标价工程量清单或预算书中列明的该项目工程量的变化幅度超过15%的,或已标价工程量清单或预算书中无相同及类似项目单价的,按照合理的成本与利润构成的原则,由合同当事人按照约定确定变更工作的单价。

《2013版清单计价规范》第9.3节对此也作了规定,因工程变更引起已标价工程量清单项目或其工程数量变化时,应按照下列规定调整:

(1)已标价工程量清单中有适用于变更工程项目的,应采用该项目的单价;但当工程变更导致该清单项目的工程数量发生变化,且工程量偏差超过15%时,综合单价应予调整。当工程量增加15%以上时,增加部分的工程量的综合单价应予调低;当工程量减少15%以上时,减少后剩余部分的工程量的综合单价应予调高。

---

〔1〕 该部分内容参见《2017版施工合同范本》通用合同条款第10.4款“变更估价”。

(2)已标价工程量清单中没有适用但有类似于变更工程项目的,可在合理范围内参考类似项目的单价。

(3)已标价工程量清单中没有适用也没有类似于变更工程项目的,应由承包人根据变更工程资料、计量规则和计价办法、工程造价管理机构发布的信息价格[1]及承包人报价浮动率提出变更工程项目的单价,并应报发包人确认后调整。

(4)已标价工程量清单中没有适用也没有类似于变更工程项目,且工程造价管理机构发布的信息价格缺价的,应由承包人根据变更工程资料、计量规则、计价办法和通过市场调查等取得有合法依据的市场价格提出变更工程项目的单位,并应报发包人确认后调整。

当发包人提出的工程变更因非承包人原因删减了合同中的某项原定工作或工程,致使承包人发生的费用或(和)得到的收益不能被包括在其他已支付或应支付的项目中,也未被包含在任何替代的工作或工程中时,承包人有权提出并应得到合理的费用及利润补偿。

2. 变更估价程序

承包人应在收到变更指示后 14 天内,向监理人提交变更估价申请。监理人应在收到承包人提交的变更估价申请后 7 天内审查完毕并报送发包人,监理人对变更估价申请有异议,应通知承包人修改后重新提交。发包人应在承包人提交变更估价申请后 14 天内审批完毕。发包人逾期未完成审批或未提出异议的,视为认可承包人提交的变更估价申请。

四、工程量清单瑕疵引起的调整

招标工程量清单必须作为招标文件的组成部分,其准确性和完整性应由招标人负责。招标工程量是工程量清单计价的基础,应作为编制招标控制价、投标报价、计算或调整工程量、索赔的依据之一。如果工程量清单存在瑕疵,导致承包人实际完成的工程量与清单不符,应当相应调整合同价格。

---

[1] 信息价格,是指工程造价管理机构收集、整理、测算并发布的工程建设的人工、材料、工程设备、施工机械台班的价格信息,以及各类工程的造价指数、指标,其目的是为政府有关部门和社会提供公共服务,为建筑市场各方主体计价提供造价信息的专业服务,实现资源共享。(参见《2013 版清单计价规范》第 2.2.14 项规定及条文说明)

(一)项目特征不符

项目特征是构成清单项目价值的本质特征,直接决定着综合单价的高低。发包人在招标工程量清单中对项目特征的描述,应被认为是准确的和全面的,并且与实际施工要求相符合。承包人应按照发包人提供的招标工程量清单,根据项目特征描述的内容及有关要求实施合同工程,直到项目被改变为止。若在合同履行期间出现设计图纸(含设计变更)与招标工程量清单任一项目的特征描述不符,且该变化引起该项目工程造价增减变化的,应按照实际施工的项目特征,按照工程变更估价程序重新确定相应工程量清单项目的综合单价,并调整合同价款。

(二)工程量清单缺项、漏项

施工合同履行过程中,承包人发现设计图纸中有的项目,而招标工程量清单中没有的,即是工程量清单缺项、漏项。承包人系依据招标工程量清单进行投标报价,在工程量清单缺项的情况下,合同价格并不包含该缺项。由于发包人应当对招标工程量清单的完整性负责,故应当按照承包人实际完成的工程量进行价格调整。

《2013 版清单计价规范》第 9.5 节规定,合同履行期间,由于招标工程量清单中缺项,新增分部分项工程量清单项目的,应按照规定或约定确定单价,并调整合同价款。新增分部分项工程清单项目后,引起措施项目发生变化的,应按照规定在承包人提交的实施方案被发包人批准后调整合同价款。由于工程量清单中措施项目缺项,承包人应将新增措施项目实施方案提交发包人批准后,按照规定或约定调整合同价款。《2017 版施工合同范本》通用合同条款第 1.13 款约定了“工程量清单错误的修正”,除专用合同条款另有约定外,发包人提供的工程量清单,应被认为是准确的和完整的。出现下列情形之一时,发包人应予以修正,并相应调整合同价格:(1)工程量清单存在缺项、漏项的;(2)工程量清单偏差超出专用合同条款约定的工程量编差范围的;(3)未按照国家现行计量规范强制性规定计量的。

五、计日工与现场签证引起的调整

实践中,存在招标人在招标文件或施工合同中约定工程量清单缺项、漏项的风险由投标人或承包人承担的情况，如施工过程中发现工程量清单存在缺项、漏项，若协商无果，承包人可能会提起诉讼或申请仲裁，请求调整工程价款，发包人则会以合同约定进行抗辩。对此应该如何认定，司法实践中存在争议。

一种观点认为，应按合同约定处理，即工程量清单缺项、漏项的风险由承包人承担，承包人不能要求调整工程价款。在中建总公司诉南方航空吉林分公司建设工程施工合同纠纷案〔1〕中，法院认为："南方航空公司的《招标文件》中进行了约定，'投标人参照施工图纸核对工程清单，如认为工程量清单有误，可以进行修改，如不作修改，将视为同意工程量清单，如中标，在签订合同价款时不予调整'。而中建总公司于2004年3月21日对南方航空公司就本工程出具的《投标文件》中的投价表示同意，并认可按上述图纸和合同履行相关义务。双方于2004年4月16日签订的《施工合同》、南方航空公司的《招标文件》及中建总公司出具的《投标文件》，均系双方的真实意思表示，对本案双方当事人均具有约束力。此外，中建总公司在一年多的实际施工过程中，并没有就前述问题向南方航空公司提出过修改意见，故对中建总公司索要工程量清单与实际钢材量不符产生的差价款的主张，本院无法予以支持。"

另一种观点认为，招标人对工程量清单的完整性、准确性负责，合同约定并不能免除招标人或发包人的责任。在江苏文正工程有限公司诉苏州中信投资有限公司建设工程施工合同纠纷案〔2〕中，法院认为："虽招标文件以及施工合同中明确投标人未在开标前及时提出异议，则视为投标单位已确认工程量清单上的内容已包含图纸上的所有内容，但该约定明显免除了招标人即中信公司的义务即保证工程量清单的准确性和完整性。文正公司在投标时存在对招标图纸和工程量清单一致性疏于审查的过失，但责任产生首先在于中信公司，不能就此免除中信公司的责任，故就特制线性地埋灯工程部分，招标图纸与工程量清单之间的差额，中信公司理应补差。"

本书认为，承包人作为专业的工程建设施工企业，应当认为其对于工程量清单缺项、漏项的风险有充分认识，其在投标过程中应当审慎核实，如发现工程量清单缺项、漏项的，应当及时向招标人提出。在招标文件及施工合同已明确约定工程量清单缺项、漏项的风险由承包人承担时，应当认为此种约定是合法

---

〔1〕 参见吉林省高级人民法院民事裁定书，(2015)吉民申字第137号。

〔2〕 参见江苏省宿州市中级人民法院民事判决书，(2015)苏中民终字第03223号。

有效的，应当尊重当事人的合同约定，对承包人调整工程价款的请求不予支持。但此类约定的效力应当限于合理的范围内，如工程量清单的缺项、漏项明显超出了合理的范围，一概认定风险由承包人承担可能会使承包人利益严重受损的，根据合同法的诚实信用原则和公平原则，同时依据发包人对工程量清单的完整性、准确性负责这一基本原则，可以认定发包人存在一定过错，超出合理范围的部分费用由发包人承担。

【典型案例】广州市第二建筑工程有限公司与黄冈中学广州学校建设工程施工合同纠纷案〔1〕

【基本案情】2010 年 10 月 29 日，黄冈中学广州学校发出《建设工程施工邀请议标招标文件》，招标文件指出：招标人提供的工程量清单项目只供投标人参考，如按施工图纸有遗漏的地方投标人必须补上（后由招标人确认），因图纸上的项目遗漏未补上而造成的一切损失和责任由投标人负责。2010 年 11 月 26 日，广州市第二建筑工程有限公司（以下简称广州二建公司）向黄冈中学广州学校发出《投标文件》，并明确该公司发现招标人提供的工程量清单存在遗漏项目，此费用已进行补充（详漏项分部分项工程计价表），造价已并入各单项工程。2010 年 12 月 22 日，广州二建公司（承包人）与黄冈中学广州学校（发包人）签订《广东省建设工程标准施工合同》。后因工程款结算问题，双方产生争议。案件审理过程中，广州二建公司主张涉案工程招标时的《工程量清单》与施工图对比漏量漏项超过 35%，为此申请法院对《工程量清单》与施工图对比的漏项工程进行鉴定。一审法院委托信某公司对上述《工程量清单》与施工图对比漏量漏项的工程造价进行鉴定，鉴定意见认为工程量清单漏项漏量达到 56.55%。

【裁判观点】采用工程量清单计价作为招标方式属现行招标的主要形式，鉴于建设工程清单确定的复杂性和专业性，招标人确定的工程量清单难免会出现漏项漏量的情形，招标人和投标人可以对这种漏项漏量的风险通过合同的方式进行分配。但这种漏项漏量应控制在合理范围之内，发包人和承包人在招投标过程中应本着诚信原则，尽量减少漏项漏量的发生，以维护建筑市场的正常交易秩序。发包人未履行其作为招标人编制工程量清单的审慎义

〔1〕 参见广东省高级人民法院民事判决书，(2015)粤高法民终字第 12 号。

务,将合理范围之外的漏项漏量责任全部归由承包人承担,不仅有违《建设工程工程量清单计价规范》的规定,也有违诚信原则。承包人作为专业的建筑公司,亦应审慎核实招标人编制的工程量清单,及时指出工程量清单中的漏项漏量情况,如果对于合理范围之外的漏项漏量未能发现和指出,不仅与其专业建筑公司的能力水平不符,也有违诚信原则。本案中,工程量清单漏项漏量达到56.55%,显然已超出了建设项目漏项漏量的合理范围,表明双方在涉案工程招标中不仅存在过错,也未遵循诚信原则参与招投标。因此,广东省高级人民法院认为,一审判令黄冈中学广州学校向广州二建公司补偿工程量清单漏项漏量差价12,306,000元,既考虑了双方的过错程度,又有利于弘扬诚信原则,予以维持。

由于施工生产的特殊性,施工过程中可能会出现合同工程外的零星工作、零星项目需要承包人去完成,对此采用计日工的方式进行价款结算更为便利。同时,对于施工过程中出现的一些与合同工程或合同约定不一致或未约定的事项,需要发承包双方用书面形式记录下来,形成现场签证。计日工和现场签证引起价款增减变化的,应当对合同价格进行调整。

(一)计日工

计日工是在施工过程中,承包人完成发包人提出的工程合同范围以外的零星项目或工作,按合同约定的单价计价的一种方式。

《2017版施工合同范本》通用合同条款第10.9款约定,需要采用计日工方式的,经发包人同意后,由监理人通知承包人以计日工计价方式实施相应的工作,其价款按列入已标价工程量清单或预算书中的计日工计价项目及其单价进行计算;已标价工程量清单或预算书中无相应的计日工单价的,按照合理的成本与利润构成的原则,由当事人按照合同约定确定计日工的单价。

采用计日工计价的任何一项工作,承包人应在该项工作实施过程中,每天提交以下报表和有关凭证报送监理人审查:(1)工作名称、内容和数量;(2)投入该工作的所有人员的姓名、专业、工种、级别和耗用工时;(3)投入该工作的材料类别和数量;(4)投入该工作的施工设备型号、台数和耗用台时;(5)其他有关资料和凭证。计日工由承包人汇总后,列入最近一期进度付款申请单,由监理人审查并经发包人批准后列入进度付款。

（二）现场签证

现场签证是发包人现场代表（或其授权的监理人、工程造价咨询人）与承包人现场代表就施工过程中涉及的责任事件所作的签认证明。

《2013版清单计价规范》第9.14节对现场签证进行了规定，主要内容包括：

承包人应发包人要求完成合同以外的零星项目、非承包人责任事件等工作的，发包人应及时以书面形式向承包人发出指令，并应提供所需的相关资料。承包人在收到指令后，应及时向发包人提出现场签证要求。承包人应在收到发包人指令后7天内向发包人提交现场签证报告，发包人应在收到现场签证报告后的48小时内对报告内容进行核实，予以确认或提出修改意见。发包人在收到承包人现场签证报告的48小时内未确认也未提出修改意见的，应视为承包人提交的现场签证报告已被发包人认可。

现场签证的工作如已有相应的计日工单价，现场签证中应列明完成该类项目所需的人工、材料、工程设备和施工机械台班的数量。如现场签证的工作没有相应的计日工单价，还应当列明相应单价。合同工程发生现场签证事项，未经发包人签证确认，承包人便擅自施工的，除非征得发包人书面同意，否则发生的费用应由承包人承担。现场签证工作完成后的7天内，承包人应按照现场签证内容计算价款，报送发包人确认后，作为增加合同价款，与进度款同期支付。在施工过程中，当发现合同工程内容与场地条件、地质水文、发包人要求等不一致时，承包人应提供所需的相关资料，并提交发包人签证认可，作为合同价款调整的依据。

六、暂估价与暂列金额引起的调整

暂估价是招标人在工程量清单中提供的，用于支付必然发生但暂时不能确定价格的材料、工程设备的单价以及专业工程的金额。在工程招标时，某些专业工程项目或材料、机械设备已经确定将会包含在工程当中，但由于标准不明确，或因时间因素，无法在招标时确定准确价格，为了不影响招标效果，发包人在招标工程量清单中给定一个暂估的价格，待工程实施过程中确定实际具体价格后，将之取代暂估价格后作为合同价格的一部分，合同价格因此作增减调整。

《2013版清单计价规范》第9.9节规定了确定暂估价实际价格的四种情形：

1. 发包人在招标工程量清单中给定暂估价的材料、工程设备属于依法必须招标的，应由发承包双方以招标的方式选择供应商，确定价格，并以此为依据取代暂估价，调整合同价款。

2. 发包人在招标工程量清单中给定暂估价的材料、工程设备不属于依法必须招标的，应由承包人按照合同约定采购，经发包人确认单价后取代暂估价，调整合同价款。

3. 发包人在工程量清单中给定暂估价的专业工程不属于依法必须招标的，应按照《2013版清单计价规范》第9.3节工程变更的规定确定专业工程价款，并应以此为依据取代专业工程暂估价，调整合同价款。

4. 发包人在招标工程量清单中给定暂估价的专业工程，依法必须招标的，应当由发承包双方依法组织招标选择专业分包人，并接受有管辖权的建设工程招标投标管理机构的监督，并应符合下列要求：

(1)除合同另有约定外，承包人不参加投标的专业工程发包招标，应由承包人作为招标人，但拟定的招标文件、评标工作、评标结果应报送发包人批准。与组织招标工作有关的费用应当被认为已经包括在承包人的签约合同价(投标总报价)中。

(2)承包人参加投标的专业工程发包招标，应由发包人作为招标人，与组织招标工作有关的费用由发包人承担。同等条件下，应优先选择承包人中标。

(3)应以专业工程发包中标价为依据取代专业工程暂估价，调整合同价款。

暂列金额，是招标人在工程量清单中暂定并包括在合同价款中的一笔款项，用于工程合同签订时尚未确定或者不可预见的所需材料、工程设备、服务的采购，施工中可能发生的工程变更、合同约定调整因素出现时的合同价款调整，以及发生的索赔、现场签证确认等的费用。暂列金额虽然列入合同价款，但不属于承包人所有，也不必然发生。只有按照合同约定实际发生后，才能成为承包人的待收工程款，纳入工程结算款中。暂列金额由发包人掌握使用，发包人按照约定支付后，暂列金额的余额归发包人所有。

第三节 工程价款结算与支付

发承包人在签订建设工程施工合同时，应当对工程价款的支付进行约定，包括支付时间、支付比例或金额，以及支付方式等。通常合同中对工程价款的支付约定包括预付款支付、期中付款计量与支付、竣工结算支付等。

一、预付款支付[1]

预付款是合同中约定的，在合同签订后，承包人开始施工前，发包人向承包人预先支付的合同金额一定比例的工程款，依据工程性质的不同，一般在10% ~ 30%。预付款是发包人为承包人在施工准备阶段提供的资金支持，承包人应将预付款用于合同工程，包括材料、工程设备、施工设备的采购及修建临时工程、组织施工队伍进场等。

《建筑工程施工发包与承包计价管理办法》第15条规定，发承包双方应当根据国务院住房城乡建设主管部门和省、自治区、直辖市人民政府住房城乡建设主管部门的规定，结合工程款、建设工期等情况，在合同中约定预付工程款的具体事宜。预付工程款按照合同价款或者年度工程计划额度的一定比例确定和支付，并在工程进度款中予以抵扣。

(一)预付款担保

如果发包人要求承包人提供预付款担保的，承包人应在发包人支付预付款7天前提供预付款担保。预付款担保可采用银行保函、担保公司担保等形式，具

〔1〕《建设工程价款结算暂行办法》第12条规定："工程预付款结算应符合下列规定：(一)包工包料工程的预付款按合同约定拨付，原则上预付比例不低于合同金额的10%，不高于合同金额的30%，对重大工程项目，按年度工程计划逐年预付。计价执行《建设工程工程量清单计价规范》(GB50500—2003)的工程，实体性消耗和非实体性消耗部分应在合同中分别约定预付款比例。(二)在具备施工条件的前提下，发包人应在双方签订合同后的一个月内或不迟于约定的开工日期前的7天内预付工程款，发包人不按约定预付，承包人应在预付时间到期后10天内向发包人发出要求预付的通知，发包人收到通知后仍不按要求预付，承包人可在发出通知14天后停止施工，发包人应从约定应付之日起向承包人支付应付款的利息(利率按同期银行贷款利率计)，并承担违约责任。(三)预付的工程款必须在合同中约定抵扣方式，并在工程进度款中进行抵扣。(四)凡是没有签订合同或不具备施工条件的工程，发包人不得预付工程款，不得以预付款为名转移资金。"

体由合同当事人在合同条款中约定。在预付款完全扣回之前,承包人应保证预付款担保持续有效。发包人在工程款中逐期扣回预付款后,预付款担保额度应相应减少,但减少的预付款担保金额不得低于未被扣回的预付款金额。

(二)预付款的扣回

预付款应从每一个支付期应支付给承包人的工程进度款中扣回,直到扣回的金额达到合同约定的预付款金额为止。承包人的预付款保函的担保金额根据预付款扣回数额相应递减,但在预付款全部扣回前保持有效。发包人应在预付款扣完后的14天内将预付款保函退还承包人。

(三)预付款的催告与违约

承包人应根据合同约定,在签订合同后或向发包人提供与预付款等额的预付款担保后,向发包人提交预付款支付申请。发包人逾期支付预付款超过7天的,承包人有权向发包人发出要求预付的催告通知,发包人在收到通知后7天仍未支付的,承包人有权暂停施工,发包人应承担因此给承包人增加的费用以及延误的工期,并支付承包人合理的利润。除另有约定外,承包人暂停施工满28天后,发包人仍不支付预付款的,承包人有权解除合同。

二、安全文明施工费支付

安全文明施工费,是指在合同履行过程中,承包人按照国家法律、法规、标准等的规定,为保证安全施工、文明施工,保护现场内外环境和搭拆临时设施等所采用的措施而发生的费用。

(一)安全文明施工费的组成

原建设部2005年印发的《建筑工程安全防护、文明施工措施费用及使用管理规定》第3条规定,安全防护、文明施工措施费用,是指按照国家现行的建筑施工安全、施工现场环境与卫生标准和有关规定,购置和更新施工安全防护用具及设施、改善安全生产条件和作业环境所需要的费用。

根据住建部、财政部2013年发布的《建筑安装工程费用项目组成》(按造价形成划分)的规定,安全文明施工费属于措施项目费之一,具体包括:(1)环境保护费,是指施工现场为达到环保部门要求所需要的各项费用;(2)文明施工费,是指施工现场文明施工所需要的各项费用;(3)安全施工费,是指施工现场安全施工所需要的各项费用;(4)临时设施费,是指施工企业为进行建设工程施工所必需搭设的生活和生产用的临时建筑物、构筑物和其他临时设施费用,包括临时设施的搭设、维修、拆除、清理费或摊销费等。

(二)安全文明施工费的支付

安全文明施工费由发包人承担,发包人不得以任何形式扣减该部分费用。因基准日期后合同所适用的法律或政府有关规定发生变化,增加的安全文明施工费由发包人承担。承包人经发包人同意采取合同约定以外的安全措施所产生的费用,由发包人承担;未经发包人同意的,如果该措施避免了发包人的损失,则发包人在避免损失的额度内承担该措施费。如果该措施避免了承包人的损失,由承包人承担该措施费。

除另有约定外,发包人应在开工后 28 天内预付安全文明施工费总额的 50%,其余部分与进度款同期支付。发包人逾期支付安全文明施工费超过 7 天的,承包人有权向发包人发出要求预付的催告通知,发包人收到通知后 7 天内仍未支付的,承包人有权暂停施工,发包人应承担因此给承包人增加的费用以及延误的工期,并支付承包人合理的利润。除另有约定外,承包人暂停施工满 28 天后,发包人仍不预付安全文明施工费的,承包人有权解除合同。

发包人未按规定支付安全文明施工费的,将承担行政责任。《建设工程安全生产管理条例》第 54 条规定:“违反本条例的规定,建设单位未提供建设工程安全生产作业环境及安全施工措施所需费用的,责令限期改正;逾期未改正的,责令该建设工程停止施工。”《建筑工程安全防护、文明施工措施费用及使用管理规定》第 13 条规定:“建设单位未按本规定支付安全防护、文明施工措施费用的,由县级以上建设行政主管部门依据《建设工程安全生产管理条例》第五十四条规定,责令限期整改;逾期未改正的,责令该建设工程停止施工。”

(三)安全文明施工费用的使用

承包人对安全文明施工费应专款专用。承包人应在财务账目中将安全文明施工费单独列项备查,不得挪作他用,否则发包人有权责令其限期改正。承包人未改正的,发包人有权要求承包人暂停施工,承包人承担由此产生的费用及工期损失。

《建筑工程安全防护、文明施工措施费用及使用管理规定》第 11 条规定:“施工单位应当确保安全防护、文明施工费用专款专用,在财务管理中单独列出安全防护、文明施工措施项目费用清单备查。施工单位安全生产管理机构和专职安全生产管理人员负责对建筑工程安全防护、文明施工措施的组织实施进行现场监督检查,并有权向建设主管部门反映情况。工程总承包单位对建筑工程安全防护、文明施工措施费用的使用负总责。总承包单位应当按照本规定及合同约定及时向分包单位支付安全防护、文明施工措施费用。总承包单位不按本规定和合同约定支付费用,造成分包单位不能及时落实安全防护措施导致发生事故的,由总承包单位负主要责任。”第 14 条规定:“施工单位挪用安全防护、文明施工措施费用的,由县级以上建设主管部门依据《建设工程安全生产管理条例》第六十三条规定,责令限期整改,处挪用费用 20% 以上 50% 以下的罚款;造成损失的,依法承担赔偿责任。”《建设工程安全生产管理条例》第 63 条规定:“违反本条例的规定,施工单位挪用列入建设工程概算的安全生产作业环境及安全施工措施所需费用的,责令限期改正,处挪用费用 20% 以上 50% 以下的罚款;造成损失的,依法承担赔偿责任。”

三、进度款结算与支付[1]

发包人应按照合同约定的时间、程序和方法,根据工程计量结果,办理期中

---

[1] 《建设工程价款结算暂行办法》第 13 条规定:“工程进度款结算与支付应当符合下列规定:(一)工程进度款结算方式:1. 按月结算与支付。即实行按月支付进度款,竣工后清算的办法。合同工期在两个年度以上的工程,在年终进行工程盘点,办理年度结算。2. 分段结算与支付。即当年开工、当年不能竣工的工程按照工程形象进度,划分不同阶段支付工程进度款。具体划分在合同中明确。(二)工程量计算:1. 承包人应当按照合同约定的方法和时间,向发包人提交已完工程量的报告。发包人接到报告后 14 天内核实已完工程量,并在核实前 1 天通知承包人,承包人应提供条件并派人参加核实,承包人收到通知后不参加核实,以发包人核实的工程量作为工程价款支付的依据。发包人不按约定时间通知承包人,致使承包人未能参加核实,核实结果无效。2. 发包人收到承包人报告后 14 天内未核实完工程量,从第 15 天起,承包人报告的工程量即视为被确认,作为工程价款支付的依据,双方合同另有约定的,按合同执行。3. 对承包人超出设计图纸(含设计变更)范围和因承包人原因造成返工的工程量,发包人不予计量。(三)工程进度款支付:1. 根据确定的工程计量结果,承包人向发包人提出支付工程进度款申请,14 天内,发包人应按不低于工程价款的 60%,不高于工程价款的 90% 向承包人支付工程进度款。按约定时间发包人应扣回的预付款,与工程进度款同期结算抵扣。2. 发包人超过约定的支付时间不支付工程进度款,承包人应及时向发包人发出要求付款的通知,发包人收到承包人通知后仍不能按要求付款,可与承包人协商签订延期付款协议,经承包人同意后可延期支付,协议应明确延期支付的时间和从工程计量结果确认后第 15 天起计算应付款的利息(利率按同期银行贷款利率计)。3. 发包人不按合同约定支付工程进度款,双方又未达成延期付款协议,导致施工无法进行,承包人可停止施工,由发包人承担违约责任。”

价款结算,并支付进度款。《建筑工程施工发包与承包计价管理办法》第 16 条、第 17 条规定,承包方应当按照合同约定向发包方提交已完成工程量报告。发包方收到工程量报告后,应当按照合同约定及时核对并确认。发承包双方应当按照合同约定,定期或者按照工程进度分段进行工程款结算和支付。

(一)工程计量

工程量必须按照相关工程现行国家计量规范规定的工程量计算规则计算。工程量计量可选择按月或按工程形象进度分段计量,具体计量周期应在合同中约定。

单价合同计量的工程量必须以承包人完成合同工程应予计量的工程量确定。施工中进行工程计量,当发现招标工程量清单中出现缺项、工程量偏差,或因工程变更引起工程量增减时,应按承包人在履行合同义务中完成的工程量计算。

采用工程量清单方式招标形成的总价合同,其工程量按照单价合同计量方式进行计算。采用经审定批准的施工图纸及其预算方式发包形成的总价合同,除按照工程变更规定的工程量增减外,总价合同各项目的工程量应为承包人用于结算的最终工程量。总价合同约定的项目计量应以合同工程经审定批准的施工图纸为依据,发承包双方应在合同中约定工程计量的形象目标或时间节点进行计量。

承包人应在合同约定的每个计量周期内对已完成的工程进行计量,并向监理人或发包人提交当期已完成的工程量报告,并附具进度付款申请单、已完成工程量报表和有关资料。除另有约定外,根据《2017 版施工合同范本》通用合同条款第 12.3 款的约定,监理人应在收到承包人提交的工程量报告后 7 天内完成对承包人提交的工程量报表的审核并报送发包人,以确定当月实际完成的工程量。监理人对工程量有异议的,有权要求承包人进行共同复核或抽样复测。承包人应协助监理人进行复核或抽样复测,并按监理人要求提供补充计量资料。承包人未按监理人要求参加复核或抽样复测的,监理人审核或修正的工程量视为承包人实际完成的工程量。监理人未在收到承包人提交的工程量报表后的 7 天内完成复核的,承包人提交的工程量报告中的工程量视为承包人实际完成的工程量。

（二）进度款支付

进度款支付周期应与合同约定的工程计量周期一致。

1. 进度付款申请单的编制

《2017 版施工合同范本》通用合同条款第 12.4.2 项约定，承包人编制的进度付款申请单应当包括下列内容：(1)截至本次付款周期已完成工作对应的金额；(2)根据变更约定应增加和扣减的金额；(3)根据预付款约定应支付的预付款和扣减的返还预付款；(4)根据约定应扣减的质量保证金；(5)根据索赔约定应增加和扣减的索赔金额；(6)根据对已签发的进度款支付证书中出现错误的修正，应在本次进度付款中支付或扣减的金额；(7)根据合同约定应增加和扣减的其他金额。

2. 进度款的审核与支付

《2017 版施工合同范本》通用合同条款第 12.4.4 项约定：

(1)除专用合同条款另有约定外，监理人应在收到承包人进度付款申请单以及相关资料后 7 天内完成审查并报送发包人，发包人应在收到监理人报送的进度付款申请单以及相关资料后 7 天内完成审批并签发进度款支付证书。发包人逾期未完成审批且未提出异议的，视为已签发进度款支付证书。

发包人和监理人对承包人的进度付款申请单有异议的，有权要求承包人修正和提供补充资料，承包人应提交修正后的进度付款申请单。监理人应在收到承包人修正后的进度付款申请单及相关资料后 7 天内完成审查并报送发包人，发包人应在收到监理人报送的进度付款申请单及相关资料后 7 天内，向承包人签发无异议部分的临时进度款支付证书。存在争议的部分，按照争议解决约定处理。

(2)除专用合同条款另有约定外，发包人应在进度款支付证书或临时进度款支付证书签发后 14 天内完成支付，发包人逾期支付进度款的，应按照中国人民银行发布的同期同类贷款基准利率支付违约金。

(3)发包人签发进度款支付证书或临时进度款支付证书，不表明发包人已同意、批准或接受了承包人完成的相应部分的工作。

在对已签发的进度款支付证书进行阶段汇总和复核中发现错误、遗漏或重复的，发包人和承包人均有权提出修正申请。经发包人和承包人同意的修正，应在下期进度付款中支付或扣除。

四、竣工结算与支付[1]

在工程竣工验收合格后，发承包双方应按照合同约定进行竣工结算，发包人应根据竣工结算结果按合同约定向承包人支付工程款。《2017 版施工合同范本》通用合同条款第 14 条对“竣工结算”的相关内容进行了约定，具体分析如下。

（一）竣工结算申请

除专用合同条款另有约定外，承包人应在工程竣工验收合格后 28 天内向发包人和监理人提交竣工结算申请单，并提交完整的结算资料，有关竣工结算申请单的资料清单和份数等要求，由合同当事人在专用合同条款中约定。除专用合同条款另有约定外，竣工结算申请单应包括以下内容：(1) 竣工结算合同价

---

〔1〕《建设工程价款结算暂行办法》第 14 条规定：“工程完工后，双方应按照约定的合同价款及合同价款调整内容以及索赔事项，进行工程竣工结算。（一）工程竣工结算方式：工程竣工结算分为单位工程竣工结算、单项工程竣工结算和建设项目竣工总结算。（二）工程竣工结算编审：1. 单位工程竣工结算由承包人编制，发包人审查；实行总承包的工程，由具体承包人编制，在总包人审查的基础上，发包人审查。2. 单项工程竣工结算或建设项目竣工总结算由总（承）包人编制，发包人可直接进行审查，也可以委托具有相应资质的工程造价咨询机构进行审查。政府投资项目，由同级财政部门审查。单项工程竣工结算或建设项目竣工总结算经发、承包人签字盖章后有效。承包人应在合同约定期限内完成项目竣工结算编制工作，未在规定期限内完成的并且提不出正当理由延期的，责任自负。（三）工程竣工结算审查期限单项工程竣工后，承包人应在提交竣工验收报告的同时，向发包人递交竣工结算报告及完整的结算资料，发包人应按以下规定时限进行核对（审查）并提出审查意见。工程竣工结算报告金额及审查时间：1. 500 万元以下，从接到竣工结算报告和完整的竣工结算资料之日起 20 天；2. 500 万元－2000 万元，从接到竣工结算报告和完整的竣工结算资料之日起 30 天；3. 2000 万元－5000 万元，从接到竣工结算报告和完整的竣工结算资料之日起 45 天；4. 5000 万元以上，从接到竣工结算报告和完整的竣工结算资料之日起 60 天。建设项目竣工总结算在最后一个单项工程竣工结算审查确认后 15 天内汇总，送发包人后 30 天内审查完成。（四）工程竣工价款结算：发包人收到承包人递交的竣工结算报告及完整的结算资料后，应按本办法规定的期限（合同约定有期限的，从其约定）进行核实，给予确认或者提出修改意见。发包人根据确认的竣工结算报告向承包人支付工程竣工结算价款，保留 5% 左右的质量保证（保修）金，待工程交付使用一年质保期到期后清算（合同另有约定的，从其约定），质保期内如有返修，发生费用应在质量保证（保修）金内扣除。（五）索赔价款结算：发承包人未能按合同约定履行自己的各项义务或发生错误，给另一方造成经济损失的，由受损方按合同约定提出索赔，索赔金额按合同约定支付。（六）合同以外零星项目工程价款结算：发包人要求承包人完成合同以外零星项目，承包人应在接受发包人要求的 7 天内就用工数量和单价、机械台班数量和单价、使用材料和金额等向发包人提出施工签证，发包人签证后施工，如发包人未签证，承包人施工后发生争议的，责任由承包人自负。”

格;(2)发包人已支付承包人的款项;(3)应扣留的质量保证金,已缴纳履约保证金的或提供其他工程质量担保方式的除外;(4)发包人应支付承包人的合同价款。

(二)竣工结算审核

除专用合同条款另有约定外,监理人应在收到竣工结算申请单后14天内完成核查并报送发包人。发包人应在收到监理人提交的经审核的竣工结算申请单后14天内完成审批,并由监理人向承包人签发经发包人签认的竣工付款证书。监理人或发包人对竣工结算申请单有异议的,有权要求承包人进行修正和提供补充资料,承包人应提交修正后的竣工结算申请单。

发包人在收到承包人提交的竣工结算申请书后28天内未完成审批且未提出异议的,视为发包人认可承包人提交的竣工结算申请单,并自发包人收到承包人提交的竣工结算申请单后第29天起视为已签发竣工付款证书。

(三)竣工付款

除专用合同条款另有约定外,发包人应在签发竣工付款证书后的14天内,完成对承包人的竣工付款。发包人逾期支付的,按照中国人民银行发布的同期同类贷款基准利率支付违约金;逾期支付超过56天的,按照中国人民银行发布的同期同类贷款基准利率的2倍支付违约金。

承包人对发包人签认的竣工付款证书有异议的,对于有异议部分应在收到发包人签认的竣工付款证书后7天内提出异议,并由合同当事人按照专用合同条款约定的方式和程序进行复核,或按照合同争议解决条款约定处理。对于无异议部分,发包人应签发临时竣工付款证书,并完成付款。承包人逾期未提出异议的,视为认可发包人的审批结果。

(四)最终结清

除专用合同条款另有约定外,承包人应在缺陷责任期终止证书颁发后7天内,按专用合同条款约定的份数向发包人提交最终结清申请单,并提供相关证明材料。最终结清申请单应列明质量保证金、应扣除的质量保证金、缺陷责任期内发生的增减费用。发包人应在收到承包人提交的最终结清申请单后14天内完成审批并向承包人颁发最终结清证书。发包人逾期未完成审批,又未提出修改意见的，视为发包人同意承包人提交的最终结清申请单，且自发包人收到承包人提交的最终结清申请单后 15 天起视为已颁发最终结清证书。

五、开具发票与支付工程款

在工程款给付争议案件中，对于承包人请求发包人支付工程款及利息，发包人常以承包人未开具工程款发票作为抗辩理由，认为付款条件尚未具备，其不应当支付工程款，更不应支付利息，甚至反诉请求法院判决承包人开具工程款发票。此类案件较为常见，但对于如何处理，实务中的裁判意见并不统一。

（一）承包人的开具发票义务

1. 开具发票既是法定义务，也是合同义务

《发票管理办法》第 19 条规定："销售商品、提供服务以及从事其他经营活动的单位和个人，对外发生经营业务收取款项，收款方应当向付款方开具发票。"即使合同中并未约定开具发票的相关事项，收款一方的当事人仍然负有向付款方开具发票的义务，这是法律直接规定的义务。在营改增后，开具发票直接涉及进项税额抵扣的问题，商事合同中明确开具发票的条款，已成常态。发票相关条款包括税率、开票信息、开票与付款的先后顺序等。在合同中对发票开具进行了约定时，开具发票也是当事人的合同义务。在建设工程施工合同中，承包人作为收款人，负有向发包人开具增值税专用发票的义务，发包人通常会利用其市场优势地位，要求在合同条款中约定承包人应在发包人付款前开具相应金额的发票，承包人未开具发票的，发包人有权拒绝支付工程款。此时，开具工程款发票既是承包人的法定义务，也是其合同义务。

2. 开具发票系从给付义务

对于附随义务，我国立法并没有明确规定其含义。《民法典》第 509 条第 2 款规定："当事人应当遵循诚信原则，根据合同的性质、目的和交易习惯履行通知、协助、保密等义务。"我国学界通说认为，该规定中的"通知、协助、保密等义务"属于附随义务。王泽鉴先生认为，附随义务是在债之关系上，除给付义务以外，基于诚实信用原则，在当事人间尚发生保护、照顾、通知、忠实及协力义务。

而从给付义务，一般是基于法律规定或当事人的约定，是不具有独立性，仅具有补助主给付义务功能的义务。《民法典》第 599 条规定："出卖人应当按照约定或者交易习惯向买受人交付提取标的物单证以外的有关单证和资料。"该

条规定的交付有关单证和资料的义务，就属于从给付义务。《买卖合同司法解释》第4条规定："民法典第五百九十九条规定的'提取标的物单证以外的有关单证和资料'，主要应当包括保险单、保修单、普通发票、增值税专用发票、产品合格证、质量保证书、质量鉴定书、品质检验证书、产品进出口检疫书、原产地证明书、使用说明书、装箱单等。"因此，开具发票属于根据《民法典》第599条规定所产生的从给付义务。

3. 不开具发票的责任

我国《税收征收管理法》第21条规定，税务机关是发票的主管机关，负责发票印制、领购、开具、取得、保管、缴销的管理和监督。对拒不开具发票的行为，权利遭受侵害的一方当事人可向税务部门投诉，由税务部门依照税收法律法规处理。同时《发票管理办法》第35条也规定，对拒不开票的义务人，税务管理机关可责令开票义务人限期改正，没收其非法所得，可并处罚款。

开具发票作为一项法律义务，违反该义务，法律及行政法规课之以行政责任。但承担行政责任，并不当然排除民事责任的承担。开具发票作为一项合同义务，合同一方当事人对其的违反，当然应承担相应的违约责任。

4. 开具发票的行为具有可诉性

在承包人提起的工程款诉讼中，发包人除抗辩承包人未开具发票不具备付款条件外，还可能提起反诉，要求承包人开具工程款发票，对发包人的该请求如何处理，司法实践中存在较大争议：

一种观点认为，不开具发票属于违反行政法律法规的行为，属于行政法律关系，由行政机关进行处理，不属于法院调整的民事关系的范畴，因而对开具发票的请求不予支持。[1]

另一种观点认为，开具发票虽然属于税法上的义务，但同样属于合同义务，属于民事合同法律关系的范畴，法院应当受理开具发票的请求并作出裁判。[2]河北省高级人民法院2018年发布的《建设工程施工合同案件审理指南》第54条规定："发包人提起反诉请求主张承包人开具发票的，人民法院应予支持。"

---

〔1〕 参见晟元集团有限公司诉西安海粤股份有限公司建设工程施工合同纠纷案，陕西省高级人民法院(2016)陕民终89号民事判决书；鞍山市永铁铁路设备有限公司诉辽阳新隆钢铁有限公司建设工程施工合同纠纷案，辽宁省高级人民法院(2010)辽民一终字第47号民事判决书。

〔2〕 参见山东济宁华邦建设工程有限公司诉山东太阳控股集团有限公司、山东圣德国际酒店有限公司建设工程施工合同纠纷案，最高人民法院(2019)最高法民终917号民事判决书。

基于前述分析，开具发票既是法律规定的义务，也是合同的从给付义务，故发票问题既属于行政法律关系，也属于民事法律关系。承包人拒绝开具并给付发票，违背了发票管理的相关规定，税务行政机关有权对其作出行政处理，但同时，开具并给付发票属于合同的从给付义务，承包人违反了该合同义务，给发包人造成损失，无论合同中是否对开具发票作出约定，对于发包人提出开具并给付发票的请求，均应当予以受理并作出裁判。

上海市高级人民法院《关于当前商事审判若干问题的意见》（沪高法民二〔2009〕14 号）第 10 条指出："根据《中华人民共和国合同法》第 136 条和《增值税专用发票使用规定》第 10 条的规定，出卖人给付增值税专用发票为法定义务，是出卖人必须履行的买卖合同的从给付义务。从给付义务与附随义务的主要区别之一，就是从给付义务与主给付义务联系更为密切，其存在的目的就是在于补助主给付的功能，而附随义务是辅佐实现给付义务的。在买卖合同中，增值税专用发票的提供与出卖人的主给付义务——交货，关系最为密切，事关买受人利益的实现。如果出卖人不提供增值税专用发票，买受人的进项税额一部分就不能抵扣，其权利就受到损害。所以买受人可以单独诉请出卖人履行给付增值税专用发票的从给付义务，对此法院应当予以受理。"

【典型案例】青海临峰房地产开发有限公司与浙江中业建设集团有限公司、第三人金某某建设工程施工合同纠纷案〔1〕

【基本案情】2011 年 5 月，青海临峰房地产开发有限公司（以下简称临峰公司）与浙江中业建设集团有限公司（以下简称中业公司）签订协议，将其开发的香江花园商住楼总承包给中业公司施工。2011 年 10 月 11 日确定中业公司中标，10 月 12 日签订施工合同。后双方因合同履行发生争议，临峰公司起诉要求移交竣工资料、开具发票以及逾期竣工违约金，中业公司反诉要求支付工程款及利息。

【裁判观点】开具发票、交付竣工资料等均属合同约定内容，属于民事合同义务范围。"开具发票"从文义解释看虽是由税务机关开具和履行，但合同文本中所约定的"开具发票"含义并非指由税务机关开具发票，而是指在给付工程款时需由承包方向发包人给付税务机关开具的发票。该给付义务属承

〔1〕 参见最高人民法院民事判决书，(2019) 最高法民再 166 号。

包方应当履行的合同义务。有义务开具发票的当事人在遵守税收法律法规的前提下,可以自主作出向其他民事主体开具发票的意思表示,该行为属于民事法律行为;对于接受发票的一方当事人来说,是否可以取得发票将影响其民事权益,因此当事人之间就一方自主申请开具发票与另一方取得发票的关系,属于民事法律关系范畴,法院应当依法审理。原判决以不属于法院民事受理范围未予支持临峰公司的该项诉讼请求确有不当,予以纠正。

(二)发包人不能以承包人未开具发票为由拒付工程款

发包人以承包人未开具发票作为抗辩理由拒付工程款,援引的是《民法典》第526条关于"先履行抗辩权"的规定,该条规定:"当事人互负债务,有先后履行顺序,先履行一方未履行的,后履行一方有权拒绝其履行要求。先履行一方履行债务不符合约定的,后履行一方有权拒绝其相应的履行要求。"建设工程施工合同中,承包人的主要义务是按合同约定完成工程施工,发包人的主要义务是按照合同约定的时间支付工程款。只要承包人按照约定完成了施工,发包人就应当支付工程款。法律规定或合同约定承包人负有开具工程款发票的义务,但这仅是合同的从给付义务。先履行抗辩权的适用要求先履行的当事人拒绝履行主合同义务,构成根本违约,或双方义务具有对等关系,后履行的当事人方有权以此抗辩。

对此,一些地方法院的司法文件有所规定,河北省高级人民法院《建设工程施工合同案件审理指南》第54条规定:"支付工程款义务和开具发票义务是两种不同性质的义务,不具有对等关系。发包人以承包人违反约定未开具发票为抗辩理由拒付工程款的,人民法院不予支持。但可以明确承包人具有向发包人开具发票的义务。"江苏省高级人民法院2018年发布的《关于审理建设工程施工合同纠纷案件若干问题的解答》(已失效)第13条亦规定:"发包人以承包人未开具发票为由拒绝支付工程款的,不予支持,当事人另有明确约定的除外。"

(三)合同约定拒付权的,可以免除付款违约责任

当合同中明确约定了在承包人开具发票前,发包人有权拒绝支付工程款

时，发承包人协商一致将开具发票的义务作为与付款义务同等地位来对待，或者说将开具发票作为付款的前提，通过约定使发包人享有了付款的先履行抗辩权，应当认为这种约定是合法有效的，法院应当尊重当事人的合意，认定发包人抗辩成立。但是，如果合同仅约定了“先开票，后付款”，未约定发包人的拒付权，则应当认为发包人不享有先履行抗辩权，发包人未开具发票付款条件不成就的抗辩理由不能成立。

但发包人的抗辩成立，并不意味着要驳回承包人的工程款支付请求。即使合同约定了发包人的拒付权，但这只是付款时间上的抗辩，在承包人未开具发票时，发包人享有顺延付款时间的权利。在工程款的支付惯例中，一般是承包人在工程款支付条件成就后与发包人确定可以付款，然后在付款前将发票开具给发包人，如果无法确定发包人是否付款，为避免损失，承包人通常不会提前开具发票。因此，即使发包人关于承包人未开具发票的抗辩成立，法院也不宜直接驳回承包人的工程款请求，在承包人承诺开具发票时，可以支持承包人工程款请求。但由于合同约定了发包人的拒付权，不能认为发包人未付款的行为违约，故对于承包人关于逾期付款违约金的请求可不予支持。[1]

第四节　竣工结算文件逾期答复视为认可的规则适用

工程竣工验收后，承包人应在合同约定的时间内向发包人提交竣工结算文件，发包人在收到竣工结算文件后，应当在合同约定时间内完成审核或提出答复意见。

一、发包人逾期答复视为竣工结算文件被认可

如发包人怠于对承包人提交的竣工结算文件进行审核，或故意拖延审核，

---

〔1〕参见南通华通建设集团有限公司诉江苏盛尔通投资发展有限公司建设工程施工合同纠纷案，江苏省高级人民法院(2015)苏民终字第00161号民事判决书。法院认为：“合同同时约定了华通公司应当先行提供符合规定的发票，否则盛尔通公司有权拒绝支付。华通公司在催要工程款过程中没有向盛尔通公司提供相应的发票，故不能认定盛尔通公司存在付款违约，华通公司要求盛尔通公司按合同约定期限承担给付利息违约责任的请求没有事实依据。”

使得工程结算无法完成，承包人将无法获得工程付款，为规制此类情况，国家发布的相关规定或规范中，都明确规定发包人不在约定或规定时间内对承包人提交的竣工结算文件进行答复的，视为竣工结算文件已被认可。

《建筑工程施工发包与承包计价管理办法》第 18 条规定，国有资金投资建筑工程的发包方，应当委托具有相应资质的工程造价咨询企业对竣工结算文件进行审核，并在收到竣工结算文件的约定期限内向承包方提出由工程造价咨询企业出具的结算文件审核意见；逾期未答复的，按照合同约定处理，合同没有约定的，竣工结算文件视为已被认可。非国有资金投资的建筑工程发包方，应当在收到结算文件后的约定期限内予以答复，逾期未答复的，按照合同约定处理，合同没有约定的，竣工结算文件视为已被认可。

《2013 版清单计价规范》第 11.3.4 项规定："发包人在收到承包人竣工结算文件后的 28 天内，不核对竣工结算或未提出核对意见的，应视为承包人提交的竣工结算文件已被发包人认可，竣工结算办理完毕。"《2017 版施工合同范本》通用合同条款第 14.2 款约定，发包人在收到承包人提交竣工结算申请书后 28 天内未完成审批且未提出异议的，视为发包人认可承包人提交的竣工结算申请单，并自发包人收到承包人提交的竣工结算申请单后第 29 天起视为已签发竣工付款证书。

二、"视为认可"需当事人明确约定

最高人民法院吸收了相关规定的精神，在司法解释中明确了发包人逾期答复竣工结算文件视为认可的规则。《建设工程司法解释（一）》第 21 条（原《建设工程司法解释》第 20 条）规定："当事人约定，发包人收到竣工结算文件后，在约定期限内不予答复，视为认可竣工结算文件的，按照约定处理。承包人请求按照竣工结算文件结算工程价款的，人民法院应予支持。"但需要注意的是，虽然《2017 版施工合同范本》通用合同条款第 14.2 款约定："发包人在收到承包人提交竣工结算申请书后 28 天内未完成审批且未提出异议的，视为发包人认可承包人提交的竣工结算申请单"，但该示范文本系住建部制定的对当事人权利义务的原则性和指导性的合同文本，不属于司法解释中的"当事人约定情形"。"通用条款的目的是提供示范文本供当事人选择适用，提高施工合同签订的规范性和效率，本身对当事人并不具有约束力。因此，专用条款的约定才能体现当事人的真实意思,并对当事人具有约束力。”[1]

最高人民法院民事审判庭在《关于如何理解和适用〈最高人民法院关于审理建设工程合同纠纷案件适用法律问题的解释〉第二十条的复函》(〔2005〕民一他字第23号)中指出:“适用该司法解释第二十条的前提条件是当事人之间约定了发包人收到竣工结算文件后,在约定期限内不予答复,则视为认可竣工结算文件。承包人提交的竣工结算文件可以作为工程款结算的依据。建设部制定的建设工程施工合同格式文本中的通用条款第33条第3款的规定,不能简单地推论出,双方当事人具有发包人收到竣工结算文件一定期限内不予答复,则视为认可承包人提交的竣工结算文件的一致意思表示,承包人提交的竣工结算文件不能作为工程款结算的依据。”

因此,除非当事人在合同专用条款中对逾期不予答复视为认可作了明确约定,否则,不能按照承包人提交的竣工结算文件结算工程价款。司法实践中,承包人提交的竣工结算申请金额一般会超过甚至大幅超过实际工程造价,而建设工程竣工结算涉及合同目的的实现与合同利益的获得,工程造价事关双方重大利益,将通用条款内容视为双方约定,容易导致利益失衡[2],裁判者对该条规定应当严格适用。

对于《建设工程司法解释(一)》第21条的规定,要求裁判者在裁判案件过程中充分尊重当事人合意。但对于当事人合意,裁判者不能作任意解释,而是需要根据当事人的真实意思作出裁判。该条规定要求当事人在专用合同条款中约定的内容是“发包人收到竣工结算文件后,在约定期限内不予答复,视为认可竣工结算文件”,包括两点:一是发包人在收到竣工结算文件后一定期限内予以答复;二是如发包人在该期限内未予答复的,视为认可竣工结算文件。因此,如果当事人仅约定发包人收到竣工结算文件后必须予以答复,而未约定逾期答复的后果,不能适用该条解释而以竣工结算文件作为结算依据。

三、“视为认可”的法理基础

意思表示的外部要素是表示行为——将意思表示于外的行为。表示行为

---

〔1〕 潘军峰:《建设工程价款结算审判疑难问题研究》,载《法律适用》2019年第5期。

〔2〕 参见王勇:《建设工程施工合同纠纷实务解析》(增订第2版),法律出版社2019年版,第163页。

依其表示方式之不同,有明示与默示之别。[1] “明示,是指行为人以语言、文字或其他直接表意方法表示内在意思的表意形式。默示,是指行为人以使人推知的方式间接表示其内在意思的表意形式,它可分为意思实现与特定的沉默两种。”[2]一方当事人向对方当事人提出民事权利的要求,对方未用语言或文字明确表示意见,但其行为表明已接受的,可以认定为默示。所谓明示,系指以语言或文字明确表达意思之行为。在私法自治原则下,当事人对于意思的表示方式有选择的自由,只要表意人能够使相对人知晓其意思即可。但单纯的沉默,原则上并不能视为意思表示。因而《民法典》第140条第2款规定,沉默只有在法律规定、当事人约定或者符合当事人之间的交易习惯时,才可以视为意思表示。根据该条规定,单纯的沉默在法律特别规定及当事人特别约定的情形下,将沉默拟制为意思表示,方具有表示价值。[3] 前者如《民法典》第734条规定:“租赁期限届满,承租人继续使用租赁物,出租人没有提出异议的,原租赁合同继续有效,但是租赁期限为不定期。”承租人继续使用租赁物的行为,视为承租人作出了延续租赁合同的意思表示,出租人沉默的,将产生承诺的效力。后者即如《建设工程司法解释(一)》第21条所述的“当事人约定”。

《民法典》第140条中的“法律”应当作狭义理解,仅限于全国人大或全国人大常委会制定的法律。对发包人逾期答复视为认可作出规定的《建筑工程施工发包与承包计价管理办法》《2013版清单计价规范》均不属于狭义上的“法律”。发包人的沉默并不能依据该规定而拟制为认可的意思表示,因而,仅在合同当事人在合同专用条款中存在明确的约定时,方能产生“视为认可”的法律效果。

【典型案例】四川建设集团有限公司与内蒙古雙骏置业有限公司建设工程施工合同纠纷案[4]

【基本案情】内蒙古雙骏置业有限公司(以下简称雙骏公司)将涉案工程发包给四川建设集团有限公司(以下简称四川公司),双方签订《建设工程施工合同》,使用的是原建设部、原国家工商行政管理局《建设工程施工合同(示范文本)》(GF-1999-0201,已失效),该范本通用合同条款第33条第3款

〔1〕 参见朱庆育:《民法总论》(第2版),北京大学出版社2016年版,第193页。
〔2〕 董安生:《民事法律行为》,中国人民大学出版社2002年版,第170页。
〔3〕 参见朱庆育:《民法总论》(第2版),北京大学出版社2016年版,第195页。
〔4〕 参见最高人民法院民事判决书,(2015)民一终字第214号。

约定,“发包人收到竣工结算报告及结算资料后28天内无正当理由不支付工程竣工结算价款,从第29天起按承包人同期向银行贷款利率支付拖欠工程价款的利息,并承担违约责任”。后四川公司完成涉案工程施工,并向雙骏公司提交竣工结算报告。因雙骏公司长期未审核结算报告并未支付工程款,四川公司向法院提起诉讼。

【裁判观点】视为认可结算文件,应当是双方当事人对此有专门约定,否则,适用原《建设工程司法解释》第20条的规定就因缺乏合同依据而不当扩大了司法解释的适用范围,违反了我国合同法有关合同当事人意思自治的原则。一审判决将涉案《建设工程施工合同》“通用条款”部分的内容视为双方当事人对发包人收到竣工结算文件后,在约定期限内不予答复,即认可竣工结算文件的约定,属于认定案件基本事实不清,并因此导致不当适用司法解释规定。本案当事人未在合同中约定发包人在收到承包人递交的《工程决算书》28天内必须予以答复,因此即使超过28天后,也不能视为发包人认可该结算书。

第五节 结算以审计为准的规则适用

审计是由国家授权或接受委托的专职机构和人员,依照国家法规、审计准则和会计理论,运用专门的方法,对被审计单位的财政、财务收支、经营管理活动及其相关资料的真实性、正确性、合规性、合法性、效益性进行审查和监督,评价经济责任,鉴证经济业务,以维护财经法纪、改善经营管理、提高经济效益的一项独立性的经济监督活动。

一、地方性法规对“以审计为准”的规定

政府投资或以政府投资为主的项目的投资决算,一般都要经过国家审计。一些地方政府在地方性法规[1]中规定,“建设单位应当在招标文件以及与施工

---

〔1〕 如2012年《北京市审计条例》第23条、2012年《上海市审计条例》第14条第3款、2015年《浙江省审计条例》第27条第2款,各地方审计条例基本都有此类规定。

单位签订的合同中明确以审计结果作为工程竣工结算的依据”。此时,无论发包人与承包人在施工合同中对“以审计为准”是否有约定,政府投资或以政府投资为主的项目的工程结算都要以审计结果作为依据。但通常国家审计较为漫长,可能需要数年才能够完成,极大地影响承包人的工程款权益。

对此,2013 年中国建筑业协会联合 26 家地方建筑业协会和有关行业建设协会两次向全国人大常委会申请对规定“以审计结果作为工程竣工结算依据”的地方性法规进行立法审查,并建议予以撤销。2015 年 5 月,中国建筑业协会再次向全国人大常委会提交《关于申请对规定“以审计结果作为建设工程竣工结算依据”的地方性法规进行立法审查的函》,认为上述规定混淆了行政法律关系与民事法律关系的界限,与审计法、合同法的有关规定相抵触。

2017 年 2 月 22 日,全国人大常委会法工委印发《对地方性法规中以审计结果作为政府投资建设项目竣工结算依据有关规定的研究意见》(法工委函〔2017〕2 号)指出,地方性法规直接规定以审计结果作为竣工结算的依据和规定,应当在招标文件中载明或者在合同中约定以审计结果作为竣工结算的依据,虽然可以在一定程度上加强对政府投资资金的保障,在法律上却存在以下问题:

一是扩大了审计决定的效力范围。根据审计法的规定,审计机关对政府投资和以政府投资为主的建设项目的预算执行情况和决算,进行审计监督;审计机关在法定职权范围内做出的审计报告、审计决定,被审计单位应当执行;被审计单位对审计机关作出的有关财务收支的审计决定不服的,可以依法申请行政复议或者提起行政诉讼。审计法规范的是审计机关与被审计单位之间的行政关系,不是被审计单位与其合同相对方的民事合同关系。审计法的规定不宜直接引申为应当以审计结果作为被审计单位与施工单位进行结算的依据。地方性法规以审计结果作为被审计单位与施工单位进行结算的依据,实质上是以审计决定改变建设工程合同,扩大了审计决定的法律效力范围。

二是限制民事权利,超越了地方立法权限。根据立法法的规定,民事基本制度只能制定法律。地方性法规为执行法律、行政法规的规定,可以根据本行政区域的实际情况作出具体规定,但无权对法律规定的民事权利作出限制或者减损的规定。在投资建设活动中,负责政府投资和以政府投资为主建设工程的建设单位与施工单位是平等的民事主体,双方签订的建设工程合同属于民事合同。虽然建设工程出资全部或者主要源于国家财政,有一定的特殊性,但并不能因此改变二者之间平等的民事法律关系。地方性法规强制要求以审计结果作为合同双方竣工结算的依据,将适用于被审计单位的审计决定扩大适用于被审计单位的合同相对人,限制了施工企业正当的合同权利,缺乏上位法依据,超越了地方立法权。

2017年6月5日,全国人大常委会法工委发出《关于对地方性法规中以审计结果作为政府投资建设项目竣工结算依据有关规定提出的审查建议的复函》。该复函提出,经过充分调研和征求意见,认为地方性法规中直接以审计结果作为竣工结算依据和应当在招标文件中载明或者在合同中约定以审计结果作为竣工结算依据的规定,限制了民事权利,超越了地方立法权限,应当予以纠正。并要求有关地方人大常委会对地方性法规中的相关规定自行清理、纠正。

此后,各地方审计条例都据此对此类规定进行了修改,将"应当"改为"可以",即将"建设单位应当在招标文件以及与施工单位签订的合同中明确以审计结果作为工程竣工结算的依据"的规定,改为了"建设单位可以在招标文件以及与施工单位签订的合同中明确以审计结果作为工程竣工结算的依据"。

二、审计结果原则上不应作为结算依据,但合同另有约定除外

即使是在政府投资建设项目中签订的施工合同,建设单位和施工单位亦是法律地位平等的民事主体,平等民事主体之间的真实合意应当得到法院的尊重。审计法规范的是审计机关与被审计单位之间的行政关系,不是被审计单位与其合同相对方的民事合同关系。如果允许依照审计结果来改变双方当事人的约定,无异于破坏了当事人双方对于合同的预先安排和对于合同的预期。[1]因而,在当事人没有特别约定的时候,建设单位或者施工单位主张以审计报告作为工程价款结算依据的,法院不予支持。不以审计结论作为竣工结算依据并不影响审计对国有资金的监督,反而在以审计结论作为结算依据的基础上,若双方当事人对结算价款存在争议,作为经国家机关确定的价格,难以得到有效纠正和救济。[2] 如果武断地将审计结果作为工程竣工结算的当然依据,很大程

[1] 参见王毓莹:《审计部门对建设资金的审计不影响建设单位与承建单位的合同效力及履行》,载最高人民法院民事审判第一庭编:《民事审判指导与参考》(2012年第4辑),人民法院出版社2013年版,第164页。

[2] 参见王凌俊:《行政审计结果是否能够作为工程竣工结算的依据》,载微信公众号"海坛特哥"2017年6月19日,https://mp.weixin.qq.com/s/JrU7Kt2RkxnaRoao3MW1Mw。

度上意味着审计机关的行政权力代替了民事合同当事人通过协商、和解及调解等方式修正价款,进而解决争议的权利。[1]

但是如果发承包双方在合同中明确约定了以审计结论作为结算依据,裁判者应当尊重当事人合意,以审计结论作为工程款结算的依据。根据《审计法》的规定,审计机关的审计行为是对政府预算执行情况、决算和其他财政收支情况的审计监督。相关审计部门对发包人资金使用情况的审计与发承包人之间对工程款的结算属不同法律关系,不能当然地以项目支出需要审计为由,否认承包人主张工程价款的合法权益。只有在合同明确约定以审计结论作为结算依据的情况下,才能将是否经过审计作为当事人工程款结算条件。[2] 审计机关介入当事人之间的民事法律关系,尤其是将行政审计结论作为工程款结算的依据,必须有当事人明确的合意。[3]

最高人民法院在一些答复意见以及会议纪要中都明确表达了上述观点,具体包括:

最高人民法院《关于建设工程承包合同案件中双方当事人已确认的工程决算价款与审计部门审计的工程决算价款不一致时如何适用法律问题的电话答复意见》(〔2001〕民一他字第2号)指出:"审计是国家对建设单位的一种行政监督,不影响建设单位与承建单位的合同效力。建设工程承包合同案件应以当事人的约定作为法院判决的依据。只有在合同明确约定以审计结论作为结算依据或者合同约定不明确、合同约定无效的情况下,才能将审计结论作为判决的依据。"

最高人民法院《关于常州证券有限责任公司与常州星港幕墙装饰有限公司工程款纠纷案的复函》(〔2001〕民一他字第19号)指出:"本案中的招投标活动及双方所签订的合同合法有效,且合同已履行完毕,依法应予保护。证券公司主张依审计部门作出的审计结论否定合同约定不能支持。"

最高人民法院《关于人民法院在审理建设工程施工合同纠纷案件中如何认定财政评审中心出具的审核结论问题的答复》(〔2008〕民一他字第4号)指出:

---

〔1〕 参见姜昀:《审计报告不影响船舶建造合同双方结算协议的效力》,载《人民司法》2015年第6期。

〔2〕 参见深圳市奇信建设集团股份有限公司诉绵阳市中心医院建设工程施工合同纠纷案,最高人民法院(2018)最高法民再185号民事判决书。

〔3〕 参见黑龙江四海园建筑工程有限公司诉哈尔滨市第五医院建设工程施工合同纠纷案,最高人民法院(2015)民一终字第94号民事判决书。

“财政部门对财政投资的评定审核是国家对建设单位基本建设资金的监督管理,不影响建设单位与承建单位的合同效力及履行。但是,建设合同中明确约定以财政投资的审核结论作为结算依据的,审核结论应当作为结算的依据。”

三、“以审计为准”的限制

合同中约定以审计结果作为结算的依据,最终的工程结算金额要等待审计结果出炉才能确定,这本身即是对承包人权利的限制。因此,即使合同中约定了结算“以审计为准”,裁判者在尊重当事人合意的基础上,仍然要进行必要的规制,以避免发承包人利益的过度失衡。主要存在两种情形:

一是发包人严重超过约定期限或合理期限而未向审计部门提交资料启动审计的。如施工合同约定发包人应在工程竣工验收合格后一定期限内向审计部门提交审计,但发包人未在约定期限内提交审计的,或合同未约定具体期限,但发包人在合理期限内未提交审计的,承包人在催告后,发包人仍未提交审计,承包人可以提起诉讼或申请仲裁,申请对工程造价进行鉴定。裁判者应当结合具体案情,包括发包人未提交审计的原因、拖延的时间长短、诉讼后是否已提交审计、判决前审计结果是否作出等因素,综合判断是否同意鉴定,以及是否以鉴定结果作为结算依据。

【典型案例】湖南业达建设有限公司与湖南紫都城镇建设开发有限公司、浏阳市官渡镇人民政府建设工程施工合同纠纷案[1]

【基本案情】2013年4月9日,浏阳市官渡镇人民政府(以下简称官渡镇政府)与湖南紫都城镇建设开发有限公司(以下简称紫都公司)签订《建设项目投资框架协议》,约定采用代建方式由紫都公司全额垫资修建官渡大道项目。2013年10月,湖南业达建设有限公司(以下简称业达公司)中标该项目,并于2014年1月1日与紫都公司签订《道路工程施工承包合同》,约定“甲方收到乙方在规定时间递交的竣工结算报告及结算资料后3个月内进行审计。”2014年11月19日,官渡大道一期工程正式通车。2016年,因紫都公司未提交审计进行工程结算支付工程款,业达公司向法院提起诉讼,一审法院根据业达公司申请,委托进行了造价鉴定。

---

〔1〕 参见最高人民法院民事判决书,(2019)最高法民再56号。

【裁判观点】紫都公司与业达公司在《道路工程施工承包合同》中约定工程结算按合同签订时长沙市政定额标准计取，工程最终造价及支付以财政、审计部门最后审计结果为最终结算依据。虽然紫都公司及官渡镇政府均主张工程造价应以财政、审计部门最后的审计结果为最终结算依据，但在上述道路工程已使用近两年的情况下，紫都公司尚未向相关财政、审计部门提交工程建设资料，启动财政、审计部门审计。在本案审理过程中也无法提供审计结果，故一审法院根据业达公司的申请，依法委托鉴定单位对业达公司完成的工程进行造价鉴定，该鉴定机构作出的鉴定报告可以作为认定涉案工程造价的依据。

二是发包人将结算资料向审计部门提交审计后，审计单位在合理时间内未能完成审计，使得发包人与承包人迟迟无法进行工程结算时，承包人可以提起诉讼或申请仲裁，并申请对工程造价进行鉴定。裁判者应当结合审计时间的长短、是否严重超过合理期限、审计拖延的原因、判决前审计结果是否作出等因素，综合判断是否同意鉴定，以及是否以鉴定结果作为结算依据。

【典型案例】黄某某与郴州市发展投资集团有限公司、第三人湖南华盛建设工程(集团)有限公司、湖南格塘建筑工程有限公司建设工程施工合同纠纷案[1]

【基本案情】2010 年 4 月 26 日，黄某某与湖南华盛建设工程(集团)有限公司(以下简称华盛公司)签订协议书，约定黄某某以华盛公司名义承揽涉案工程。2010 年 5 月 4 日，郴州市发展投资集团有限公司(以下简称郴投公司)向华盛公司发出投标邀请函。2010 年 5 月 5 日，华盛公司与湖南格塘建筑工程有限公司(以下简称格塘公司)签订《联合体协议书》。2010 年 6 月 15 日，郴投公司向联合体发出中标通知书，并于 2010 年 9 月 20 日签订《施工合同》，约定结算造价以郴州市政府审计部门按合同约定并根据省政府 192 号文件规定的期限内完成审核确定的结算数额为准。涉案项目分别于 2013 年 11 月 20 日和 2014 年 4 月 2 日通过综合竣工验收。2014 年 1 月 7 日，郴投公司向审计局报送审计。黄某某于 2017 年提起诉讼，法院依据申请，委托造价鉴定。2018 年 2 月 2 日，郴州市审计局出具审计报告。

[1] 参见最高人民法院民事判决书，(2020)最高法民终 630 号。

【裁判观点】根据查明的事实,涉案工程已由合同约定的BT项目转为了普通建设工程项目,审计报告以对BT项目的相关规定计取最低人工工资标准,与合同约定不符。另外,根据《湖南省建设工程造价管理办法》(湖南省人民政府令第192号)第18条第2款的规定,1亿元以上的工程项目,工程造价咨询机构应当于收到发包人交付的全部竣工结算文件之日起90日内完成审核。2014年7月,联合体公司向郴投公司递交工程结算书。2014年1月7日,郴投公司向郴州市审计局请求进行审计。2018年2月2日,郴州市审计局出具审计报告。从上述已查明的事实看,涉案工程的审计工作超3年未作出审计结论,至本案黄某某起诉时仍未作出,有违上述湖南省人民政府令第192号的相关规定。综合分析,无论是审计依据还是审计期限,审计报告均非按照合同约定及相关规定作出,审计报告不能作为本案结算依据。法院根据黄某某申请进行了造价鉴定,涉案工程应以鉴定报告作为结算依据。

第六节 工程垫资

所谓垫资,就是建设单位与施工单位约定,不向其支付预付款和工程进度款,由施工单位预先垫付建设资金进行施工,待工程施工到一定阶段或全部完成后,建设单位再向施工单位支付工程款的承包方式。自改革开放以来,我国建筑行业开始蓬勃发展,建筑业企业也随之成长。在这个过程中,整个行业不断摸索,并逐步规范,相应的法规政策也不断完善。国家法规政策对于垫资承包的态度,也随着市场的变化而不断调整。

一、工程垫资曾被严格禁止

原建设部、财政部于1996年联合发布《关于严格禁止在工程建设中带资承包的通知》(建建〔1996〕第347号,已失效),指出:“近年来,一些地区和建设单位无视国家固定资产投资的宏观调控和自身的经济实力,违反工程建设程序,在建设资金不落实或资金不足的情况下,盲目上新的建设项目,强行要求施工单位带资承包工程和垫款施工,转嫁投资缺口,也有一些施工单位以带资承包作为竞争手段,承揽工程,人为助长扩大建设规模,造成拖欠工程款数额急剧增加。这类行为不仅干扰了国家对固定资产投资的宏观调控和工程建设的正常进行,严重影响了投资效益的提高,也加重了建筑业企业生产经营的困难,必须禁止。”从而规定“任何建设单位都不得以要求施工单位带资承包作为招标投标条件,更不得强行要求施工单位将此类内容写入工程承包合同”,“不得要求施工单位垫款施工”,“施工单位不得以带资承包作为竞争手段承揽工程,也不得用拖欠建材和设备生产厂家货款的方法转嫁由此造成的资金缺口”。在当时,对于建设工程施工合同中的垫资条款或者另行签订的垫资合同的性质,一般认定为企业法人间违规拆借资金行为,因违反国家金融法规规定而无效,通常另行制作民事制裁决定书对垫资及利息予以收缴[1]。

之所以对垫资施工予以禁止,是由于 20 世纪 90 年代社会主义市场经济制度刚刚施行,全国各地无序建设的现象十分普遍,在建设单位缺乏资金的情况下,盲目上马工程项目,要求施工单位垫资进行施工,项目建设过程中或建成后又无力支付工程款,导致拖欠工程款和农民工工资的事件频发,影响社会的稳定和谐。国家发布政策文件对建筑市场加以引导,从而促进建筑行业的健康有序发展。

二、非政府投资项目允许垫资施工

从国际工程建设的实践来看,垫资施工是国际工程的惯例,资金实力越是强大的施工企业,越是愿意垫资施工,从而扩大其市场占有,获得更高的回报。2001 年我国加入世界贸易组织后,国内建筑市场也相应对外开放。为使我国的建筑市场同国际建筑市场接轨,加强我国建筑业企业的市场竞争力,国家颁布的一些政策性文件对垫资问题放开了口子,在一定程度上认可了垫资的效力,仅要求对垫资施工的项目加强管理。如 2004 年由原建设部等部委联合发布的《关于进一步解决建设领域拖欠工程款问题的意见》(已失效)第 15 条规定:“加强对带资施工行为的管理。建设单位发包时,确需施工总承包企业带资施工的,必须在招标文件及合同中明确列出需带资的数额、偿还方式、利息和期限等。超过合同约定期限,建设单位仍不偿还的,当事人可通过仲裁或司法等途径解决。”反映到司法领域,原《建设工程司法解释》第 6 条认可了垫资的效力,

---

[1] 参见最高人民法院民事审判第一庭编著:《最高人民法院建设工程施工合同司法解释的理解与适用》,人民法院出版社 2015 年版,第 53 页。

承包人可以按约定要求发包人返还垫资及利息。

三、政府投资项目严禁垫资施工

对于政府投资项目，仍然禁止垫资施工。2006年由中国人民银行、国家发改委、原建设部、财政部联合发布的《关于严禁政府投资项目使用带资承包方式进行建设的通知》指出，“近年来，一些地方政府和部门要求建筑业企业以带资承包的方式建设新的工程项目；同时也有一些建筑业企业以承诺带资承包作为竞争手段，承揽政府投资项目。上述行为严重干扰了国家对固定资产投资的宏观调控，扰乱了建筑市场秩序，同时由于超概算资金落实难度大，造成了拖欠工程款和农民工工资。为贯彻落实《国务院关于投资体制改革的决定》和《国务院办公厅转发建设部等部门关于进一步解决建设领域拖欠工程款问题意见的通知》精神，加强政府投资项目管理，完善宏观调控，防止政府投资项目超概算，维护建筑市场秩序，防止拖欠工程款和农民工工资”，从而严禁政府投资项目使用带资承包方式进行建设，“政府投资项目一律不得以建筑业企业带资承包的方式进行建设，不得将建筑业企业带资承包作为招投标条件；严禁将此类内容写入工程承包合同及补充条款，同时要对政府投资项目实行告知性合同备案制度”。并且“对于使用带资承包方式建设的政府投资项目，一经发现，有关部门要按照有关法律法规对该建设单位进行查处并依法进行行政处罚”。

住建部2014年发布的《关于推进建筑业发展和改革的若干意见》第2条第8项规定：“政府投资工程一律不得采取带资承包方式进行建设，不得将带资承包作为招标投标的条件。”2019年发布的《国务院政府投资条例》第22条第2款明确规定“政府投资项目不得由施工单位垫资建设”，从而将政府投资项目的垫资行为的性质，从违规行为上升至违法行为。同时该条例第34条规定，建设单位要求施工单位对政府投资项目垫资建设的，根据具体情况，暂停、停止拨付资金或者收回已拨付资金，暂停或者停止建设活动，对负有责任的领导人员和直接责任人员依法给予处分。

之所以严格禁止政府投资项目的垫资，是因为垫资行为容易造成实际投资超过经核定的投资概算，严重干扰了国家对固定资产投资的宏观调控。2004年发布的《国务院关于投资体制改革的决定》指出，“改革开放以来，国家对原有的投资体制进行了一系列改革，打破了传统计划经济体制下高度集中的投资管理模式，初步形成了投资主体多元化、资金来源多渠道、投资方式多样化、项目建设市场化的新格局。但是,现行的投资体制还存在不少问题,特别是企业的投资决策权没有完全落实,市场配置资源的基础性作用尚未得到充分发挥,政府投资决策的科学化、民主化水平需要进一步提高,投资宏观调控和监管的有效性需要增强。”因而,对于政府投资项目的垫资建设行为必须予以禁止。

四、垫资及利息的返还规则

《建设工程司法解释(一)》第25条规定:“当事人对垫资和垫资利息有约定,承包人请求按照约定返还垫资及其利息的,人民法院应予支持,但是约定的利息计算标准高于垫资时的同类贷款利率或者同期贷款市场报价利率的部分除外。当事人对垫资没有约定的,按照工程欠款处理。当事人对垫资利息没有约定,承包人请求支付利息的,人民法院不予支持。”

从该司法解释的规定内容来看,目前我国司法中对于垫资及利息的返还规则,主要包括以下几点:

1. 认可垫资行为的效力。发包人与承包人对于垫资施工的约定被认定为有效,裁判者应当尊重当事人的意志,对于承包人根据约定请求发包人返还垫资及利息的请求,应当予以支持。

2. 垫资利息有限保护。承包人垫资施工在本质上与将资金借贷给发包人使用相近,虽然对其效力不做否定评价,但为保障金融秩序的稳定,避免承包人为高额利息所驱盲目垫资,应当对垫资利息进行限制,对于当事人约定的高于垫资时同类贷款利率或者同期贷款市场报价利率的部分利息不予保护。如当事人未约定垫资利息的,则只支持承包人返还垫资本金的请求,对垫资利息的请求不予支持。

3. 垫资未约定,按工程欠款处理。如当事人之间没有明确的垫资约定,但施工过程中由于发包人未及时支付工程款,致使承包人实际进行了垫资施工的,不认定当事人存在垫资关系,而是认定发包人逾期支付工程款,按照工程欠款来处理,承包人可以请求发包人支付工程款及逾期付款的违约金或利息。

司法解释虽然认可了垫资协议的效力,但其仍然秉持不提倡垫资施工的司法政策精神,对于垫资利息的返还进行了限制。这是因为,一方面,一些建设单位在建设资金不到位的情况下盲目上马工程,通过许诺高额利息的方式诱使承包人垫资施工来推进工程建设,一旦资金不足,极易导致工程烂尾以及拖欠工程款和农民工工资,引发社会群体性事件。另一方面,一些承包人为高额垫资利息所驱盲目垫资施工，甚至借贷资金投入垫资、拖欠材料款民工工资转嫁资金压力，存在极大的经营风险，不利于建筑业的健康发展。

【典型案例】宁波建工股份有限公司与盛宏永（九江）实业发展有限公司建设工程施工合同纠纷案〔1〕

【基本案情】2010年7月30日，宁波建工股份有限公司（以下简称宁波建工）与盛宏永（九江）实业发展有限公司（以下简称盛宏永公司）签订《建设工程施工合同》，约定盛宏永公司将其开发建设的涉案工程发包给宁波建工施工。2012年，宁波建工与盛宏永公司签订《垫资协议》，约定宁波建工提供垫资1800万元，垫资期限为6个月，6个月内还款，月利率为1.0%；6～12个月内还款，月利率为1.5%；超出12个月还款，月利率1.8%。后双方因工程款结算及垫资返还问题产生争议。

【裁判观点】《垫资协议》对垫资款利息进行了约定，但约定的利息高于银行贷款利率。根据相关司法解释规定，当事人对垫资和垫资利息有约定，承包人请求按照约定返还垫资及其利息的，应予支持，但是约定的利息计算标准高于中国人民银行发布的同期同类贷款利率的部分除外。故对宁波建工公司的垫资款利息，应按照银行同期同类贷款利率从每笔垫资款的放款之日起计算至实际付款之日。

第七节 工程款利息

发包人在合同约定的时间内未向承包人支付建设工程价款的，应承担违约责任。《民法典》第577条规定："当事人一方不履行合同义务或者履行合同义务不符合约定的，应当承担继续履行、采取补救措施或者赔偿损失等违约责任。"因而，承包人可以要求发包人继续履行合同义务，即支付工程价款，同时可以要求发包人承担损失赔偿责任。迟延支付工程款的违约损失赔偿责任通常表现为支付违约金，而在金钱债务中的违约金通常表现为利息。

---

〔1〕 参见江西省高级人民法院民事判决书，(2019)赣民终316号。

一、工程款利息的计付时间

对于工程款利息开始计付的时间,《建设工程司法解释(一)》第27条规定:"利息从应付工程价款之日开始计付。当事人对付款时间没有约定或者约定不明的,下列时间视为应付款时间:(一)建设工程已实际交付的,为交付之日;(二)建设工程没有交付的,为提交竣工结算文件之日;(三)建设工程未交付,工程价款也未结算的,为当事人起诉之日。"

(一)利息从应付工程款之日开始计付

发包人应当支付的工程价款,是因承包人履行施工合同进行建设施工所产生的对价,属于发包人应当履行的合同义务。在应付时间届至之前,工程价款本身属于发包人所有,即使有产生的孳息,也属发包人所有,与承包人无涉。只有工程价款支付期限届至后,工程款应当向承包人转移所有,如发包人未支付,则工程款所产生的孳息应当为承包人所有,同时还需向承包人承担违约赔偿责任。因而,应付工程款的支付义务与逾期付款的违约责任即利息同时产生,故司法解释规定利息从应付工程款之日开始计付。在合同对付款时间有约定的情况下,如发包人在付款条件成就时,即应付之日未能付款,发包人应当自该日期向承包人支付利息。

《民法典》第799条规定:"验收合格的,发包人应当按照约定支付价款,并接收该建设工程。"因而,发包人向承包人支付工程价款的前提条件是承包人施工的工程质量经过验收合格。即对于建设工程未完工或未交付的,只有在工程质量合格的前提条件下才可以请求结算工程价款,这也是发包人对承包人主张支付工程价款请求享有的抗辩权。如果工程质量不合格,则发包人有权拒绝支付工程价款,且有权要求承包人返还前期支付的所有工程款并承担违约责任。但对于工程验收合格后发现的质量瑕疵,承包人应当履行保修义务,发包人不能以此为由拒绝支付工程款。

(二)未约定付款时间或约定不明时的利息起算时间

在建设工程施工合同对发包人支付工程款时间没有约定或者约定不明,而利息的起算时间与发包人付款义务同时产生的情况下,无法确定发包人应付款的时间,自然无法确定利息的起算时间。但如果就此驳回承包人关于支付利息的请求，则不利于对承包人的利益保护，更是纵容了发包人的违约行为。因而司法解释明确，在当事人对付款时间没有约定或者约定不明时，法院应当根据合同的履行情况，确定应付款时间，并以此作为利息的起算时间，具体包括：

1. 建设工程已实际交付的，交付之日为应付款时间

《民法典》第799条第1款规定："建设工程竣工后，发包人应当根据施工图纸及说明书、国家颁发的施工验收规范和质量检验标准及时进行验收。验收合格的，发包人应当按照约定支付价款，并接收该建设工程。"故发包人支付工程款的前提条件是承包人施工完成的建设工程经竣工验收合格。《民法典》第799条第2款和《建筑法》第61条第2款均规定，建设工程竣工经验收合格后，方可交付使用；未经验收或者验收不合格的，不得交付使用。由此可见，工程竣工验收合格也是承包人交付工程、发包人接收工程的前提条件。但实务中存在竣工验收之前，工程即已交付的情况，根据上述法律规定，虽然工程未竣工验收，但发包人接受交付的行为使工程款支付的前提条件成就。主要包括两种情形：

(1)发包人未经竣工验收擅自使用工程。

实践中经常会有发包人因经营使用需要，在工程未经竣工验收的情况下，即要求承包人移交工程或擅自使用工程。发包人未经竣工验收擅自使用工程的行为，不仅违反合同约定，更是违反了法律的强制性规定。为避免发包人因其违法行为获益，《建设工程司法解释(一)》第14条规定，建设工程未经竣工验收，发包人擅自使用后，又以使用部分质量不符合约定为由主张权利的，法院不予支持。该司法解释第9条也规定，建设工程未经竣工验收，发包人擅自使用的，以转移占有建设工程之日为竣工日期。因而在发包人擅自使用后，应当以转移占有建设工程之日作为竣工日期，发包人不能再以工程未竣工验收合格为由进行工程款支付抗辩，视为工程款的支付条件成就，故以工程实际交付发包人之日作为应付工程款的时间，并起算利息。

(2)合同中途解除后发包人接收工程。

因建设工程施工周期长，中间可能由于各种发包人或承包人原因导致施工合同的解除，此时，建设工程尚未完工，自然也不具备竣工验收的条件，在这种情况下，如果一律按照《民法典》第799条"验收合格的，发包人应当按照约定支付价款"的要求作为支付工程款的前提条件，显然对承包人不公平。对发包人

来说，虽然只有经过竣工验收后的工程对其有使用价值，但并不能因此推断未完工工程不具有价值。《民法典》第395条第5项规定了正在建造的建筑物可以抵押，由此可见，未完工工程具有独立的价值。同时，依据《民法典》第566条的规定，即"合同解除后，尚未履行的，终止履行；已经履行的，根据履行情况和合同性质，当事人可以请求恢复原状或者采取其他补救措施，并有权请求赔偿损失"。应当认为，在施工合同解除后，只要承包人完成的部分工程质量合格，发包人就应当支付相应价款。故《民法典》第806条第3款规定："合同解除后，已经完成的建设工程质量合格的，发包人应当按照约定支付相应的工程价款。"

对于未完工工程的质量是否合格的认定，可以通过建设工程质量司法鉴定以及司法推定的方式予以处理[1]。施工合同解除后，发包人应当及时安排对承包人完成的工程质量进行检测，在检测确定质量合格的情况下，承包人向发包人交付工程，发包人应予以接收，并以该工程交付之日作为应付款时间。但如发包人未对未完工工程质量提出异议，直接从承包人手中接收了工程，或通知承包人将工程交由第三方续建，则应当根据《民法典》第799条的规定，将发包人的接收行为或交由第三方进行续建的行为视为其对工程质量的认可，发包人应当自工程交付之日向承包人支付工程款。

2. 建设工程未交付，提交竣工结算文件之日为应付款时间

建设工程经竣工验收合格后，承包人应当在合同约定的时间内向发包人提交竣工结算申请，发包人也应在约定时间内对竣工结算文件进行审核，从而确定最终结算的工程价款数额。但工程实践中，发包人为延长付款时间，故意拖延竣工结算审核，短则数月，多则数年。发包人拖延审核竣工结算的行为，使得承包人无法得到工程付款，严重侵害了承包人的权益。

针对此种情况，为保障承包人的合法权益，《2017版施工合同范本》通用合同条款第14.2款约定："发包人在收到承包人提交竣工结算申请书后28天内未完成审批且未提出异议的，视为发包人认可承包人提交的竣工结算申请单，并自发包人收到承包人提交的竣工结算申请单后第29天起视为已签发竣工付款证书。"《建设工程司法解释（一）》第21条规定："当事人约定，发包人收到竣工结算文件后，在约定期限内不予答复，视为认可竣工结算文件的，按照约定处

---

〔1〕 参见最高人民法院民事审判第一庭编著：《最高人民法院建设工程施工合同司法解释（二）理解与适用》，人民法院出版社2019年版，第418页。

理。承包人请求按照竣工结算文件结算工程价款的,人民法院应予支持。”即发包人未在约定的期限内对承包人提交的竣工结算文件予以答复的,在约定的期限届满后,即视为其认可竣工结算文件,承包人有权请求发包人按照竣工结算文件结算并支付工程款。同时,以承包人提交竣工结算文件的时间作为发包人应付工程价款的时间,有利于督促发包人尽快审核工程竣工结算报告,保障承包人权益。因而《建设工程司法解释(一)》第 27 条第 2 项规定,在当事人对付款时间没有约定或者约定不明的,在建设工程没有交付时,承包人已提交竣工结算文件的,以承包人提交竣工结算文件之日作为发包人应付工程款之日,并自该日起算利息。

3. 建设工程未交付也未结算,起诉之日为应付款时间

建设工程未交付,工程价款也未结算,主要表现为两种情形:一是工程未完工施工合同即告解除,且发包人未接收工程的;二是工程完工,但发包人拖延竣工验收的。

针对第一种情形,《民法典》第 806 条第 3 款规定:“合同解除后,已经完成的建设工程质量合格的,发包人应当按照约定支付相应的工程价款。”施工合同解除后,在发承包双方就工程款结算未达成一致的情况下,因未完工工程无法进行竣工验收,除非发包人接收或擅自使用了该未完工工程,否则也就无法确定发包人的应付工程款时间。但承包人依然享有向发包人主张工程款的权利,其应当尽快行使权利,根据合同约定的争议解决方法要求发包人支付工程款。发包人若对工程质量有异议,可以申请对工程进行质量鉴定,如鉴定质量为合格的,发包人应当向承包人支付工程款,且以承包人起诉之日作为应付款之日。

针对第二种情形,《2017 版施工合同范本》通用合同条款第 13.2.3 项约定:“因发包人原因,未在监理人收到承包人提交的竣工验收申请报告 42 天内完成竣工验收,或完成竣工验收不予签发工程接收证书的,以提交竣工验收申请报告的日期为实际竣工日期。”《建设工程司法解释(一)》第 9 条第 2 项规定,承包人已经提交竣工验收报告,发包人拖延验收的,以承包人提交验收报告之日为竣工日期。根据《民法典》第 799 条的规定,工程经验收合格的,发包人应当支付工程价款。在发包人拖延验收的情况下,虽然可以拟制以承包人提交验收报告之日作为竣工之日,但这仅能作为认定工期的依据,而不能作为发包人应付工程款的时间。故在这种情况下,裁判者仍应以起诉之日或申请仲裁之日作为应付款之日。

之所以选择以起诉时间作为应付款时间，主要考虑起诉之日为权利人向司法机关正式主张权利的时间点，法院经过审理最终认定了发包人欠付承包人工程价款的事实，如诉讼期间不计息，实际上扩大了承包人的损失，对承包人来讲是不公平的。由于合同约定的工程价款结算条件未成就，找不到起诉前的应付款时间点，平衡双方利益后最终确定以承包人起诉时间作为应付款时间。[1]

【典型案例】浙江省东阳第三建筑工程有限公司与青海泰阳房地产开发有限公司建设工程施工合同纠纷案[2]

【基本案情】2008年2月1日，青海泰阳房地产开发有限公司（以下简称泰阳公司）与浙江省东阳第三建筑工程有限公司（以下简称东阳三建）签订《建设工程施工合同》，约定泰阳公司将涉案工程发包给东阳三建施工。涉案工程于2008年8月1日开工。2008年9月16日，经招投标程序，泰阳公司向东阳三建发出中标通知书。2010年7月23日，泰阳公司取得建设工程规划许可证。2010年8月11日，泰阳公司取得施工许可证。涉案工程于2012年9月15日交付业主使用。后双方因工程款结算问题产生争议，对于工程款利息的起付时间同样存在分歧。

【裁判观点】泰阳公司认为，因东阳三建未交付竣工资料，故工程款支付条件尚不成就。对此，最高人民法院认为，建设工程通常按照施工、提交竣工验收报告、经过竣工验收合格、提交竣工结算资料、完成竣工结算、工程交付使用的流程进行。但涉案工程已于2012年9月15日先行交付使用，即东阳三建已经履行施工合同约定的主要义务，泰阳公司以东阳三建交付竣工资料的次要义务抗辩其支付工程款的主要义务，与权利义务对等的公平原则不符，不具有合理性。原《建设工程司法解释》第18条规定："利息从应付工程价款之日计付。当事人对付款时间没有约定或者约定不明的，下列时间视为应付款时间：（一）建设工程已实际交付的，为交付之日……"涉案工程于2012年9月15日交付使用，一审判决认定该日为应付款时间，并按照东阳三建主张的付款时间即2013年1月17日开始计算欠付工程款利息，并无不当。

---

〔1〕参见最高人民法院民事审判第一庭编著：《最高人民法院建设工程施工合同司法解释的理解与适用》，人民法院出版社2015年版，第135页。

〔2〕参见最高人民法院民事判决书，(2019)最高法民终1622号。

二、工程款利息的计付标准

《建设工程司法解释(一)》第26条规定:"当事人对欠付工程价款利息计付标准有约定的,按照约定处理。没有约定的,按照同期同类贷款利率或者同期贷款市场报价利率计算。"

(一)有约定的从约定

《民法典》第585条第1款规定:"当事人可以约定一方违约时应当根据违约情况向对方支付一定数额的违约金,也可以约定因违约产生的损失赔偿额的计算方法。"施工合同中,发承包双方通常会对发包人未按照合同约定支付工程款的违约责任进行约定,如"发包人逾期支付工程款的,按照每日万分之二计算利息"。在当事人对违约金的计算标准有约定时,法院应当尊重当事人的合意,按照合同约定支持承包人的利息请求。但如约定的利息标准过高,法院可依发包人请求酌情调整利息标准。

(二)无约定的按同期同类贷款利率或者同期贷款市场报价利率计息

如果发承包双方在施工合同中并未约定发包人未按照合同约定支付工程款的违约责任,根据《民法典》第584条"当事人一方不履行合同义务或者履行合同义务不符合约定,造成对方损失的,损失赔偿额应当相当于因违约所造成的损失,包括合同履行后可以获得的利益,但是,不得超过违约一方订立合同时预见到或者应当预见到的因违约可能造成的损失"的规定,发包人未按照合同约定支付工程款给承包人造成的损失,即发包人如按照合同约定支付工程款后承包人可以获得的利益——如承包人在合同约定的时间内获得发包人支付的工程款项,承包人可能将款项存入银行,获取存款利息;也可能将款项出借给他人,获取借款利息。但因法律规定了损失赔偿额不能超过订立合同时预见的可能造成的损失,而同期同类贷款利率或者同期贷款市场报价利率具有可预见性,因而在合同没有对逾期付款利息作出约定时,按照该利率作为损害赔偿的标准,具有一定的合理性。因而《建设工程司法解释(一)》第26条规定,当事人对欠付工程价款利息计付标准没有约定的,按照同期同类贷款利率或者同期贷款市场报价利率计息。

第八节 转包、挂靠管理费

在工程项目转包或者挂靠中，名义承包人通常都会收取一定比例的管理费，一般会在转包合同或挂靠合同（通常表现为内部承包合同）中约定具体管理费比例和支付方式。此种管理费实质上是名义承包人通过转包工程、出借资质向实际施工人所收取的对价，具有一定的非法性，由此也极易引发纠纷，司法中对此类争议的观点也不尽一致。

一、企业管理费与转包、挂靠管理费

企业管理费与转包、挂靠管理费存在本质上的不同，企业管理费是合法的，属于工程款组成部分的费用；转包、挂靠协议中约定的管理费是非法的，不属于工程款组成部分的费用。

（一）企业管理费

企业管理费，是指施工单位为组织施工生产和经营管理所发生的费用。住建部和财政部印发的《建筑安装工程费用项目组成（按费用构成要素划分）》中规定，建筑安装工程费按照费用构成要素划分，由人工费、材料（包含工程设备）费、施工机具使用费、企业管理费、利润、规费和税金组成。其中，企业管理费，是指建筑安装企业组织施工生产和经营管理所需的费用，包括管理人员工资、办公费、差旅交通费、固定资产使用费、工具用具使用费、劳动保险和职工福利费、劳动保护费、检验试验费、工会经费、职工教育经费、财产保险费、财务费、税金及其他。企业管理费，基于工程的承包人在工程施工过程中所支出的经营管理费用，是发包人支付给承包人的工程款的组成部分。

（二）转包、挂靠管理费

承包人在承揽工程后将工程转包，或出借资质由他人以自己的名义承揽工程的，其与实际施工人所签订的转包协议或挂靠协议中，通常会约定由实际施工人向承包人支付工程款一定比例的“管理费”，或承包人在向实际施工人转付发包人支付的工程款时，有权从中扣除一定比例的“管理费”，有些合同中的表达较为含蓄,以“让利”或“下浮率”等名目出现,实务中对此多以广义的“管理费”统称之。但在转包或挂靠协议中约定的“管理费”并非作为建筑安装工程费的“企业管理费”,而属于转包人或被挂靠人转包工程或出借资质所欲谋取的非法利益。

二、承包人不得主张未收取的管理费

名义承包人向实际施工人主张管理费,主要包括两种情形:一是名义承包人主动提起的,向实际施工人主张管理费的诉讼;二是在实际施工人提起的工程款诉讼中,名义承包人抗辩要求根据约定扣除管理费。名义承包人与实际施工人签订的转包协议或挂靠协议,因违反法律强制性规定而无效,相应的合同中约定的管理费条款也无效。虽然《民法典》第 793 条规定无效施工合同可以参照合同关于工程价款的约定折价补偿,但转包或挂靠协议中约定的管理费并非合法的作为工程款组成部分的企业管理费,而是转包、挂靠违法行为的对价,因而该管理费并非“关于工程价款的约定”,不宜参照适用,名义承包人不得依据该约定要求实际施工人支付管理费。但在名义承包人实际参与了工程管理,并为此支出了相应费用的情况下,应当认为实际施工人因此受益,合同无效时应当予以返还。

在诉讼中承包人向实际施工人主张管理费时,裁判者应当向其释明,要求其明确主张的是企业管理费还是转包或挂靠的管理费。如被承包人主张的是企业管理费,则应当举证证明其实际存在管理行为和为此支出的具体费用;如其主张的是转包或挂靠的管理费,则会因缺乏法律及合同依据而得不到支持。同时,即使被挂靠企业能够证明其实际参与了管理,裁判者亦应当严格按照法律规定,由主张者举证证明其实际支出的管理费用或根据行业惯例、市场价格确定具体数额,而不能直接参照转包或挂靠协议的约定直接认定。

【典型案例】王某某与江某某、大庆油田房地产开发有限责任公司、中太建设集团股份有限公司、大庆石油管理局有限公司建设工程施工合同纠纷案[1]

【基本案情】2011 年 9 月,大庆油田房地产开发有限责任公司(以下简称

---

〔1〕 参见最高人民法院民事判决书,(2020)最高法民终 79 号。

大庆房开公司)与中太建设集团股份有限公司(以下简称中太公司)经招投标程序后就涉案工程签订《建设工程施工合同》,约定大庆房开公司将涉案工程发包给中太公司施工。2011年9月17日,王某某进场施工。2017年9月19日,中太公司大庆分公司与王某某签订《内部承包合同》,江某某为中太公司大庆分公司负责人,约定按工程结算价款的7%上交管理费。2011年11月2日,中太公司与江某某签订《建设工程施工合同》,约定中太公司将涉案工程交由江某某施工。后因工程款结算发生争议,遂成讼。

【裁判观点】关于江某某应否收取管理费及管理费比例问题,江某某提供证据证明其为涉案工程的施工建设雇佣管理人员、组织会议、上下协调、购买保险,江某某对涉案工程履行了管理义务,王某某应向其支付一定的管理费。因江某某并不具有建筑工程施工和管理的资质,内部承包合同中约定江某某收取工程造价7%的管理费标准过高,酌定将管理费率降低至2%。

三、实际施工人不得主张返还已支付的管理费

在转包或挂靠合同被认定无效后,一些实际施工人会认为名义承包人依据无效合同收取的管理费丧失了依据,应当根据合同无效的规则予以返还。对此,司法实践中存在两种截然对立的观点。

(一)司法实践观点

一种观点认为,合同无效,管理费条款亦无效,名义承包人通过违法行为谋取的管理费应当返还给挂靠人。该观点的理论基础是不当得利,在转包或挂靠合同被认定无效后,名义承包人便丧失了获取管理费的合同基础,因此获得的不当利益,应当予以返还。[1]

另一种观点认为,管理费属于违法所得,但实际施工人亦不能从违法行为中获益,对其返还请求不予支持。该观点是基于"任何人不得从其违法行为中获利"这一民法原则,因转包、挂靠行为是名义承包人与实际施工人共同完成

---

〔1〕 参见重庆市亚龙防腐保温工程有限公司诉中国化学工程第七建设有限公司、第三人武汉钢铁集团鄂城钢铁有限责任公司建设工程施工合同纠纷案,最高人民法院(2016)最高法民申2762号民事裁定书。

的，实际施工人同样存在违法行为，如实际施工人可以请求名义承包人返还已经支付的管理费，将导致实际施工人因此而获利，与该原则相违背。[1]

（二）已支付的管理费不得要求返还

由于转包、挂靠违反了法律的禁止性规定，属于违法行为，因违法行为所产生的利益不应得到法律的保护，违法行为人通过司法途径对非法利益的主张，也不应得到法院的支持。司法裁判对于非法利益应当消极处置，让其处于静止状态，不应通过司法途径使非法利益得到转移。因而实际施工人要求名义承包人返还已经支付的管理费的请求不应得到支持，但其理由除了“任何人不得从其违法行为中获利”这一民法原则以外，还可以借鉴“不法原因给付制度”进行处理。

1. 不法原因给付制度

不法原因给付，是指基于违反强行法规或公序良俗的原因而为的给付[2]，给付的一方无权通过诉讼要求受领的一方返还。不法原因给付制度源于罗马法，“当实行给付或允诺是为了他人不实施不道德的和不合法的行为时，可提起‘因受讹诈的要求返还之诉’。如果该债因的可耻性不仅与接受给付方有关，而且同给付方也有关，则不能提起这种要求给付之诉。在这种情况下，被给付标的的占有者获胜”[3]，如果给付方或双方均有不道德行为，就不属于不当得利[4]，给付方无权要求受领方返还。英美法系的不法约定制度与此几乎一致，即基于不法原因的给付或基于不法约定而转移的金钱、动产与不动产均不得要求返还，除非不法原因仅存在于受领人一方。[5] 拉丁法中亦有“不道德原因不生诉权”及“双方不道德时，占有人占优势”的说法。

《德国民法典》第817条规定，给付的目的约定为受益人因受领而违反法律的禁止规定或者善良风俗的，受益人应负返还义务。如果给付人对此种违反行为也应负责任，不得要求返还，但给付系承担债务而履行的除外；为清偿此种债

---

〔1〕 参见贾某某与河南亚星置业集团有限公司、河南亚星建筑安装工程有限公司建设工程施工合同纠纷案，最高人民法院（2018）最高法民申5532号民事裁定书。

〔2〕 参见谭启平：《不法原因给付及其制度构建》，载《现代法学》2004年第3期。

〔3〕 ［意］彭梵得：《罗马法教科书》，黄风译，中国政法大学出版社1992年版，第399页。

〔4〕 参见周枏：《罗马法原论》，商务印书馆1994年版，第833页。

〔5〕 谭启平：《不法原因给付及其制度构建》，载《现代法学》2004年第3期。

务而履行的给付不得要求返还。《瑞士债务法》第66条规定，以产生违法或者违反善良风俗的后果为目的的交付，不得返还。《日本民法典》第708条规定，因不法原因实行给付者，不得请求返还。但是，不法原因仅存在于受益人一方时，不在此限。

对于违反法律规定或公序良俗的合同，“如果当事人已经履行了合同，法庭则可能不允许当事人要求对方返还财产”[1]，这作为一种消极的制裁方式，旨在惩罚违反法律或道德的给付人，但也并非保护受领人。如果受领人的行为违反了行政法律或触犯了刑事法律，则受领人可能会被课以行政责任，甚至刑事责任。“当不允许实施可耻行为的当事人请求返还财产的原则被适用时，其结果是违反道德和社会利益的。但这一原则之所以明确地被人们所接受，就一般地意义而言，正是为了使实际生活中不存在适用这一原则的场合，让那些家伙自作自受吧。”[2]

2. 我国法律对不法原因给付亦有所体现

我国现行法律中没有规定不法原因给付制度，但在司法实践中对此仍多有体现。如赌博、毒品交易、性交易等违法行为或不道德的行为所发生的利益，当事人不得要求支付或返还。例如，在张某诉杨某、王某确认合同无效纠纷案中，法院认为：“本案中，王某与杨某长期保持不正当关系，双方共同出资买房并生育一子。在此情况下，难免在双方业务合作之外，王某给付杨某部分款项。但这种给付出于不法原因，该原因违反社会公德和善良风俗。如果允许返还，则会激起当事人从事不法原因给付的‘热情’，明知自己有配偶仍与他人发生不正当关系的‘出轨者’的违法成本太低，‘人财两得’的结果将会导致婚外情增加，实际上并不能弘扬社会公德和善良风俗，却起到了对不法原因给付当事人的客观保护作用，于理于法都难谓合适。”[3]又如，在伍某诉张某某民间借贷纠纷案中，法院认为：“伍某明知张某某为其儿子办理上军校事宜系违法行为而依然为张某某提供借款，且双方本意上并非系借款而系伍某之子找关系读军事院校的费用，系不法原因给付，因其给付之目的具有不法性，违反法律强制性规定和公序良俗，以不得请求返还为原则，故伍某和张某之间并非系民间借贷关系，也不

[1] 尹田编著：《法国现代合同法》，法律出版社1995年版，第228页。

[2] 尹田编著：《法国现代合同法》，法律出版社1995年版，第152页。

[3] 北京市第三中级人民法院民事判决书，(2017)京03民终4032号。

应适用合同无效的法律后果。"[1]

3. 管理费系不法原因给付，不得要求返还

我国《民法典》《建筑法》《建设工程质量管理条例》等法律、行政法规均明确规定承包人不得转包工程、不得出借或借用资质，转包、挂靠的行为均属于违法行为，实际施工人基于该违法行为向名义承包人支付的管理费，属于不法原因给付。"在不当得利中，受损人要求返还的利益必须是有合法基础的，如果损害是由受损人的违法行为造成的，法律将不对此种损害提供救济。"[2]因此，基于"任何人不得以其恶行主张权利"，名义承包人不得向法院主张要求实际施工人继续支付剩余管理费，实际施工人亦不得主张返还已支付的管理费。

四、法院不应收缴管理费

原《建设工程司法解释》第 4 条规定，法院可以根据原《民法通则》第 134 条[3]的规定，收缴当事人通过转包、违法分包或挂靠已经取得的违法所得。但在司法实践中，法院对管理费予以收缴的案例却是屈指可数，多数法院并不会对管理费进行收缴。在《民法典》《建设工程司法解释（一）》施行后，原《建设工程司法解释》、原《民法通则》均失效，新的法律和解释中未对法院收缴违法所得进行规定，即法院收缴违法所得已无法律依据。

比较各国立法，我们会发现，欧美等资本主义国家和地区基本都奉行"不法原因给付制度"，而社会主义国家的立法通常会对违法所得利益进行收缴，这也一定程度上反映了社会主义国家立法上的国家主义倾向，强调国家权力对民事权利的干预与引导。"国家权力应对市民生活中的不正常现象进行纠正，然而，也不应过分地介入。对违法的民事行为统一采取收归国有的处理方式，是一种简单却粗暴的方式，是对私有财产的不尊重，并且这种一刀切的制裁方式会引发法律体系的冲突，因此这一处理机制是有待修正的。"[4]正是基于上述理由，在司法实践中，裁判收缴管理费的案例百无其一。

---

[1] 重庆市第一中级人民法院民事判决书，(2018)渝 01 民终 7898 号。

[2] 王利明：《债法总则研究》，中国人民大学出版社 2015 年版，第 420 页。

[3] 《民法通则》（已失效）第 134 条第 3 款规定："人民法院审理民事案件，除适用上述规定外，还可以予以训诫、责令具结悔过，收缴进行非法活动的财物和非法所得，并可以依照法律规定除以罚款、拘留。"

[4] 谭启平：《不法原因给付及其制度构建》，载《现代法学》2004 年第 3 期。

法院作为中立的司法裁判者，奉行不告不理原则，法院主动收缴管理费与这一原则相悖。且法院在主动收缴非法所得时，需要先对“非法所得”作出认定，既当控告者，又当裁判者，与程序正当的司法理念亦相悖。《民法典》和《建设工程司法解释（一）》施行后，法院收缴管理费已缺乏法律依据。法院可以参照刑事犯罪线索移送公安机关的做法，将施工企业的违法行为向行政机关发送司法建议，由行政机关根据《建筑法》等相关规定对施工单位作出处罚[1]，而不能对平等的民事法律关系进行过多的干预。

第九节　以房抵工程款

近年来，以物抵债纠纷所涉及的法律问题一直是司法实践中的热点和难点。在建设工程领域的房屋住宅项目工程承发包过程中，房地产开发企业在流动资金匮乏的情况下，与施工单位签订以房抵款协议较为普遍。但司法实践中对于以房抵款协议，尤其是工程价款确定前的以房抵款协议的性质和效力的认定，存在很大分歧。

一、以物抵债的类型化分析

我国《民法典》中未对以物抵债协议予以特别规定。以物抵债协议，在法律行为层面，是指当事人双方达成以他种给付替代原定给付的协议。[2] 目前理论界和实务界的观点都以债务清偿期是否届满为标准，将以物抵债协议划分为债务清偿期届满前的以物抵债协议和债务清偿期届满后的以物抵债协议。之所以这样划分，主要是基于《民法典》第 401 条（原《物权法》第 186 条）[3] 关于流质契约禁止的规定。因流质契约的基础在于当事人之间存在担保法律关系，而只有在债务清偿期届满前的以物抵债协议，通常约定债务人在债务清偿期届满

---

〔1〕 参见吴学文：《转包合同无效后管理费的收取》，载《人民司法（案例）》2018 年第 5 期。

〔2〕 参见崔建远：《以物抵债的理论与实践》，载《河北法学》2012 年第 3 期。

〔3〕 《物权法》（已失效）第 186 条规定：“抵押权人在债务履行期届满前，不得与抵押人约定债务人不履行到期债务时抵押财产归债权人所有。”《民法典》第 401 条规定：“抵押权人在债务履行期限届满前，与抵押人约定债务人不履行到期债务时抵押财产归债权人所有的，只能依法就抵押财产优先受偿。”

后如不履行或无法履行原债务的，将物的所有权转移给债权人以抵偿原合同债务，才具有担保将来债权实现的特性；而债务清偿期届满后的以物抵债协议，因债的履行期已届满，债权已确定，以物抵债协议通常被认为是折价协议。因此，在司法实践中，债务清偿期届满前的以物抵债协议，通常被认为是流质契约，违反了法律禁止性规定而被认定为无效，而债务清偿期届满后的以物抵债协议，属于当事人意思自治的范畴，如不存在法定的无效理由，则应被认定为有效。

本书认为，如果仅仅以债务清偿期是否届满来将以物抵债协议进行分类进而直接判断其效力，实属欠妥。盖因债务清偿期届满前的以物抵债协议是否一定具有担保性质，是存在争议的。债务清偿期届满前的以物抵债协议，如果当事人约定如债务人到期无法清偿债务，则将物的所有权转移给债权人以清偿原合同债务，可以认为其具有担保的性质；如果当事人直接约定以物的给付代替原债之给付，不考虑债务人到期是否可以履行原债务，则无论该代物清偿是现实履行还是将来履行，都难以认定该协议具有担保的性质，更难以认定为流质契约。因此，裁判者应当探求当事人签订以物抵债协议的真实意思来作出效力认定，而不能仅以债务清偿期是否届满来作为认为协议效力的唯一判断标准。

对于以物抵债协议的类型划分，可以依据当事人的主观意思，进一步划分为担保目的的以物抵债协议和清偿目的的以物抵债协议。前者，是指债务人以物的所有权担保金钱债务的履行，在清偿期届满时债务人不履行金钱支付义务时，债务人将物的所有权转移给债权人，达到清偿债务的目的，构成代物清偿之预约，也可以称为附条件的以物抵债合同；后者是当事人协议变更原债的履行方式，债权人的权利不发生变化，只是债务人的清偿义务从金钱的支付义务变更为物的交付义务，根据当事人是否存在消灭原债务的合意，构成债的更改或新债清偿，也可以称为确定的以物抵债协议。通常担保目的的以物抵债协议只能发生在债务清偿期届满以前，而清偿目的的以物抵债协议可以发生在债务清偿期以前，也可以发生在债务清偿期以后。因而只有债务清偿期届满以前的以担保为目的的以物抵债协议才可能违反流质契约禁止的法律规定；如果债务清偿期届满以前签订的以清偿为目的的以物抵债协议未违反任何法律的效力性强制性规定，应当认可其效力。

二、以物抵债与流质契约

（一）我国法律关于流质契约的规定

我国《民法典》第401条规定："抵押权人在债务履行期限届满前，与抵押人约定债务人不履行到期债务时抵押财产归债权人所有的，只能依法就抵押财产优先受偿。"第428条规定："质权人在债务履行期限届满前，与出质人约定债务人不履行到期债务时质押财产归债权人所有的，只能依法就质押财产优先受偿。"根据上述规定，流质契约条款应属无效，抵押权人或质权人不能获得抵押财产或质押财产的所有权，而只能就该财产优先受偿。

法律规定流质契约禁止的立法目的主要包括：第一，保护债务人和其他债权人的利益。立法者认为，债权人会乘人之危利用债务人经济困难的现状，迫使债务人签订流质契约，要求债务人提供价值较高的财产担保价值较小的债权，从而获取非法利益，损害债务人利益。并且，债务人对其他债权人同样负有债务的情况下，若抵押物或质押物不经清算直接归债权人所有，则有可能使债务人的责任财产减少，导致其他债权人难以受偿。此外，流质契约禁止也体现了民法的公平原则。第二，担保物权的本质属性要求。担保物权是一种变价受偿权，抵押财产或质押财产未经折价或变价，就预先约定其所有权转移给债权人，违背了抵押权的价值属性。[1] "抵押权性质上属于担保物权，抵押权人设立抵押权的目的在于支配财产的交换价值而使债权获得清偿，而不是取得抵押财产的所有权。如果承认流押条款的效力，债务人届时不履行债务时，债权人不经过任何清算程序即可获得抵押财产所有权，有违抵押权的担保物权本质，应当否认抵押权人可以取得抵押财产所有权的事先约定的效力。"[2]

我国台湾地区在早先绝对禁止流质契约，但在2007年"民法"修改后，抵押物所有权的转移非经登记不得对抗第三人，有限承认了流质契约的效力。[3]

---

〔1〕 参见最高人民法院物权法研究小组编著：《〈中华人民共和国物权法〉条文理解与适用》，人民法院出版社2007年版，第557页。

〔2〕 黄薇主编：《中华人民共和国民法典物权编解读》，中国法制出版社2020年版，第664页。

〔3〕 我国台湾地区"民法"第873条规定，(1)约定于债权已届清偿期而未为清偿时，抵押物之所有权移属于抵押权人者，非经登记，不得对抗第三人。(2)抵押权人请求抵押人为抵押物所有权之转移时，抵押物价值超过担保债权部分，应返还抵押人；不足担保债权者，仍得请求债务人清偿。

(二)比较法上流质契约的规定

国外对于流质契约的立法规定中,英美法系国家多遵循流质自由原则,大陆法系国家则采取部分允许的态度。《美国统一商法典》第 9 - 501 条第 1 款规定:"受担保方……可以就其权利主张获得法院判决,也可以断赎担保物,或者以其他方式通过可行的法律程序兑现担保权益。"第 9 - 506 条第 2 款规定:"占有担保物的受担保方可在发生后提出保留担保物以抵偿债务的建议……涉及消费品时,仅需作出上述通知即可。"[1]法国的 2006 - 346 号法令承认了流质、流抵押契约的有效性,同时为了保护债务人的利益,该法令第 2248 条第 2 款、第 2460 条第 1 款要求担保财产的价值应当由专业人士评估。[2]《日本民法典》第 349 条规定:"出质人不得设定行为或债务清偿期前的契约,使质权人取得作为清偿的债务的所有权,或使质权人不依法律设定方法处分质物。"《日本商法典》第 515 条规定:"民法第 349 条的规定,不适用于为担保商行为债权而设立的质权。"[3]可见,日本立法仅仅在民事质权担保中禁止流质契约,而对抵押权担保和商事质权担保则允许流质契约。

(三)买卖合同担保型以物抵债与流质契约

实践中普遍存在一种情况:在民间借贷关系中,当事人又签订一份房屋买卖合同,作为借款的担保,并约定如债务人不归还借款,则履行房屋买卖合同,借款顶抵购房款,由债务人将房屋过户给债权人。如果当事人签订的以物抵债协议是以担保为目的,那么认定其构成流质契约,似乎并无不妥,但在司法实践中,仍然颇有争议。例如,在朱某某诉山西嘉和泰房地产开发有限公司商品房买卖合同纠纷案中,最高人民法院认为:"本案双方当事人实际就同一笔款项先后设立商品房买卖和民间借贷两个法律关系,属于并立又有联系的合同。双方以签订商品房买卖合同的方式为之后的借款协议提供担保,同时借款协议为商品房买卖合同附设了解除条件,即借款到期,被告还清借款,商品房买卖合同不再履行;借款到期,被告不能偿还借款,则履行商品房买卖合同。双方并未约定

---

〔1〕 刘琨:《以物抵债协议不宜认定为流质契约》,载《人民司法》2014 年第 2 期。

〔2〕 参见李世刚:《关于法国担保制度的改革》,载《政治与法律》2007 年第 3 期。

〔3〕 孙鹏、王勤劳:《流质条款效力论》,载《法学》2008 年第 1 期。

被告到期不能偿还借款时，抵押物的所有权直接归原告所有，而必须通过履行商品房买卖合同实现，并非法律禁止的流押条款，两份合同均有效。"[1]但在杨某某诉广西嘉美房地产开发有限责任公司商品房买卖合同纠纷案中，最高人民法院又认为："案件中双方当事人签订买卖合同的目的是为了担保债务的履行，鉴于双方未办理抵押登记，其约定也不符合担保法规定的担保方式，故双方行为应认定为非典型的担保方式。在被告拒不还债或者无力还债的情况下，原告才能以适当的方式就《商品房买卖合同》项下的商铺主张权利，担保其债权的实现。原告请求直接取得案涉商铺所有权的主张违反《中华人民共和国物权法》关于禁止流质的规定，驳回其诉讼请求。"[2]上述两案都是原告借款给被告房地产开发公司并签订借款合同，同时签订房屋买卖合同，如果被告到期不偿还借款，则履行房屋买卖合同，由被告将房屋所有权转移给原告以抵偿借款债务。但是两个案子的判决结果却截然相反，前者认为通过履行房屋买卖合同转移房屋所有权不属于流质，后者则认为所有权转移路径的不同仍然构成实质上的流质。

对此，《民间借贷规定》第 23 条规定："当事人以订立买卖合同作为民间借贷合同的担保，借款到期后借款人不能还款，出借人请求履行买卖合同的，人民法院应当按照民间借贷法律关系审理。当事人根据法庭审理情况变更诉讼请求的，人民法院应当准许。按照民间借贷法律关系审理作出的判决生效后，借款人不履行生效判决确定的金钱债务，出借人可以申请拍卖买卖合同标的物，以偿还债务。就拍卖所得的价款与应偿还借款本息之间的差额，借款人或者出借人有权主张返还或补偿。"相比之下，2013 年《民间借贷规定(征求意见稿)》第 25 条的规定更符合法律的精神和当事人的利益，即"借款人为借款而与贷款人签订买卖合同，借款到期后借款人不能偿还贷款，贷款人要求以借款本息抵顶买卖合同价款的，人民法院应当将民间借贷合同和买卖合同合并审理。买卖合同约定的价款明显高于或者明显低于合同履行时的市场价格，当事人主张以市场价格履行合同的，人民法院应予支持。根据履行的买卖合同价款与应偿还借款本息之间的差额，当事人主张偿还或者补偿的，人民法院应予支持"。

本书认为，将此类以物抵债协议理解为"以借款本息抵顶买卖合同价款"显

---

〔1〕 最高人民法院民事判决书，(2011)民提字第 344 号。

〔2〕 最高人民法院民事判决书，(2013)民提字第 135 号。

然更为恰当。以上述朱某某诉山西嘉和泰房地产开发有限公司商品房买卖合同纠纷案为例,法院认为涉案《房屋买卖合同》和《借款协议》均为有效,那么当事人双方都应受到两个合同的拘束,且债务人不能通过履行一份合同而直接导致另一份合同关系的消灭。若被告到期不清偿借款,双方履行《房屋买卖合同》,则被告负有过户的义务,原告负有支付房款的义务。但要达到"抵顶债务"的目的,则须双方还达成原告的支付房款义务和被告的还款义务予以抵销的约定。

在最高人民法院审判委员会 2016 年 12 月 28 日发布的第 72 号指导性案例——汤龙、刘新龙、马忠太、王洪刚诉新疆鄂尔多斯彦海房地产开发有限公司商品房买卖合同纠纷案中,最高人民法院指出:"借款合同双方当事人经协商一致,终止借款合同关系,建立商品房买卖合同关系,将借款本金及利息转化为已付购房款并经对账清算的,不属于《中华人民共和国物权法》第一百八十六条规定禁止的情形,该商品房买卖合同的订立目的,亦不属于《最高人民法院关于审理民间借贷案件适用法律若干问题的规定》第二十四条规定的'作为民间借贷合同的担保'。在不存在《中华人民共和国合同法》第五十二条规定情形的情况下,该商品房买卖合同具有法律效力。但对转化为已付购房款的借款本金及利息数额,人民法院应当结合借款合同等证据予以审查,以防止当事人将超出法律规定保护限额的高额利息转化为已付购房款。"[1]即当事人以签订买卖合同作为民间借贷合同担保,在债权清偿期届满后,借款人不能偿还借款,当事人可以在经对账清算后协议将借款本金和利息转化为买卖合同的价款,债权人可以据此取得买卖合同标的物的所有权。

三、以房抵工程款的类型与特点

(一)以房抵工程款的类型

建设工程领域的以物抵债协议通常表现为"以房抵款协议",当事人约定建设单位将其开发的商品房作价抵偿给施工单位,以折抵相应数额的工程款。以房抵工程款主要表现为以下两种模式:

一是在工程价款确定以前,甚至是施工合同尚未签订或刚刚签订的时候,建设单位与施工单位签订的以房抵款协议。我国目前的建筑市场存在"僧多粥

---

〔1〕 最高人民法院民事判决书,(2015)民一终字第 180 号。

少”的状况，一个建筑项目通常有多个施工单位争抢，建设单位往往会利用这种优势地位，强迫施工单位签订一些“不平等”的协议或承诺，如要求施工单位承诺垫资施工、放弃建设工程价款优先受偿权、签订以房抵款协议等。施工单位在承建商品房开发企业的商品房住宅建设项目时，建设单位通常要求与施工单位签订《以房抵款协议》，约定以将来建成的一部分商品房顶抵一定比例的工程款。

二是在竣工结算以后，工程总价款已经确定的情况下，建设单位在资金不足或出于其他考虑的情况下，与施工单位签订协议，将已经建成的商品房折价给施工单位，用以清偿工程款债务。

以房抵款协议以债务履行期是否届满为标准，可以划分为工程价款确定前的以房抵款协议和工程价款确定后的以房抵款协议；以当事人的主观意思为标准，可以划分为担保目的的以房抵款协议和清偿目的的以房抵款协议。因工程价款确定后的以房抵款协议的效力不存在争议，在此主要讨论的是工程价款确定前的以房抵款协议的效力问题，因而可以进一步将问题细分为工程价款确定前的担保目的的以房抵款协议和工程价款确定之前的清偿目的的以房抵款协议。

如以房抵款协议是以清偿为目的，无论达成该协议的时间是工程价款确定之前或之后，都属于当事人对债务清偿方式的协议变更，性质为折价协议，认定为合法有效自然没有争议。但依据债权和物权的两分性，施工单位依据以房抵款协议所享有的仅是请求建设单位交付房屋的债权请求权，并不能直接取得房屋的所有权。如建设单位拒绝履行以房抵款协议，那么施工单位有权要求建设单位支付工程款并承担违约责任。

（二）以房抵工程款的特点

以房抵工程款协议是对建设工程领域的以物抵债协议的区分，其本质仍然属于代物清偿，与通常的以物抵债协议在本质属性上并无不同。但是基于建设工程领域的特殊性，两者又存在诸多区别。

对于两者的共性，首先，都有两个协议的存在，包括原债权债务协议和抵债协议，对于两协议之间的关系，最高人民法院的判决认为是“并立又有联系的合同”[1]。其次，当事人订立协议的目的都包括担保和清偿，前者是当事人约定当债务人不履行原合同债务时，债权人有权取得物的所有权；后者是当事人约定债务人将物折价以清偿原债务，债权人取得物的所有权。最后，债权人并不能依据协议自动取得物的所有权。债权人依据以物抵债协议所享有的仅仅是请求债务人转移物权的债权请求权，债权人要想取得物的所有权，仍然需要债务人履行过户义务。

以房抵工程款协议的特点，主要包括：

第一，债权人处于弱势地位。在通常的以物抵债协议，尤其是基于民间借贷合同而签订的以物抵债协议中，债权人往往处于绝对的优势地位，债务人因为经济上的窘迫不得不接受债权人诸多苛刻的条件，如高额利息、流质契约等，当债务人到期不能清偿债务时，债权人取得物的所有权，常常获取高于原债权的利益，损害了债务人和其他债权人的利益。但是，在商业的投融资关系中，债权人的优势地位就不是那么突出，债权人的借贷或投资与其说是“雪中送炭”，不如说是“锦上添花”更为恰当。债权人和债务人属于一个利益共同体，一荣俱荣。在此种情形下，当事人之间签订以物抵债协议就很难说债务人是被迫的。正是基于此种考虑，日本立法仅仅在民事质权担保中禁止流质契约，而对抵押权担保和商事质权担保则允许流质契约。

但是在建设工程领域，当前的建筑市场处于一种“僧多粥少”的局面，施工企业既多又杂，同业竞争十分激烈。在此背景下，施工企业想要获得工程的承包施工，势必要作出妥协让步。因此，作为工程款债权人的施工单位往往处于弱势地位，而作为工程款债务人的建设单位却处于绝对的强势地位。发承包双方签订以房抵款协议，对于作为工程款债权人的施工单位来说，往往是被迫无奈之举。

第二，工程款债权金额未确定，抵债物价值确定。在以物抵债协议签订之时，原债权债务合同的债权金额已经确定，而以物抵债协议的标的物的价值则未确定，通常是抵债物的价值与原债权金额相当或略高，当债务人不履行原债务时，不经过清算，债权人直接取得物的所有权，则可能违反流质契约禁止的规定。但是依据前述最高人民法院发布的第 72 号指导性案例的精神，如果当事人约定经过清算后再由债权人取得标的物所有权的，应为有效。

---

[1] 最高人民法院民事判决书，(2011)民提字第 344 号。

但是以房抵款协议签订的时间往往是在工程竣工结算之前，甚至是施工合同刚刚签订或尚未签订之时，此时的工程价款债权未确定甚至尚未发生，而且协议中约定的用于抵款的房屋也尚未建造完成。但是房屋的价值在协议中却予以体现，当事人往往依据当时当地相同地段的房屋的单价（或折扣价）来确定房屋的价值。并且房屋所抵偿的工程款数额往往只有工程款总金额很小的一部分，通常约定在施工合同中标价的5%左右，最高不超过10%。因此，即使是在工程款确定之前签订的以房抵款协议，因其经过对账清算确定了房屋的价值用以抵偿工程款，应当认为其属于折价协议。

第三，抵债房屋并非直接归债权人所有。以物抵债协议通常约定，当债务人不履行原合同债务时，债权人取得标的物的所有权。当然，该约定只能产生债权效果，并不能直接导致物权变动，需要通过变更登记或交付将物的所有权人由债务人变更为债权人。

但是在以房抵款协议中，通常不会约定房屋由建设单位直接过户给施工单位。因施工单位不会直接持有该房屋，其目的还是要将房屋卖出以获取流动资金，如果由建设单位将房屋过户给施工单位，再由施工单位向外出售，那么就相当于进行了两次房屋买卖，施工企业将额外承担相应的税费，增加成本。因此，以房抵款协议中，往往约定在房屋建成后还是由建设单位持有房屋所有权，在施工单位找到房屋买受人后，由买受人与建设单位签订房屋买卖合同，建设单位在收到房屋买受人支付的购房款后再将购房款支付给施工单位，且无论房屋出售价格几何，均不影响以房抵款协议约定的抵款金额。

四、以房抵工程款协议的效力

对于建设工程领域的以房抵工程款协议，前文提到，依据清偿期是否届满，可以分为工程价款确定前的以房抵款协议和工程价款确定后的以房抵款协议。司法实践中，对于工程价款确定后的以房抵款协议，都是认可其法律效力的，有争议的是工程价款确定前的以房抵款协议是否属于流质契约。

（一）司法实践中存在的争议

对于工程价款确定前的以房抵款协议是否属于流质契约，在司法实践中存在很大争议。例如，在承德大正筑业有限公司诉承德市山诚房地产开发有限公司建设工程施工合同纠纷案中，最高人民法院认为：“补充协议中以房屋抵顶工程款的约定,是山诚房地产公司与大正公司在债务履行期届满前达成的以物抵债协议,其本质是为了担保工程价款的实现,原审法院参照《中华人民共和国担保法》第四十条及《中华人民共和国物权法》第一百八十六条关于禁止流押的规定,认定该补充协议中以房屋抵顶工程款的条款无效,并无不妥。”[1]但在江西省汉威建设工程集团有限公司诉江西华曦置业有限公司建设工程施工合同纠纷案中,江西省高级人民法院认为:“《补充协议》关于将79套商铺按八五折出售给汉威公司的约定并非为债权实现提供担保,而是华曦公司难以支付剩余工程款时,通过将其开发的商铺折价抵偿给施工人的方式,实现双方权利义务平衡的一种处置。”[2]对于以房抵款协议本质的认定直接影响此类案件的结果,前案中法院认为,以房抵款协议是担保工程价款的实现,应参照适用法律关于流质契约禁止的规定,认定为无效;后案则认为,以房抵款协议并非提供担保,而是一种折价抵偿的清偿方式,故合法有效。

河北省高级人民法院2018年发布的《建设工程施工合同案件审理指南》第17条[3]规定,工程价款确定前的以房抵款协议属于流质契约,应认定无效。但最高人民法院2015年发布的《关于当前商事审判工作中的若干具体问题》中对于债务履行期届满前约定的以物抵债只是认为在处理上应参照原《物权法》关于禁止流押、流质的相关规定,未明确该种情形下签订的以物抵债协议的效力。很明显,最高人民法院的观点虽然倾向于否定债务清偿期届满前的以物抵债协议的效力,但也只是参照适用流质契约禁止的规定,并未认定其属于流质契约。相比之下,如果债务清偿期届满之前的以物抵债协议具有担保债权实现的目的,债权人不能据此取得物的所有权,但是协议中约定了清算条款的,则认可其法律效力。

(二)清偿目的的以房抵款协议属于折价协议

从流质契约的构成要件来看,构成流质契约的前提是当事人之间存在担保

[1] 最高人民法院民事裁定书,(2017)最高法民申284号。

[2] 江西省高级人民法院民事判决书,(2017)赣民终209号。

[3] 该条规定:“工程价款确定前,发包人与承包人约定以土地或商品房抵顶工程款的,该协议属于流质契约,应认定为无效。当事人请求继续履行该抵债协议的,不予支持。人民法院应对涉案土地或房屋进行评估,折价后支付承包人的工程款。支付工程款后的剩余款项,应返还发包人;不足部分,承包人可向发包人另行主张。”

法律关系,同时应当约定债务清偿期届满债权人未受清偿时,不经过清算程序,抵押物或质物的所有权直接归债权人所有。但建设工程领域的工程价款确定前的以房抵款协议通常约定建设单位将未来建造完成的一定数量的商品房的所有权转移给施工单位,用以抵偿一定比例的工程款。双方并不会约定当工程价款确定后建设单位不支付工程款时,由建设单位将相应的房屋所有权转移给施工单位以抵偿工程款,而是只是约定将作为债务人的建设单位的将来支付工程款的施工合同义务变更为房屋的所有权转移义务。

显然,建设单位和施工单位之间的真实意思就是用在建房屋顶抵相应的工程价款,当事人之间未成立担保法律关系,协议也不存在任何担保的性质。建设单位和施工单位的这种约定,可以理解为一种抵销的合意,即建设单位因施工合同对施工单位负有的工程款支付义务与施工单位因事实上的房屋买卖合同对建设单位负有的房屋价款支付义务,在同等价值内予以抵销。合意抵销是当事人意思自治的体现,可不受法律规定的抵销构成要件的限制,其互负的债务是否到期、债务的标的物种类、品质是否相同,均不妨碍合意抵销。[1]

(三)担保目的的以房抵款协议经过折价清算应为有效

当然,不能排除建设单位和施工单位在工程结算前的以房抵款协议中约定当结算后一定期限内建设单位未将剩余工程款支付给施工单位的,则建设单位将一定数量的房屋所有权转移给施工单位,用以抵偿一定比例的工程款。这种内容的约定,确实是具有担保工程款债权实现的目的。但这种约定可以理解为一种附条件的抵销合意,而抵销制度本身确实具有担保功能,[2]但如果将抵销作为一种担保权,是欠缺公示手段的[3],债权人无法因此获得优先受偿权,亦不符合担保权的本质属性。因此我们可以说它在功能上类似于担保,但是不能认为合意抵销使当事人之间产生了担保法律关系。此外,建设工程领域的以房抵款协议约定的房屋的价值远远小于工程款的金额,通常以房屋顶抵工程款的比例在5%~10%,根本无法起到担保全部工程价款的作用。

同时,建设工程领域的以房抵款协议中的约定,并非不考虑房屋的实际价

---

〔1〕 参见韩世远:《合同法总论》(第4版),法律出版社2018年版,第696页。
〔2〕 参见韩世远:《合同法总论》(第4版),法律出版社2018年版,第697页。
〔3〕 参见孙森焱:《民法债编总论》(下册),法律出版社2006年版,第903页。

值而直接将房屋的所有权转移给施工单位，在签订协议之前，双方通常对当时当地的同地段房屋的价值有合理的认知，在双方协商一致后，将建设单位将来需要支付的工程款转化为施工单位需要支付的购房款，应当认为这种转化是经过对账清算的。前文提到，如果当事人在债务清偿期届满之前签订以物抵债协议时，即已经进行对账清算，物的价值和债权价值相当的情况下，该协议应具有法律效力。在建设单位占据优势地位的情况下，双方通常是以当时的市场价格来计算房屋的价值，用以抵偿相应的工程价款。如果在工程竣工结算确定工程总价款后，由于市场原因，房屋价值上涨，导致房屋价值高于工程款，则应当属于商业风险，并不能因此否定协议效力。

同时，依据最高人民法院发布的第 72 号指导性案例和江苏省高级人民法院《关于债权债务案件审理中以物抵债问题的纪要》的精神，经过对账清算的以物抵债协议，不违反法律关于流质契约禁止的规定，应当认可其法律效力。流质契约最明显的特点即是排除清算程序，不考虑担保物的价值，而直接转移物的所有权给债权人抵偿债务，极有可能导致债务人利益受损。但是以物抵债协议中约定了清算条款或者已经对标的物进行了清算，那么当然不属于流质契约。

（四）以房抵款协议并未导致实质不公平

从立法目的来看，流质契约禁止主要是为了保护债务人的合法权益。但是在建设工程领域结算前的以物抵债协议，作为债务人的建设单位不但不处于弱势地位，反而占有绝对优势，更不存在债权人乘人之危的情况。建筑行业的利润率通常比较低，且施工过程中的资金流动巨大，因此，流动资金对于施工单位来说无疑是非常重要的，资金短缺导致工程烂尾甚至企业破产的例子屡见不鲜。同样，对于建设单位，尤其是房地产开发企业，在目前的房地产开发模式下，流动资金是否充足对房地产开发企业可谓关乎生死存亡。在建设方和施工方流动资金都短缺的情况下，签订《以房抵款协议》对哪一方当事人更有利，不言自明。当然，在房地产市场火热的情况下，对于房价上涨的乐观预期，也会在一定程度上平衡施工单位的利益。因此，以房抵款对于作为债务人的房地产开发企业并未有任何的不公平，反而充实了其流动资金，产生了利益，受损的却是作为施工方的债权人。

在《物权法》的起草过程中，流质契约禁止主要是出于对处于弱势地位的债务人的特殊保护的考虑。如梁慧星教授认为:"债务人借款多处于急迫窘困的情形,债权人可以利用债务人的这种不利处境,迫使债务人与其订立流抵押契约,以价值甚高的抵押物担保小额债权,图谋债务人不能清偿时取得抵押物的所有权,谋取非分利益。"[1]这自然是一种假设性的论断,并非所有的债务人都处于"不利处境"。在建设工程领域,很明显,作为债务人的房地产开发企业处于优势地位,作为债权人的施工单位反而处于"不利处境"。"禁止流押,针对的是债务人不履行到期债务时抵押财产归债权人所有的约定,目的在于防止损害抵押人利益,以免造成实质的不公平。"[2]而建设工程的以房抵款,即使具有担保的性质,也很难认为其损害了作为债务人的房地产开发企业的利益,若适用流质契约禁止的规定,否认以房抵款协议的效力,反而保护了具有优势地位的债务人,甚至损害了债权人的利益,这无疑与流质契约禁止的立法目的相悖。

五、以房抵工程款与新债清偿

对于发包人未按约定履行以房抵工程款协议,即发包人未按约定将房屋转让给承包人,承包人应当如何主张权利,需要根据以房抵工程款协议的具体约定属于新债清偿还是债的更改来判断。

(一)新债清偿

新债清偿是我国台湾地区"民法"上的一种称谓。我国台湾地区"民法"第320条(间接给付——新债清偿)规定:"因清偿债务而对于债权人负担新债务者,除当事人另有意思表示外,若新债务不履行时,其旧债务仍不消灭。"

1. 新债清偿的性质

对于新债清偿的性质,有观点认为,新债清偿并不是一种独立的合同关系,而只是一种实质解释规则,即指示法官,除当事人约定因新债务之负担,旧债务即消灭外,应认定当事人并无使旧债务因新债务之负担而消灭之意思。新债务并非因合同而发生,而是基于独立于该合同之外的负担行为而发生。因此,我国台湾地区"民法"第320条并不在于规定新债清偿合同,甚至在法律概念上,

---

〔1〕 梁慧星编著:《中国物权法草案建议稿——条文、说明、理由与参考立法例》,社会科学文献出版社2000年版,第638页。

〔2〕 最高人民法院民事判决书,(2011)民提字第344号。

新债清偿合同亦无独立之存在。[1] 例如，为清偿旧债务而负担票据债务，因票据行为系无因债权行为，本身并非独立的合同，如认为票据行为是单独行为，则票据债务的发生并非基于合同，当然也不可能基于新债清偿合同。[2]

也有观点认为，在新债清偿中，当事人以何种新债务抵偿旧债务只是一种清偿的方法问题，与债务本身的发生基础无关。例如，以票据债务抵偿旧债务，尽管票据债务的发生是无因行为，并不是基于合同关系而发生的，但这只是票据债务本身的发生问题，与新债清偿的发生无关。因为债务人以基于无因行为而发生的票据债务抵偿旧债务，也须征得债权人的同意。[3]

本书同意后一种观点，盖因新债清偿是债权人与债务人就清偿旧债的方式达成的新的合意，且该合意是清偿方式的增加，而非新债的内容。新债仅为清偿的方式，无论新债为何种债务、如何履行，都不影响合同关系的构成。

2. 新债清偿为诺成合同

代物清偿以债权人实际受领他种给付为成立要件，属于要物合同无疑。但新债清偿合同为诺成合同还是实践合同，在司法实践中存在很大的争议。

一种观点认为，新债清偿合同是实践合同，新债清偿的目的在于他种给付代替清偿原债，抵债行为并未改变原债的同一性，只有在新债得到履行的情况下，原债方消灭。因此，仅有合意而未能实际履行新债的，清偿的目的并未实现，故应坚持其实践性的特点。例如，在丁某某诉无锡市恒生富通置业有限公司破产债权确认纠纷案中，法院认为："债务清偿期届满后达成的以物抵债协议系实践性合同，在未实际履行、物权未转移的情况下，以物抵债的行为尚未完成，协议处于成立未生效的状态，当事人可以选择不履行，双方仍应按原有法律关系确定权利义务。"[4]

另一种观点认为，新债清偿合同是诺成合同。王泽鉴先生认为，新债清偿（间接给付）须基于当事人的合意，与代物清偿为实践合同不同，为诺成合同。[5] 崔建远先生认为，从新债清偿合同成立旧债务并不因此而消灭，债务人不履行新债务时旧债务亦不消灭的法律效力观察，将新债清偿合同定性为诺成

---

〔1〕参见陈自强：《无因债权契约论》，中国政法大学出版社 2002 年版，第 342 ~ 344 页。

〔2〕参见陈自强：《民法讲义Ⅱ：契约之内容与消失》，法律出版社 2004 年版，第 337 页。

〔3〕参见房绍坤：《论新债清偿》，载《广东社会科学》2014 年第 5 期。

〔4〕江苏省高级人民法院民事裁定书，（2016）苏民申 6514 号。

〔5〕参见王泽鉴：《民法概要》，北京大学出版社 2011 年版，第 237 页。

合同更合逻辑。[1]

本书认为,新债清偿合同认定为诺成合同为宜。依据合同自由原则,在法律没有明确规定和当事人没有例外约定的情况下,合同应当自双方合意达成之时成立并生效,故应当认定其为诺成合同。如果将新债清偿合同认定为实践合同,其与代物清偿合同几无差别,那么新债清偿的设立目的不能实现,也丧失了存在的意义。理论上普遍认为新债清偿合同成立时旧债务会发生诉讼时效中断或中止的效果,若将新债清偿合同认定为实践合同,那么只有债务人履行了新债务,新债清偿合同才能成立,但此时旧债也就归于消灭,又何谈诉讼时效中断或中止?“以物抵债,系债务清偿的方式之一,是当事人之间对于如何清偿债务作出的安排,故对以物抵债协议的效力、履行等问题的认定,应以尊重当事人的意思自治为基本原则。一般而言,除当事人明确约定外,当事人于债务清偿期届满后签订的以物抵债协议,并不以债权人现实地受领抵债物,或取得抵债物所有权、使用权等财产权利,为成立或生效要件。只要双方当事人的意思表示真实,合同内容不违反法律、行政法规的强制性规定,合同即为有效。”[2]

(二)新债清偿与债的更改的区分

债的更改和新债清偿之间的区别在于债权人和债务人之间是否有明确消灭旧债的合意。债的更改属于以合同变更债权的内容和性质,即债权人与债务人协议以新债取代旧债,新债成立后,旧债同时归于消灭。例如,在江苏金澳汽车销售服务有限公司诉姜某民间借贷纠纷案中,法院认为:“从上述内容来看,‘借条作废’应解释为借条所涉债权债务关系的消灭,而且该债权债务的消灭并未设置条件。也就是说,金太阳置业公司、金澳汽车服务公司与姜某之间有明确的消灭旧债的合意。基于此,本院认为,案涉的以物抵债协议在性质上应属于债的更改。”[3]

而新债清偿系债权人与债务人达成的以债务人负担新的债务作为履行旧债的一种方式的合意,并非以新债务替代旧债务。即新债清偿成立后,新债与旧债处于并存状态,旧债务并不因新债的成立而直接消灭。在债务清偿期届满

---

〔1〕 参见崔建远:《以物抵债的理论与实践》,载《河北法学》2012 年第 3 期

〔2〕 通州建总集团有限公司诉内蒙古兴华房地产有限责任公司建设工程施工合同纠纷案,最高人民法院(2016)最高法民终 484 号民事判决书。

〔3〕 江苏省扬州市中级人民法院民事判决书,(2018)苏 10 民终 437 号。

后,债权人与债务人达成债务人承担新债合意,如双方明确约定消灭旧债,则构成债的更改;如未明确约定,则推定为新债清偿。

具体到以房抵工程款协议中,如果发包人与承包人明确约定了协议签订后工程款债务消灭的,则属于债的更改;如协议中未明确约定消灭工程款债务的,应当认为双方另行增加了一种清偿债务的履行方式,属于新债清偿协议,在房屋所有权转移前,工程款债务不消灭。例如,在新乡市阳光电器制造有限公司诉获嘉县岚世纪房地产开发有限公司建设工程施工合同纠纷案中,法院认为:"关于岚世纪公司主张的以房抵债工程款的问题。即便岚世纪公司主张的以房折抵工程价款的情况属实,但该抵债行为未约定消灭原有的金钱给付债务,应认定系双方当事人另行增加一种清偿债务的履行方式,而非原金钱给付债务的消灭,在性质上属于新债清偿协议。岚世纪公司所欠阳光公司款项,在所涉房屋所有权转移之前,并不消灭。"[1]

"当事人于债务清偿期届满后达成的以物抵债协议,可能构成债的更改,即成立新债务,同时消灭旧债务;亦可能属于新债清偿,即成立新债务,与旧债务并存。基于保护债权的理念,债的更改一般需有当事人明确消灭旧债的合意,否则,当事人于债务清偿期届满后达成的以物抵债协议,性质一般应为新债清偿。换言之,债务清偿期届满后,债权人与债务人所签订的以物抵债协议,如未约定消灭原有的金钱给付债务,应认定系双方当事人另行增加一种清偿债务的履行方式,而非原金钱给付债务的消灭。"[2]

(三)新债与旧债的履行选择与限制

在新债清偿关系中,因债权人和债务人之间存在新债和旧债两个债权债务关系,而债务人只要履行其中一个债务,即消灭两个债务关系。因而债权人和债务人在新债清偿关系中会产生一个问题,即债权人和债务人对履行新债还是旧债是否有选择权?

对此,司法实践中,法院一般认可在债务人拒不履行新债,或新债不具备履行可能时,债权人可以请求债务人履行旧债。在林某某诉福建海峡国际商贸城

---

〔1〕 河南省新乡市中级人民法院民事判决书,(2019)豫07民终884号。

〔2〕 通州建总集团有限公司诉内蒙古兴华房地产有限责任公司建设工程施工合同纠纷案,最高人民法院(2016)最高法民终484号民事判决书。

实业有限公司、翁某某、吴某某民间借贷纠纷案中,法院认为:"该协议并未明确约定消灭原有的金钱给付债务,故该协议属于新债清偿协议,而清偿是指依债之本旨实现债务内容的给付行为,其本意在于按约履行,合同双方当事人应当按照约定,遵守诚实信用及合同全面履行的原则。该协议系双方当事人另行增加一种债务清偿的履行方式,而非原金钱给付债务的消灭,只有在债务和解协议履行完毕的情况下旧债才会消灭。而本案债务和解协议中用于抵债的商品房并未交付林某某指定人实际占有使用,也未办理所有权转移手续,故双方的旧债务并未消灭。和解协议中代为履行的第三方在约定的期限内并未履行交付义务,其以实际行为表示其无法履行,使得林某某签订和解协议的目的无法实现。在此情况下,林某某要求被告归还借款于法有据,予以支持。"[1]

一般而言,债权人和债务人在债务清偿期届满后签订以物抵债协议,原因在于债务人难以按照旧债约定的方式清偿债务,故而约定以新的方式清偿旧债务。虽然在新债合同中仅约定增加债务人向债权人清偿旧债的方式,而债权人对债务人不负有给付义务,但"该合同毕竟为其与债务人达成的清偿债务的安排,当事人应当本着诚实信用的原则加以履行"[2]。如果允许债权人可以选择新债或旧债向债务人请求履行,会使"债务人因债权人择一行使请求权而同时准备新、旧债务的内容,以等待债权人选择行使。这对债务人而言,无疑加重了其负担,实属不公平,不足以平衡双方当事人的利益关系……也不符合效益原则"。[3]

同时,新债清偿合同虽然只是当事人对债务清偿方式的安排,但其作为双方达成的合意,缔约的当事人就应当忠实地予以履行。如果允许债务人随时反悔,使得债权处于无法预期的不安定状态,则不利于对债权人的利益保护。且债务人可能会将新债清偿合同作为其拖延履行原债务的工具,使其因不诚信行为而获益。对债权人而言,如果债务人拒绝履行新债,其可以向法院起诉要求债务人履行新债务。但除非新债务在客观上已属履行不能,债权人可以请求债务人履行旧债务,否则,债权人只能就新债务向债务提出履行请求。对债务人而言,其应当依据新债合同向债权人清偿债务,除非债权人同意,否则其不能以旧债清偿。如债务人执意向债权人清偿旧债,债权人可以拒绝受领,并可向法

---

[1] 福建省高级人民法院民事判决书,(2018)闽民终539号。

[2] 司伟:《债务清偿期届满后的以物抵债纠纷裁判若干疑难问题思考》,载《法律适用》2017年第17期。

[3] 房绍坤:《论新债清偿》,载《广东社会科学》2014年第5期。

院请求债务人履行新债。如债务人故意造成新债无法履行，除依据债权人请求履行旧债务外，其还应当向债权人承担违约责任。

【典型案例】通州建总集团有限公司与内蒙古兴华房地产有限责任公司建设工程施工合同纠纷案〔1〕

【基本案情】2005年6月28日，内蒙古兴华房地产有限责任公司（以下简称兴华公司）与通州建总集团有限公司（以下简称通州建总）签订《建设工程施工合同》，兴华公司将涉案工程的施工任务发包给通州建总。2005年7月1日，兴华公司制作《招标文件》，对供水大厦土建工程以邀请招标方式进行招标。2005年7月12日，通州建总制作《投标文件》进行投标。2005年7月14日，兴华公司及招标代理机构向通州建总发出《中标通知书》，确定通州建总为中标单位。2005年7月28日，双方签订《建设工程施工合同》并办理备案。合同签订后，通州建总进场施工。施工完毕，涉案工程没有进行竣工验收。兴华公司于2010年年底将该建筑投入使用。

2012年1月13日，兴华公司（甲方）与通州建总呼和浩特分公司第二工程处（乙方）签订《房屋抵顶工程款协议书》，约定："就乙方承揽施工甲方的供水财富大厦工程，将协商用该楼盘A座9层房屋抵顶工程款一事达成协议如下：一、抵顶房屋位置：呼和浩特市新华东街以南/丰州路以西路口转角处，财富大厦A座9层。……双方抵顶房屋协议价为7500元/平方米，计1095万元。二、乙方用通州建总集团有限公司呼和浩特分公司拥有的产权房，坐落在呼和浩特市东洪桥蒙荣中心嘉园2号楼2单元的3套住宅进行置换……总价合计1527450元……乙方扣除置换住宅楼价1527450元，抵顶工程款计9422550元，结算时互相补办手续并签订正式合同等。……"二审中，兴华公司认可财富大厦A座9层尚未办理房屋所有权首次登记及任何转移登记。

【裁判观点】首先，以物抵债，系债务清偿的方式之一，是当事人之间对于如何清偿债务作出的安排，故对以物抵债协议的效力、履行等问题的认定，应以尊重当事人的意思自治为基本原则。一般而言，除当事人明确约定外，当事人于债务清偿期届满后签订的以物抵债协议，并不以债权人现实地受领抵债物，或取得抵债物所有权、使用权等财产权利为成立或生效要件。只要双

〔1〕 参见最高人民法院民事判决书，(2020)最高法民终79号。

方当事人的意思表示真实,合同内容不违反法律、行政法规的强制性规定,合同即为有效。本案中,兴华公司与通州建总呼和浩特分公司第二工程处2012年1月13日签订的《房屋抵顶工程款协议书》,是双方当事人的真实意思表示,不存在违反法律、行政法规规定的情形,故该协议书有效。

其次,当事人于债务清偿期届满后达成的以物抵债协议,可能构成债的更改,即成立新债务,同时消灭旧债务;亦可能属于新债清偿,即成立新债务,与旧债务并存。基于保护债权的理念,债的更改一般需有当事人明确消灭旧债的合意,否则,当事人于债务清偿期届满后达成的以物抵债协议,性质一般应为新债清偿。换言之,债务清偿期届满后,债权人与债务人所签订的以物抵债协议,如未约定消灭原有的金钱给付债务,应认定系双方当事人另行增加一种清偿债务的履行方式,而非原金钱给付债务的消灭。本案中,双方当事人签订了《房屋抵顶工程款协议书》,但并未约定因此而消灭相应金额的工程款债务,故该协议在性质上应属于新债清偿协议。

再次,所谓清偿,是指依照债之本旨实现债务内容的给付行为,其本意在于按约履行。若债务人未实际履行以物抵债协议,则债权人与债务人之间的旧债务并未消灭。也就是说,旧债务于新债务履行之前不消灭,旧债务和新债务处于衔接并存的状态;在新债务合法有效并得以履行完毕后,因完成了债务清偿义务,旧债务才归于消灭。据此,本案中,仅凭当事人签订《房屋抵顶工程款协议书》的事实,尚不足以认定该协议书约定的供水财富大厦A座9层房屋抵顶工程款应计入已付工程款,从而消灭相应金额的工程款债务。是否应计为已付工程款并在欠付工程款金额中予以相应扣除,还应根据该协议书的实际履行情况加以判定。对此,一方面,《物权法》(已失效)第9条第1款[1]规定:“不动产物权的设立、变更、转让和消灭,经依法登记,发生效力;未经登记,不发生效力,但法律另有规定的除外。”据此,除法律另有规定的外,房屋所有权的转移,于依法办理房屋所有权转移登记之日发生效力。而本案中,《房屋抵顶工程款协议书》签订后,供水财富大厦A座9层房屋的所有权并未登记在通州建总名下,故通州建总未取得供水财富大厦A座9层房屋的所有权。另一方面,兴华公司已经于2010年年底将涉案房屋投入使

---

〔1〕 参见《民法典》第209条第1款。

用,故通州建总在事实上已交付了包括供水财富大厦A座9层在内的房屋。兴华公司并无充分证据推翻这一事实,也无证据证明供水财富大厦A座9层目前在通州建总的实际控制或使用中,故亦不能认定供水财富大厦A座9层房屋实际交付给了通州建总。可见,供水财富大厦A座9层房屋既未交付通州建总实际占有使用,亦未办理所有权转移登记于通州建总名下,兴华公司并未履行《房屋抵顶工程款协议书》约定的义务,故通州建总对于该协议书约定的拟以房抵顶的相应工程款债权并未消灭。

最后,当事人应当遵循诚实信用原则,按照约定全面履行自己的义务,这是合同履行所应遵循的基本原则,也是法院处理合同履行纠纷时所应秉承的基本理念。据此,债务人于债务已届清偿期时,应依约按时足额清偿债务。在债权人与债务人达成以物抵债协议、新债务与旧债务并存时,确定债权人应通过主张新债务抑或旧债务履行以实现债权,亦应以此作为出发点和立足点。若新债务届期不履行,致使以物抵债协议目的不能实现的,债权人有权请求债务人履行旧债务;而且,该请求权的行使,并不以以物抵债协议无效、被撤销或者被解除为前提。本案中,涉案工程于2010年年底已交付,兴华公司即应依约及时结算并支付工程款,但兴华公司却未能依约履行该义务。相反,就其所欠的部分工程款,兴华公司试图通过以部分房屋抵顶的方式加以履行,遂经与通州建总协商后签订了《房屋抵顶工程款协议书》。对此,兴华公司亦应按照该协议书的约定积极履行相应义务。但在《房屋抵顶工程款协议书》签订后,兴华公司就曾欲变更协议约定的抵债房屋的位置,在未得到通州建总同意的情况下,兴华公司既未及时主动向通州建总交付约定的抵债房屋,也未恢复对旧债务的履行,即向通州建总支付相应的工程欠款。通州建总提起本案诉讼向兴华公司主张工程款债权后,双方仍就如何履行《房屋抵顶工程款协议书》以抵顶相应工程款进行过协商,但亦未达成一致。而从涉案《房屋抵顶工程款协议书》的约定看,通州建总签订该协议,意为接受兴华公司交付的供水财富大厦A座9层房屋,取得房屋所有权,或者占有使用该房屋,从而实现其相应的工程款债权。虽然该协议书未明确约定履行期限,但自协议签订之日至案件诉讼时已4年多,兴华公司的工程款债务早已届清偿期,兴华公司却仍未向通州建总交付该协议书所约定的房屋,亦无法为其办理房屋所有权登记。综上所述,兴华公司并未履行《房屋抵顶工程款协议书》约定的义务，其行为有违诚实信用原则，通州建总签订《房屋抵顶工程款协议书》的目的无法实现。在这种情况下，通州建总提起本案诉讼，请求兴华公司直接给付工程欠款，符合法律规定的精神以及本案实际，应予支持。

第四章　工 程 质 量

建设工程作为特殊的具有公共性质的产品，其质量不仅关系建设单位的投资收益，更关系广大人民群众的生命财产安全。《建筑法》的主要立法目的之一便是“保证建筑工程的质量和安全”，该法第 3 条规定：“建筑活动应当确保建筑工程质量和安全，符合国家的建筑工程安全标准。”国务院还制定颁布了《建设工程质量管理条例》，以加强对建设工程质量的管理，保证建设工程质量，保护人民群众生命和财产安全。

第一节　工程质量责任

建设工程的质量是工程建设过程中最为核心的问题。质量合格的工程能够增加社会财富，给建设单位创造效益。质量不合格的工程，不仅不能创造效益，反而会因拆除重建造成社会资源的巨大浪费，并且会给广大人民群众的生命财产造成威胁。因而法律法规明确规定了参与工程建设各方主体的质量责任，以确保建设工程质量。《建筑法》第六章“建筑工程质量管理”中明确了建设单位、勘察单位、设计单位、施工单位质量责任，《建设工程质量管理条例》在此基础上进行了更为明确具体的规定。该条例第 3 条规定，建设单位、勘察单位、设计单位、施工单位、工程监理单位依法对建设工程质量负责。

一、建设单位的质量责任

《建筑法》第 54 条规定，建设单位不得以任何理由，要求建筑设计单位或者建筑施工企业在工程设计或者施工作业中，违反法律、行政法规和建筑工程质量、安全标准,降低工程质量。建筑设计单位和建筑施工企业对建设单位违反前款规定提出的降低工程质量的要求,应当予以拒绝。《建设工程质量管理条例》第二章对"建设单位的质量责任和义务"作了具体规定,包括:

1. 将工程发包给具有相应资质等级的单位。《建筑法》第 13 条规定:"从事建筑活动的建筑施工企业、勘察单位、设计单位和工程监理单位,按照其拥有的注册资本、专业技术人员、技术装备和已完成的建筑工程业绩等资质条件,划分为不同的资质等级,经资质审查合格,取得相应等级的资质证书后,方可在其资质等级许可的范围内从事建筑活动。"一般来说,建筑工程的建设规模越大,技术复杂程度越高,对承包该项工程的建筑单位所具有的经济和技术力量的要求也越高,否则将难以保证工程的建筑质量。[1] 建设单位在发包工程时,应当注意审查承包单位的资质是否与该工程相符合,不得将工程发包给不具有相应资质等级的单位。

2. 不得支解发包。《建筑法》第 24 条规定:"提倡对建筑工程实行总承包,禁止将建筑工程肢解发包。建筑工程的发包单位可以将建筑工程的勘察、设计、施工、设备采购一并发包给一个工程总承包单位,也可以将建筑工程勘察、设计、施工、设备采购的一项或者多项发包给一个工程总承包单位;但是,不得将应当由一个承包单位完成的建筑工程肢解成若干部分发包给几个承包单位。"《民法典》第 791 条第 1 款也规定:"发包人可以与总承包人订立建设工程合同,也可以分别与勘察人、设计人、施工人订立勘察、设计、施工承包合同。发包人不得将应当由一个承包人完成的建设工程支解成若干部分发包给数个承包人。"建设单位将按其性质和技术联系应当由一个承包单位整体承包的工程,支解成若干部分,分别发包给几个承包单位,使整个工程建设在管理和技术上缺乏应有的统筹协调,造成施工现场秩序混乱、责任不清,严重影响工程建设质量。[2]

3. 依法招标。建设单位应当依法对工程建设项目的勘察、设计、施工、监理,以及与工程建设有关的重要设备、材料的采购进行招标。《招标投标法》第 3 条规定:"在中华人民共和国境内进行下列工程建设项目包括项目的勘察、设

---

〔1〕 参见卞耀武主编:《中华人民共和国建筑法释义》,法律出版社 1998 年版,第 57 页。

〔2〕 参见黄薇主编:《中华人民共和国民法典合同编解读》(下册),中国法制出版社 2020 年版,第 995 页。

计、施工、监理以及与工程建设有关的重要设备、材料等的采购,必须进行招标:(一)大型基础设施、公用事业等关系社会公共利益、公众安全的项目;(二)全部或者部分使用国有资金投资或者国家融资的项目;(三)使用国际组织或者外国政府贷款、援助资金的项目。”

4. 提供真实、准确、齐全的原始资料。建设单位必须向有关的勘察、设计、施工、工程监理等单位提供与建设工程有关的原始资料。如建设单位要向勘察单位提供作业场地的总平面图、地形图、已有水准点和坐标控制点,以及地下埋藏物(包括地下管线、地下构筑物等)的资料、图纸。建设单位要向设计单位提供建筑红线图、钉桩图、工程勘察报告、市政条件资料以及与工程有关的政府部门审批资料等。建设单位要向施工单位提供施工现场及工程施工所必需的毗邻区域内供水、排水、供电、工期、供热、通信、广播电视等地下管线资料,气象和水文观测资料,地质勘察资料,相邻建筑物、构筑物和地下工程等有关基础资料。工程建设的实施需以发包人提供的原始资料为基础,原始资料必须真实、准确、齐全,方能够保证工程设计及施工质量。

5. 不得迫使承包方低于成本价竞标。《招标投标法》第 33 条规定,投标人不得以低于成本的报价竞标。第 41 条规定,投标价格低于成本的不符合中标条件。“低于成本价”,是指低于投标人为完成投标项目所需支出的个别成本。禁止投标人以低于其自身完成投标项目所需的成本的报价进行投标竞争,是为了避免出现投标人在以低于成本的报价中标后,为挽回其低价中标的损失,以粗制滥造、偷工减料等违法手段不正当地降低成本,给工程质量造成危害。[1]

6. 不得任意压缩合理工期。合理工期,是指在相同施工条件下,具有相同或者近似施工技术、施工经验和管理水平的施工单位在完成相同工作量时正常情况下所需要花费的时间。合理工期要以工期定额为基础确定,但不一定与定额工期完全一致,可依施工条件等做适当调整。建设单位为早日获得投资效益,会希望建设工程尽可能地短,从而压缩合理工期。承包人为赶工期,可能会盲目简化工序、违反操作规程,严重危及工程质量安全。

7. 施工图文件经审查后方能使用。施工图审查,是指施工图审查机构按照有关法律、法规,对施工图涉及公共利益、公众安全和工程建设强制性标准的内容进行的审查。《建设工程勘察设计管理条例》第 33 条规定:“施工图设计文件

---

〔1〕 参见卞耀武主编:《中华人民共和国招标投标法释义》,法律出版社 2000 年版,第 84 页。

审查机构应当对房屋建筑工程、市政基础设施工程施工图设计文件中涉及公共利益、公众安全、工程建设强制性标准的内容进行审查。县级以上人民政府交通运输等有关部门应当按照职责对施工图设计文件中涉及公共利益、公众安全、工程建设强制性标准的内容进行审查。”施工图设计文件未经审查批准的，不得使用。从事房屋建筑工程、市政基础设施工程施工、监理等活动，以及实施对房屋建筑和市政基础设施工程质量安全监督管理，应当以审查合格的施工图为依据。

8. 委托监理。我国推行建筑工程监理制度。实行监理的建设工程，建设单位应当委托有相应资质等级的工程监理单位进行监理，也可以委托具有工程监理相应资质等级并与被监理工程的施工承包单位没有隶属或者其他利害关系的该工程的设计单位进行监理。下列建设工程必须实行监理：国家重点建设工程，大中型公用事业工程，成片开发建设的住宅小区工程，利用外国政府或者国际组织贷款、援助资金的工程，国家规定必须实行监理的其他工程。推行工程监理制度的目的，在于加强建设单位对施工企业施工活动的监督，保证工程质量，合理控制工期。

9. 办理工程质量监督手续。建设单位在领取施工许可证或者开工报告之前，应当按照国家有关规定，到建设行政主管有关部门或专业工程质量监督机构办理工程质量监督手续，接受政府部门的工程质量监督管理。建设单位办理工程质量监督手续时应提供以下文件和资料：工程规划许可证，设计单位资质等级证书，监理单位资质等级证书、监理合同及《工程项目监理登记表》，施工单位资质等级证书及营业执照副本，工程勘察设计文件，中标通知书及施工承包合同等。工程质量监督手续可以与施工许可证或者开工报告合并办理，未办理工程质量监督手续的，将不予发放施工许可。

10. 保证采购的建筑材料和构配件、设备的质量。按照合同约定，由建设单位采购建筑材料、建筑构配件和设备的，建设单位应当保证建筑材料、建筑构配件和设备符合设计和合同要求。按照合同约定，建筑材料、建筑构配件和设备由工程承包单位采购的，建设单位不得指定承包单位购入用于工程的建筑材料、建筑构配件和设备或者指定生产厂、供应商。建设单位不得明示或者暗示施工单位使用不合格的建筑材料、建筑构配件和设备。建筑材料、建筑构配件和设备的质量直接关系施工完成的建设工程的质量，因而建设单位应当保证其采购的建筑材料、建筑构配件和设备符合设计和合同要求。

11. 涉及建筑主体和承重结构的装修工程没有设计方案的，不得施工。建筑主体和承重结构涉及整个建筑物的安全，建筑主体和承重结构遭到破坏的，可能会导致建筑物坍塌等质量安全事故。因而，对于涉及建筑主体和承重结构的装修工程，建设单位应当委托原设计单位或者具有相应资质条件的设计单位提出设计方案；没有设计方案的，不得施工。《建筑法》第 70 条规定："违反本法规定，涉及建筑主体或者承重结构变动的装修工程擅自施工的，责令改正，处以罚款；造成损失的，承担赔偿责任；构成犯罪的，依法追究刑事责任。"

12. 竣工验收。建设工程竣工经验收合格后，方可交付使用；未经验收或者验收不合格的，不得交付使用。建设单位在收到施工单位提交的建设工程竣工报告后，应当组织设计、施工、工程监理等有关单位进行竣工验收。建设工程竣工验收应当具备下列条件：完成建设工程设计和合同约定的各项内容，有完整的技术档案和施工管理资料，有工程使用的主要建筑材料、建筑构配件和设备的进场试验报告，有勘察、设计、施工、工程监理等单位分别签署的质量合格文件，有施工单位签署的工程质量保修书。建设工程的竣工验收是工程建设全过程的最后一道程序，是对工程质量实行控制的最后一个重要环节。

13. 建立、健全、移交项目档案。建设单位应当严格按照国家有关档案管理的规定，及时收集、整理建设项目各环节的文件资料，建立、健全建设项目档案，并在建设工程竣工验收后，及时向建设行政主管部门或者其他有关部门移交建设项目档案。在建筑物使用期间，可能要对建筑物进行的改建、扩建或者拆除等，以及周边进行的建筑活动，都会需要用到该建筑物的勘察、设计、施工资料，因而建设单位应当严格按照规定建立完整的建设项目档案。

二、勘察、设计单位的质量责任

勘察、设计是建筑活动中必不可少的环节，设计单位必须根据勘察成果文件进行设计，施工单位必须根据设计文件进行施工。建设工程的质量与勘察、设计、施工的质量均紧密相关，任何一个环节出现质量问题，均会导致建设工程的质量风险。因而《建筑法》第 56 条规定，建筑工程的勘察、设计单位必须对其勘察、设计的质量负责。《建设工程质量管理条例》第三章规定了"勘察、设计单位的质量责任和义务"，具体包括：

1. 不得超资质承包，不得借用或出借资质，不得转包或违法分包。从事建设工程勘察、设计的单位应当依法取得相应等级的资质证书，并在其资质等级许可的范围内承揽工程。禁止勘察、设计单位超越其资质等级许可的范围或者以其他勘察、设计单位的名义承揽工程。禁止勘察、设计单位允许其他单位或者个人以本单位的名义承揽工程。勘察、设计单位不得转包或者违法分包所承揽的工程。

2. 按照工程建设强制性标准进行勘察、设计。勘察、设计文件应当符合有关法律、行政法规的规定和建筑工程质量、安全标准、建筑工程勘察、设计技术规范以及合同的约定。勘察、设计单位必须按照工程建设强制性标准进行勘察、设计，并对其勘察、设计的质量负责。注册建筑师、注册结构工程师等注册执业人员应当在设计文件上签字，对设计文件负责。

3. 勘察单位提供的地质、测量、水文等勘察成果必须真实、准确。设计单位应当根据勘察成果文件进行建设工程设计。设计文件应当符合国家规定的设计深度要求，注明工程合理使用年限。设计单位在设计文件中选用的建筑材料、建筑构配件和设备，应当注明规格、型号、性能等技术指标，其质量要求必须符合国家规定的标准。除有特殊要求的建筑材料、专用设备、工艺生产线等外，设计单位不得指定生产厂、供应商。设计单位应当就审查合格的施工图设计文件向施工单位作出详细说明。设计单位应当参与建设工程质量事故分析，并对因设计造成的质量事故，提出相应的技术处理方案。

三、施工单位的质量责任

施工单位作为建设工程施工环节的承包人，负责施工工作的具体实施。工程施工是整个建筑活动中最为关键的环节，实践中大多数的工程质量安全事故都是因施工质量缺陷而引起的，因而工程施工阶段也是整个建设工程质量风险控制的重中之重。《建筑法》第 58 条规定，建筑施工企业对工程的施工质量负责。《建设工程质量管理条例》第四章规定了“施工单位的质量责任和义务”，具体包括：

1. 不得超资质承包，不得借用或出借资质，不得转包或违法分包。施工单位应当依法取得相应等级的资质证书，并在其资质等级许可的范围内承揽工程。禁止施工单位超越本单位资质等级许可的业务范围或者以其他施工单位的名义承揽工程。禁止施工单位允许其他单位或者个人以本单位的名义承揽工程。施工单位不得转包或者违法分包工程。

2. 总承包单位与分包单位对分包工程质量承担连带责任。《建筑法》第

29 条规定，建筑工程总承包单位可以将承包工程中的部分工程发包给具有相应资质条件的分包单位。建筑工程总承包单位按照总承包合同的约定对建设单位负责；分包单位按照分包合同的约定对总承包单位负责人。总承包单位和分包单位就分包工程对建设单位承担连带责任。施工总承包单位将部分施工任务分包出去的，应当与分包单位对分包工程的质量向发包人承担连带责任。

3. 按照工程设计图纸和施工技术标准施工，不得偷工减料。工程设计图纸是设计单位根据工程在功能、质量等方面的要求进行设计工作的最终成果，是指导施工的直接依据。施工技术标准包括对各项施工的施工准备、施工操作工艺流程和应达到的质量要求的规定，是施工作业人员进行每一项施工操作的技术依据。"偷工"，是指不按施工技术标准规定的施工工艺流程进行施工作业，擅自减少工作量的行为。"减料"，是指在工程施工中违反设计文件和施工技术标准的规定，擅自减少建筑用料的数量和降低用料质量的行为。[1] 要求施工企业严格按照工程设计图纸和施工技术标准进行施工，禁止偷工减料，是工程质量安全的重要保障。另外，工程设计的修改由原设计单位负责，施工单位在施工过程中发现设计文件和图纸有差错的，应当及时提出意见和建议，不得擅自直接进行修改。

4. 对建筑材料等进行检验。施工单位必须按照工程设计要求、施工技术标准和合同约定，对建筑材料、建筑构配件、设备和商品混凝土进行检验，检验应当有书面记录和专人签字；未经检验或者检验不合格的，不得使用。施工人员对涉及结构安全的试块、试件以及有关材料，应当在建设单位或者工程监理单位监督下现场取样，并送具有相应资质等级的质量检测单位进行检测。

5. 施工质量检验制度。施工单位必须建立、健全施工质量的检验制度，严格工序管理，做好隐蔽工程的质量检查和记录。隐蔽工程在隐蔽前，施工单位应当通知建设单位和建设工程质量监督机构。《民法典》第 798 条规定："隐蔽工程在隐蔽以前，承包人应当通知发包人检查。发包人没有及时检查的，承包人可以顺延工程日期，并有权请求赔偿停工、窝工等损失。"

6. 返修义务。施工单位对施工中出现质量问题的建设工程或者竣工验收不合格的建设工程，应当负责返修。《建筑法》第 60 条规定："建筑物在合理使

〔1〕 参见卞耀武主编：《中华人民共和国建筑法释义》，法律出版社 1998 年版，第 160 页。

用寿命内,必须确保地基基础工程和主体结构的质量。建筑工程竣工时,屋顶、墙面不得留有渗漏、开裂等质量缺陷;对已发现的质量缺陷,建筑施工企业应当修复。"《民法典》第 801 条规定:"因施工人的原因致使建设工程质量不符合约定的,发包人有权请求施工人在合理期限内无偿修理或者返工、改建。经过修理或者返工、改建后,造成逾期交付的,施工人应承担违约责任。"

7. 建立、健全教育培训制度。施工单位应当建立、健全劳动安全生产教育培训制度,加强对职工安全生产的教育培训;未经安全生产教育培训或者考核不合格的人员,不得上岗作业。施工企业和作业人员在施工过程中,应当遵守有关安全生产的法律、法规和建筑行业安全规章、规程,不得违章指挥或者违章作业。作业人员有权对影响人身健康的作业程序和作业条件提出改进意见,有权获得安全生产所需的防护用品。作业人员对危及生命安全和人身健康的行为有权提出批评、检举和控告。

四、工程监理单位的质量责任

我国推行建筑工程监理制度,实行监理的建筑工程,由建设单位委托具有相应资质条件的工程监理单位监理。监理单位代表建设单位,对承包单位在施工质量、建设工期和建设资金使用方面进行监督。监理单位认真履行监理职责,对于建设工程的质量安全至关重要。《建设工程质量管理条例》第五章规定了"工程监理单位的质量责任和义务",具体包括:

1. 不得超资质承接业务,不得借用或出借资质,不得转包。工程监理单位应当依法取得相应等级的资质证书,并在其资质等级许可的范围内承担工程监理业务。禁止工程监理单位超越本单位资质等级许可的范围或者以其他工程监理单位的名义承担工程监理业务。禁止工程监理单位允许其他单位或者个人以本单位的名义承担工程监理业务。工程监理单位不得转让工程监理业务。

2. 工程监理单位的回避义务。工程监理单位与被监理工程的施工承包单位,以及建筑材料、建筑构配件和设备供应单位有隶属关系或者其他利害关系的,不得承担该项建设工程的监理业务,否则可能影响工程监理单位客观、公正地执行监理任务。所谓"隶属关系",是指工程监理单位与承包单位或者建筑材料、建筑构配件和设备供应单位属于行政上、下级的关系;所谓"利害关系",是指工程监理单位与承包单位或者建筑材料、建筑构配件和设备供应单位存在某种利益关系，主要是经济上的利害关系。[1]

3. 忠实履行监理职责。工程监理单位应当依照法律、法规以及有关技术标准、设计文件和建设工程承包合同，代表建设单位对施工质量实施监理，并对施工质量承担监理责任。工程监理单位应当选派具有相应资格的总监理工程师和监理工程师进驻施工现场。未经监理工程师签字，建筑材料、建筑构配件和设备不得在工程上使用或者安装，施工单位不得进行下一道工序的施工。未经总监理工程师签字，建设单位不拨付工程款，不进行竣工验收。监理工程师应当按照工程监理规范的要求，采取旁站、巡视和平行检验等形式，对建设工程实施监理。

第二节　工程质量验收

工程质量验收，是指建设工程质量在施工单位自行检查合格的基础上，由工程质量验收责任方组织，工程建设相关单位参加，对检验批、分项、分部、单位工程及其隐蔽工程的质量进行抽样检验，对技术文件进行审核，并根据设计文件和相关标准以书面形式对工程质量是否合格作出确认。根据《施工质量验收标准》的规定，工程施工质量验收应划分为检验批验收，分项工程验收、分部工程验收和单位工程验收。

一、工程质量验收概述

根据《施工质量验收标准》的规定，工程施工质量应按下列要求进行验收：(1)工程质量验收均应在施工单位自检合格的基础上进行；(2)参加工程施工质量验收的各方人员应具备相应的资格；(3)检验批的质量应按主控项目和一般项目验收；(4)对涉及结构安全、节能、环境保护和主要使用功能的试块、试件及材料，应在进场时或施工中按规定进行见证检验；(5)隐蔽工程在隐蔽前应由施工单位通知监理单位进行验收，并应形成验收文件，验收合格后方可继续施工；(6)对涉及结构安全、节能、环境保护和使用功能的重要分部工程，应在验收前按规定进行抽样检验；(7)工程的观感质量应由验收人员现场检查，并应共同

---

〔1〕 参见卞耀武主编：《中华人民共和国建筑法释义》，法律出版社 1998 年版，第 108 页。

确认。工程施工质量验收合格应当符合下列条件:(1)符合工程勘察、设计文件的要求;(2)符合《施工质量验收标准》和相关专业验收规范的规定。

当工程质量不符合要求时,应按下列规定进行处理:(1)经返工或返修的检验批,应重新进行验收。(2)经有资质的检测机构检测鉴定,能够达到设计要求的检验批,应予以验收。(3)经有资质的检测机构检测鉴定,达不到设计要求,但经原设计单位核算,认可能够满足安全和使用功能的检验批,可予以验收。(4)经返修或加固处理的分项、分部工程,满足安全及使用功能要求时,可按技术处理方案和协商文件的要求予以验收;经返修或加固处理仍不能满足安全或重要使用要求的分部工程及单位工程,严禁验收。

二、检验批验收

检验批是工程质量验收的基本单元。检验批,是指按相同的生产条件或者按规定的方式汇总起来供抽样检验用的,由一定数量样本组成的检验体。检验批是建筑学术语,是施工过程中条件相同并有一定数量的材料、构配件或安装项目。如果一个分项工程需要验评多次,那么每一次验评就叫一个检验批。每个检验批的检验部分必须完全相同,检验批只做检验,不做评定。

检验批可根据施工、质量控制和专业验收的需要,按工程量、楼层、施工段、变形缝进行划分。施工前,应由施工单位制定分项工程和检验批的划分方案,并由监理单位审核。对于多层和高层建筑的分项工程,可按楼层或施工段来划分检验批,单层建筑的分项工程可按变形缝等划分检验批;地基基础的分项工程一般划分一个检验批,有地下层的基础工程可按不同地下层划分检验批;屋面工程的分项工程可按不同楼层屋面划分为不同的检验批;其他分部工程中的分项工程,一般按楼层划分检验批;工程量较少的分项工程可划分为一个检验批;安装工程一般按一个设计系统或设备组划分为一个检验批;室外工程一般划分为一个检验批;散水、台阶、明沟等含在地面检验批中。

检验批应由专业监理工程师组织施工单位项目专业质量检查员、专业工长等进行验收。检验批质量验收合格应符合下列条件:(1)主控项目的质量经抽样验收均应合格。(2)一般项目的质量经抽样检验合格;当采用计数抽样时,合格点率应符合有关专业验收规范的规定,且不得存在严重缺陷。(3)具有完整的施工操作依据、质量验收记录。

三、分项工程验收

分项工程，是指分部工程的细分，由一个或若干个检验批组成，是构成分部工程的基本项目，又称工程子目，它是通过较为简单的施工过程就可以生产出来并可用适当计量单位进行计算的建筑工程或安装工程。一般按照选用的施工方法、所使用的材料、结构构件规格等不同因素划分施工分项。[1] 如地基与基础分部工程可以划分为地基、基础、基坑支护、地下水控制、土方、边坡、地下防水等子分部工程，其中土方工程可以划分为土方开挖、土方回填、场地平整等分项工程，边坡工程可以划分为喷锚支护、挡土墙、边坡开挖等分项工程。

根据《施工质量验收标准》的规定，分项工程可按主要工种、材料、施工工艺、设备类别进行划分。施工前，应由施工单位制定分项工程和检验批的划分方案，并由监理单位审核。分项工程应由专业监理工程师组织施工单位项目专业技术负责人等进行验收。分项工程质量验收合格应符合下列条件：(1)所含检验批的质量均应验收合格；(2)所含检验批的质量验收记录应完整。

四、分部工程验收

分部工程，是指不能独立发挥能力或效益，又不具备独立施工条件，但具有结算工程价款条件的工程。分部工程是单位工程的组成部分，通常一个单位工程可按其工程实体的各部位划分为若干各分部工程。根据《施工质量验收标准》的规定，分部工程应按下列原则划分：

1. 按专业性质、工程部位确定。如房屋建筑工程，通常可以分为以下分部工程：地基与基础、主体结构、建筑装饰装修、屋面、建筑给水排水及供暖、通风与空调、建筑电气、智能建筑、建筑节能、电梯等。

2. 当分部工程较大或较复杂时，可按材料种类、施工特点、施工程序、专业系统及类别将分部工程划分为若干子分部工程。如地基与基础分部工程，可以分为地基、基础、基坑支护、地下水控制、土方、边坡、地下防水等子分部工程。

分部工程应由总监理工程师组织施工单位项目负责人和项目技术负责人等进行验收。勘察、设计单位项目负责人和施工单位技术、质量部门负责人应参加地基与基础分部工程的验收。设计单位项目负责人和施工单位技术、质量

---

〔1〕 参见胡新萍主编：《工程造价管理》，华中科技大学出版社 2013 年版，第 6 页。

部门负责人应参加主体结构、节能分部工程的验收。分部工程质量验收合格应符合下列条件:(1)所含分项工程的质量均应验收合格;(2)质量控制资料应完整;(3)有关安全、节能、环境保护和主要使用功能的抽样检验结果应符合相应规定;(4)观感质量应符合要求。

《2017 版施工合同范本》通用合同条款第 13.1 款约定了“分部分项工程验收”:分部分项工程质量应符合国家有关工程施工验收规范、标准及合同约定,承包人应按照施工组织设计的要求完成分部分项工程施工。除专用合同条款另有约定外,分部分项工程经承包人自检合格并具备验收条件的,承包人应提前 48 小时通知监理人进行验收。监理人不能按时进行验收的,应在验收前 24 小时向承包人提交书面延期要求,但延期不能超过 48 小时。监理人未按时进行验收,也未提出延期要求的,承包人有权自行验收,监理人应认可验收结果。分部分项工程未经验收的,不得进入下一道工序施工。分部分项工程的验收资料应当作为竣工资料的组成部分。

五、单位工程验收

单位工程,是指具备独立施工条件并能形成独立使用功能的建筑物或构筑物。对于规模较大的单位工程,可将其能形成独立使用功能的部分划分为一个子单位工程。室外工程包括室外设施、附属建筑及室外环境,都属于单位工程。

单位工程中的分包工程完工后,分包单位应对所承包的工程项目进行自检,并应按《施工质量验收标准》规定的程序进行验收。验收时,总包单位应派人参加。分包单位应将所分包工程的质量控制资料整理完毕,并移交给总包单位。单位工程完工后,施工单位应组织有关人员进行自检。总监理工程师应组织各专业监理工程师对工程质量进行竣工预验收。存在施工质量问题时,应由施工单位整改。整改完毕后,由施工单位向建设单位提交工程竣工报告,申请工程竣工验收。建设单位收到工程竣工报告后,应由建设单位项目负责人组织监理、施工、设计、勘察等单位项目负责人进行单位工程验收。单位工程质量验收合格应符合下列条件:(1)所含分部工程的质量均应验收合格;(2)质量控制资料应完整;(3)所含分部工程中有关安全、节能、环境保护和主要使用功能的检验资料应完整;(4)主要使用功能的抽查结果应符合相关专业验收规范的规定;(5)观感质量应符合要求。

第三节 工程竣工验收

竣工验收,是指在工程已经按照设计要求完成全部施工任务,准备交付给建设单位投入使用时,由建设单位或有关主管部门依照国家关于建筑工程竣工验收制度的规定,对该项工程是否合乎设计要求和工程质量标准所进行的检查、考核工作。[1]《民法典》第799条规定,建设工程竣工后,发包人应当根据施工图纸及说明书、国家颁发的施工验收规范和质量检验标准及时进行验收。建设工程竣工经验收合格后,方可交付使用;未经验收或者验收不合格的,不得交付使用。

一、竣工验收条件

《建设工程质量管理条例》第16条规定,建设单位在收到建设工程竣工报告后,应当组织设计、施工、工程监理等有关单位进行竣工验收。建设工程竣工验收应当具备下列条件:(1)完成建设工程设计和合同约定的各项内容;(2)有完整的技术档案和施工管理资料;(3)有工程使用的主要建筑资料、建筑构配件和设备的进场试验报告;(4)有勘察、设计、施工、工程监理等单位分别签署的质量合格文件;(5)有施工单位签署的工程保修书。

《工程竣工验收规定》第5条对竣工验收应当具备的条件作了更为具体的规定,工程符合下列要求方可进行竣工验收:(1)完成工程设计和合同约定的各项内容。(2)施工单位在工程完工后对工程质量进行了检查,确认工程质量符合有关法律、法规和工程建设强制性标准,符合设计文件及合同要求,并提出工程竣工报告。工程竣工报告应经项目经理和施工单位有关负责人审核签字。(3)对于委托监理的工程项目,监理单位对工程进行了质量评估,具有完整的监理资料,并提出工程质量评估报告。工程质量评估报告应经总监理工程师和监理单位有关负责人审核签字。(4)勘察、设计单位对勘察、设计文件及施工过程中由设计单位签署的设计变更通知书进行了检查,并提出质量检查报告。质量检查报告应经该项目勘察、设计负责人和勘察、设计单位有关负责人审核签字。(5)有完整的技术档案和施工管理资料。(6)有工程使用的主要建筑材料、建

---

〔1〕 参见卞耀武主编:《中华人民共和国建筑法释义》,法律出版社1998年版,第165页。

筑构配件和设备的进场试验报告,以及工程质量检测和功能性试验资料。(7)建设单位已按合同约定支付工程款。(8)有施工单位签署的工程质量保修书。(9)对于住宅工程,进行分户验收并验收合格,建设单位按户出具《住宅工程质量分户验收表》。(10)建设主管部门及工程质量监督机构责令整改的问题全部整改完毕。(11)法律、法规规定的其他条件。

《2017 版施工合同范本》通用合同条款第 13. 2. 1 项约定了“竣工验收条件”,工程具备下列条件的,承包人可以申请竣工验收:(1)除发包人同意的甩项工作和缺陷修补工作外,合同范围内的全部工程以及有关工作,包括合同要求的试验、试运行以及检验均已完成,并符合合同要求;(2)已按合同约定编制了甩项工作和缺陷修补工作清单以及相应的施工计划;(3)已按合同约定的内容和份数备齐竣工资料。

二、竣工验收程序

《工程竣工验收规定》第 6 条对工程竣工验收的程序进行了具体规定:

1. 工程完工后,施工单位向建设单位提交工程竣工报告,申请工程竣工验收。实行监理的工程,工程竣工报告须经总监理工程师签署意见。

2. 建设单位收到工程竣工验收报告后,对符合竣工验收要求的工程,组织勘察、设计、施工、监理等单位组成验收组,制定验收方案。对于重大工程和技术复杂工程,根据需要可邀请有关专家参加验收组。

3. 建设单位应当在工程竣工验收 7 个工作日前将验收的时间、地点及验收组名单书面通知负责监督该工程的工程质量监督机构。

4. 建设单位组织工程竣工验收。(1)建设、勘察、设计、施工、监理单位分别汇报工程合同履约情况和在工程建设各个环节执行法律、法规和工程建设强制性标准的情况;(2)审阅建设、勘察、设计、施工、监理单位的工程档案资料;(3)实地查验工程质量;(4)对工程勘察、设计、施工、设备安装质量和各管理环节等方面作出全面评价,形成经验收组人员签署的工程竣工验收意见。

《2017 版施工合同范本》通用合同条款第 13. 2. 2 项约定了“竣工验收程序”,除专用合同条款另有约定外,承包人申请竣工验收的,应当按照以下程序进行:

1. 承包人向监理人报送竣工验收申请报告,监理人应在收到竣工验收申请报告后 14 天内完成审查并报送发包人。监理人审查后认为尚不具备验收条件的,应通知承包人在竣工验收前承包人还需完成的工作内容,承包人应在完成监理人通知的全部工作内容后,再次提交竣工验收申请报告。

2. 监理人审查后认为已具备竣工验收条件的,应将竣工验收申请报告提交发包人,发包人应在收到经监理人审核的竣工验收申请报告后 28 天内审批完毕并组织监理人、承包人、设计人等相关单位完成竣工验收。

3. 竣工验收合格的,发包人应在验收合格后 14 天内向承包人签发工程接收证书。发包人无正当理由逾期不颁发工程接收证书的,自验收合格后第 15 天起视为已颁发工程接收证书。

4. 竣工验收不合格的,监理人应按照验收意见发出指示,要求承包人对不合格工程返工、修复或采取其他补救措施,由此增加的费用和(或)延误的工期由承包人承担。承包人在完成不合格工程的返工、修复或采取其他补救措施后,应重新提交竣工验收申请报告,并按本项约定的程序重新进行验收。

5. 工程未经验收或验收不合格,发包人擅自使用的,应在转移占有工程后 7 天内向承包人颁发工程接收证书;发包人无正当理由逾期不颁发工程接收证书的,自转移占有后第 15 天起视为已颁发工程接收证书。

除专用合同条款另有约定外,发包人不按照约定组织竣工验收、颁发工程接收证书的,每逾期一天,应以签约合同价为基数,按照中国人民银行发布的同期同类贷款基准利率支付违约金。

工程竣工验收合格后,建设单位应当及时提出工程竣工验收报告。工程竣工验收报告主要包括工程概况,建设单位执行基本建设程序情况,对工程勘察、设计、施工、监理等方面的评价,工程竣工验收时间、程序、内容和组织形式,工程竣工验收意见等内容。工程竣工验收报告还应附有下列文件:施工许可证,施工图设计文件审查意见,工程质量保修书,验收组人员签字的工程竣工验收意见,法律、法规规定的其他有关文件。

三、竣工验收备案

为了加强工程质量管理,住建部制定并颁布了《房屋建筑和市政基础设施工程竣工验收备案管理办法》,对房屋建筑和市政基础设施工程竣工验收备案的相关事宜作了具体的规定。建设单位应当自工程竣工验收合格之日起 15 天内,向工程所在地的县级以上人民政府住房城乡建设主管部门备案。

建设单位办理工程竣工验收备案应当提交下列文件:

(1)工程竣工验收备案表。

(2)工程竣工验收报告。竣工验收报告应当包括工程报建日期,施工许可证号,施工图设计文件审查意见,勘察、设计、施工、工程监理等单位分别签署的质量合格文件及验收人员签署的竣工验收原始文件,市政基础设施的有关质量检测和功能性试验资料,以及备案机关认为需要提供的有关资料。

(3)法律、行政法规规定的应当由规划、环保等部门出具的认可文件或者准许使用文件。

(4)法律规定应当由公安消防部门出具的对大型的人员密集场所和其他特殊建设工程验收合格的证明文件。

(5)施工单位签署的工程质量保修书。

(6)法规、规章规定必须提供的其他文件。住宅工程还应当提交《住宅质量保证书》和《住宅使用说明书》。

备案机关收到建设单位报送的竣工验收备案文件,验证文件齐全后,应当在工程竣工验收备案表上签署文件收讫。工程竣工验收备案表一式两份,一份由建设单位留存,一份留备案机关存档。

第四节 发包人未经竣工验收擅自使用工程

建设工程的质量,不仅关系施工合同发包人的投资利益,更关系将来建筑物的实际使用人,以及建筑物周围的不特定人员的生命健康和财产安全。建设工程作为一种特殊的商品,必须要严格保证其质量符合国家规定的强制性标准,才能够投入使用。而建设工程的竣工验收是对工程质量控制的最后一个重要环节,也是最后一道防线。因此,多部法律、行政法规,如《民法典》第 799 条、《建筑法》第 61 条、《建设工程质量管理条例》第 16 条,均明确规定,建设工程竣工经验收合格后,方可交付使用;未经验收或者验收不合格的,不得交付使用。

但实践中,存在发包人基于尽快获得投资收益的目的或其他原因,在工程未经竣工验收的情况下,即擅自使用该工程。发包人“擅自使用”的行为,使工程在使用过程中处于质量是否合格未定的状态,存在极大的风险。一旦出现质量问题,就责任的归属承担问题即会产生争议。《建筑安装工程承包合同条例》(已失效)第 13 条第 2 款第 3 项规定:“工程未经验收,发包方提前使用或擅自动用,由此而发生的质量或其他问题,由发包方承担责任。"《经济合同法》(已失效)第 34 条第 2 款第 4 项规定:"工程未经验收,提前使用,发现质量问题,自己承担责任。"上述规定均明确了发包人擅自使用未经验收工程,应承担相应的质量责任。《建设工程司法解释(一)》第 14 条也规定:"建设工程未经竣工验收,发包人擅自使用后,又以使用部分质量不符合约定为由主张权利的,人民法院不予支持;但是承包人应当在建设工程的合理使用寿命内对地基基础工程和主体结构质量承担民事责任。"

一、发包人是竣工验收的责任主体

承包人完成工程施工后,向发包人提交工程竣工报告,发包人应当按照合同约定及相关规定对工程进行竣工验收。《民法典》第 799 条第 1 款规定,建设工程竣工后,发包人应当根据施工图纸及说明书、国家颁发的施工验收规范和质量检验标准及时进行验收。《建设工程质量管理条例》第 16 条第 1 款规定:"建设单位收到建设工程竣工报告后,应当组织设计、施工、工程监理等有关单位进行竣工验收。"《工程竣工验收规定》第 4 条规定:"工程竣工验收由建设单位负责组织实施。"如果发包人未在合同约定的时间内组织竣工验收的,应当向承包人承担违约责任。同时,根据《建设工程司法解释(一)》第 9 条第 2 项的规定,承包人已经提交竣工验收报告,发包人拖延验收的,以承包人提交验收报告之日为竣工日期。

二、发包人"擅自使用"的认定

虽然司法解释对于发包人未经竣工验收擅自使用工程的相应法律后果进行了规定,但对于何为"擅自使用",司法实践中尚存有争议。

(一)"擅自"的认定

如果发包人经承包人的同意后对工程进行使用,是否属于"擅自",司法解释没有进行明确规定,实践中对此存在不同意见。

一种意见认为,发包人在使用工程时取得了承包人同意,故不属于"擅自使用"。例如,在贵阳善琳建筑装饰有限公司诉贵州森焱家具有限公司建设工程施工合同纠纷案中,法院认为:"对于'擅自'的文义解释为'对不在自己职权范围内的事情自作主张',因森焱家具公司需在装修房屋的同时使用房屋已取得善琳装饰公司的同意，故森焱家具公司的行为不属于‘擅自使用’。”[1]

另一种意见认为，只要使用行为发生在竣工验收之前，承包人同意不影响“擅自使用”的认定。例如，在宁夏新大地汽车有限公司诉中铁十八局集团建筑安装工程有限公司建设工程施工合同纠纷案中，法院认为：“（根据查明的事实）足以表明发包人宁夏新大地公司在案涉工程未经竣工验收情况下实际使用了工程，构成法律意义上的‘擅自使用’。宁夏新大地公司称……中铁安装公司同意，不构成‘擅自使用’和使用中铁安装公司承建的其他单位工程，缺乏法律依据和事实依据。”[2]

本书认为，组织竣工验收，既是发包人的合同义务，更是其法定义务，承包人是否同意发包人使用，均不能免除发包人组织竣工验收的义务。且《建设工程司法解释（一）》第14条仅规定了“建设工程未经竣工验收”作为认定发包人“擅自使用”的唯一前提，应当认为，承包人同意与否并不影响对发包人“擅自使用”的认定。

（二）“使用”的认定

对于“使用”应当作狭义理解，仅指发包人利用工程发挥了工程设计目的或用途的一般功能，如工厂进行了投产、住宅小区出卖并移交给了小业主进行装修入住[3]等。如发包人仅是占有工程，或仅用来堆放一些物品[4]，而未发挥该建筑物应有作用的，不应认定为“使用”。这是因为，建筑物作为特殊的产品，法律规定其必须竣工验收才能交付使用，在于保障工程质量，防止建筑物在使用过程中对建筑物的使用人、建筑物内部及周边的人或物造成损害。在工程未实际投入使用，不会对使用人及建筑物内部及周边人或物的安全产生威胁的情况下，不宜让发包人承担过于严苛的责任。

---

〔1〕 贵州省高级人民法院民事裁定书，(2018)黔民申714号。

〔2〕 四川省高级人民法院民事判决书，(2012)川民终字第66号。

〔3〕 参见河南省××建设发展有限公司诉固始县国宾大酒店有限公司建设工程施工合同纠纷案，最高人民法院(2020)最高法民申2575号民事裁定书。法院认为：“国宾公司作为案涉工程的开发商，对于项目工程主要用于出售，其在明知工程未经竣工验收的情况下，将案涉工程房屋交付业主并装修入住，其行为已经构成擅自使用。”

〔4〕 参见杭州杭春钢构材料有限公司诉青岛恒泰机械配件有限公司建设工程施工合同纠纷案，山东省青岛市中级人民法院(2017)鲁02民终9156号民事判决书。法院认为：“恒泰公司接收（案涉工程）后仅存放部分物品，不属于擅自使用。”

对于一些特殊的工程,依照规定要以试运行作为竣工验收的前置条件的,则不能将发包人对工程进行试运行认定为“擅自使用”。如根据《公路工程竣(交)工验收办法》第16条第1项的规定,公路工程必须在通车试运营2年后才能进行竣工验收。“公路工程的竣工验收作为交工验收后的一道独立的程序,仍然需要在交工验收的基础上符合如通车试运行两年、交工验收提出的工程质量缺陷等遗留问题已处理完毕等特定条件才能进行。……司法解释的规定针对的是发包方违反法律禁止性规定,在工程未经竣工验收的情况下提前使用建设工程,而案涉公路工程在竣工验收前、交工验收后的转移占有并进入试运营状态,是公路工程特定的验收程序要求,并不属于‘未经竣工验收,发包人擅自使用’的情形。”〔1〕因此,虽然公路工程完工后,通车试运行属于“使用”工程,但该“使用”是基于相关规定要求,不属于发包人“擅自使用”的范畴。

三、发包人“擅自使用”的法律后果

如果发包人擅自使用未经竣工验收的工程,若使用部分存在质量问题,发包人要求承包人承担质量责任的主张将得不到法院支持。“在建设工程未经过竣工验收或者验收未通过的情况下,发包人违反法律规定,擅自或强行使用,即可视为发包人对建筑工程质量是认可的,或者虽然工程质量不合格其自愿承担质量责任。”〔2〕目前的司法实践中,多数观点认为,发包人未经验收擅自使用工程的,可以认定该工程视为验收合格。〔3〕“发包人擅自使用未经竣工验收的工程,则占有使用之时视为工程已竣工验收,发包人提前承担工程经验收之后的法律后果。”〔4〕也有观点认为,发包人擅自使用的行为应为证明妨碍,“因为承

---

〔1〕杨某某诉中电建路桥集团有限公司、珠海交通集团有限公司建设工程施工合同纠纷案,广东省珠海市中级人民法院(2016)粤04民终300号民事判决书。

〔2〕最高人民法院民事审判第一庭编著:《最高人民法院建设工程施工合同司法解释的理解与适用》,人民法院出版社2015年版,第108页。

〔3〕参见江苏南通二建集团有限公司诉沈阳久兴房地产开发有限公司建设工程施工合同纠纷案,辽宁省高级人民法院(2019)辽民终1721号民事判决书。法院认为:“现天达1号公馆项目因久兴公司原因未经竣工验收,但已经交由久兴公司使用,一审法院依据司法解释规定,认定涉案工程视为验收合格并无不当。”

湖北腾晖建筑工程有限公司、周某某诉湖北强华房地产开发有限责任公司、易某某建设工程施工合同纠纷案,湖北省高级人民法院(2019)鄂民申1589号民事裁定书。法院认为:“涉案建设工程未经竣工验收即接收该工程并陆续对外销售且大多数业主现已入住,原审法院认定涉案建设工程视为验收合格符合法律规定。”

〔4〕董永强、叶锋:《擅用未验收工程并不排除保修责任》,载《人民司法·案例》2015年第6期。

包人对于工程质量合格负有举证责任,因此,在发包人擅自使用这一事实对承包人的举证能力造成影响之后,应当做出对承包人有利的举证责任的调整”。〔1〕

发包人未经竣工验收擅自使用工程,工程使用过程中出现质量问题,如无法判定该质量问题是施工造成的,还是发包人使用不当造成的,即出现责任无法认定的情形,应当认定由发包人承担责任。这是因为,一方面,如果工程进行了竣工验收,工程质量是否合格将十分清楚,是发包人擅自使用的行为导致质量责任不明,发包人应承担相应的责任;另一方面,竣工验收是法律明确规定发包人必须履行的义务,发包人未经竣工验收擅自使用,系违法行为,在质量责任不明时,由违法者承担不利后果,体现了司法对违法行为的制裁,表明了司法不让违法者获益的态度。但司法解释仅规定发包人不能“以使用部分质量不符合约定为由主张权利”,并不能推出“视为质量合格”或“视为验收合格”的结论。另外,发包人仅对使用部分承担质量风险责任,未使用的部分仍然由施工单位承担质量责任。

(一)发包人擅自使用后,工程质量不符合约定的责任自行承担,如工程质量不符合国家强制性标准的,仍由承包人承担主要质量责任

原国务院法制办公室2003年发布的《对〈最高人民法院关于如何理解《建筑安装工程承包合同条例》第十三条规定的征求意见函〉的答复》(国法函〔2003〕249号)〔2〕指出:“《建筑安装工程承包合同条例》第十三条规定:‘工程

---

〔1〕 朱永超:《擅自使用的法律后果应为证明妨碍》,载微信公众号“马鞍山仲裁委员会”2021年6月9日。

〔2〕 最高人民法院2003年11月15日向原国务院法制办公室发出《关于如何理解〈建筑安装工程承包合同条例〉第十三条规定的征求意见函》(法函〔2003〕55号):“国务院法制办:我院在审理建筑安装工程质量案件时,涉及国务院1986年颁布实施的《建筑安装工程承包合同条例》第十三条规定的适用,对该条文的规定:‘工程未经验收,发包方提前使用或擅自动用,由此发生的质量问题或其他问题,由发包方承担责任。’对该条规定的理解,我院有两种意见:一种意见认为,只要工程未经验收,发包方提前使用或擅自动用,从发包方提前使用或擅自动用时开始,产生的一切质量问题均应由发包方承担责任,不论这种质量问题是否系由于其使用的原因造成。理由是:在一般情况下,工程质量问题应该由造成工程质量问题的一方承担责任。但建筑工程应该进行验收才能使用,是国家有关法律法规的强制性规定,在工程未经验收的情况下,只要发包方提前使用或擅自动用未验收工程,就应该由其承担责任。另一种意见认为,该条例规定的‘由此’应该理解为‘因此’,即发包方虽然提前使用了未经竣工验收的工程,但如果该工程质量问题并不是由于使用方的提前使用而造成,而是由于施工方施工过程中没有按照有关建筑法规的要求施工而形成,则仍然应该由施工方承担责任。特别是在施工方同意建设方使用或双方在合同中约定的情况下更应如此。如果一味要求提前使用一方承担不属于其造成的质量责任,与《中华人民共和国民法通则》规定的公平原则和过错责任原则相悖。以上两种意见,哪一种意见符合《条例》第十三条规定的立法原意,特请贵办予以答复。”

未经验收,发包方提前使用或擅自动用,由此而发生的质量或其他问题,由发包方承担责任。'根据上述规定,发包方提前使用或擅自动用了未经验收的工程,由此发生的质量问题,特别是在因提前使用或者擅自动用造成责任无法认定的情况下,发包方应当承担责任。但是如果该工程存在的质量问题是由于设计、施工等责任方没有按照有关建设工程的法律、法规和工程建设强制性标准的要求设计、施工造成的,则应当由责任方承担主要责任,发包方承担一定的责任。"

此后,在2004年9月29日通过的原《建设工程司法解释》中,第13条关于"建设工程未经竣工验收,发包人擅自使用后,又以使用部分质量不符合约定为由主张权利的,不予支持"的规定体现出来的司法规则,显然与前述国法函〔2003〕249号的意见一脉相承。

工程质量标准可以分为国家规定的工程建设强制性标准和施工合同中约定的质量标准或要求。对于国家规定的工程建设强制性标准,《建筑法》第58条和《建设工程质量管理条例》第26条均规定,施工单位对建设工程的施工质量负责。承包人必须按照工程设计图纸和施工技术标准施工,不得偷工减料,必须要保证施工质量符合国家规定的强制性标准。这是法律、行政法规规定的承包人的强制性义务,不因合同约定或其他任何因素而排除。施工合同约定的质量标准,一般会高于国家规定的工程建设强制性标准,除了《施工质量验收标准》第5.0.5条规定的"满足安全或重要使用要求"外,还会包括发包人的一些特殊要求,如美观、便利等。承包人完成的工程必须符合国家强制性标准,既是法定义务,也是合同义务;承包人完成的工程符合合同约定,是合同义务。发包人未经竣工验收擅自使用工程,并不会导致承包人法定义务的消灭,只会产生对合同义务的免除。即承包人仍应保证施工质量符合国家强制性标准,而高于国家强制性标准的约定质量义务,则因发包人擅自使用的行为而免除,发包人以使用部分质量不符合约定为由主张权利的,法院不予支持。如果工程质量问题是由于承包人未按照工程建设强制性标准的要求施工造成的,则应当由承包人承担主要的质量责任。但由于发包人未经竣工验收擅自使用的行为本身属违法行为,而使用行为也可能会使质量问题的扩大,因此发包人也应承担一定的责任。

发包人以"质量不符合约定"可以主张的权利主要包括两点:一是《民法典》第801条规定的,因施工人的原因致使建设工程质量不符合约定的,发包人有权请求施工人在合理期限内无偿修理或者返工、改建;二是《建设工程司法解释(一)》第 12 条规定的,因承包人原因造成建设工程质量不符合约定,承包人拒绝修理、返工或者改建,发包人可以请求减少支付工程价款。发包人未经竣工验收擅自使用工程的,如使用部分质量不符合约定,发包人请求承包人修理或者返工、改建的,承包人有权拒绝;发包人亦不能以此为由减少支付工程价款。

(二)承包人应当在建设工程的合理使用寿命内对地基基础工程和主体结构质量承担民事责任

《建筑法》第 60 条第 1 款规定:“建筑物在合理使用寿命内,必须确保地基基础工程和主体结构的质量。”建筑物的地基基础和主体结构的质量,是整个建筑物的质量基础,如果地基基础和主体结构存在质量问题,整个建筑物将面临巨大的安全风险,因此法律规定建筑在合理使用寿命内必须确保地基基础工程和主体结构的质量。关于建筑工程的合理使用寿命〔1〕,由于建筑物本身的结构类型多样,质量要求不一,立法层面并没有统一规定各项建筑物的合理使用寿命,具体各项建筑工程的合理使用寿命,要综合建筑物的使用功能、所处环境等各种因素由专业机构进行判断。〔2〕

施工承包人对地基基础工程和主体结构的质量保证义务,是《建筑法》明文规定的强制性义务,不因发包人的擅自使用而免除。对于发包人未经竣工验收擅自使用部分的建筑物的地基基础工程和主体结构,承包人仍应承担其在合理使用寿命内的质量责任。

(三)承包人不因发包人擅自使用免除保修义务

对发包人擅自使用未经竣工验收工程后,承包人是否仍负有保修责任,司

---

〔1〕 住建部 2018 年发布的《建筑结构可靠性设计统一标准》第 3.3.3 项和 2019 年发布的《民用建筑设计统一标准》第 3.2 款均规定了民用建筑的设计使用年限,标志性建筑和特别重要的建筑结构的设计使用年限为 100 年,普通房屋和构筑物为 50 年,易于替换的结构构件为 25 年,临时性建筑结构为 5 年。《建筑结构可靠性设计统一标准》第 3.3 款同时还规定,建筑结构的设计基准期应为 50 年,建筑结构设计时,应规定结构的设计使用年限。建筑结构设计时应对环境影响进行评估,当结构所处的环境对其耐久性有较大影响时,应根据不同的环境类别采用相应的结构材料、设计构造、防护措施、施工质量要求等,并应制定结构在使用期间的定期检修和维护制度,使结构在设计使用年限内不致因材料的劣化而影响其安全或正常使用。

〔2〕 参见王勇:《建设工程施工合同纠纷实务解析》(增订第 2 版),法律出版社 2019 年版,第 291 页。

法实践中存在争议。一种观点认为,“建设工程未经竣工验收建设方即擅自使用,除地基基础工程和主体结构以外,施工方不承担质量缺陷的保修责任。”〔1〕另一种观点认为,“擅自使用未经竣工验收的工程,并不排除工程保修期内的保修责任。”〔2〕例如,在青海临峰房地产开发有限公司诉浙江中业建设集团有限公司建设工程施工合同纠纷案中,法院认为:“施工方对建设工程应承担的质量责任,包括对工程施工中出现的质量问题及经验收不合格工程应承担的质量返修责任,以及对经验收合格的工程在使用过程中的质量问题应承担的保修责任。临峰公司未经竣工验收擅自使用,只是推定工程质量合格,并不能免除承包人对案涉工程质量保修义务。”〔3〕

《建筑法》和《建设工程质量管理条例》中,均明确规定建设工程实行质量保修制度。《建设工程质量管理条例》第 41 条规定:“建设工程在保修范围和保修期限内发生质量问题的,施工单位应当履行保修义务,并对造成的损失承担赔偿责任。”可见保修义务是法律、行政法规规定的承包人必须要履行的强制性义务,发包人擅自使用的行为并不能导致承包人该义务的免除,在合同约定的保修期限和保修范围内,承包人应当忠实履行保修义务。

工程质量保修,是指工程交付使用后一定期限内发现的工程质量缺陷,由承包人负责修复。工程质量缺陷,是指工程达不到技术标准允许的技术指标的现象。而如前文所述,在发包人未经竣工验收擅自使用工程的情况下,承包人仍负有保证施工质量符合国家强制性标准的法定义务。因而,在工程使用过程中,在约定的保修范围和保修期限内发现的工程质量缺陷,由承包人承担将其修复至符合国家强制性标准的义务,与司法解释的规定并不冲突。

(四)发包人擅自使用的行政责任

《建筑法》第 61 条第 2 款规定:“建筑工程竣工经验收合格后,方可交付使用;未经验收或者验收不合格的,不得交付使用。”《建设工程质量管理条例》第 16 条第 3 款规定:“建设工程经验收合格的,方可交付使用。”这些规定均是保障建设工程质量安全的强制性条款,如发包人擅自使用未经竣工验收的工程,

---

〔1〕 陈晨、王圣军:《未经竣工验收擅自使用能否主张保修责任》,载《江苏法制报》2013 年 1 月 8 日,第 8 版。

〔2〕 董永强、叶锋:《擅用未验收工程并不排除保修责任》,载《人民司法·案例》2015 年第 6 期。

〔3〕 最高人民法院民事判决书,(2019)最高法民再 166 号。

将承担相应的行政责任。《建设工程质量管理条例》第58条规定:“违反本条例规定,建设单位有下列行为之一的,责令改正,处工程合同价款百分之二以上百分之四以下的罚款;造成损失的,依法承担赔偿责任:(一)未组织竣工验收,擅自交付使用的;(二)验收不合格,擅自交付使用的;(三)对不合格的建设工程按照合格工程验收的。”

【典型案例】齐齐哈尔市非凡建筑装饰工程有限责任公司与泰来县聚洋购物中心有限公司、泰来县鑫宇房地产开发有限责任公司建设工程施工合同纠纷案〔1〕

【基本案情】2012年6月14日,泰来县聚洋购物中心有限公司(以下简称聚洋公司)与齐齐哈尔市非凡建筑装饰工程有限责任公司(以下简称非凡公司)签订装修协议,约定由非凡公司承包聚洋公司室内外装修装饰工程。2012年11月1日,聚洋公司与非凡公司签订《工程施工合同》,约定工程地点为聚洋公司四楼餐饮区。非凡公司于2021年8月开工,当年12月完工,未进行验收。聚洋公司于2012年12月18日开业使用房屋。后双方因工程款支付产生争议,非凡公司提起诉讼要求支付工程款及违约金,聚洋公司反诉要求承担质量返修费用。

【裁判观点】本案双方签订的《工程装修合同书》第6条约定,未经验收擅自使用涉案工程,视为聚洋公司对该工程已经验收合格。聚洋公司在涉案工程竣工后未经验收即开业使用,根据上述约定,自其实际使用之日起即应认定工程已经验收合格,非凡公司不再负有施工中或经验收不合格的质量返修责任,仅对涉案工程质量在保修期内及保修范围内负有保修义务,承担保修责任。

第五节 工程质量保修

《建筑法》第62条规定,建筑工程实行质量保修制度。《建设工程质量管理

---

〔1〕 参见最高人民法院民事判决书,(2016)最高法民再23号。

条例》第39条规定，建设工程实行质量保修制度。建设工程承包单位在向建设单位提交工程竣工验收报告时，应当向建设单位出具质量保修书。质量保修书中应当明确建设工程的保修范围、保修期限和保修责任。建设工程的质量保修制度，是指对建设工程在交付使用后的一定期限内发现的工程质量缺陷，由施工单位承担修复责任的制度。[1]

一、施工单位的质量保修责任

《建设工程质量管理条例》第41条规定："建设工程在保修范围和保修期限内发生质量问题的，施工单位应当履行保修义务，并对造成的损失承担赔偿责任。"在保修范围和保修期限内，施工单位在收到建设单位的保修通知后，应当在约定的时间内履行保修义务，但最终的保修费用和赔偿责任由责任方承担。具体如下：

（1）施工单位原因造成的质量问题，由施工单位负责修复，并自行承担维修所产生的费用，并对因质量问题造成的人身损害和财产损失承担赔偿责任。

（2）因建设单位或使用单位使用不当造成的质量问题，可以由施工单位修复，但由建设单位或使用单位承担修复的费用，并支付施工单位合理利润。

（3）因其他原因造成的质量问题，可以由施工单位修复，发包人应承担修复的费用，并支付施工单位合理的利润，因质量问题造成的人身损害和财产损失的赔偿责任由责任方承担。

对在保修期限和保修范围内发生的质量问题，一般应先由建设单位组织勘察、设计、施工等单位分析质量问题的原因，确定保修方案，由施工单位负责保修。[2] 但当质量问题严重或紧急时，无论是什么原因造成的质量问题，均先由施工单位履行保修义务。

如承包人未及时履行保修义务的，应向发包人承担违约责任，并承担损害赔偿责任。发包人或建筑物使用人对保修不及时存在过错的，如未及时通知保修，也应承担相应的责任。《建设工程司法解释（一）》第18条规定："因保修人未及时履行保修义务，导致建筑物毁损或者造成人身损害、财产损失的，保修人

---

〔1〕 参见卞耀武主编：《中华人民共和国建筑法释义》，法律出版社1998年版，第167页。

〔2〕 郜凤涛、赵晨主编，国务院法制办等编著：《建设工程质量管理条例释义》，中国城市出版社2000年版，第104页。

应当承担赔偿责任。保修人与建筑物所有人或者发包人对建筑物毁损均有过错的,各自承担相应的责任。"《房屋建筑工程质量保修办法》第 15 条规定:"因保修不及时造成新的人身、财产损害,由造成拖延的责任方承担赔偿责任。"

承包人不履行或拖延履行保修义务,还将承担相应的行政责任。《建筑法》第 75 条规定:"建筑施工企业违反本法规定,不履行保修义务或者拖延履行保修义务的,责令改正,可以处以罚款,并对在保修期内因屋顶、墙面渗漏、开裂等质量缺陷造成的损失,承担赔偿责任。"《建设工程质量管理条例》第 66 条规定:"违反本条例规定,施工单位不履行保修义务或者拖延履行保修义务的,责令改正,处 10 万元以上 20 万元以下的罚款,并对在保修期内因质量缺陷造成的损失承担赔偿责任。"

二、保修范围和保修期限

《建筑法》第 62 条第 2 款规定了工程保修范围和保修期限,建筑工程的保修范围应当包括地基基础工程、主体结构工程、屋面防水工程和其他土建工程,以及电气管线、上下水管线的安装工程,供热、供冷系统工程等项目;保修的期限应当按照保证建筑物合理寿命年限内正常使用,维护使用者合法权益的原则确定。具体的保修范围和最低保修期限由国务院规定。国务院制定颁布的《建设工程质量管理条例》第 40 条规定了建设工程的最低保修期限,在正常使用条件下,建设工程的最低保修期限为:(1)基础设施工程、房屋建筑的地基基础工程和主体结构工程,为设计文件规定的该工程的合理使用年限;(2)屋面防水工程、有防水要求的卫生间、房间和外墙面的防渗漏,为 5 年;(3)供热与供冷系统,为 2 个采暖期、供冷期;(4)电气管线、给排水管道、设备安装和装修工程,为 2 年。其他项目的保修期限由发包方与承包方约定。

《建设工程质量管理条例》第 40 条关于最低保修期限的规定是强制性条款,发包人和承包人在施工合同中约定的保修期限不得低于该条规定的期限,否则该约定无效,裁判者仍然应当按照该条规定的期限认定保修期。但当事人可以约定高于该条规定最低期限的保修期。

有些地方上的规定对保修期有特殊的规定,如《浙江省实施〈中华人民共和国消费者权益保护法〉办法》第 19 条第 2 款规定,商品房的屋面防水工程、有防水要求的厨房、卫生间、地下室和外墙面的防渗漏保修期限不得低于 8 年,保修期限自商品房交付消费者之日起计算。这是关于商品房开发商对其出售的商品房的防水保修的规定，与工程保修并不相同，但在浙江地区签订的住宅工程施工合同中，作为发包人的开发商一般会要求将屋面防水工程、有防水要求的卫生间、房间和外墙面的防渗漏的保修期约定为8年，以回应该规定的要求。

关于保修期的起算点，《建设工程质量管理条例》第40条第3款规定，建设工程的保修期，自竣工验收合格之日起计算。针对实践中经常出现的“发包人拖延验收”或“发包人擅自使用”的情况，根据《建设工程司法解释（一）》第9条[1]的规定，如承包人已经提交验收报告，发包人拖延验收的，则自承包人提交验收报告之日开始计算保修期；如建设工程未经竣工验收，发包人擅自使用的，则以转移占有建设工程之日作为保修期的起算时间。如发包人仅“擅自使用”部分工程的，则使用部分的工程保修期自转移占有之日起算，其他未使用部分的工程仍然自竣工验收合格之日开始起算保修期。

三、保修通知义务

发包人或建设工程的所有人、使用人在使用工程的过程中，发现工程存在质量缺陷的应当及时通知承包人进行修复。《2017版施工合同范本》通用合同条款第15.4.3项约定，“在保修期内，发包人在使用过程中，发现已接收的工程存在缺陷或损坏的，应书面通知承包人予以修复，但情况紧急必须立即修复缺陷或损坏的，发包人可以口头通知承包人并在口头通知后48小时内书面确认，承包人应在专用合同条款约定的合理期限内到达工程现场并修复缺陷或损坏。”《房屋建筑工程质量保修办法》第9条规定：“房屋建筑工程在保修期限内出现质量缺陷，建设单位或者房屋建筑所有人应当向施工单位发出保修通知。施工单位接到保修通知后，应当到现场核查情况，在保修书约定的时间内予以保修。发生涉及结构安全或者严重影响使用功能的紧急抢修事故，施工单位接到保修通知后，应当立即到达现场抢修。”

承包人应当在接到保修通知后在合同约定的时间内及时赶到现场进行修复。如因发包人未及时通知导致质量缺陷扩大或造成新的损害的，由发包人承担责任。对于保修期内发生的质量问题，发包人应当先履行通知义务，通知承

---

[1] 《建设工程司法解释（一）》第9条规定：“当事人对建设工程实际竣工日期有争议的，人民法院应当分别按照以下情形予以认定：（一）建设工程经竣工验收合格的，以竣工验收合格之日为竣工日期；（二）承包人已经提交竣工验收报告，发包人拖延验收的，以承包人提交验收报告之日为竣工日期；（三）建设工程未经竣工验收，发包人擅自使用的，以转移占有建设工程之日为竣工日期。”

包人进行维修,而不能不经通知直接起诉承包人,要求通过鉴定确定其支付修复费用。如发包人在通知后,承包人拒不履行维修义务,发包人可自行维修,并可向承包人主张修复费用。

四、修复费用及赔偿责任的承担

工程质量问题带来的损失,包括直接损失,即修复所产生的费用,和间接损失,即给建筑物使用人或第三人造成的人身损害或财产损失,由造成工程质量问题的责任方承担。《房屋建筑工程质量保修办法》第13条规定:“保修费用由质量缺陷的责任方承担。”第14条规定:“在保修期内,因房屋建筑工程质量缺陷造成房屋所有人、使用人或者第三方人身、财产损害的,房屋所有人、使用人或者第三方可以向建设单位提出赔偿要求。建设单位向造成房屋建筑工程质量缺陷的责任方追偿。”

《2017版施工合同范本》通用合同条款第15.4.2项对修复费用的承担作了约定,“保修期内,修复的费用按照以下约定处理:(1)保修期内,因承包人原因造成工程的缺陷、损坏,承包人应负责修复,并承担修复的费用以及因工程的缺陷、损坏造成的人身伤害和财产损失;(2)保修期内,因发包人使用不当造成工程的缺陷、损坏,可以委托承包人修复,但发包人应承担修复的费用,并支付承包人合理利润;(3)因其他原因造成工程的缺陷、损坏,可以委托承包人修复,发包人应承担修复的费用,并支付承包人合理的利润,因工程的缺陷、损坏造成的人身伤害和财产损失由责任方承担”。

【典型案例】商丘市隆安商贸有限公司与河南省力宏建筑安装有限公司建设工程施工合同纠纷案〔1〕

【基本案情】经招标投标程序,商丘市隆安商贸有限公司(以下简称隆安公司)与河南省力宏建筑安装有限公司(以下简称力宏公司)于2012年签订《建设工程施工合同》,约定隆安公司将其开发建设的伊顿小镇小区土建施工发包给力宏公司。2014年双方又就涉案工程地下车库工程签订施工合同。2015年7月涉案小区业主开始入住。力宏公司于2017年6月起诉要求支付

〔1〕 参见河南省高级人民法院民事判决书,(2019)豫民终1675号。

工程款,后达成调解协议。其后隆安公司起诉要求力宏公司赔偿工期质量违约损失、交付竣工资料及协助为业主办理产权登记。

【裁判观点】本案二审审理中,隆安公司就涉案工程地下车库漏水以及外墙渗水质量瑕疵问题申请司法鉴定。作为涉案工程承包方,根据合同约定及法律规定,力宏公司有义务交付质量合格的涉案工程以及维修涉案工程达到合同约定的质量标准。鉴于力宏公司认可涉案工程存在质量瑕疵,因涉案工程仍在质保期内,力宏公司已承诺在法定及合同约定的范围内履行维修义务、承担全部维修费用,并确保维修后达到合同约定的质量标准。鉴于此,法院认为,本案没有鉴定的必要性,对于隆安公司的该项申请,不予准许。力宏公司修复工程完毕后,应向隆安公司提交验收报告,隆安公司亦应及时牵头组织验收。隆安公司上诉主张力宏公司赔偿维修费用,但未提供证据证明其向力宏公司送达维修通知,亦未举证证实其自行维修支付的实际费用数额,隆安公司该项上诉请求,法院不予支持。如隆安公司通知力宏公司履行维修义务而力宏公司未履行,隆安公司有证据证明其自行维修并支付了相关费用,可另行主张。

第六节 建设工程质量保证金

建设工程质量保证金,是指发包人与承包人在建设工程承包合同中约定,从应付的工程款中预留的,用以保证承包人在缺陷责任期内对建设工程出现的缺陷进行维修的资金。就其功能而言,建设工程质量保证金是一种资金担保方式。[1] 为规范建设工程质量保证金管理,落实工程在缺陷责任期内的维修责任,根据《建筑法》《建设工程质量管理条例》等的相关规定,住建部和财政部制定并发布了《质量保证金管理办法》。

根据《质量保证金管理办法》的规定,发包人应当在招标文件中明确保证金预留、返还等内容,并与承包人在合同条款中对涉及保证金的下列事项进行约

〔1〕 参见最高人民法院民事审判第一庭编著:《最高人民法院新建设工程施工合同司法解释(一)理解与适用》,人民法院出版社2021年版,第172页。

定:(1)保证金预留、返还方式;(2)保证金预留比例、期限;(3)保证金是否计付利息,如计付利息,利息的计算方式;(4)缺陷责任期的期限及计算方式;(5)保证金预留、返还及工程维修质量、费用等争议的处理程序;(6)缺陷责任期内出现缺陷的索赔方式;(7)逾期返还保证金的违约金支付办法及违约责任。

一、质量保证金的概念沿革

为保证承包人切实履行其对工程在保修期间内的保修义务,改革开放以来,我国工程领域的通行做法是由承包人向发包人支付一定款项作为履行保修义务的担保,或为便利,直接由发包人在应付工程款中扣留约定比例的工程款作为担保金,在保修期满后予以返还。这笔款项因用作工程保修的担保,被称为保修金。《建设工程施工合同示范文本》(GF-91-0201,已失效)“合同条件”第29条约定,“乙方按照国家有关规定和协议条款约定的保修项目、内容、范围、期限及保修金额和支付方法,进行保修并支付保修金”。“采取按合同价款一定比率在甲方应付乙方工程款内预留保修金办法的,甲方应在保修期满后20天内结算,将剩余保修金和按协议条款约定利率计算的利息一起退还乙方。”

在《建设工程施工合同(示范文本)》(GF-1999-0201,已失效)中开始称为“质量保修金”,通用条款第34条约定:“质量保修书的主要内容包括:……(4)质量保修金的支付方法。”在2002年财政部印发的《基本建设财务管理规定》(已失效)中,首次提到“工程质量保证金”,第34条规定:“工程建设期间,建设单位与施工单位进行工程价款结算,建设单位必须按工程价款结算总额的5%预留工程质量保证金,待工程竣工验收一年后再清算。”而在财政部、原建设部2004年印发的《建设工程价款结算暂行办法》中所用的概念是“质量保证(保修)金”,第14条第4项中规定:“发包人根据确认的竣工结算报告向承包人支付工程竣工结算价款,保留5%左右的质量保证(保修)金,待工程交付使用一年质保期到期后清算(合同另有约定的,从其约定)。”2005年财政部、原建设部印发的《建设工程质量保证金管理暂行办法》(已失效),也称为“建设工程质量保证金(保修金)”。至《建设工程施工合同(示范文本)》(GF-2013-0201,已失效)中,才开始明确称为“质量保证金”,并沿用至今。2016年6月国务院办公厅印发的《关于清理规范工程建设领域保证金的通知》(国办发〔2016〕49号),所使用的概念也是“工程质量保证金”。2016年12月,为贯彻落实该通知,住建部、财政部印发了《质量保证金管理办法》,废止了2005年的暂行办法,并沿用了“建设工程质量保证金”的概念。

从保修金到质量保修金，再到质量保证（保修）金，再到质量保证金，名称的演变，意味着名称背后的制度内容的不断变化和丰富，包括质量保证金的支付方式、返还期限等。通过改革开放以来工程实践的发展，建设工程质量保证金制度从工程实践中汲取营养，并不断进行总结、提炼、深化，通过制度化的设计再回归服务于工程实践。

二、质量保证金的缴纳

《质量保证金管理办法》《2017 版施工合同范本》等法规、政策文件中，对于质量保证金的缴纳方式、缴纳额度（比例）等都进行了较为具体详细的规定。

（一）质量保证金的缴纳方式

对于建设工程质量保证金的缴纳方式，目前实践中采用较多的有两种，一是由发包人在工程结算后扣留约定比例的工程款作为质量保证金；二是由承包人向发包人提交工程款结算金额约定比例金额的保函。因建筑业属于利润比较微薄的行业，采用扣留一定比例工程款的方式，会占用施工企业大量的流动资金，不利于企业的经营，也不利于我国建筑业的健康发展，因而近些年来，中央和各地方政府都出台了政策文件，推行以银行保函缴纳质量保证金的方式。例如，国务院办公厅 2016 年印发的《关于清理规范工程建设领域保证金的通知》第 2 条即规定：“转变保证金缴纳方式。对保留的投标保证金、履约保证金、工程质量保证金、农民工工资保证金，推行银行保函制度，建筑业企业可以银行保函方式缴纳。”住建部等部门 2019 年印发的《关于加快推进房屋建筑和市政基础设施工程实行工程担保制度的指导意见》（建市〔2019〕68 号）第 3 条第 4 项规定，“强化工程质量保证银行保函应用”。又如，浙江省 2020 年印发的《关于在浙江省工程建设领域改革保证金制度的通知》（浙建〔2020〕7 号）第 1 条规定：“加快推行工程保函替代保证金。工程保函包括银行保函、保险机构保证保险保单和融资担保公司保函。2020 年 6 月 30 日后招标的政府投资项目全面推行工程保函缴纳投标保证金、履约保证金和工程质量保证金……”

《2017 版施工合同范本》通用合同条款第 15.3.1 项约定：“承包人提供质量保证金有以下三种方式：（1）质量保证金保函；（2）相应比例的工程款；（3）双方约定的其他方式。除专用合同条款另有约定外，质量保证金原则上采用上述第(1)种方式。”第15.3.2项约定:“质量保证金的扣留有以下三种方式:(1)在支付工程进度款时逐次扣留,在此情形下,质量保证金的计算基数不包括预付款的支付、扣回以及价格调整的金额;(2)工程竣工结算时一次性扣留质量保证金;(3)双方约定的其他扣留方式。除专用合同条款另有约定外,质量保证金的扣留原则上采用上述第(1)种方式。”

另外,依据《质量保证金管理办法》第6条的规定,在工程项目竣工前,已经缴纳履约保证金的,发包人不得同时预留工程质量保证金。采用工程质量保证担保、工程质量保险等其他保证方式的,发包人不得再预留保证金。

(二)质量保证金的缴纳额度

质量保证金的缴纳额度一般是由发承包双方约定按照工程结算金额的一定比例确定,但为避免发包人利用其市场优势地位,强迫承包人接受过高的质量保证金,政府出台了一些规定,对质量保证金的缴纳额度上限作了限制性规定。如财政部2002年印发的《基本建设财务管理规定》第34条规定,“建设单位必须按照工程价款结算总额的5%预留工程质量保证金”。《关于清理规范工程建设领域保证金的通知》第4条也规定,“工程质量保证金的预留比例上限不得高于工程价款结算总额的5%”。为切实减轻建筑业企业负担,2017年修订的《质量保证金管理办法》第7条规定:“发包人应按照合同约定方式预留保证金,保证金总预留比例不得高于工程价款结算总额的3%。合同约定由承包人以银行保函替代预留保证金的,保函金额不得高于工程价款结算总额的3%。”《2017版施工合同范本》也作了相应调整,通用合同条款第15.3.2项约定,“发包人累计扣留的质量保证金不得超过工程价款结算总额的3%”。

一些地方政府为进一步减轻建筑业企业负担、激发建筑市场主体活力,出台了一些规定,进一步降低保证金的缴纳数额。如浙江省2020年印发的《关于在浙江省工程建设领域改革保证金制度的通知》(浙建〔2020〕7号)第2条规定:“2020年6月30日后招标的政府投资项目降低保证金缴纳金额……工程质量保证金预留比例不得超过工程价款结算总额的1.5%。鼓励其他投资项目相应降低保证金缴纳额度。”

(三)合同约定质保金超过3%的效力

虽然《质量保证金管理办法》和其他的一些文件都规定质量保证金的额度

不能超过结算总价款的3%，但是实践中仍然存在发包人利用其市场优势地位强迫承包人接受超过3%的质量保证金。关于施工合同约定的超过3%的质量保证金效力的问题。一方面，该办法系部门规章，根据《民法典》第153条关于"违反法律、行政法规的强制性规定的民事法律行为无效"的规定，违反《质量保证金管理办法》规定的民事法律行为，并不能直接认定无效。另一方面，《九民纪要》第31条规定："违反规章一般情况下不影响合同效力，但该规章的内容涉及金融安全、市场秩序、国家宏观政策等公序良俗的，应当认定合同无效。"仍然落脚于《民法典》第153条第2款"违背公序良俗的民事法律行为无效"的规定。施工合同中约定的质量保证金超过规章规定的额度，会占用承包人的资金，有损于承包人的利益，但这一约定是承包人真实的意思表示，且不涉及金融安全、市场秩序、国家宏观政策等公序良俗，不会导致约定无效的后果。承包人主张超过3%部分质量保证金约定无效，要求发包人即时返还的，该主张不能成立，仅在合同约定的期限届满后，其方有权主张。

三、质量保证金的返还

《质量保证金管理办法》第10条规定："缺陷责任期内，承包人认真履行合同约定的责任，到期后，承包人向发包人申请返还保证金。"

（一）缺陷责任期

缺陷责任期，是指承包人按照合同约定承担缺陷修复义务，且发包人预留质量保证金的期限。关于缺陷责任期的起算、期限及承包人义务等，根据《质量保证金管理办法》的规定以及《2017版施工合同范本》通用合同条款第15.2款"缺陷责任期"的约定，包括：

（1）缺陷责任期一般为1年，最长不超过2年。合同当事人应在专用合同条款约定缺陷责任期的具体期限，但该期限最长不超过24个月。

（2）缺陷责任期从工程通过竣工验收之日起计。单位工程先于全部工程进行验收，经验收合格并交付使用的，该单位工程缺陷责任期自单位工程验收合格之日起算。由于承包人原因导致工程无法按规定期限进行竣工验收的，缺陷责任期从实际通过竣工验收之日起计。由于发包人原因导致工程无法按规定进行竣工验收的，在承包人提交竣工验收报告90天后，工程自动进入缺陷责任期。发包人未经竣工验收擅自使用工程的，缺陷责任期自工程转移占有之日起计。

(3)缺陷责任期内,由承包人原因造成的缺陷,承包人应负责维修,并承担鉴定及维修费用。如承包人不维修也不承担费用,发包人可按合同约定从保证金或银行保函中扣除,费用超出保证金额的,发包人可按合同约定向承包人进行索赔。承包人维修并承担相应费用后,不免除其对工程的损失赔偿责任。发包人有权要求承包人延长缺陷责任期,并应在原缺陷责任期届满前发出延长通知。但缺陷责任期(含延长部分)最长不能超过24个月。由他人原因造成的缺陷,发包人负责组织维修,承包人不承担费用,且发包人不得从保证金中扣除费用。

(4)承包人应于缺陷责任期届满后7天内向发包人发出缺陷责任期届满通知,发包人应在收到缺陷责任期满通知后14天内核实承包人是否履行缺陷修复义务,承包人未能履行缺陷修复义务的,发包人有权扣除相应金额的维修费用。发包人应在收到缺陷责任期届满通知后14天内,向承包人颁发缺陷责任期终止证书。

(二)返还程序

根据《质量保证金管理办法》的规定,缺陷责任期内,承包人认真履行合同约定的责任,到期后,承包人向发包人申请返还保证金。发包人在接到承包人的返还保证金申请后,应于14天内会同承包人按照合同约定的内容进行核实。如无异议,发包人应当按照约定将保证金返还给承包人。对返还期限没有约定或者约定不明确的,发包人应当在核实后14天内将保证金返还承包人,逾期未返还的,依法承担违约责任。发包人在接到承包人返还保证金申请后14天内不予答复,经催告后14天内仍不予答复,视同认可承包人的返还保证金申请。

《建设工程司法解释(一)》第17条第1款规定:“有下列情形之一,承包人请求发包人返还工程质量保证金的,人民法院应予支持:(一)当事人约定的工程质量保证金返还期限届满;(二)当事人未约定工程质量保证金返还期限的,自建设工程通过竣工验收之日起满二年;(三)因发包人原因建设工程未按约定期限进行竣工验收的,自承包人提交工程竣工验收报告九十日后当事人约定的工程质量保证金返还期限届满;当事人未约定工程质量保证金返还期限的,自承包人提交工程竣工验收报告九十日后起满二年。”

(三)质量保证金返还后,不影响保修义务的承担

质量保证金返还的期限对应的是缺陷责任期,一般为 1 年,最长不超过 2 年,从工程通过竣工验收之日起计。对于保修期限,根据《建设工程质量管理条例》第 40 条的规定,建设工程的最低保修期限为:地基基础工程和主体结构工程为设计文件规定的合理使用年限;屋面防水工程或防渗漏为 5 年;供热与供冷系统为 2 个采暖期、供冷期;电气管线、给排水管道、设备安装和装修工程为 2 年。可见,保修期限最低为 2 年,而缺陷责任期最长不超过 2 年。缺陷责任期届满后,工程仍然处于保修期内,承包人在保修期限和保修范围内仍然需要履行保修义务。《建设工程司法解释(一)》第 17 条第 2 款规定:"发包人返还工程质量保证金后,不影响承包人根据合同约定或者法律规定履行工程保修义务。"

(四)合同约定"保修期满返还质量保证金"的认定

如前文所述,虽然我国在 2005 年《建设工程质量保证金管理暂行办法》(已失效)中即引入了与质量保证金所对应的缺陷责任期制度,规定缺陷责任期满后返还质量保证金。但由于改革开放以来,工程实践中一直将质量保证金理解为保修金,与工程保修期相挂钩。因而很多施工合同中对于质量保证金的返还期限,会约定为保修期满后返还。这样的约定显然与缺陷责任期制度相违背,各法院对此类约定的司法认定也持不同的观点。

一种观点认为,《质量保证金管理办法》属于部门规章,当事人的约定与之不符不会导致无效[1],承包人在保修期满后才能请求返还质量保证金[2],应按照《建设工程质量管理条例》第 40 条第 1 款第 2 项规定的"屋面防水工程、有防水要求的卫生间、房间和外墙面的防渗漏,为 5 年"来确定质量保证金的返还

---

〔1〕 参见江西亚宏建设工程有限公司诉乐平市棚户区改造安置房建设项目部、乐平市南内河棚改安置房小区西侧道路(民电路四期)项目部建设工程施工合同纠纷案,最高人民法院(2020)最高法民申 5165 号民事裁定书。法院认为:"《建设工程质量保证金管理办法》属于部门规章,《建设工程施工合同》关于质量保证金的约定与之不符,并未违反法律、行政法规的强制性规定,不会因此导致质量保证金条款无效。"

〔2〕 参见山东桓台建设工程有限公司诉淄博市房屋建设综合开发有限公司、淄博国创置业有限公司建设工程施工合同纠纷案,山东省高级人民法院(2020)鲁民终 841 号民事判决书。法院认为:"至一审判决时,防水项目的保修期未满,因此,桓台建设公司请求全额支付工程款不当。"

期限。[1]

另一种观点认为，质量保证金所对应的是缺陷责任期制度，因而质量保证金应当在缺陷责任期满后返还。“保修期制度与质量保证金的缺陷责任期制度不是同一种法律制度，（发包人）以保修期的相关约定来确定质量保证金的缺陷责任期，缺少法律依据。”[2]“……该约定违反了《质量保证金管理办法》缺陷责任期最长不超过2年的规定，超过2年的期限不能认定为缺陷责任期。”[3]

本书认为，首先，根据《民法典》第153条和《九民纪要》第31条的规定，《质量保证金管理办法》属于部门规章，且质量保证金的返还期限主要关涉承包人的经济利益，与金融安全、市场秩序、国家宏观政策等公序良俗无涉，施工合同的约定与《质量保证金管理办法》不符的，不能因此认定无效。即使保修期限与缺陷责任期分属不同制度，并不妨碍当事人约定将保修期限作为质量保证金返还的期限。因而法院不能径直否定关于“保修期满返还质量保证金”的约定而直接适用《质量保证金管理办法》的规定。

其次，由于《建设工程质量管理条例》第40条针对不同的分部工程规定了不同的最低保修期限，有设计年限（一般50年以上）、防水工程5年、装修工程2年等，如果施工合同仅笼统约定“保修期满返还质量保证金”，那么，对质量保证金是应该2年后返还，还是5年后返还，甚至50年后返还，仍然存在争议。司法实践中就存在发包人主张按照“主体结构保修年限50年确定返还建设工程质量保证金的期限”[4]的情况，显然这样的主张不会得到支持。应当认为，此类约定属于对质量保证金返还期限的约定不明，法院可以根据施工合同通用合同条款的约定或《质量保证金管理办法》《建设工程司法解释（一）》的规定，确定

[1] 参见浙江省东阳第三建筑工程有限公司诉西安昆仑工业（集团）有限责任公司、陕西中泰置业有限公司建设工程施工合同纠纷案，最高人民法院（2016）最高法民再69号民事判决书。法院认为：“二审法院基于双方对该工程未依保修项目分项约定保修金数额的情况，结合现该工程保修项目的最后保修期（防水5年）尚未届满的事实，告知东阳三建可待保修期满后另行主张权利并无不当。”

[2] 中国化学工程第四建设有限公司诉山西潞安树脂有限责任公司、山西璐安矿业（集团）有限责任公司建设工程施工合同纠纷案，最高人民法院（2019）最高法民终710号民事判决书。

[3] 最高人民法院民事审判第一庭编著：《最高人民法院新建设工程施工合同司法解释（一）理解与适用》，人民法院出版社2021年版，第175页。

[4] 北京住总第四开发建设有限公司诉北京爱丽华物业管理有限公司建设工程施工合同纠纷案，北京市第一中级人民法院（2016）京01民终5688号民事判决书。

返还质量保证金的缺陷责任期为2年。[1]

最后,如果施工合同中依据保修项目分项约定了质量保证金返还的数额,应当认为,由于此类约定并未违反法律、行政法规和公序良俗,应为合法有效;且约定明确了返还期限和具体金额,对约定的理解和履行并无障碍,承包人应在约定的期限届满后才能请求返还相应部分的质量保证金。[2]

【典型案例】中国化学工程第四建设有限公司诉山西潞安树脂有限责任公司、山西潞安矿业(集团)有限责任公司建设工程施工合同纠纷案[3]

【基本案情】中国化学工程第四建设有限公司(以下简称中化四建公司)与山西潞安树脂有限责任公司(以下简称潞安树脂公司)于2009年8月13日签订《建设工程施工合同》,约定:建设单位将工程总价的10%作为工程质量保证金,保修期满,视工程质量情况返还质量保证金。该合同的《房屋建筑工程质量保修书》约定:地基基础工程和主体结构工程为设计文件规定的该工程合理使用年限防水工程。有防水要求的卫生间、房间和外墙面的防渗漏为5年;装修工程为2年;电气管线、给排水道、设备安装工程为2年;供热与供冷系统为2个采暖期、供冷期;住宅小区内的给排水设施、道路等配套工程为2年;其他项目保修期限根据实际情况双方约定。质量保修期自工程竣工验收合格之日起计算。后双方因工程款支付产生争议,中化四建公司起诉要求支付工程款,同时要求返还质量保证金。

【裁判观点】潞安树脂公司与中化四建公司虽在《建设工程施工合同》中约定,保修期满视工程质量情况返还保证金,同时就屋面防水、供热与供冷系统、设备安装、给排水设施等工程约定了不同的保修期限,但保修期制度与质量保证金的缺陷责任期制度不是同一种法律制度,潞安树脂公司以保修期的

---

〔1〕参见东港市前阳建筑安装工程总公司诉辽宁特莱维置业发展有限公司建设工程施工合同纠纷案,辽宁省高级人民法院(2017)辽民终52号民事判决书。法院认为:"……约定质量保修金在质量保修期满14天内返还,应视为双方对缺陷责任期约定不明,应从公平和诚实信用原则出发,酌定合理的缺陷责任期。"

〔2〕参见浙江万达建设集团有限公司诉贵州荣丰房地产开发有限责任公司建设工程施工合同纠纷案,最高人民法院(2020)最高法民申1873号民事裁定书。法院认为:"至本案诉讼时,土建、装饰、安装的2年保修期已满,防水保修期5年尚未期满,故防水所占0.1%的质量保证金应予扣留,其余1.9%的质量保证金应予退还。"

〔3〕参见最高人民法院民事判决书,(2019)最高法民终710号。

相关约定来确定质量保证金的缺陷责任期，缺少法律依据。本案中，因质量保证金的缺陷责任期自2014年3月10日起算，所以截至2016年3月9日，潞安树脂公司应当向中化四建公司返还质量保证金。质量保证金返还后，并不影响涉案工程在保修期内出现质量问题时潞安树脂公司向中化四建公司主张保修的权利。

第七节　工程质量违约责任

合同当事人应当按照约定全面履行自己的义务，当事人一方不履行合同义务或者履行合同义务不符合约定的，应当承担继续履行、采取补救措施或者赔偿损失等违约责任。建设工程施工合同是承包人进行工程施工，发包人支付工程价款的合同。发包人的主要合同义务是按照合同约定的时间和金额支付工程价款，承包人的主要合同义务是在合同约定的期限内向发包人交付符合约定质量标准的工程。如果承包人最终完成的工程质量不符合约定的标准，应当向发包人承担违约责任。

一、工程质量标准认定

建设工程质量，是指在国家现行的有关法律、法规、技术标准、设计文件和合同中，对工程的安全、适用、经济、美观等特性的综合要求。一般而言，建设工程施工合同中都会对工程质量标准进行约定。《2017版施工合同范本》合同协议书的第3条即是“质量标准”，通用合同条款第5.1.1项约定：“工程质量标准必须符合现行国家有关工程施工质量验收规范和标准的要求。有关工程质量的特殊标准或要求由合同当事人在专用合同条款中约定。”承包人应当按照合同约定的质量标准向发包人交付工程。

如果建设工程施工合同中对于工程质量标准没有约定或约定不明，根据《民法典》第510条“合同生效后，当事人就质量、价款或者报酬、履行地点等内容没有约定或者约定不明确的，可以协议补充；不能达成补充协议的，按照合同相关条款或者交易习惯确定”的规定，发包人和承包人可以通过达成补充协议的方式，对工程质量标准进行约定；如果不能达成补充协议，可以按照合同相关条款或者交易习惯来确定工程的质量标准。如果仍然不能确定工程质量标准，根据《民法典》第511条"质量要求不明确的，按照强制性国家标准履行；没有强制性国家标准的，按照推荐性国家标准履行；没有推荐性国家标准的，按照行业标准履行；没有国家、行业标准的，按照通常标准或者符合合同目的的特定标准履行"的规定，应当按照强制性国家标准，即现行国家有关工程施工质量验收规范和标准的要求，来确定工程质量标准。

《工程建设国家标准管理办法》第2条规定，对工程建设勘察、规划、设计、施工（包括安装）及验收等通用的质量要求，应当制定国家标准。根据《实施工程建设强制性标准监督规定》第3条的规定，工程建设强制性标准，是指直接涉及工程质量、安全、卫生及环境保护等方面的工程建设标准强制性条文。国家工程建设标准强制性条文由国务院住房城乡建设主管部门会同国务院有关主管部门确定。住建部会同有关部门共同编制了《工程建设标准强制性条文》，包括城乡规划、城市建设、房屋建筑、工业建筑、水利工程、电力工程、信息工程、水运工程、公路工程、铁道工程、石油和化工建设工程、矿山工程、人防工程、广播电影电视工程和民航机场工程等部分。《工程建设标准强制性条文》的内容，是现行工程建设国家和行业标准中直接涉及人民生命财产安全、人身健康、环境保护和公众利益的条文，同时考虑了提高经济和社会效益等方面的要求，列入该强制性条文的所有标准都必须严格执行。

二、承包人的质量违约责任

建设工程施工合同中，承包人的主要合同义务是在合同约定的时间内向发包人交付符合约定质量的工程。承包人就其所交付的工程，应保证质量符合合同约定的标准，即承包人负有质量瑕疵担保义务。所谓瑕疵担保义务，是指有偿合同中的债务人对其所作出的给付负有担保其权利完整和标的物质量合格的义务。[1] 瑕疵担保义务分为权利瑕疵担保义务和质量瑕疵担保义务，权利瑕疵担保义务，是指债务应担保债权人取得权利，不致因第三人主张权利丧失其标的物；质量瑕疵担保义务，是指债务人应担保其给付标的物在质量方面符合法律规定和合同的约定，以保障债权人合同目的的圆满实现。[2]

---

〔1〕 参见崔建远：《合同责任研究》，吉林人民出版社1992年版，第269页。

〔2〕 参见王家福主编：《中国民法学：民法债权》，法律出版社1991年版，第629、630页。

对于违反质量瑕疵担保义务,合同当事人应承担何种责任,《民法典》第582条规定:“履行不符合约定的,应当按照当事人的约定承担违约责任。对违约责任没有约定或者约定不明确,依据本法第五百一十条的规定仍不能确定的,受损害方根据标的的性质以及损失的大小,可以合理选择请求对方承担修理、重作、更换、退货、减少价款或者报酬等违约责任。”因而合同义务人的质量瑕疵担保责任包括修理、重作、更换、退货、减少价款或者报酬等。

《民法典》第781条规定了承揽合同中承揽人的质量瑕疵担保责任,即“承揽人交付的工作成果不符合质量要求的,定作人可以合理选择请求承揽人承担修理、重作、减少报酬、赔偿损失等违约责任”。第801条规定了建设工程施工合同中施工承包人的质量瑕疵担保责任,即“因施工人的原因致使建设工程质量不符合约定的,发包人有权请求施工人在合理期限内无偿修理或者返工、改建。经过修理或者返工、改建后,造成逾期交付的,施工人应当承担违约责任”。综合上述两条规定,如承包人交付的工程不符合约定质量标准,应当向发包人承担的质量违约责任包括如下几项:

1. 无偿修理。对于不影响工程使用安全和功能的轻微瑕疵,承包人应当进行修理,使工程符合约定的质量要求。如《建筑法》第60条第2款规定:“建筑工程竣工时,屋顶、墙面不得留有渗漏、开裂等质量缺陷;对已发现的质量缺陷,建筑施工企业应当修复。”

2. 返工、改建。返工,是指为使不合格产品符合要求而对其采取的措施;改建,是指在原有的基础上进行改造,以使其质量符合要求。对于承揽合同中承揽人交付的工作成果存在严重瑕疵不能满足定作人使用要求时,《民法典》第781条规定的承揽人所承担的质量瑕疵担保责任为“重作”。建设工程作为特殊的承揽标的物,其质量验收划分为检验批验收、分项工程验收、分部工程验收、单位工程验收。单位工程验收不符合质量要求,并不意味着分部分项工程验收不符合要求;在检验批验收或分部分项工程验收符合要求的情况下,没有必要“重作”,返工或改建是更为经济、合理的方式。

3. 减少报酬。如果工程质量不符合要求,承包人履行了修理或返工、改建的义务,修理或返工、改建所产生的费用和工期由承包人承担,发包人应当按照合同约定支付工程价款。如承包人拒绝修理或返工、改建,因承包人实际交付的工程质量不满足合同约定的要求,基于“按质论价”的原则,发包人可以要求减少支付工程价款。

4. 赔偿损失。《民法典》第 583 条规定："当事人一方不履行合同义务或者履行合同义务不符合约定的，在履行义务或者采取补救措施后，对方还有其他损失的，应当赔偿损失。"因工程质量造成的发包人的其他损失，并不因承包人承担了质量瑕疵担保责任而免除，承包人仍然应当赔偿因质量瑕疵所导致的其他损失。

三、承包人的减价责任

《民法典》第 781 条规定了承揽合同"工作成果不符合质量要求时的违约责任"，包括修理、重作、减少报酬、赔偿损失等。第 801 条规定了"施工人的质量责任"，但仅规定了修理或者返工、改建。根据第 808 条"本章没有规定的，适用承揽合同的有关规定"的规定，应当认为，施工合同承包人的质量责任除修理或者返工、改建外，也应当包括减少报酬和赔偿损失。《建设工程司法解释(一)》第 12 条作了进一步的明确，规定"因承包人的原因造成建设工程质量不符合约定，承包人拒绝修理、返工或者改建，发包人请求减少支付工程价款的，人民法院应予支持"。有学者也将该条理解为是对承包人减价责任的规定。[1]

对于该条规定中的"质量不符合约定"的理解，有观点认为，"本条中'建设工程质量不符合约定'应作广义理解，不仅包括工程质量不符合双方当事人约定标准，还应包括不符合国家对建筑工程质量强制性的规范标准等情形。"[2]

但对于《民法典》第 781 条中的"减少报酬"，是指"工作成果有瑕疵，而定作人同意利用的，可以按质论价，相应地减少所应付的报酬"。[3] "债权人发现标的物质量不符合约定，可有不同的救济手段，包括拒绝受领、解除合同，或者请求修理或更换，这时债权人不愿意接收不符合要求的标的物。如债权人认为标的物虽不符合约定，但仍不妨利用，并愿意接收利用，债权人还可以请求赔偿，也可以要求减少价款或报酬。减价作为一种违约救济手段，其适用必须以债权人同意接收不符合约定的标的物为前提。"[4] 就建设工程施工合同而言，

---

〔1〕 参见韩世远：《减价责任的逻辑构成》，载《清华法学》2008 年第 1 期；金晶：《〈合同法〉第 111 条(质量不符合约定之违约责任)评注》，载《法学家》2018 年第 3 期。

〔2〕 最高人民法院民事审判第一庭编著：《最高人民法院新建设工程施工合同司法解释(一)理解与适用》，人民法院出版社 2021 年版，第 130 页。

〔3〕 黄薇主编：《中华人民共和国民法典合同编解读》(下册)，中国法制出版社 2020 年版，第 969 页。

〔4〕 韩世远：《减价责任的逻辑构成》，载《清华法学》2008 年第 1 期。

如发包人要求承包人承担减价这一违约责任,必须要以发包人同意接收不符合约定的建设工程作为前提,如果发包人拒绝接收不符合质量要求的工程,则不能要求减价。而《民法典》第 799 条第 2 款和《建筑法》第 61 条第 2 款都明确规定,建设工程必须竣工经验收合格才能交付使用,未经验收或验收不合格的,不得交付使用。不符合国家强制性标准的工程,不能满足安全及使用功能要求,法律严禁交付使用,发包人无法接收并利用,自然不符合主张减价的前提条件。

《建设工程司法解释(一)》第 12 条中的"质量不符合约定",应当是指施工承包人完成的工程质量符合国家规定的强制性质量标准,但不符合施工合同中发包人对工程质量的特殊要求,如美观、鲁班奖等。发包人可以请求承包人在合理期限内无偿修理或者返工、改建,直到工程质量符合了合同约定的标准再行接收工程。如果承包人拒绝修理、返工或者改建,使得工程质量处于满足国家强制性标准,但不符合合同约定标准的状态下,发包人可以选择接收利用该工程,并有权请求减少支付工程价款。

对于减少工程价款的数额,应当按照"按质论价"的原则进行确定。《2017版施工合同范本》通用合同条款第 5.1.1 项约定了工程质量要求,"工程质量标准必须符合现行国家有关工程施工质量验收规范和标准的要求。有关工程质量的特殊标准或要求由合同当事人在专用合同条款中约定"。第 1.4.3 项约定:"发包人对工程的技术标准、功能要求高于或严于现行国家、行业或地方标准的,应当在专用合同条款中予以明确。除专用合同条款另有约定外,应视为承包人在签订合同前已充分预见前述技术标准和功能要求的复杂程度,签约合同价中已包含由此产生的费用。"一般施工合同约定的价格中已经包括了双方对工程质量约定的特殊标准或要求所产生的费用,如果承包人完成的工程没有达到约定的特殊标准或要求,发包人可以请求减少支付该部分所对应的工程价款。

四、发包人的过错责任

承包人完成的建设工程质量不符合约定,应当向发包人承担违约责任,但如果发包人对工程质量不符合约定存在过错,也应承担相应的过错责任。《建设工程司法解释(一)》第 13 条规定:"发包人具有下列情形之一,造成建设工程质量缺陷,应当承担过错责任:(一)提供的设计有缺陷;(二)提供或者指定购买的建筑材料、建筑构配件、设备不符合强制性标准;(三)直接指定分包人分包专业工程。"

(一)发包人提供的设计有缺陷

《建设工程质量管理条例》第 5 条规定,建设工程活动应当坚持先勘察、后设计、再施工的原则。因此建设单位在进行施工发包前,必须先完成勘察和设计工作。建筑工程的设计承包单位对于设计的质量向发包人负责。《建筑法》第 56 条规定:“建筑工程的勘察、设计单位必须对其勘察、设计的质量负责。勘察、设计文件应当符合有关法律、行政法规的规定和建筑工程质量、安全标准、建筑工程勘察、设计技术规范以及合同的约定。设计文件选用的建筑材料、建筑构配件和设备,应当注明其规格、型号、性能等技术指标,其质量要求必须符合国家规定的标准。”

在设计完成后,建设单位根据设计的图纸编制招标文件进行招标或直接发包。在发包人与承包人签订施工合同后,发包人应当将设计图纸等基础资料移交给承包人,否则导致承包人无法正常施工的,相应的责任由发包人承担。《民法典》第 803 条规定:“发包人未按照约定的时间和要求提供原材料、设备、场地、资金、技术资料的,承包人可以顺延工程日期,并有权要求赔偿停工、窝工等损失。”这里的技术资料主要包括勘察数据、设计文件、施工图纸以及说明书等。发包人必须对其提供的技术资料的真实性、准确性和完整性负责。为保障工程质量,法律规定承包人必须严格按照国家规定的质量标准、技术规程和设计图纸、施工图等技术资料进行施工。《建筑法》第 28 条第 1 款规定,施工单位必须按照工程设计图纸和施工技术标准施工,不得擅自修改工程设计。如果发包人提交的设计存在缺陷,承包人按照该设计进行施工,造成工程质量存在缺陷,相应责任自然由发包人承担。在发包人承担责任后,可以向设计单位进行追偿。

《民法典》第 776 条规定:“承揽人发现定作人提供的图纸或者技术要求不合理的,应当及时通知定作人。因定作人怠于答复等原因造成承揽人损失的,应当赔偿损失。”《建设工程质量管理条例》第 28 条第 2 款规定:“施工单位在施工过程中发现设计文件和图纸有差错的,应当及时提出意见和建议。”故承包人如在施工过程中发现设计文件和图纸有差错,有义务向发包人提出,并要求发包人核实。如承包人未提出,径直按照错误的设计图纸施工,造成工程质量缺陷的,应当认为承包人存在过错,并承担相应的过错责任。对于发包人如何证明承包人发现了设计文件和图纸的差错,有观点认为,只要发包人能够证明设计文件和图纸的错误是一个有经验的施工承包商在施工过程中应当能够认识到的,但因疏忽大意没有认识到,即可认定承包人存在过错。但《民法典》《建设工程质量管理条例》都要求承包人发现设计文件和图纸的错误,方有义务告知发包人。即承包人"发现"错误是通知义务的前提,只要承包人没有"发现",无论是客观上没发现还是因疏忽大意没有发现,均不应当承担责任。

(二)发包人提供或者指定购买的建筑材料、建筑构配件、设备不符合强制性标准

工程施工过程中所需用到的材料和工程设备,可以是承包人自行采购,也可以由发包人供应,俗称"甲供材",由发承包双方在施工合同中自行约定。《2017 版施工合同范本》通用合同条款第 8 条对发包人供应材料和工程设备进行了约定,"发包人自行供应材料、工程设备的,应在签订合同时在专用合同条款的附件《发包人供应材料设备一览表》中明确材料、工程设备的品种、规格、型号、数量、单价、质量等级和送达地点"。"发包人提供的材料或工程设备不符合合同要求的,承包人有权拒绝,并可要求发包人更换,由此增加的费用和(或)延误的工期由发包人承担,并支付承包人合理的利润。"工程建设过程中所使用的建筑材料、建筑构配件和设备的质量和标准符合国家强制性标准,直接关系工程的质量安全。如果发包人提供的建筑材料或工程设备不符合国家标准或合同约定,与建设工程质量缺陷存在直接因果关系的,自然应承担相应的责任。

但如果承包人未尽到检验义务,承包人也要承担相应责任,即相应减轻发包人责任。建筑工程所使用的建筑材料、建筑构配件和设备的质量,是关系整个建筑工程质量的基础。承包人作为材料、构配件和设备的使用者,应承担检验的义务,以确保其质量符合标准和约定。《建筑法》第 59 条规定:"建筑施工企业必须按照工程设计要求、施工技术标准和合同的约定,对建筑材料、建筑构配件和设备进行检验,不合格的不得使用。"《民法典》第 775 条规定:"定作人提供材料的,应当按照约定提供材料。承揽人对定作人提供的材料应当及时检验,发现不符合约定时,应当及时通知定作人更换、补齐或者采取其他补救措施。"《建设工程质量管理条例》第 29 条规定:"施工单位必须按照工程设计要求、施工技术标准和合同约定,对建筑材料、建筑构配件、设备和商铺混凝土进行检验,检验应当有书面记录和专人签字;未经检验或者检验不合格的,不得使用。"如果承包人不履行检验的义务,或者检验后发现不合格仍然使用了不合格

的建筑材料、建筑构配件和工程设备，导致工程质量出现问题，承包人应承当相应过错责任。承包人负有的检验义务，是确保建筑材料、建筑构配件、设备质量合格的最后一道防线，因而承包人不能以发包人提供了不合格的产品为由，推卸其应承担的责任。

（三）发包人直接指定分包人分包专业工程

一般来说，建设工程施工合同项下承包人的义务，都应当由承包人自行完成。但是对一些大中型建设工程和结构复杂的建设工程，实行总承包与分包相结合的方式，允许承包人在遵守一定条件的前提下，将自己总承包工程项目中的部分劳务工程或者自己不擅长的专业工程项目分包给其他承包人，发挥各自的优势，这对提供工作效率，降低工程造价，保证工程质量及缩短工期，都大有好处。[1]《建筑法》第 29 条规定："建筑工程总承包单位可以将承包工程中的部分工程发包给具有相应资质条件的分包单位；但是，除总承包合同中约定的分包外，必须经建设单位认可。施工总承包的，建筑工程主体结构的施工必须由总承包单位自行完成。建筑工程总承包单位按照总承包合同的约定对建设单位负责；分包单位按照分包合同的约定对总承包单位负责。总承包单位和分包单位就分包工程对建设单位承担连带责任。"《民法典》第 791 条第 2 款规定："总承包人或者勘察、设计、施工承包人经发包人同意，可以将自己承包的部分工作交由第三人完成。第三人就其完成的工作成果与总承包人或者勘察、设计、施工承包人向发包人承担连带责任。"

可见，承包人可以将建筑工程主体结构以外的部分工作分包给其他单位施工，但承包人需对分包人完成的工作成果向发包人承担连带责任。鉴于此，承包人应当享有自主选择分包人的权利，以确保分包人的资金实力、技术能力、管理水平能够胜任分包工程的施工。这也符合"权责一致"的要求。同时，分包工程本身即是施工合同项下应当由承包人完成的工作，其选择自行施工还是分包，以及分包给谁来施工，都应是承包人的自由。但工程实践中，往往有发包人出于一些考虑，直接要求承包人将分包工程分包给其指定的单位，而承包人也只能被迫接受。在这种情况下，承包人对于分包人的情况并不十分了解，分包

[1] 参见最高人民法院民事审判第一庭编著：《最高人民法院建设工程施工合同司法解释的理解与适用》，人民法院出版社 2015 年版，第 126 页。

给该分包人施工也并非其本意。发包人在合同约定承包人对工程进行总承包的情况下，强行干预承包人的分包事宜，存在过错，自然应当对由此导致的工程质量缺陷承担相应的过错责任。发包人承担的过错责任是对承包人责任的减轻，并非免除承包人应承担的责任。尽管发包人指定分包，但承包人仍然要审查分包人是否具有分包工程所必需的相应资质和能力，且负有进行总包管理的义务，故承包人仍要就分包工程承担相应责任。

【典型案例】绍兴经济开发区开发建设有限公司与绍兴县大成基础建设有限公司、浙江宝业建设集团有限公司、浙江国信工程监理有限责任公司、华汇工程设计集团有限公司、浙江华汇岩土勘测有限公司建设工程施工合同纠纷案[1]

【基本案情】2002 年 12 月 4 日，绍兴县大成基础建设有限公司（以下简称大成公司）承接了绍兴经济开发区开发建设有限公司（以下简称绍兴开发公司）发包的绍兴永丰村安置房 2 标段（5#、9#、11#、12#、14#、16#楼及服务中心）钻孔及沉管灌注桩工程。2003 年 1 月 8 日，绍兴开发公司与浙江宝业建设集团有限公司（以下简称宝业公司）订立了《建设工程施工合同》，该合同第 2 条的工程承包范围明确施工图范围内所有土建、桩基、水电安装及场外附属工程等内容；第三部分专用条款中的第 38.1 条明确，本工程发包人同意承包人分包的工程为桩基工程，分包施工单位为大成公司。因桩基工程存在质量问题，绍兴开发公司于 2005 年 4 月 18 日起诉要求大成公司赔偿经济损失。审理中，经绍兴开发公司申请，上海市建筑科学研究院有限公司浙江分公司与上海市建筑科学研究院房屋质量检测站于 2005 年 9 月 10 日作出桩基质量鉴定，明确：(1) 试桩结果表明，本工程桩基承载力均未达到设计要求，桩基质量不合格；(2) 造成桩基承载力不足的主要原因是灌注桩桩端未达到设计要求的持力层或桩底沉渣过厚以及桩身混凝土质量较差；(3) 造成以上质量问题的根本原因是桩基施工单位的技术能力及质量控制方面出现问题，其施工行为与桩基质量问题之间存在明显的因果关系。案件审理过程中，大成公司要求追加其他当事人作为本案被告。

---

[1] 参见浙江省高级人民法院民事判决书，(2007) 浙民一终字第 182 号。

【裁判观点】鉴定报告明确，造成桩基质量不合格的根本原因是桩基施工单位的技术能力及质量控制方面出现问题，其施工行为与桩基质量问题之间存在明显的因果关系，大成公司作为施工单位，理应承担相应的赔偿责任。绍兴开发公司通过招投标将桩基工程交由大成公司施工后，又将该工程纳入与宝业公司订立的总承包合同中，并直接指定分包人为大成公司，根据相关司法解释的规定，绍兴开发公司应承担相应的过错责任，判令其承担25%的责任。宝业公司作为总承包人，对绍兴开发公司直接指定分包人的行为并未提出异议，且在履行合同义务时，已认可了大成公司的实际施工行为，故可以认定宝业公司与大成公司建立了事实上的桩基分包合同关系，宝业公司对桩基工程的质量问题也应承担相应责任。根据《建筑法》第29条第2款的规定，宝业公司和大成公司就桩基工程质量问题应对绍兴开发公司承担连带责任，共同承担50%的赔偿责任。根据《建筑法》第35条第1款的规定，工程监理单位在监理过程中，未严格履行监理责任，旁站监理不严，未能及时发现和纠正桩基施工中出现的误判现象，盲目签发灌注令，亦应承担25%的责任。

第五章　工 程 期 限

建设工程施工合同中通常会对工程的建设期限有着较为严格的约定，如果承包人未能在约定的期限内完成工程施工，将要向发包人承担违约责任。这是因为工期直接影响发包人的投资收益，工程早一天完工，发包人可以早一天获得工程投入使用所带来的收益。工程未能如期完工，发包人除不能按计划获得投资收益外，还可能要向第三方承担违约责任。如住宅工程逾期导致开发商因逾期交房而向购房人支付违约金。同样，工期对于承包人而言也至关重要，工程期限延长意味着施工成本的增加，如果因发包人原因导致工期延误，承包人可以要求发包人承担因此增加的工期和费用。实践中，工程未能在约定期限内完成，往往是承包人和发包人的混合原因造成的，对于工期责任的准确认定，是司法裁判中的重点和难点。

第一节　工 期 概 述

建设工期，是指工程在建设过程中所耗用的时间总量，一般自工程开工建设时起算，到全部建成投产或交付使用时停止。施工工期，是指单项工程或单位工程从开工到完工所经历的时间。《2017 版施工合同范本》通用合同条款第 1.1.4.3 目对“工期”的定义是“指在合同协议书中约定的承包人完成工程所需的期限，包括按照合同约定所作的期限变更”。工期的确定，应当以定额工期作为基础，结合工程项目的具体情况合理确定。定额工期是由国家住建部门发布的，反映当前社会平均水平的工期，随着施工水平的发展而具有一定滞后性，因而各地均允许工期适当低于定额工期，但应组织专家充分论证并采取相应措施保证工程质量安全,同时应增加赶工费用,维护承包人合法利益。

一、工期定额

为科学合理确定建筑安装工程工期的需要,住建部在2016年发布了现行《建筑安装工程工期定额》(TY01－89－2016),该定额是在2000年《全国统一建筑安装工程工期定额》(已失效)的基础上,依据国家现行产品标准、设计规范、施工及验收规范、质量评定标准和基数、安全操作规程,按照正常施工条件、常用施工方法、合理劳动组织及平均施工技术装备程度和管理水平,并结合当前常见结构及规模建筑安装工程的施工情况编制的。

定额工期,是指自开工之日起,到完成全部工程内容并达到国家验收标准之日止的日历天数(包括法定休假日),不包括三通一平、打试验桩、地下障碍物处理、基础施工前的降水和基坑支护时间、竣工文件编制所需的时间,已考虑了冬雨季施工、一般气候影响、常规地质条件和节假日等因素。该工期定额适用于新建和扩建的建筑安装工程,是国有资金投资工程在可行性研究、初步设计、招标阶段确定工期的依据,非国有资金投资工程参照执行,是签订建筑安装工程施工合同的基础。

由于我国各地气候条件差别较大,以省、自治区和直辖市按其省会(首府)气候条件为基准,划分为Ⅰ类、Ⅱ类、Ⅲ类地区,工期天数分别列项如下:Ⅰ类地区:上海、江苏、浙江、安徽、福建、江西、湖北、湖南、广东、广西、四川、贵州、云南、重庆、海南;Ⅱ类地区:北京、天津、河北、山西、山东、河南、陕西、甘肃、宁夏;Ⅲ类地区:内蒙古、辽宁、吉林、黑龙江、西藏、青海、新疆。设备安装和机械施工工程执行该定额时不分地区类别。

定额施工工期的调整规则:(1)施工过程中,遇不可抗力、极端天气或政府政策影响施工进度或暂停施工的,按照实际延误的工期顺延;(2)施工过程中发现实际地质情况与地质勘察报告出入较大的,应按照实际地质情况调整工期;(3)施工过程中遇到障碍物或古墓、文物、化石、流砂、溶洞、暗河、淤泥、石方、地下水等需要进行特殊处理且影响关键线路时,工期相应顺延;(4)合同履行过程中,因非承包人原因发生重大设计变更的,应调整工期;(5)其他非承包人原因造成的工期延误应予以顺延。

二、合理工期

合理工期，是指在正常建设条件下，采取科学合理的施工工艺和管理方法，以现行的建设行政主管部门发布的工期定额为基础，结合项目建设的具体情况而确定的使投资方、各参加单位均获得满意的经济效益的工期。[1] 合理工期要以工期定额为基础确定，但不一定与定额工期完全一致，可依施工条件、施工技术等做适当调整。定额工期反映的是社会平均水平，但随着社会的发展，施工的技术和能力也在不断进步，完成相同工程所需的时间会缩短，合理工期自然也应随之作出调整。

（一）压缩工期应当组织专家论证并增加赶工费

由于定额工期在发布后长期使用，具有一定的滞后性，因而应当允许在定额工期的基础上进行适度压缩确定合理工期，但压缩超过必要限度的，应当组织专家对工期压缩进行充分论证，采取相应的经济技术措施，保证工程的质量安全，同时还应由发包人支付承包人因赶工而增加的费用。对于压缩工期到何种程度需要组织专家论证并采取技术经济措施，法律、行政法规并没有明确规定，根据相关规范和地方规定，通常以压缩定额工期20%为限度，即约定工期低于定额工期80%的，就应当组织专家论证，并采取技术经济措施。

《建筑安装工程工期定额》“总说明”的第10条规定：“工期压缩时，宜组织专家论证，且相应增加压缩工期增加费。”《2013版清单计价规范》第9.11.1项规定：“招标人应当依据相关工程的工期定额合理计算工期，压缩的工期天数不得超过定额工期的20%，超过者，应在招标文件中明示增加赶工费用。”《深圳市建设工程工期管理办法》第7条第2款规定：“招标人确定的招标工期不宜低于定额工期的80%，低于定额工期80%的，建设单位应当组织专家论证，并采取相应的技术经济措施。”2020年印发的《佛山市建设工程施工工期管理办法》第11条第1款规定：“招标工期一般不少于标准工期的80%，少于标准工期80%的，招标人应当组织专家论证，并采取相应的技术经济措施，确保工程质量和安全。”

---

[1] 参见郜凤涛、赵晨主编，国务院法制办等编著：《建设工程质量管理条例释义》，中国城市出版社2000年版，第43页。

赶工费，是指承包人应发包人要求，采取加快工程进度的措施，使合同工程工期缩短而产生的，应由发包人支付的费用，包括：(1)人工费，包括因发包人指令工程加速造成增加劳动力投入、不经济地使用劳动力使生产效率降低、节假日加班、夜班补贴；(2)材料费，包括增加材料投入、不经济地使用材料、因材料需提前交货给材料供应商的补偿、改变运输方式、材料代用等；(3)施工机具使用费，包括增加机械使用时间，不经济地使用机械、增加新设备的投入；(4)管理费，包括增加管理人员的工资、增加人员的其他费用、增加临时设施费、现场日常管理费支出。〔1〕

(二)禁止任意压缩合理工期

实践中，发包人为早日获得投资收益，任意压缩建设工期，致使承包人盲目赶工期，任意简化工序，不按施工标准施工，最终导致工程质量事故的情况屡见不鲜。合理的工期，是工程质量安全的保证，发包人任意压缩合理工期的行为，不仅损害了承包人的利益，更为工程质量安全埋下了巨大的隐患。因此，我国的法律、行政法规及其他规范性文件中，均明确规定应当合理确定工期，禁止任意压缩合理工期。

《招标投标法》第 19 条第 3 款规定："招标项目需要划分标段、确定工期的，招标人应当合理划分标段、确定工期，并在招标文件中载明。"《建设工程质量管理条例》第 10 条第 1 款规定："建设工程发包单位不得迫使承包方以低于成本的价格竞标，不得任意压缩合理工期。"第 56 条规定："违反本条例规定，建设单位有下列情形之一的，责令改正，处 20 万元以上 50 万元以下的罚款：……(二)任意压缩合理工期的；……"《建设工程安全生产管理条例》第 7 条规定："建设单位不得对勘察、设计、施工、工程监理等单位提出不符合建设工程安全生产法律、法规和强制性标准规定的要求，不得压缩合同约定的工期。"《工程建设项目施工招标投标办法》第 59 条规定："招标人不得向中标人提出压低报价、增加工作量、缩短工期或其他违背中标人意愿的要求，以此作为发出中标通知书和签订合同的条件。"

---

〔1〕 参见严敏编著：《〈建设工程工程量清单计价规范〉释义与解读》，中国建材工业出版社 2013 年版，第 133 页。

（三）“任意压缩合理工期”的标准认定

虽然《建设工程质量管理条例》等规定都禁止任意压缩合理工期，但是对于“任意”的标准则没有作出具体的规定。从一些地方政府出台的规定来看，大多认为合理工期应在定额工期下浮30%以内，即如果约定工期低于定额工期的70%的，则应当被认定为“任意压缩合理工期”。

2015年北京市住建委印发的《关于进一步规范本市建筑市场秩序的通知》第2条规定：“压缩工期天数不得超过定额工期的30%。超过30%，视为任意压缩合理工期，依照《建设工程质量管理条例》处理。”2015年河北省住建厅印发的《关于加强建设工程工期管理有关工作的通知》第2条规定：“拟定的招标工期可以小于定额工期，但不得小于定额工期的70%，否则视为任意压缩合理工期。”2016年印发的《温州市政府投资项目概算和工期管理办法》第29条规定：“招标工期应当合理，压缩工期原则上不得超过定额工期的30%。”2020年印发的《佛山市建设工程施工工期管理办法》第11条第2款规定：“招标人确定的招标工期不得少于标准工期的70%，即压缩标准工期不得超过30%。”

（四）任意压缩合理工期约定的效力

如果施工合同中约定的工期严重低于定额工期，构成任意压缩合理工期的，对于此工期约定的效力如何认定，最高人民法院《第八次全国法院民事商事审判工作会议（民事部分）纪要》第30条指出：“要依法维护通过招投标签订的中标合同的法律效力。当事人违反工程建设强制性标准，任意压缩合理工期、降低工程质量标准的约定，应认定无效。”但各地法院裁判观点并不一致。有法院认为，“双方对工程工期的约定违反我国《建设工程质量管理条例》第十条第一款‘建设工程发包单位不得迫使承包方以低于成本的价格竞标，不得任意压缩合理工期’之规定，双方签订的合同任意压缩合理工期违反工程建设强制性标准，应当认定无效。”[1]但也有法院认为，“建设部发布《全国统一建筑安装工程工期定额》系作为建设单位与施工单位签订建设工程施工合同、确定合理工期及安排施工进度的参考，并不属于强制性法律规定。《建设工程质量管理条

〔1〕铜仁市诚信建筑工程有限公司诉江口县农村信用合作联社建设工程施工合同纠纷案，贵州省铜仁市中级人民法院（2017）黔06民终901号民事判决书。

例》第十条虽有建设单位不得任意压缩合理工期的规定,但依据该条例第五十六条的规定违反的法律后果也只是对建设单位给予罚款,故《建设工程质量管理条例》的规定属于管理性规定而非效力性强制性规定,不能作为认定合同条款是否有效的依据。"[1]

本书认为,即使施工合同中约定工期严重低于定额工期,法院也不宜认定工期约定无效。《建设工程质量管理条例》第10条第1款规定,"建设工程发包单位不得迫使承包方以低于成本的价格竞标,不得任意压缩合理工期",从该条规定的表述来看,其规范的是建设单位的发包行为,要求建设单位在招标时确定的工期应当合理,避免因工期过短导致质量安全事故。但定额工期反映的是社会平均水平,并不排除个别施工企业的施工技术水平远高于平均水平,可以在更短的工期内完成工程施工。施工企业作为长期从事工程建设的主体,对于工程工期有较为准确地把握,其与发包人约定的工期一般也是其真实意思的反映,法院应当尊重当事人的合意。同时,也可以避免一些承包人恶意主张合同无效谋取不当利益。另外,对于何为"任意压缩"、何为"合理工期",法律、行政法规均没有作出明确规定,只能由法院根据具体案件和地方性规定进行裁判,会导致裁判标准极不统一的情况。即使承包人完成的工程质量不合格,也可以根据当事人之间的过错确定质量责任,完全没有必要对工期约定的效力进行否定。

【典型案例】南宁金胤房地产有限责任公司与中建三局第一建设工程有限责任公司、中国建设银行股份有限公司武汉东西湖支行等建设工程施工合同纠纷案[2]

【基本案情】涉案工程系商品房住宅项目,南宁金胤房地产有限责任公司(以下简称金胤房开公司)未经公开招投标,直接与中建三局第一建设工程有限责任公司(以下简称中建三局)进行议标,并于2009年10月10日签订《建设工程施工合同》,合同约定工期不超过580天。2009年11月18日,金胤房开公司签发开工令,中建三局进场施工。涉案工程于2012年陆续完成竣工

[1] 东方建设集团有限公司嘉兴分公司诉嘉兴北欧机具有限公司建设工程施工合同纠纷案,浙江省嘉兴市中级人民法院(2013)浙嘉民终字第459号民事判决书。

[2] 最高人民法院民事判决书,(2018)最高法民再163号。

验收,整体工程竣工验收备案日期为2012年9月12日。一审期间,中建三局申请对定额工期和应顺延工期进行鉴定,鉴定意见为:合理工期为1182天,实际施工工期为790天,合理顺延确认工期为48.5天。

【裁判观点】中建三局《建设工程施工合同》中580日历天的工期条款因违反行政法规"不得任意压缩合理工期"的强制性规定而无效。对此,再审法院最高人民法院认为,一方面,定额工期通常依据施工规范、典型工程设计、施工企业的平均水平等多方面因素制定,虽具有合理性,但在实际技术专长、管理水平和施工经验存在差异的情况下,并不能完全准确反映不同施工企业在不同工程项目的合理工期。另一方面,本案中,中建三局作为大型专业施工企业,基于对自身施工能力及市场等因素的综合考量,经与金胤房开公司平等协商,在《建设工程施工合同》中约定580日历天的工期条款,系对自身权利的处分,亦为其真实意思表示,在无其他相反证据证明的情况下,不能当然推定金胤房开公司迫使其压缩合理工期。最高人民法院对中建三局的该项再审主张不予支持。但综合考量违约金的性质、合同履行情况、当事人的实际损失及过错程度等因素,并结合建筑行业是微利行业的特点,原判决认定违约金30天内每天按工程结算总造价的5‰计算,30天外每天按工程结算总造价的1‰计算,违约金总计达工程结算总造价的15.05%,每天1‰的标准折合年利率达到36.5%,也超过法律规定的民间借贷法定利率。原判决关于违约金的认定过高,可予调整。根据公平原则与诚实信用原则,法院酌定违约金统一按照《建设工程施工合同》专用条款第35.5条约定的每日5‰的标准计算。

第二节 开工日期

开工,是指承包人开始进场施工。工程施工工期自承包人开工的时间开始计算,故开工日期的确定,直接关系施工工期的认定。开工日期包括计划开工日期和实际开工日期,计划开工日期,是指合同协议书中约定的开工日期;实际开工日期,是指发包人或监理人发出符合法律规定的开工通知中载明的开工日期。通常计划开工日期与实际开工日期并不一致。如合同约定的开工日期是

10月1日,但由于办理施工许可等一些原因,监理人在11月1日才发出开工通知。因而在司法实践中对于开工日期的认定,仅将计划开工日期作为一个参考,而以实际开工日期为准。

一、开工条件

建设工程开工前必须具备法律法规等规定的开工条件。开工条件,是指承包人进场施工所应具备的条件,包括行政管理许可的条件以及开工准备条件。

(一)行政管理条件

国务院办公厅2007年印发的《关于加强和规范新开工项目管理的通知》第1条规定了各类投资项目开工建设必须符合的条件:(1)符合国家产业政策、发展建设规划、土地供应政策和市场准入标准。(2)已经完成审批、核准或备案手续。具体而言,实行审批制的政府投资项目已经批准可行性研究报告,其中需审批初步设计及概算的项目已经批准初步设计及概算;实行核准制的企业投资项目,已经核准项目申请报告;实行备案制的企业投资项目,已经完成备案手续。(3)规划区内的项目选址和布局必须符合城乡规划,并依照《城乡规划法》的有关规定办理相关规划许可手续。(4)需要申请使用土地的项目必须依法取得用地批准手续,并已经签订国有土地有偿使用合同或取得国有土地划拨决定书。其中,工业、商业、旅游、娱乐和商品住宅等经营性投资项目,应当依法以招标、拍卖或者挂牌出让方式取得土地。(5)已经按照建设项目环境影响评价分类管理、分级审批的规定完成环境影响评价审批。(6)已经按照规定完成固定资产投资项目节能评估和审查。(7)建筑工程开工前,建设单位依照《建筑法》的有关规定,已经取得施工许可证或者开工报告,并采取保证建设项目工程质量安全的具体措施。(8)符合国家法律法规的其他相关要求。

1. 施工许可制度

我国实行施工许可制度,由国家授权有关行政主管部门,在工程施工开始以前,对该项工程是否符合法定的开工必备条件进行审查,对符合条件的建筑工程发给施工许可证,允许该工程开工建设。[1]《建筑法》第7条规定:"建筑工程开工前,建设单位应当按照国家有关规定向工程所在地县级以上人民政府

---

〔1〕 参见卞耀武主编:《中华人民共和国建筑法释义》,法律出版社1998年版,第46页。

建设行政主管部门申请领取施工许可证；但是，国务院建设行政主管部门确定的限额以下的小型工程除外。”针对该条规定的除外“小型工程”，根据《建筑工程施工许可管理办法》第2条第2款的规定，工程投资额在30万元以下或者建筑面积在300平方米以下的建筑工程，可以不申请办理施工许可证。省、自治区、直辖市人民政府住房城乡建设主管部门可以根据当地的实际情况，对限额进行调整，并报国务院住房城乡建设主管部门备案。应当申请领取施工许可证的建筑工程未取得施工许可证的，一律不得开工。

2. 施工许可证的申领条件

根据《建筑法》第8条的规定，申请领取施工许可证应当具备下列条件：(1)已经办理该建筑工程用地批准手续；(2)依法应当办理建设工程规划许可证的，已经取得建设工程规划许可证；(3)需要拆迁的，其拆迁进度符合施工要求；(4)已经确定建筑施工企业；(5)有满足施工需要的资金安排、施工图纸及技术资料；(6)有保证工程质量和安全的具体措施。《建筑工程施工许可管理办法》第4条也规定，建设单位申请领取施工许可证，应当具备下列条件，并提交相应的证明文件：(1)依法应当办理用地批准手续的，已经办理该建筑工程用地批准手续。(2)依法应当办理建设工程规划许可证的，已经取得建设工程规划许可证。(3)施工场地已经基本具备施工条件，需要征收房屋的，其进度符合施工要求。(4)已经确定施工企业。按照规定应当招标的工程没有招标，应当公开招标的工程没有公开招标，或者支解发包工程，以及将工程发包给不具备相应资质条件的企业的，所确定的施工企业无效。(5)有满足施工需要的资金安排、施工图纸及技术资料，建设单位应当提供建设资金已经落实承诺书，施工图设计文件已按规定审查合格。(6)有保证工程质量和安全的具体措施。施工企业编制的施工组织设计中有根据建筑工程特点制定的相应质量、安全技术措施。建立工程质量安全责任制并落实到人。专业性较强的工程项目编制了专项质量、安全施工组织设计，并按照规定办理了工程质量、安全监督手续。县级以上地方人民政府住房城乡建设主管部门不得违反法律法规规定，增设办理施工许可证的其他条件。

根据《建筑法》的规定，建设单位应当自领取施工许可证之日起3个月内开工。因故不能按期开工的，应当向发证机关申请延期；延期以两次为限，每次不超过3个月。既不开工又不申请延期或者超过延期时限的，施工许可证自行废止。在建的建筑工程因故中止施工的，建设单位应当自中止施工之日起1个月内,向发证机关报告,并按照规定做好建筑工程的维护管理工作。建筑工程恢复施工时,应当向发证机关报告;中止施工满一年的工程恢复施工前,建设单位应当报发证机关核验施工许可证。

3. 开工报告制度

对水利工程、电力工程等,以及政府投资的情况特殊、影响重大的建设项目,由于关乎国计民生,且专业性很强,我国实行更为严格的开工报告制度,即这些工程项目在开工前,由建设单位编制开工报告并向相应的主管部门报批获准后,方能施工。如《政府投资条例》第 20 条第 2 款规定:"国务院规定应当审批开工报告的重大政府投资项目,按照规定办理开工报告审批手续后方可开工建设。"《交通运输部部属单位基本建设管理办法》第 22 条规定:"基本建设项目必须在落实各项开工条件和依法办理相关的开工报告审批手续后,方可开工建设。"《铁路建设管理办法》第 14 条规定:"工程实施阶段。在初步设计文件审查批准后,组织工程招标投标、编制开工报告。开工报告批准后,依据批准的建设规模、技术标准、建设工期和投资,按照施工图和施工组织设计文件组织建设。"按照国务院规定的权限和程序批准开工报告的工程,不再领取施工许可证。

(二)开工准备条件

除满足行政管理的条件以外,发包人和承包人应当完成开工准备的工作,才能使工程具备开工的条件。

1. 发包人开工准备工作

发包人应承担的开工准备工作包括提供施工现场、施工条件和基础资料,以及组织设计交底、图纸会审等。《2017 版施工合同范本》通用合同条款第 2.4 款约定了发包人在工程开工前负有提供施工现场、施工条件和基础资料的义务,除专用合同条款另有约定外,发包人应最迟于开工日期 7 天前向承包人移交施工现场,应负责提供施工所需要的条件,包括:(1)将施工用水、电力、通讯线路等施工所必需的条件接至施工现场内;(2)保证向承包人提供正常所需要的进入施工现场的交通条件;(3)协调处理施工现场周围地下管线和邻近建筑物、构筑物、古树名木的保护工作,并承担相关费用;(4)按照专用合同条款约定应提供的其他设施和条件。发包人应当在移交施工现场前向承包人提供施工现场及工程施工所必需的毗邻区域内供水、排水、供电、供气、供热、通信、广播电视等地下管线资料,气象和水文观测资料,地质勘察资料,相邻建筑物、构筑物和地下工程等有关基础资料，并对所提供资料的真实性、准确性和完整性负责。

2. 承包人开工准备工作

承包人应承担的开工准备工作包括现场查勘，编制并提交、修改施工组织设计，建立质量、安全生产管理体系，落实人员、材料及施工机械等。《2017 版施工合同范本》通用合同条款第 3.4 款约定了承包人在开工前负有现场查勘的义务，“承包人应对施工现场和施工条件进行查勘，并充分了解工程所在地的气象条件、交通条件、风俗习惯以及其他与完成合同工作有关的其他资料。因承包人未能充分查勘、了解前述情况或未能充分估计前述情况所可能产生后果的，承包人承担由此增加的费用和(或)延误的工期”。第 7.1.2 项约定：“除专用合同条款另有约定外，承包人应在合同签订后 14 天内，但至迟不得晚于第 7.3.2 项〔开工通知〕载明的开工日期前 7 天，向监理人提交详细的施工组织设计，并由监理人报送发包人……根据工程实际情况需要修改施工组织设计的，承包人应向发包人和监理人提交修改后的施工组织设计。”

二、开工通知

建设工程施工合同签订后，发包人和承包人应当先完成开工准备工作，再由承包人向监理人申请开工，经发包人同意，由监理人向承包人发出开工通知。

根据《2017 版施工合同范本》通用合同条款第 7.3.1 项的约定，承包人应在施工组织设计约定的期限内向监理人提交工程开工报审表，经监理人报发包人批准后执行。开工报审表应详细说明按施工进度计划正常施工所需的施工道路、临时设施、材料、工程设备、施工设备、施工人员等落实情况以及工程的进度安排。第 7.3.2 项约定，经发包人同意后，监理人向承包人发出符合法律规定的开工通知，工期自开工通知中载明的开工日期起算。

《建设工程监理规范》第 5.1.8 条规定，同时具备下列条件时，应由总监理工程师签署审核意见，并应报建设单位批准后，总监理工程师签发工程开工令：(1)设计交底和图纸会审已完成；(2)施工组织设计已由总监理工程师签认；(3)施工单位现场质量、安全生产管理体系已建立，管理及施工人员已到位，施工机械具备使用条件，主要工程材料已落实；(4)进场道路及水、电、通信等已满足开工要求。

三、开工日期的认定

对于工程开工日期的认定，一般以开工通知载明的日期作为工程开工日期。但实践中存在诸多违法违约情况引起纠纷，导致裁判者无法按照开工通知认定开工日期，包括：(1)开工通知发出后，工程尚不具备开工条件；(2)开工通知发出后，因发包人或承包人原因导致开工时间推迟；(3)开工通知发出前，承包人即已进场施工；(4)监理人或发包人未发出开工通知。

对此，司法解释进行了明确，以统一对开工日期认定的裁判尺度。《建设工程司法解释(一)》第8条规定："当事人对建设工程开工日期有争议的，人民法院应当分别按照以下情形予以认定：(一)开工日期为发包人或者监理人发出的开工通知载明的开工日期；开工通知发出后，尚不具备开工条件的，以开工条件具备的时间为开工日期；因承包人原因导致开工时间推迟的，以开工通知载明的时间为开工日期；(二)承包人经发包人同意已经实际进场施工的，以实际进场施工时间为开工日期；(三)发包人或者监理人未发出开工通知，亦无相关证据证明实际开工日期的，应当综合考虑开工报告、合同、施工许可证、竣工验收报告或者竣工验收备案表等载明的时间，并结合是否具备开工条件的事实，认定开工日期。"

(一)原则上以开工通知为准

开工通知是记录开工事实的文件，无论从形式上还是内容上，其证明力都优于其他证据。[1] 监理人向承包人发出开工通知，应当推定开工经过发包人同意且已具备开工条件，故应当以开工通知上载明日期作为开工日期。但如果开工通知发出后，工程仍不具备开工条件，如发包人未能取得相关行政审批手续、未能提供施工现场或基础资料等，导致承包人无法在开工通知载明的时间进场或者进场后无法正常施工的，则应当以开工条件具备的时间作为开工日期。但如果是承包人自身原因未在开工通知载明的时间进场施工，导致开工时间推迟的，承包人应承担相应的不利后果，仍应以开工通知载明的时间作为开工日期。

---

〔1〕 参见李明主编：《建设工程施工合同纠纷案件裁判规则(一)》，法律出版社2019年版，第153页。

（二）开工通知发出之前，承包人经发包人同意已经进场施工的，以实际进场施工时间为开工日期

实践中，存在不少发包人为赶工期，在开工条件尚不具备、开工通知发出之前，即要求承包人提前进场施工。在承包人进场施工一段时间后，发包人才补发了开工通知，此时开工通知载明的时间要晚于承包人实际进场施工的时间。此种情况下，对于开工日期的认定，应当以承包人实际进场施工的时间为准。因对于民事案件事实的认定应当以尊重当事人的合意为首要，承包人经发包人同意实际进场施工，应当视为双方对开工时间达成了合意，裁判者应当予以认定。发包人不符合开工条件擅自开工的违法行为，属于行政管理规制的范畴，其应承担相应的行政责任。

（三）既无开工通知也无法确定实际开工时间，应综合考虑相关材料并结合开工条件是否具备来认定开工日期

发包人或者监理人未发出开工通知，亦无相关证据证明实际开工日期的，应当综合考虑开工报告、合同、施工许可证、竣工验收报告或者竣工验收备案表等载明的时间，并结合是否具备开工条件的事实，认定开工日期。另外，施工许可证上记载的时间不能作为认定开工日期的必然和唯一依据。施工许可是国家对建筑活动的监管，在工程开工前对开工条件进行检查，对于符合条件的予以发放证明，准许开工。发包人取得施工许可证，说明工程具备开工条件。《建筑法》第 9 条规定："建设单位应在自领取施工许可证之日起三个月内开工。因故不能按期开工的，应当向发证机关申请延期；延期以两次为限，每次不超过三个月。既不开工又不申请延期或者超过延期时限的，施工许可证自行废止。"可见，合法的开工日期应当在取得施工许可证之后，但施工许可证取得的时间并不能被当然视为开工日期。只有在没有开工通知，且无法确定实际开工时间时，法院可以将施工许可证上记载的时间作为认定开工日期的考虑因素之一。同时，工程的竣工验收报告或竣工验收备案表上一般都会记载开工和竣工日期，可以作为认定开工日期的依据，但最终都要以是否具备开工条件作为落脚点。

【典型案例】青海方升建筑安装工程有限责任公司与青海隆豪置业有限公司建设工程施工合同纠纷案[1]

【基本案情】2011年9月1日，青海隆豪置业有限公司（以下简称隆豪公司）与青海方升建筑安装工程有限责任公司（以下简称方升公司）签订《建设工程施工合同》，约定开工日期为2011年5月8日。2011年5月15日，方升公司开始施工。2012年6月13日，完成主体验收。2012年6月19日，方升公司发出通知，要求隆豪公司支付1125.14万元工程款，否则将停止施工。2012年6月25日，隆豪公司发出通知，指出方升公司工期违约，要求解除合同。其后双方解除合同。诉讼过程中，双方对开工日期产生争议。

【裁判观点】虽然《建筑工程施工许可证》载明的开工日期为2011年6月20日，但是施工许可证载明的日期并不具备绝对排他的、无可争辩的效力，建筑工程施工许可证是建设主管部门颁发给建设单位的准许其施工的凭证，只是表明了建设工程符合相应的开工条件，建设工程施工许可证并不是确定开工日期的唯一凭证。实践中，建设工程开工日期早于或者晚于施工许可证记载日期的情形大量存在。当施工单位实际开工日期与施工许可证上记载的日期不一致时，同样应当以实际开工日期而不是施工许可证上记载的日期作为确定开工日期的依据。本案中，在方升公司、隆豪公司及监理机构均确认开工日期为2011年5月15日的情况下，再以施工许可证上载明的日期确定为开工日期，无事实和法律依据。

第三节　竣工日期

从开工到竣工所经历的时间，即是承包人完成工程所使用时间，即实际工期。实际工期超过合同约定工期的，承包人应当向发包人承担工期违约责任。在认定开工日期的基础上，准确认定竣工日期，对于认定实际工期至关重要。承包人在完成合同约定和设计要求的全部施工任务后，会向发包人申请进行竣工验收，竣工验收合格后，发包人应当接收工程并支付工程价款，但实践中存在

[1] 最高人民法院民事判决书，(2014)民一终字第69号。

发包人拖延验收或未经验收即擅自使用工程的情况，损害了承包人的利益，故对于此类情形的竣工日期应当准确认定，维护承包人合法利益，促进建筑市场健康发展。

一、竣工的理解

竣工，是指国家有关单位根据国家验收标准，对施工完成的工程进行具有法律效果的验收，并且出具有关法律文书。竣工意味着承包人完成的工程符合合同约定，发包人应当接收该工程，并按照约定支付工程价款。目前我国的诸多法律法规的规定中，对于“竣工”一词存在不同理解，且多有偏差，迫切需要统一认识。

（一）竣工与完工

完工，是指承包人完成合同约定的全部施工内容，是一种事实状态；竣工，是指工程完工且质量验收合格，是一种法律状态。根据《工程竣工验收规定》第5条的规定，以及《2017版施工合同范本》通用合同条款第13条的约定，承包人在完成合同范围内的全部工程以及有关工作后，可以向发包人提交工程竣工报告，申请进行竣工验收，发包人组织勘察、设计、施工、监理等各方组成验收组进行验收。验收合格的，发包人出具工程竣工验收报告。至此，工程完成了由完工到竣工的转变。但有些法律规定将“竣工”等同于“完工”，例如，《民法典》第799条第1款规定：“建设工程竣工后，发包人应当根据施工图纸及说明书、国家颁发的施工验收规范和质量检验标准及时进行验收。”又如，《建筑法》第60条第2款规定：“建筑工程竣工时，屋顶、墙面不得留有渗漏、开裂等质量缺陷。”建设工程“竣工”，意味着已经全部完工并且验收合格，此二者规定显然是把“竣工”当成“完工”来理解。

（二）竣工与竣工验收

竣工验收，是指在工程已经按照设计要求完成全部施工任务，准备交付给建设单位投入使用时，由建设单位或有关主管部门依照国家关于建筑工程竣工验收制度的规定，对该项工程是否合乎设计要求和工程质量标准所进行的检查、考核工作。[1] 根据《施工质量验收标准》第2.0.7条的规定，验收，是指建

---

〔1〕 参见卞耀武主编：《中华人民共和国建筑法释义》，法律出版社1998年版，第165页。

筑工程质量在施工单位自行检查合格的基础上，由工程质量验收责任方组织，工程建设相关单位参加，对检验批、分项、分部、单位工程及其隐蔽工程的质量进行抽样检验，对技术文件进行审核，并根据设计文件和相关标准以书面形式对工程质量是否合格作出确认。故竣工验收指的是工程竣工前的验收，是对承包人完成的全部工程质量的程序性确认，验收合格，工程即告竣工，验收不合格，则工程不能竣工。竣工是竣工验收合格的后果，两者并不能等同。

二、竣工日期的认定

竣工日期的认定，直接关系工期的确定，以及工程竣工结算款的支付，与施工合同当事人的利益直接相关。因而，裁判者应当准确认定竣工日期，确定发承包人之间的权利义务。因法律、行政法规中对于竣工日期的认定没有作具体规定，为统一裁判尺度，最高人民法院在司法解释中对竣工日期的认定规则进行了明确。《建设工程司法解释（一）》第 9 条规定："当事人对建设工程实际竣工日期有争议的，人民法院应当分别按照以下情形予以认定：（一）建设工程经竣工验收合格的，以竣工验收合格之日为竣工日期；（二）承包人已经提交竣工验收报告，发包人拖延验收的，以承包人提交验收报告之日为竣工日期；（三）建设工程未经竣工验收，发包人擅自使用的，以转移占有建设工程之日为竣工日期。"

（一）原则上以竣工验收合格之日为竣工日期

住建部发布的施工合同示范文本中指出，如工程竣工验收合格，要以承包人提交竣工验收申请报告之日作为竣工日期。这一点与最高人民法院司法解释的规定不一致。《2017 版施工合同范本》通用合同条款第 13. 2. 3 项约定："工程经竣工验收合格的，以承包人提交竣工验收申请报告之日为实际竣工日期，并在工程接收证书中载明。"承包人在完成工程施工后，向发包人提交竣工验收申请报告，由发包人组织竣工验收，在竣工验收合格的情况下，应当认为在承包人提交竣工验收申请报告时工程已经处于合格的状态，以提交申请之日作为竣工日期是符合工程实际的。

而原《建设工程司法解释》第 14 条第 1 项则是以"竣工验收合格之日"作为竣工之日。《民法典》施行后发布的《建设工程司法解释（一）》第 9 条也延续了该规则。最高人民法院为何作出与实践通行做法（示范文本）不一致的规定，在该解释的理解与适用中并没有给出理由。本书尝试分析如下：

第一，与法律规定的工程交付时间相一致。《建筑法》第61条、《民法典》第799条、《建设工程质量管理条例》第16条均规定，建设工程竣工经验收合格后，方可交付使用；未经验收或者验收不合格的，不得交付使用。上述法律规定将工程竣工验收合格，作为工程交付使用的前提。在工程竣工验收合格的情况下，如果发包人早在承包人提交竣工验收申请报告时即占有使用该工程，即使认为工程在承包人提交申请之时事实上处于合格的状态，也不能认为发包人在验收合格之前的占有使用是合法的。工程"竣工"本身即意味着工程可以交付使用，法律规定竣工验收合格才能交付，如果把竣工日期提前至承包人申请之日，显然与法律规定相违背。

第二，与保修期和缺陷责任期的起算时间相一致。根据《建设工程质量管理条例》第40条和《质量保证金管理办法》第8条的规定，建设工程的保修期和缺陷责任期，都是从工程竣工验收合格之日起算。如果将承包人提交竣工验收申请报告之日作为竣工日期，那么工程的保修期和缺陷责任期的起算时间也应当提前，但这显然又与现行规定不符。

第三，如前文所述，工程竣工是全部工程经验收合格的法律状态，竣工是竣工验收合格的法律效果，工程竣工验收合格之日自然应是竣工之日。承包人除了要完成合同约定的施工任务，更重要的是要保证所完成的工程质量符合约定，工程竣工验收合格，承包人方履行完毕施工合同的义务，工期应自该日截止。竣工更强调发包人以及工程质量监督管理部门对工程质量的认可，是一种法律意义上的评价，从而引发一系列的法律效果，包括支付工程价款、交付使用、保修期和缺陷责任期的起算等。从工程竣工验收合格倒推认为工程在承包人提交竣工验收申请之日已属质量合格，只是一种推定的事实状态，而这种事实并不能引起相应的法律效果，即不能认为工程已经在此时竣工，从而认定竣工日期。因而，司法解释并没有采取施工合同示范文本的规则，而是规定"建设工程经竣工验收合格的，以竣工验收合格为竣工日期"，与现行法律、行政法规的规定相衔接。

（二）发包人拖延验收的，以承包人提交验收报告之日为竣工日期

根据《工程竣工验收规定》第6条的规定，工程完工后，承包人向发包人提交工程竣工报告，申请竣工验收。发包人收到工程竣工报告后，组织勘察、设

计、施工、监理等单位组成验收组进行竣工验收。一旦工程验收合格，根据《民法典》第799条的规定，发包人应当支付工程价款并接收该工程。根据《2017版施工合同范本》通用合同条款第14条的约定，承包人应在工程竣工验收合格后向发包人和监理人提交竣工结算申请单，发包人对竣工结算申请单进行审批后签发竣工付款证书，并完成对承包人的竣工付款。因而工程竣工验收完成后发包人即要进行竣工付款。

组织工程竣工验收，既是发包人的合同义务，更是其法定义务。《民法典》第799条第1款规定："建设工程竣工后，发包人应当根据施工图纸及说明书、国家颁发的施工验收规范和质量检验标准及时进行验收。"《建设工程质量管理条例》第16条第1款规定："建设单位收到建设工程竣工报告后，应当组织设计、施工、工程监理等有关单位进行竣工验收。"《工程竣工验收规定》第4条规定："工程竣工验收由建设单位负责组织实施。"实践中，存在部分发包人为拖延付款，在收到承包人提交的竣工验收申请后，迟迟不组织竣工验收，导致工程无法进行竣工结算，损害承包人的利益。参考《民法典》第159条"附条件的民事法律行为，当事人为自己的利益不正当地阻止条件成就的，视为条件已经成就"的规定，《建设工程司法解释(一)》第9条第2项规定，承包人已经提交竣工验收报告，发包人拖延验收的，以承包人提交验收报告之日为竣工日期。

对于发包人是否构成"拖延验收"，应当按照施工合同的约定进行认定。发包人和承包人可以在施工合同专用条款中对发包人收到承包人提交的竣工验收申请报告后组织竣工验收的时间进行约定，发包人未在约定期限内组织竣工验收的，可以视为发包人"拖延验收"。如果当事人未在施工合同专用条款中进行约定，可以根据施工合同通用合同条款的约定进行认定。《2017版施工合同范本》通用合同条款第13.2.3项约定："因发包人原因，未在监理人收到承包人提交的竣工验收申请报告42天内完成竣工验收，或完成竣工验收不予签发工程接收证书的，以提交竣工验收申请报告的日期为实际竣工日期。"

(三)发包人"擅自使用"的，以转移占有工程之日为竣工日期

建筑物作为特殊的产品，其质量不仅关系发承包双方的利益，更关系不特定的人民群众的生命财产安全，因而一定要在保证建筑物质量合格的情况下才能交付使用。但实践中，仍然存在发包人为尽快获得投资收益，在工程未经竣

工验收的情况下，即擅自使用工程的情况。发包人的这种违法行为，应当根据《建设工程质量管理条例》第 58 条的规定，承担罚款的行政责任，如造成损失的，依法承担赔偿责任。《建设工程司法解释(一)》第 14 条也规定："建设工程未经竣工验收，发包人擅自使用后，又以使用部分质量不符合约定为由主张权利的，人民法院不予支持。"

竣工意味着承包人完成的工程质量符合约定，可以交付发包人使用。在工程未经竣工验收前，根据法律规定不能交付使用，但发包人实际占有并使用工程，使工程虽然未竣工，但实际产生了竣工交付的效果。为保障承包人的合法权益，同时体现司法对发包人违法行为的制裁，司法解释规定以发包人实际占有工程之日作为竣工日期。《建设工程司法解释(一)》第 9 条第 3 项规定："建设工程未经竣工验收，发包人擅自使用的，以转移占有建设工程之日为竣工日期。"《2017 版施工合同范本》通用合同条款第 13.2.3 项约定："工程未经竣工验收，发包人擅自使用的，以转移占有工程之日为实际竣工日期。"

需要注意的是，对于上述后两种情况，即发包人拖延验收的以承包人提交竣工验收申请之日为竣工日期、发包人擅自使用的以转移占有之日为竣工日期，只是司法上的认定，是一种拟制，意在避免发包人因违法违约行为获益，保障承包人合法权益，维护建筑市场的健康发展。如果发包人拖延验收后实际又进行了竣工验收，或者发包人擅自使用后又进行了竣工验收，从实然的角度，工程竣工的日期仍然是工程实际竣工验收合格之日。

【典型案例】黑龙江四海园建筑工程有限公司与哈尔滨市第五医院建设工程施工合同纠纷案[1]

【基本案情】2010 年 10 月 28 日，哈尔滨市第五医院(以下简称哈五院)通过招投标程序就涉案工程与黑龙江四海园建筑工程有限公司(以下简称四海园公司)签订《建设工程施工合同》，约定开工日期 2010 年 10 月 16 日，竣工日期 2011 年 10 月 1 日。2011 年 10 月 1 日，哈五院、四海园公司与勘察单位、设计单位、监理单位对涉案工程部分项目进行了检查验收，并出具《单位工程竣工验收报告》。2012 年 8 月 10 日的《哈尔滨日报》刊登文章称，涉案工程综合楼于 2012 年 8 月 8 日落成开诊。

[1] 最高人民法院民事判决书，(2015)民一终字第 94 号。

【**裁判观点**】关于竣工日期的认定问题。原《建设工程司法解释》第14条[1]规定:“当事人对建设工程实际竣工日期有争议的,按照以下情形分别处理:(一)建设工程经竣工验收合格的,以竣工验收合格之日为竣工日期;(二)承包人已经提交竣工验收报告,发包人拖延验收的,以承包人提交验收报告之日为竣工日期;(三)建设工程未经竣工验收,发包人擅自使用的,以转移占有建设工程之日为竣工日期。”从该司法解释的规定看,建设工程的竣工日期区分为实际竣工日期和视同竣工日期。由于2011年10月1日的竣工验收仅是单项工程的验收,双方当事人均未提交涉案工程整体验收合格的证据,仅凭现有证据,难以确定竣工日期,法院只能确定视同竣工日期。2012年8月10日的《哈尔滨日报》载明,涉案工程于2012年8月8日落成开诊。《哈尔滨日报》系当地党委机关报,具有公信力,且该文系哈五院在该报刊登的专刊,该文内容载明的落成开诊日期应当视为该院认可的涉案工程投入使用日期,因此,应当将2012年8月8日哈五院投入使用的日期视同竣工日期。

第四节 工期延误

工期延误,是指以推迟进度、延长时间或者其他方式改变了项目进度或工程竣工的时间。[2] 承包人在施工过程中,可能会出现各种原因导致工期的延误,包括发包人原因导致的工期延误、承包人原因导致的工期延误和不可归责于双方当事人的工期延误。原则上,对于发包人原因导致的工期延误,应当由发包人承担由此延误的工期,工期相应延长;对于承包人原因导致的工期延误,应当由承包人承担由此延误的工期,工程逾期竣工的,承包人要向发包人承担违约责任;对于不可归责于双方当事人的工期延误,原则上由发包人承担延误的工期,但如果是承包人原因导致工期延误,在工期延误期间遇到法律变化或不可抗力的,延误的工期还是由承包人承担。

---

〔1〕 参见《建设工程司法解释(一)》第9条。

〔2〕 参见常设中国建设工程法律论坛第八工作组:《中国建设工程施工合同法律全书:词条释义与实务指引》,法律出版社2019年版,第589页。

一、发包人原因导致的工期延误

对于发包人原因导致的工期延误,应由发包人承担由此延误的工期,承包人完成工程的期限相应延长。

《2017 版施工合同范本》通用合同条款第 7.5.1 项约定:“在合同履行过程中,因下列情形导致工期延误和(或)费用增加的,由发包人承担由此延误的工期和(或)增加的费用,且发包人应支付承包人合理的利润:(1)发包人未能按合同约定提供图纸或所提供的图纸不符合合同约定的;(2)发包人未能按合同约定提供施工现场、施工条件、基础资料、许可、批准等开工条件的;(3)发包人提供的测量基准点、基准线和水准线及其书面资料存在错误或疏漏的;(4)发包人未能在计划开工日期之日起 7 天内同意下达开工通知的;(5)发包人未能按合同约定日期支付工程预付款、进度款或竣工结算款的;(6)监理人未按合同约定发出指示、批准等文件的;(7)专用合同条款中约定的其他情形。”

根据《民法典》等法律法规及《2017 版施工合同范本》《2013 版清单计价规范》等规范文件的相关规定,发包人原因导致工期延误主要包括以下情形:

1. 发包人未按照约定的时间和要求提供资金、场地、资料等。《民法典》第 803 条规定:“发包人未按照约定的时间和要求提供原材料、设备、场地、资金、技术资料的,承包人可以顺延工程日期,并有权请求赔偿停工、窝工等损失。”《2017 版施工合同范本》通用合同条款第 1.6.1 项约定了发包人的图纸提供和交底义务,第 2.4 款约定了发包人的施工现场、施工条件和基础资料的提供义务,因发包人原因未能按约定及时向承包人提供图纸、施工现场、施工条件、基础资料的,由发包人承担由此增加的费用和延误的工期。发包人应当按照合同约定向承包人支付工程预付款、进度款或竣工结算款,否则承包人有权暂停施工,由此导致的工期延误由发包人承担。

2. 发包人提供的测量基准点、基准线和水准点及其书面资料存在错漏。发包人应在开工通知载明的开工日期 7 天前通过监理人向承包人提供测量基准点、基准线和水准点及其书面资料,并应对其真实性、准确性和完整性负责。如果发包人提供的测量基准点、基准线和水准点及其书面资料存在错误或疏漏,导致工期延误的,应当由发包人承担由此延误的工期。

3. 发包人未及时办理许可、批准或备案。发包人应遵守法律,并办理法律规定由其办理的许可、批准或备案,包括但不限于建设用地规划许可证,建设工程规划许可证，建设工程施工许可证，施工所需临时用水、临时用电、中断道路交通、临时占用土地等许可和批准。发包人应协助承包人办理法律规定的有关施工证件和批件。因发包人原因未能及时办理前述许可、批准或备案，导致工期延误的，由发包人承担由此延误的工期。

4. 发包人原因造成监理人未及时发出开工通知。经发包人同意后，监理人发出的开工通知应符合法律规定。监理人应在计划开工日期 7 天前向承包人发出开工通知，否则发包人应当承担由此延误的工期。

5. 发包人拒不签收往来信函。发包人和承包人应当及时签收另一方送至送达地点和指定接收人的来往信函。发包人拒不签收的，应当承担由此延误的工期。

6. 发包人提供的材料或工程设备不符合合同要求的，承包人有权拒绝，并可要求发包人更换，由此延误的工期由发包人承担。

7. 发包人或监理人未能按合同约定发出指示、指示延误或发出了错误指示。监理人应按照发包人的授权发出监理指示，监理人的指示应采用书面形式，并经其授权的监理人员签字。监理人员发出的指示应当送达承包人项目经理或经项目经理授权接收的人员。因监理人未能按合同约定发出指示、指示延误或发出了错误指示而导致工期延误的，由发包人承担延误的工期。

8. 发包人或监理人的检查和检验影响施工正常进行。《民法典》第 797 条规定："发包人在不妨碍承包人正常作业的情况下，可以随时对作业进度、质量进行检查。"监理人按照法律规定和发包人授权对工程的所有部位及其施工工艺、材料和工程设备进行检查和检验。监理人的检查和检验不应影响施工正常进行。监理人的检查和检验影响施工正常进行的，如经检查不合格，工期不予顺延；经检查合格，延误的工期由发包人承担。

9. 发包人或监理人未能及时进行检查或重新检查隐蔽工程。《民法典》第 798 条规定："隐蔽工程在隐蔽以前，承包人应当通知发包人检查。发包人没有及时检查的，承包人可以顺延工程日期，并有权请求赔偿停工、窝工等损失。"工程隐蔽部位经承包人自检确认具备覆盖条件的，承包人通知监理人检查。监理人不能及时进行检查导致工期延误的，工期应予以顺延。承包人覆盖工程隐蔽部位后，发包人或监理人对质量有疑问的，可要求承包人对已覆盖的部位进行钻孔探测或揭开重新检查。经检查证明工程质量符合合同要求的，由发包人承担由此延误的工期；经检查证明工程质量不符合合同要求的，由此延误的工期由承包人承担。

10. 工程变更。《2013版清单计价规范》第2.0.16项规定，工程变更是合同工程实施过程中由发包人提出或由承包人提出经发包人批准的合同工程任何一项工作的增、减、取消或施工工艺、顺序、时间的改变，设计图纸的修改，施工条件的改变，招标工程量清单的错、漏从而引起合同条件的改变或工程量的增减变化。《2017版施工合同范本》通用合同条款第10.6款约定，因变更引起工期变化的，合同当事人均可要求调整合同工期，由合同当事人根据合同约定并参考工程所在地的工期定额标准确定增减工期天数。

11. 发包人要求承包人在工程竣工前交付单位工程，由此导致承包人工期延误的，由发包人承担由此延误的工期。

二、承包人原因导致的工期延误

因承包人原因造成工期延误的，由承包人自行承担责任。工程逾期竣工的，承包人应当向发包人承担逾期竣工违约责任。

根据《民法典》等法律法规以及《2017版施工合同范本》通用合同条款的相关规定，承包人原因导致的工期延误具体包括以下情形：

1. 承包人未能充分查勘施工现场、施工条件。承包人应在订立合同前查勘施工现场，并根据工程规模及技术参数合理预见工程施工所需的进场施工现场的方式、手段、路径等，充分了解工程所在地的气象条件、交通条件、风俗习惯以及与完成合同工作有关的其他资料。因承包人未能充分查勘现场、预估相关情况导致工期延误的，由承包人承担延误的工期。

2. 承包人不提交项目经理有效证明文件。工程项目经理应是承包人正式聘用的员工，承包人应向发包人提交项目经理与承包人之间的劳动合同，以及承包人为项目经理缴纳社会保险费的有效证明。承包人不提交上述文件的，项目经理无权履行职责，发包人有权要求更换项目经理，由此延误的工期由承包人承担。

3. 承包人拒不签收往来信函。发包人和承包人应当及时签收另一方送至送达地点和指定接收人的来往信函。承包人拒不签收的，应当承担由此延误的工期。

4. 承包人未能尽职履行工程照管义务。自发包人向承包人移交施工现场之日起，承包人应负责照管工程及工程相关的材料、工程设备，直到颁发工程接收证书之日止。在承包人负责照管期间,因承包人原因造成工程、材料、工程设备、分期完成的成品、半成品损坏的,由承包人负责修复或更换,并承担由此延误的工期。

5. 承包人原因导致工程质量不符合约定。《民法典》第 801 条规定:"因施工人的原因致使建设工程质量不符合约定的,发包人有权请求施工人在合理期限内无偿修理或者返工、改建。经过修理或者返工、改建后,造成逾期交付的,施工人应当承担违约责任。"因承包人原因造成工程质量未达到合同约定标准的,发包人有权要求承包人返工直至工程质量达到合同约定的标准为止,并由承包人承担由此延误的工期。

6. 承包人私自覆盖隐蔽工程。《民法典》第 798 条规定:"隐蔽工程在隐蔽以前,承包人应当通知发包人检查。"隐蔽工程经发包人或监理人检查确认质量符合隐蔽要求的,承包人才能进行覆盖。承包人未通知发包人到场检查,私自将工程隐蔽部位覆盖的,发包人有权指示承包人钻孔探测或揭开检查,无论工程隐蔽部位质量是否合格,由此延误的工期均由承包人承担。

7. 承包人原因引起的暂停施工。(1)承包人对安全文明施工费应专款专用,应在财务账目中单独列项备查,不得挪作他用,否则发包人有权责令承包人限期改正;逾期未改正的,可以责令承包人暂停施工,由此延误的工期由承包人承担。(2)承包人应采取合理措施保护施工现场环境,对施工作业过程中可能引起的大气、水、噪音以及固体废物污染采取具体可行的防范措施。承包人应当承担因其原因引起的环境污染侵权损害赔偿责任,因环境污染引起纠纷导致暂停施工的,由此延误的工期由承包人承担。

8. 承包人采购或使用不符合设计要求的材料和工程设备。承包人采购的材料和工程设备,应保证产品质量合格,如不符合设计或有关标准要求,承包人应在监理人要求的合理期限内将不符合设计或有关标准要求的材料、工程设备运出施工现场,并重新采购符合要求的材料、工程设备,由此延误的工期由承包人承担。发包人或监理人发现承包人使用不符合设计或有关标准要求的材料和工程设备时,有权要求承包人进行修复、拆除或重新采购,由此延误的工期由承包人承担。

三、不可归责于双方当事人的工期延误

不可归责于双方当事人的工期延误情形,包括施工现场发现化石、文物,不

利物质条件,异常恶劣的气候条件,法律变化和不可抗力,一般应由发包人承担由此延误的工期,具体如下:

1. 施工现场发现化石、文物。承包人在施工过程中发现化石、文物的,应当采取合理有效的保护措施,防止任何人员移动或损坏,并立即报告有关政府行政管理部门,同时通知监理人、发包人。发包人、监理人和承包人应按有关政府行政管理部门要求采取妥善的保护措施,由此延误的工期由发包人承担。

2. 不利物质条件。不利物质条件,是指有经验的承包人在施工现场遇到的不可预见的自然物质条件、非自然的物质障碍和污染物,包括地表以下物质条件和水文条件以及其他情形,但不包括气候条件。承包人遇到不利物质条件时,应采取克服不利物质条件的合理措施继续施工,并及时通知发包人和监理人。通知应载明不利物质条件的内容以及承包人认为不可预见的理由。承包人因采取合理措施而延误的工期由发包人承担。

3. 异常恶劣的气候条件。异常恶劣的气候条件,是指在施工过程中遇到的,有经验的承包人在签订合同时不可预见,对合同履行造成实质性影响,但尚未构成不可抗力事件的恶劣气候条件。合同当事人可以在合同中约定异常恶劣的气候条件的具体情形。承包人应采取克服异常恶劣的气候条件的合理措施继续施工,并及时通知发包人和监理人。承包人因采取合理措施而延误的工期由发包人承担。

4. 法律变化。基准日期后,因法律变化造成工期延误的,工期应予以顺延。但因承包人原因造成工期延误,在工期延误期间出现法律变化的,由此延误的工期由承包人承担。

5. 不可抗力。不可抗力,是指合同当事人在签订合同时不可预见,在合同履行过程中不可避免且不能克服的自然灾害和社会性突发事件,如地震、海啸、瘟疫、骚乱、戒严、暴动、战争和约定的其他情形。因不可抗力影响承包人履行合同约定的义务,已经引起或将引起工期延误的,应当顺延工期。因不可抗力引起或将引起工期延误,发包人要求赶工的,由此增加的赶工费用由发包人承担。不可抗力发生后,合同当事人均应采取措施尽量避免和减少损失的扩大,任何一方当事人没有采取有效措施导致损失扩大的,应对扩大的损失承担责任。因合同一方迟延履行合同义务,在迟延履行期间遭遇不可抗力的,不免除其违约责任。即因承包人原因造成工期延误,在工期延误期间遭遇不可抗力的,由此延误的工期由承包人承担。

第五节 工 期 索 赔

索赔所对应的英文是“claim”,意指提出权利主张。工程索赔,是指在合同履行过程中,对于并非自己过错,而是应由对方承担责任的情况造成的实际损失,向对方提出经济补偿和(或)时间补偿的要求。工期索赔,是指承包人对于非自己原因导致的施工进程延误,向发包人提出的顺延合同工期的索赔。对于本章第四节中的“发包人原因导致的工期延误”和“不可归责于双方当事人的工期延误”,承包人都可以向发包人提起工期索赔。

对承包人而言,提出工期索赔的主要目的有两点:一是顺延工期避免承担逾期竣工违约责任。施工合同中通常会约定,承包人未在合同约定的工期内竣工,需要向发包人按日支付违约金。因而在非承包人原因导致工期延误时,承包人应当及时向发包人提出工期索赔,以顺延竣工日期,避免承担违约责任。二是获得损失赔偿。因发包人原因导致的工期延误,可能会使工程处于停、窝工状态,承包人可以要求发包人赔偿停、窝工损失,包括人员工资、材料照管费用、机械台班费用,以及其他因工期延长给承包人造成的经济损失。

一、工期索赔的分析与计算

按照工期延误事件发生的时间分布,工期延误可分为关键线路延误和非关键线路延误。关键线路,是指在控制施工进度计划网络图中,总时差最小的关键工作相连并保证相邻两项工作的时间间隔全部为零的线路。由于在关键线路上全部工序的总持续时间即为总工期,因而任何工序的延误都会造成总工期的增加。而非关键线路则有一定的浮动时间,只要延误时间少于该浮动时间,就不会对总工期产生影响。如果非关键线路上的延误时间超过了浮动时间的范围,非关键线路就会转化为关键线路,此时延误事件会使得总工期增加。因工期延误事件造成的总工期增加值,即为承包人的索赔工期。

工期索赔一般采用分析法进行计算,首先要确定索赔事件发生对施工活动的影响及引起的变化,然后再分析施工活动变化对总工期的影响。分析法主要依据合同约定的总工期计划、进度计划,以及双方共同认可的对工期修改文件,调整计划和受干扰实际工程进度记录。常用的计算索赔工期的方法有如下四种:

1. 网络分析法。通过分析索赔事件发生前后网络计划工期的差异计算索赔工期,这是一种较为科学合理且准确的计算方法,适用于各类工期索赔,尤其适用于多项索赔事件引起的总工期索赔。

2. 对比分析法。这种方法适用于索赔事件仅影响单位工程,或分部分项工程的工期,如设计变更、单位工程量增加,需由此计算对总工期的影响。计算公式为:索赔工期 = 额外或新增工程量价格 ÷ 原合同总价 × 原合同总工期。

3. 劳动生产率降低计算法。这种方法适用于索赔事件干扰正常施工导致劳动生产率降低而使工期拖延。计算公式为:索赔工期 =(逾期劳动生产率 - 实际劳动生产率)÷ 预期劳动生产率 × 计划工期。

4. 简单累加法。这种方法适用于施工过程中由于恶劣气候、停电、停水以及政策因素导致的全面停工而导致的工期延误,可以由每个事件一一对应停工天数,简单累加后作为索赔的工期总天数。

二、承包人的工期索赔程序及处理

根据《2017 版施工合同范本》通用合同条款第 19.1 款的约定,承包人认为有权延长工期的,应按以下程序向发包人提出索赔:

1. 承包人应在知道或应当知道索赔事件发生后 28 天内,向监理人递交索赔意向通知书,并说明发生索赔事件的事由;承包人未在前述 28 天内发出索赔意向通知书的,丧失要求延长工期的权利。

2. 承包人应在发出索赔意向通知书后 28 天内向监理人正式递交索赔报告;索赔报告应详细说明索赔理由以及要求延长的工期,并附必要的记录和证明材料。

3. 索赔事件具有持续影响的,承包人应按合理时间间隔继续递交延续索赔通知,说明持续影响的实际情况和记录,列明累计的工期延长天数。

4. 在索赔事件影响结束后 28 天内,承包人应向监理人递交最终索赔报告,说明最终要求索赔延长的工期,并附必要的记录和证明材料。

对于承包人提出工期索赔后监理人和发包人的处理,根据《2017 版施工合同范本》通用合同条款第 19.2 款的约定:

1. 监理人应在收到索赔报告后 14 天内完成审查并报送发包人。监理人对索赔报告存在异议的,有权要求承包人提交全部原始记录副本。

2. 发包人应在监理人收到索赔报告或有关索赔的进一步证明材料的 28 天

内，由监理人向承包人出具经发包人签认的索赔处理结果。发包人逾期答复的，则视为认可承包人的索赔要求。

3. 承包人接受索赔处理结果的，索赔款项在当期进度款中进行支付；承包人不接受索赔处理结果的，按照合同约定处理。

三、承包人逾期索赔的处理

为促进纠纷尽快解决，保障工程项目顺利推进，各国工程实践中逐渐产生了工程索赔期限和逾期索赔失权的规则。如2017版FIDIC红皮书第20.2.1项约定："索赔方应向工程师发出通知，说明引起索赔的费用、损失、延误或延长缺陷通知期限的事件或情况，并在切实可行的情况下尽快提出索赔，不迟于索赔方意识到或本应知道事件或情况后的28天。如果索赔方未能在28天内发出索赔通知，则索赔方无权获得任何额外付款，合同价格不得降低（如雇主是索赔方），竣工时间（如承包商为索赔方）或缺陷通知期限（如雇主为索赔方）不得延长，而另一方应免除与引起索赔的事件或情况有关的任何责任。"我国在制定施工合同示范文本时，同样吸收了FIDIC合同文本中的索赔期限和逾期索赔失权的规则。《2017版施工合同范本》通用合同条款第19.1款第1项约定："承包人应在知道或应当知道索赔事件发生后的28天内，向监理人递交索赔意向通知书，并说明索赔事件的事由；承包人未在前述28天内发出索赔意向通知书的，丧失要求追加付款和（或）延长工期的权利。"

但由于我国建筑市场起步较晚，无论是建设单位还是施工单位，项目管理的水平普遍不高，合同履行过程中的索赔意识不强，索赔"逾期"的情况十分普遍。加上社会各界对于索赔期限和"逾期索赔失权"规则的理解存在较大差异，各地法院的裁判观点也并不一致。

（一）索赔期限的性质

对于索赔期限的性质，主要观点有以下几种：

1. 诉讼时效说，认为索赔期限本质上是诉讼时效，索赔期满后，当事人丧失索赔权。[1]

2. 除斥期间说，认为索赔期限在设立目的、起算时点、适用条件等方面与除

[1] 参见楼英瑞、郑翔：《建设工程施工合同索赔时效若干问题研究》，载《建筑经济》2003年第7期。

斥期间的规定相符。[1]

3. 特殊时效说，认为索赔期限是不同于诉讼时效和除斥期间的工程领域特有的时效制度，法律后果是逾期索赔失权。[2]

4. 或有期间说，认为通过索赔期限间接影响承包人索赔请求权的取得与实现，符合或有期间制度的运行规则，若承包人未在索赔期限内提出索赔意向通知书，则发承包双方并不因索赔事件发生现实的债权债务，承包人的损失赔偿请求权、发包人的赔偿义务不发生。[3] 或有期间制度，是指权利人只有依据法律或者当事人之间约定在一定期间内为一定行为，才能取得特定的请求权，否则不能获取该请求权。[4]

5. 权利失效期间说，认为承包人未在合同约定的索赔期限内提出索赔，即丧失主张工期顺延的权利，与权利失效的法律后果近似。[5] 权利失效，是指权利者在相当期间不行使其权利，依特别情事足以使义务人正当信任债权人不欲使其履行义务时，则基于诚信原则不得再为主张。[6] 发承包双方签订合同时约定了逾期索赔会丧失索赔权这一后果，故权利人在清楚逾期行使权力之后果的情况下，仍然不及时行使权利，义务人就有理由相信权利人将不再行使权利，已经作了后续的相关安排，如果权利人再来行使权利，则会造成双方利益失衡。[7]

目前，对于索赔期间的性质尚无定论。诉讼时效与除斥期间系由法律规定，且当事人约定的时效期间并不为法律所认可，因而索赔期间不能被认为是诉讼时效、除斥期间或者是特殊的时效。对于或有期间，也只是学界的一种观点，目前尚未得到我国法律的认可，且承包人的工期索赔请求权是确定的，而非

---

〔1〕 参见王玉法：《索赔期限与诉讼时效期间问题浅探》，载《山东法学》1994 年第 4 期。

〔2〕 参见林镥海、沈琼华：《〈建设工程施工合同〉示范文本签证和索赔期限问题探讨》，载《政治与法律》2005 年第 4 期。

〔3〕 参见孙宁连：《请求权视域下索赔期限的法律性质及制度正当性——兼评〈建设工程施工合同司法解释二〉第 6 条》，载于健龙等主编：《中国建设工程法律评论》（第 11 辑），法律出版社 2020 年版，第 50 页。

〔4〕 参见夏沁：《或有期间三论》，载《北方法学》2017 年第 1 期。

〔5〕 参见最高人民法院民事审判第一庭编著：《最高人民法院新建设工程施工合同司法解释（一）理解与适用》，人民法院出版社 2021 年版，第 116 页。

〔6〕 参见王泽鉴：《民法总则》，中国政法大学出版社 2001 年版，第 560 页。

〔7〕 参见金滨：《权利失效原则在建设工程施工合同中的运用》，载微信公众号“审判研究”2018 年 1 月 22 日。

“或有”。对于权利失效期间说，最高人民法院民事审判第一庭在《最高人民法院新建设工程施工合同司法解释（一）理解与适用》中也只是指出两者法律后果的近似，认为要以是否违反诚信原则作为衡量承包人是否失权的参考因素，两者显然不能等同。

（二）逾期索赔的法律后果

《2017版施工合同范本》通用合同条款第19.1款第1项约定：“承包人应在知道或者应当知道索赔事件发生后28天内，向监理人递交索赔意向通知书，并说明发生索赔事件的事由；承包人未在前述28天内发出索赔意向通知书的，丧失要求追加付款和（或）延长工期的权利。”从而在合同中确立了承包人“逾期索赔失权”的规则。由于我国建筑市场签订施工合同基本都采用该范本，因而在涉及工期索赔的案件中，发包人多援引该条约定，主张承包人未在约定期限内提出工期顺延申请，来抗辩承包人的工期索赔请求。对此，《建设工程司法解释（一）》第10条第2款规定：“当事人约定承包人未在约定期限内提出工期顺延申请视为工期不顺延的，按照约定处理，但发包人在约定期限后同意工期顺延或者承包人提出合理抗辩的除外。”从而确立了承包人逾期提出工期索赔的基本司法裁判规则。

1. 原则上按照约定处理

索赔期限规则的设立在于促使当事人及时主张权利，避免因时间过长导致真实情况无法查清，从而导致争议复杂化。承包人应在约定期限内提出索赔，发包人同样也要在约定期限内处理索赔。《2017版施工合同范本》通用合同条款第19.2款第2项约定：“发包人逾期答复的，则视为认可承包人的索赔要求。”司法实践中，对于发包人“逾期答复视为认可”这一规则的认定争议较小，但对于承包人“逾期索赔失权”规则，则存在较大争议。这是因为，我国建筑市场起步较晚，工程管理并不规范，承包人的合规管理能力较差，缺乏及时索赔的意识。再加上我国工程领域讲究关系人情的现象十分普遍，发包人往往以口头形式承诺补偿，承包人碍于良好的合作关系，没有提出书面索赔的情况比比皆是。故反对“逾期索赔失权”的观点认为，这将损害承包人的利益。而支持“逾期索赔失权”的观点则认为，法院应当尊重当事人的一致意思，同时这也是从纠纷解决层面倒逼承包人重视合同履行，从长期来看也有利于我国建筑市场的健康发展，节约司法资源。

最高人民法院在制定司法解释时，规定原则上支持“逾期索赔失权”规则，认为，根据意思自治原则，当事人约定的内容如果不违反国家法律、行政法规的强制性规定，自愿达成，各方应予以遵守。索赔期限是依据合同约定创设的权利失效期间，该约定有利于督促承包人及时主张工期顺延，以避免事后难以对工期顺延的事实进行认定。如果当事人在施工合同中约定，承包人未在约定时间内提出工期顺延申请视为工期不顺延，或者承包人丧失要求顺延工期的权利，通常应该按照约定处理。[1]

2. 除外因素

最高人民法院 2018 发布的《建设工程司法解释(二)(征求意见稿)》中最初的规定是:“当事人约定，承包人未在约定时间内提出工期顺延申请视为工期拖延的，按照约定处理。”但住建部反馈建议删除该款，理由是:实践中承包人未能在合同约定的期限内提出工期顺延的情况及原因较为复杂，如仅以合同约定即判定承包人丧失工期顺延的权利，有违公平原则。最高人民法院经讨论认为，住建部的建议是合理的，即使合同有约定，承包人有正当理由顺延工期的，应当允许。因此在该款规定后增加了但书的规定，即“但发包人在约定期限后同意工期顺延或者承包人提出合理抗辩的除外”。

根据该规定，承包人逾期工期索赔失权的除外因素有二:

一是发包人在约定期限后同意工期顺延。承包人虽未在合同约定的期限内提出工期顺延，但发包人在后续的合同履行过程中，在往来函件、会议纪要等书面文件中表明同意承包人顺延工期的，应当予以认可。

二是承包人提出合理抗辩。裁判者应当审查承包人提出的抗辩是否合理，包括工期是否应顺延的基本事实、未在约定期限内提出工期顺延申请的原因等。承包人应系客观原因未在约定期限内提出工期索赔，或虽然未提交正式的索赔申请报告，但已通过其他的方式表达了顺延工期的意思。同时，还应当考虑承包人未在约定期限内提出工期索赔，对索赔事件的调查、发包人的信赖利益的影响。

---

[1] 参见最高人民法院民事审判第一庭编著:《最高人民法院新建设工程施工合同司法解释(一)理解与适用》，人民法院出版社 2021 年版，第 114 页。

【典型案例】广元市天成实业有限公司与惠东县长银房地产开发有限公司建设工程合同纠纷案[1]

【基本案情】惠东县长银房地产开发有限公司(以下简称长银公司)将涉案工程发包给广元市天成实业有限公司(以下简称天成公司)施工,并于2011年9月16日签订《建设工程施工合同》,该合同约定:对于造成工期推迟的延误,经发包方代表确认,工期相应顺延。除此之外,因承包方原因不能按合同竣工验收日期完工,按合同约定工期从第2天起每延误1天,罚款3000元,累计罚款金额最高不超过20万元。涉案工程于2012年8月15日开工,天成公司自2014年6月至2015年1月陆续将完成工程移交给长银公司。后双方因工程款结算及工期违约索赔事宜产生争议。

【裁判观点】涉案工程虽然部分工程延期完工交付,但也存在部分工程提前交付的情况。根据原《建设工程司法解释(二)》第6条第2款[2]的规定,当事人约定承包人未在约定期限内提出工期顺延申请视为工期不顺延的,按照约定处理,但发包人在约定期限后同意工期顺延或者承包人提出合理抗辩的除外。本案中,《建设工程施工合同》虽然约定承包人未在规定时间内提交工期顺延报告和详细资料,则视为该事件不影响施工进度或承包人放弃顺延工期的权利。但涉案工程在施工过程中,存在长银公司变更施工方案、增加工程、未及时审核天成公司报送材料,天气恶劣等因素,天成公司对工期延误的抗辩合理。对于长银公司提出的延误工期损失的诉请,法院予以维持。

第六节　工期违约责任

承包人应当在建设工程施工合同约定的期限内向发包人交付工程,承包人逾期交付的,应当向发包人承担逾期竣工违约责任。

---

〔1〕 参见广东省高级人民法院民事判决书,(2018)粤民终2553号。
〔2〕 参见《建设工程司法解释(一)》第10条第2款。

一、工期违约责任的标准

通常施工合同中会对逾期竣工违约金的计算标准进行约定，主要包括两种，一种是按照合同价格的比例按日进行计算，如约定“按照工程总造价的万分之一/日计算”；另一种是按照具体金额按日进行计算，如约定“按照 50,000 元/日计算”。如果发包人认为施工合同中约定的违约金不足以覆盖其损失的，可以请求承包人赔偿损失，但发包人应当举证证明损失的存在。同样，如承包人认为合同约定的工期违约金过高，可以申请调低。

如施工合同中对于承包人逾期竣工违约金的计算标准没有约定或者约定不明，发包人可以基于工期延误造成的损失来向承包人主张违约责任。一般而言，因工程逾期竣工交付给发包人造成的损失，包括工程未能按期投入使用的经营利益损失、租金损失以及向第三方承担的违约金损失（如逾期向业主交付商品房）等。在发包人未能举证证明损失的实际发生，而承包人逾期竣工的事实明确时，裁判者也可以合同约定的履约保证金中的工期履约保证金作为逾期竣工违约金数额的裁判基数，按照承包人逾期竣工的违约程度合理确定违约金数额。

二、合同无效的工期责任

违约责任条款系合同当事人约定的，在当事人一方不履行合同义务或者履行合同义务不符合约定时应承担的法律后果，而在合同约定的权利义务自始不具有法律约束力的情形下，违约责任条款同样不具有法律约束力。[1] 施工合同无效，合同中约定的逾期竣工违约责任条款亦无效，裁判者不能直接适用该条款确定逾期竣工违约金的具体数额。但根据《民法典》第 157 条的规定，合同无效后，有过错的一方应当赔偿对方由此所受到的损失。因而，发包人仍然有权要求承包人承担因工程逾期竣工所产生损失的赔偿责任。

在建设工程施工合同无效时，合同中约定的工期条款同样无效。如发包人主张承包人工期存在逾期，要求赔偿相应损失时，首先需要认定的是工程是否逾期。在合同工期条款无效的情况下，是否逾期的认定标准如何确定，则存在

---

〔1〕 参见元某某诉延边航北房地产开发有限公司建设工程施工合同纠纷案，最高人民法院（2017）最高法民再 229 号民事判决书。

争议。有观点认为，在建设工程施工合同无效时，只要建设工程经竣工验收合格，工期条款可以作为认定损失的考量因素[1]；也有观点认为，工期约定条款因施工合同无效而无效，不能直接适用该工期作为判断是否存在延误的依据。在约定工期不可适用的情形下，可通过鉴定确定涉案工程的合理工期。[2]

《建设工程司法解释（一）》第6条规定："建设工程施工合同无效，一方当事人请求对方赔偿损失的，应当就对方过错、损失大小、过错与损失之间的因果关系承担举证责任。损失大小无法确定，一方当事人请求参照合同约定的质量标准、建设工期、工程价款支付时间等内容确定损失大小的，人民法院可以结合双方过错程度、过错与损失之间的因果关系等因素作出裁判。"根据该规定，在施工合同无效的情况下，法院可以参照合同约定的建设工期来确定承包人是否逾期竣工，是否应向发包人承担逾期竣工损失赔偿责任。"双方当事人在签订施工合同时，关于工程计价、计量、工程款支付比例、支付时间、工程质量、工期、结算程序、质保金的扣留等约定内容，均是当事人的真实意思表示，是双方签约时对作为施工合同中最核心内容慎重考虑后作出的决定，不应因合同违反国家行政管理相关规定无效而只选择性适用计价和计量条款，将其他支付条款全盘否定。因此，可以参照上述合同约定内容来确定实际损失大小，以避免发生当事人因合同无效而获得比合同有效额外的利益。"[3]

虽然违约责任条款因无效而不能直接适用，但在司法实践中，也有一些法院会参考合同约定的逾期竣工违约金的标准来确定发包人的损失。[4] 在无效施工合同约定的逾期竣工违约金较为合理时，裁判者参照适用在"实质正义"方面似乎并无不妥，但这样的裁判容易引发争议，无法起到定分止争的良好效果。

---

[1] 参见江苏省高级人民法院《关于审理建设工程施工合同纠纷案件若干问题的解答》（已失效）第5条的规定："建设工程施工合同无效，建设工程经竣工验收合格的，当事人主张工程价款或确定合同无效的损失时请求将合同约定的工程价款、付款时间、工程款支付进度、下浮率、工程质量、工期等事项作为考量因素的，应予支持。"

[2] 参见肖峰：《施工合同无效，能否直接参照合同约定工期计算相关损失——河北工程建设有限责任公司与河北盈驰房地产开发有限公司、石家庄柏林集团有限公司建设工程施工合同纠纷案》，载最高人民法院民事审判第一庭编：《民事审判指导与参考》（总第76辑，2018年第4辑），人民法院出版社2019年版，第188～215页。

[3] 章某某诉杭州律禾市政园林工程有限公司建设工程施工合同纠纷案，浙江省杭州市中级人民法院(2020)浙01民终8638号民事判决书。

[4] 参见杭州建工集团有限责任公司诉阜阳巨川房地产开发有限公司建设工程施工合同纠纷案，最高人民法院(2019)最高法民终523号民事判决书。

发包人在合同无效时向承包人主张逾期竣工的损失，除要证明承包人逾期竣工外，还要证明损失的实际发生，以及承包人逾期竣工与损失之间的因果关系。裁判者应该结合承包人逾期竣工的事实、发包人的举证情况、双方的责任程度，合理确定损失的具体数额。[1]

【典型案例】安庆新城悦盛房地产发展有限公司与江苏苏南建设集团有限公司、第三人朱某某建设工程施工合同纠纷案[2]

【基本案情】2015年3月3日，安庆新城悦盛房地产发展有限公司（以下简称新城房开公司）通过招投标，与江苏苏南建设集团有限公司（以下简称苏南建设公司）签订《桩基工程施工合同》，约定乙方原因造成工期延误的，每逾期一天，乙方向甲方偿付合同总价款0.5‰的违约金。同日，苏南建设公司与朱某某签订《工程项目承包责任书》，将涉案桩基工程承包给朱某某施工。涉案工程于2015年2月27日开始进场施工。2015年8月15～21日，安庆建筑测试中心对涉案桩基工程进行单桩竖向抗压静载试验，多数桩基为不合格。安庆市住建委于2016年1月26日对苏南建设公司作出行政处罚决定书。此后，新城房开公司另委托其他公司对涉案工程的问题桩基进行补桩施工，最终于2016年6月15日补桩施工完成。后新城房开公司通过诉讼向苏南建设公司索赔工程质量违约金和工期违约金以及其他损失。

【裁判观点】新城房开公司将涉案工程的桩基项目肢解发包，违反了法律和行政法规的强制性规定，所以涉案《桩基工程施工合同》应为无效，合同中约定的工程质量违约金不能得到支持。而且，法院已认定苏南建设公司因工程质量不合格应承担向新城房开公司支付补桩费用的责任，已是实际弥补新城房开公司的损失。工程质量违约金的约定作为损害赔偿的预定，在已经实际弥补损失的情况下，工程质量违约金也不应当再计算。本案中，涉案《桩基工程施工合同》约定竣工退场日期为2015年5月30日，由于施工质量问题，涉案桩基工程至2016年6月15日才补桩完成，逾期380天。但新城房开公司主张工程逾期210天，法院予以确认。按照合同约定，工期延误违约金应

[1] 参见淮安大长江置业有限公司诉兖矿东华建设有限公司建设工程施工合同纠纷案，江苏省高级人民法院（2015）苏民终字第00394号民事判决书。

[2] 参见最高人民法院民事判决书，（2019）最高法民终589号。

计算为 3,288,339.5 元(31,317,519 元 ×0.5‰×210 天)。因《桩基工程施工合同》无效,该违约金不能当然被采纳。但因苏南建设公司施工质量存在问题,导致涉案工程工期延误并造成损失,苏南建设公司应向新城房开公司支付适当的工期延误损失。由于新城房开公司在苏南建设公司开始施工时未取得施工许可证,对涉案工程肢解发包,存在过错,参照工期延误违约金的数额,酌定苏南公司、新城公司各承担50%的工期延误损失责任。

第六章　合 同 解 除

建设工程施工合同履行周期长,过程中会面临各种复杂的情况,可能会致使合同无法继续履行,需要解除合同。但基于建设工程合同的特殊性,合同的解除事由以及解除后的处理,均存在很多特别需要注意的地方。基于此,《民法典》第 806 条规定了建设工程合同的法定解除,“承包人将建设工程转包、违法分包的,发包人可以解除合同。发包人提供的主要建筑材料、建筑构配件和设备不符合强制性标准或者不履行协助义务,致使承包人无法施工,经催告后在合理期限内仍未履行相应义务的,承包人可以解除合同。合同解除后,已经完成的建设工程质量合格的,发包人应当按照约定支付相应的工程价款;已经完成的建设工程质量不合格的,参照本法第七百九十三条的规定处理。”这是相较于原《合同法》建设工程合同章的新增部分,主要源自原《建设工程司法解释》第 8 条、第 9 条和第 10 条的规定〔1〕。

---

〔1〕 原《建设工程司法解释》第 8 条规定:“承包人具有下列情形之一,发包人请求解除建设工程施工合同的,应予支持:(一)明确表示或者以行为表明不履行合同主要义务的;(二)合同约定的期限内没有完工,且在发包人催告后的合理期限内仍未完工的;(三)已经完成的建设工程质量不合格,并拒绝修复的;(四)将承包的建设工程非法转包、违法分包的。”第 9 条规定:“发包人具有下列情形之一,致使承包人无法施工,且在催告的合理期限内仍未履行相应义务的,承包人请求解除建设工程施工合同的,应予支持:(一)未按约定支付工程价款的;(二)提供的主要建筑材料、建筑构配件和设备不符合强制性标准的;(三)不履行合同约定的协助义务的。”第 10 条规定:“建设工程施工合同解除后,已经完成的建设工程质量合格的,发包人应当按照约定支付相应的工程价款;已经完成的建设工程质量不合格的,参照本解释第三条规定处理。因一方违约导致合同解除的,违约方应当赔偿因此给对方造成的损失。”

第一节　合同的解除

合同的解除,是指合同有效成立后,当具备法律规定的合同解除条件时,因当事人一方或双方的意思表示而使合同关系归于消灭的行为。[1]《民法典》第557条第2款规定:“合同解除的,该合同的权利义务关系终止。”可见合同解除是合同的权利义务终止的一种方式。通过合同解除,能够使当事人在其合同目的不能实现的情形中摆脱现有合同权利义务关系的约束,重新获得交易的自由。[2]

一、合同解除的分类

一般来说,合同解除可以分为双方合意解除合同和单方行使解除权解除合同,单方行使解除权又包括法定解除和约定解除两种。

(一)合意解除

合意解除,又称协商解除,指合同生效后,未履行或未完全履行之前,当事人以解除合同为目的,经协商一致,订立一个解除原来合同的协议。《民法典》第562条第1款规定:“当事人协商一致,可以解除合同。”合意解除是双方的法律行为,应当遵循合同订立的程序,即双方当事人应当对解除合同意思表示一致,协议未达成之前,原合同仍然有效,如在建设工程施工合同履行过程中,发承包双方又基于合意签订了新的协议解除了合同。

(二)单方解除

合同的一方当事人根据约定和法律规定可以行使解除权,单方解除合同,包括约定的单方解除和法定的单方解除。

---

〔1〕 参见胡康生主编:《中华人民共和国合同法释义》(第2版),法律出版社2009年版,第147页。

〔2〕 参见黄薇主编:《中华人民共和国民法典合同编解读》(上册),中国法制出版社2020年版,第336页。

1. 约定解除

《民法典》第562条第2款规定:"当事人可以约定一方解除合同的事由。解除合同的事由发生时,解除权人可以解除合同。"从而规定了合同当事人基于合同约定而享有的单方解除权。在建设工程施工合同中,通常会约定承包人将承建的工程转包或违法分包的,发包人有权解除合同,如在施工合同履行过程中,发生了承包人转包或违法分包工程的情况,发包人可以基于该条约定而享有解除合同的权利。

2. 法定解除

法定解除,是指合同生效后,没有履行或者未履行完毕前,当事人在法律规定的解除条件出现时,行使解除权而使合同关系消灭。《民法典》第563条规定:"有下列情形之一的,当事人可以解除合同:(一)因不可抗力致使不能实现合同目的;(二)在履行期限届满前,当事人一方明确表示或者以自己的行为表明不履行主要债务;(三)当事人一方迟延履行主要债务,经催告后在合理期限内仍未履行;(四)当事人一方迟延履行债务或者有其他违约行为致使不能实现合同目的;(五)法律规定的其他情形。"法律规定合同当事人的法定解除权,一方面,在于保护非违约方的合法权益,避免非违约方因违约方的违约行为陷入更为不利的境地;另一方面,也是对非违约方任意解除合同的限制,规定只有在违约方的违约行为达到一定的严重程度,使合同当事人无法实现订立合同的目的,非解除合同不能维护其合法权益时,方能行使法定解除权。

二、解除权的行使

除合同当事人协商解除合同外,一方当事人欲使合同发生解除的效果,必须要行使解除权。

(一)合同解除权的行使规则

一方当事人行使解除权必须符合法律规定的行使规则,才能产生解除合同的效果。

1. 当事人必须享有解除权

必须是享有解除权的合同当事人,才能不必经过对方当事人同意,而只需向对方作出解除合同的单方意思表示来解除合同。如一方当事人不享有解除权,其不能通过行使解除权来单方解除合同,即使其发送解除通知,对方当事人无论是否提出异议，都不能发生合同解除的法律效果。合同当事人享有单方面解除权的前提，必须是《民法典》第562条第2款规定的约定解除事由已发生，或者是符合《民法典》第563条规定的法定解除的情形出现。

最高人民法院研究室在2013年下发的《对关于适用〈《中华人民共和国合同法》若干问题的解释(二)〉第24条理解与适用的请示的答复》(法研〔2013〕79号)中明确指出："当事人根据合同法第九十六条的规定通知对方要求解除合同的，必须符合合同法第九十三条或者第九十四条规定的条件，才能发生解除合同的法律效力。"《九民纪要》第46条对"通知解除的条件"也作了解释，指出："审判实践中，部分人民法院对合同法司法解释(二)第24条的理解存在偏差，认为不论发出解除通知的一方有无解除权，只要另一方未在异议期限内以起诉方式提出异议，就判令解除合同，这不符合合同法关于合同解除权行使的有关规定。对该条的准确理解是，只有享有法定或者约定解除权的当事人才能以通知方式解除合同。不享有解除权的一方向另一方发出解除通知，另一方即便未在异议期限内提起诉讼，也不发生合同解除的效果。人民法院在审理案件时，应当审查发出解除通知的一方是否享有约定或者法定的解除权来决定合同应否解除，不能仅以受通知一方在约定或者法定的异议期限届满内未起诉这一事实就认定合同已经解除。"

2. 必须通知对方当事人

合同解除权是一种形成权，享有合同解除权的一方当事人，只需要通知对方解除合同，无须对方的同意，即可形成合同解除的效果。解除合同作为一种终止合同法律关系的民事法律行为，一方当事人必须要通过意思表示来作出，且该意思必须到达对方当事人，才能产生合同解除的效果。因而，《民法典》第565条规定："当事人一方依法主张解除合同的，应通知对方。合同自通知到达对方时解除。"解除合同的通知不限于书面形式，也可以口头告知，但解除合同的意思表示必须要到达对方当事人。

解除合同的通知分为两种，一种是直接告知对方当事人解除合同，合同自通知到达对方当事人时解除；另一种是催告解除，即通知要求对方当事人在一定期限内履行合同，纠正违约行为，否则合同即告解除。《民法典》第565条规定："通知载明债务人在一定期限内不履行债务则合同自动解除，债务人在该期限内未履行债务的，合同自通知载明的期限届满时解除。"享有解除权的一方当事人亦无须另行通知解除。同时该条还规定，对方对解除合同有异议的，任何一方当事人均可以请求法院或者仲裁机构确认解除行为的效力。

同时法律也赋予了解除权人不通知对方，直接以提起诉讼或申请仲裁的方式来主张解除合同，同时要求对方承担合同解除后的相应法律责任的权利。《民法典》第565条第2款规定："当事人一方未通知对方，直接以提起诉讼或者申请仲裁的方式依法主张解除合同，人民法院或者仲裁机构确认该主张的，合同自起诉状副本或者仲裁申请书副本送达对方时解除。"

3. 解除权的行使期限

合同解除权是法律赋予合同当事人保护自身权益的手段，解除权的行使会终止合同当事人之间的权利义务关系。一旦当事人享有了合同解除权，其即有了决定一个合同命运的权利。但如果享有解除权的当事人长期不行使解除权，就会使得合同关系长期处于不确定的状态。因而，基于鼓励交易的原则，一方面，法律赋予了守约方当事人合同解除权，以使其尽快摆脱合同的束缚，重新建立新的交易关系；另一方面，法律对当事人行使解除权的期限进行限制，避免合同长期处于不确定的状态，影响对方当事人的合理信赖。

《民法典》第564条第1款规定："法律规定或者当事人约定解除权行使期限，期限届满当事人不行使的，该权利消灭。"法律规定的解除权行使期限，如《保险法》第16条第3款规定："前款规定的合同解除权，自保险人知道有解除事由之日起，超过三十日不行使而消灭。自合同成立之日起超过二年的，保险人不得解除合同。"当事人也可以在合同中约定行使解除权的期限，如解除权人超过该约定期限未行使解除权的，则解除权消灭。

同时，《民法典》第564条第2款规定："法律没有规定或者当事人没有约定解除权行使期限，自解除权人知道或者应当知道解除事由之日起一年内不行使，或者经对方催告后在合理期限内不行使的，该权利消灭。"另外，如当事人在知道解除事由后明确表示或以自己的行为表明放弃合同解除权，应当认为此种放弃属于解除权人对自身权利的处分，合法有效，解除权消灭，其无权再行使解除权。

三、合同解除的法律后果

《民法典》第566条是我国法律关于合同解除效果的基本规定，"合同解除后，尚未履行的，终止履行；已经履行的，根据履行情况和合同性质，当事人可以请求恢复原状或者采取其他补救措施，并有权请求赔偿损失。"

（一）合同履行情况和合同性质

所谓根据合同履行情况，是指根据履行部分对债权的影响。如果债权人的利益不是必须通过恢复原状才能得到保护，不一定采用恢复原状的方法。当然，如果债务人已经履行的部分，对债权人根本无意义，可以请求恢复原状。[1]所谓合同性质，主要指合同的标的是物还是行为，是转移标的物的所有权还是使用权，是继续性合同还是一时的合同等。[2]

（二）恢复原状与其他补救措施

所谓恢复原状，是指恢复到订约前的状态。恢复原状时，因合同而取得的财产应当返还，财产不存在的，如果原物是种类物，可以返还同一种类物。恢复原状还包括：(1)返还财产所产生的孳息；(2)支付一方在财产占有期间为维护该财产所花费的必要费用；(3)因返还财产所支出的必要费用。

无法恢复原状或不宜恢复原状的情况主要有：(1)以使用标的为内容的连续供应合同。如《民法典》合同编第十章规定的“供用电、水、气、热力合同”，第十四章规定的“租赁合同”，合同一方当事人在使用电、水、气、热力或房屋以后，自然无法进行返还。(2)以行为为标的的合同。如劳务合同，提供劳务的一方当事人在付出劳力后，自然无法返还。(3)涉及善意第三人利益的合同。如委托合同，受托人受委托人的委托与第三人发生法律关系，效果由委托人承担。委托人解除委托合同的，如恢复原状，则意味着委托人与第三人的法律关系失效，将使第三人的利益无法保障。[3]

（三）合同解除后的损失赔偿与违约责任

我国法律规定，在合同解除后，受到损害的一方当事人可以要求赔偿损失。《民法通则》(已失效)第115条规定：“合同的变更或者解除，不影响当事人要求赔偿损失的权利。”该条规定在原《民法通则》第六章“民事责任”的第二节“违反合同的民事责任”中，可见，我国法律认为合同解除后的赔偿仍然是违约

---

〔1〕 参见胡康生主编：《中华人民共和国合同法释义》(第2版)，法律出版社2009年版，第162页。

〔2〕 参见张广兴、韩世远：《合同法总则》(下册)，法律出版社1999年版，第47页。

〔3〕 参见胡康生主编：《中华人民共和国合同法释义》(第2版)，法律出版社2009年版，第163页。

损害赔偿。《民法典》第566条第2款明确规定，合同因违约解除的，解除权人可以请求违约方承担违约责任。《九民纪要》第49条第1款也指出："合同解除时，一方依据合同中有关违约金、约定损害赔偿的计算方法、定金责任等违约责任条款的约定，请求另一方承担违约责任的，人民法院依法予以支持。"

（四）合同解除后的损失赔偿应包括履行利益

司法实践中，对于建设工程施工合同解除后的损失赔偿范围存在争议，主要有两种不同的观点："赔偿信赖利益说"和"赔偿可得利益说"。

"赔偿信赖利益说"认为，合同解除后应当恢复到合同前的状态，违约方应当赔偿当事人因为信赖合同正常履行而支出的费用或财产损失，但不包括履行利益，原因是可得利益是履行后当事人才能获得的利益，合同既然已经解除，自然守约方不应当获得履行利益。例如，在宏胜建设有限公司诉兴义市威鲁公路投资建设有限责任公司建设工程施工合同纠纷案中，法院认为："由于履行合同的过程中，可能存在各种各样的商业风险、经营风险等，履行《施工合同书》可能盈利，也可能亏损，故原告主张的预期利润并非原告与被告在订立《施工合同书》时预见到或应当预见到的。双方签订的《施工合同书》中未明确约定预期可得利益损失，原告主张可得预期利润损失无合同依据。"〔1〕

"赔偿可得利益说"认为，合同解除后的损失赔偿范围包括履行利益。原因是："合同解除场合的损失赔偿请求权，是因合同解除之前的违约行为而发生的，并非因合同解除才产生，损失赔偿的对象是因违约行为而产生的损失，合同解除与损失赔偿都是违约的救济措施。对于违约损失赔偿，我国合同法规定的是赔偿可得利益，因而在合同解除与违约损失赔偿可以并存在情况下，损失赔偿的范围应为可得利益，即合同正常履行时，当事人可以获得的利益，包括当事人的缔约费用、履约准备费用等必要交易成本（信赖利益）以及合同履行后可以获得的利益。"〔2〕例如，在中国工商银行股份有限公司福清支行诉福州日晖建筑工程有限公司建设工程施工合同纠纷案中，法院认为："工程项目因政府规划退距调整而停工，不属双方合同约定的不可抗力的范围。合同约定，有过错的

〔1〕 最高人民法院民事判决书，(2018)最高法民终373号。
〔2〕 最高人民法院民事审判第二庭编著：《〈全国法院民商事审判工作会议纪要〉理解与适用》，人民法院出版社2019年版，第323页。

一方应当赔偿因合同解除给对方造成的损失。根据《合同法》关于损失赔偿额包括合同履行后可以获得的利益的规定，根据地方建筑安装工程费用定额的规定确定本案讼争工程的利润率为2%并无不当。”[1]

《民法典》第584条规定：“当事人一方不履行合同义务或者履行合同义务不符合约定，造成对方损失的，损失赔偿额应当相当于因违约所造成的损失，包括合同履行后可以获得的利益；但是，不得超过违约一方订立合同时预见到或者应当预见到的因违约可能造成的损失。”可见，合同的履行利益是违约损害赔偿的一部分，如前文所述，我国法律规定，合同解除后的损失赔偿仍然是违约损害赔偿，故合同解除后的损失赔偿应当包括合同履行利益。最高人民法院2009年发布的《关于当前形势下审理民商事合同纠纷案件若干问题的指导意见》第9条亦指出，在当前市场主体违约情形比较突出的情况下，违约行为通常导致可得利益损失。根据交易的性质、合同的目的等因素，可得利益损失主要分为生产利润损失、经营利润损失和转售利润损失等类型，生产设备和原材料等买卖合同违约中，因出卖人违约而造成的买受人的可得利益损失通常属于生产利润损失；承包经营、租赁经营合同以及提供服务或劳务的合同中，因一方违约造成的可得利益损失通常属于经营利润损失；先后系列买卖合同中，因原合同出卖方违约而造成其后的转售合同出售方的可得利益损失通常属于转售利润损失。

在因违约发生解除的情况下，违约方理应承担相应的违约责任，而不应因为合同被解除就被完全免除违约责任。合同解除作为一种补救手段，只是使非违约方摆脱了合同关系的束缚，从而使其可以选择新的订约伙伴，但其因对方违约遭受的损失并没有得到补救，即使是在解除后采取恢复原状的方法，也不能使受害人遭受的损失得到补偿。因违约导致的合同解除，应当赔偿履行利益。在确定履行利益的赔偿范围时，也应当考虑合同解除的因素，即应使用损益相抵规则，因合同解除而没有支出的费用等可以扣除。[2]

---

〔1〕 福建省高级人民法院民事判决书，(2014)闽民终字第1434号。

〔2〕 参见王利明：《合同法研究》(第2卷)，中国人民大学出版社2011年版，第326、327页。

第二节 发包人解除合同

建设工程施工合同履行周期较长、标的额较大、涉及利益主体较广，因而合同当事人应当忠实履行合同，实现合同目的，避免任意解除合同，造成当事人利益的损失和社会资源的浪费。

一、发包人解除合同的法定情形

对于建设工程施工合同中发包人解除合同的情形，原《建设工程司法解释》第8条曾规定了四种情形，包括：(1)承包人明确表示或者以行为表明不履行合同主要义务的；(2)承包人在合同约定的期限内没有完工，且在发包人催告的合理期限内仍未完工的；(3)已经完成的建设工程质量不合格，并拒绝修复的；(4)将承包的建设工程非法转包、违法分包的。《民法典》合同编建设工程章在编纂过程中，吸收了该条司法解释的规定，但对于发包人可以解除合同的情形，仅在第806条第1款规定"承包人将建设工程转包、违法分包的，发包人可以解除合同"。这是因为《民法典》第563条[1]已经规定了合同的法定解除条件，前述四种发包人可以解除合同的情形中的前三种，已经包含在了第563条规定的情形中，因而在建设工程章第806条中仅规定了"转包、违法分包"这一种情形。该条规定的情形属于《民法典》第563条第1款第5项规定的"法律规定的其他情形"。

二、承包人不履行或迟延履行主要合同义务

建设工程施工合同中，承包人的主要合同义务是在合同约定的时间内向发包人交付符合约定质量标准的工程。因而对于发包人而言，合同履行过程中最为关注的有两点：一是承包人能否在约定时间内交付工程；二是承包人能否交付符合约定质量标准的工程。

---

[1] 《民法典》第563条规定："有下列情形之一的，当事人可以解除合同：(一)因不可抗力致使不能实现合同目的；(二)在履行期限届满前，当事人一方明确表示或者以自己的行为表明不履行主要债务；(三)当事人一方迟延履行主要债务，经催告后在合理期限内仍未履行；(四)当事人一方迟延履行债务或者有其他违约行为致使不能实现合同目的；(五)法律规定的其他情形。"

1. 承包人迟延且经催告后合理期限内仍未完工

发包人进行项目建设需要投入巨额的资金及人力物力，自然是希望工程能尽早地完工，并投入使用，创造经济效益，以收回投资、获取收益。因而在签订建设工程施工合同时，工期是发包人极为重视也是极力争取的重要内容，一方面，发包人会选择法律允许范围内尽可能短的工期；另一方面，其对承包人的逾期行为会约定较高的违约金。

如承包人因自身原因未能在合同约定时间内完成工程施工，发包人可以催告承包人履行，要求其在合理期限内完成工程施工。对于合理期限的认定，需要根据工程的具体情况来判断。如果承包人未在合理期限内完成工程施工，发包人可以解除施工合同，并要求承包人承担违约责任。《2017 版施工合同范本》通用合同条款第 16.2.1 项约定："在合同履行过程中发生的下列情形，属于承包人违约：……(5)承包人未能按施工计划及时完成合同约定的工作，造成工期延误的；……"第 16.2.3 项约定："监理人发出整改通知后，承包人在指定的合理期限内仍不纠正违约行为并致使合同目的不能实现的，发包人有权解除合同。"

但在实践中，即使承包人工期发生延误，发包人催告后，承包人还是没能完成工程的，通常发包人也不会解除合同。一是造成工期延误的原因复杂，包括承包人原因、发包人原因以及其他不能归责于当事人的原因；二是解除合同后，需要与承包人进行结算并清场，还要再委托其他单位进行后续施工，反而会耽误更多时间；三是发包人可以按照合同约定标准计取承包人逾期竣工违约金，适当弥补损失。

2. 承包人已完成工程质量不合格且拒绝修复

《民法典》第 799 条第 2 款及《建筑法》第 61 条第 2 款均规定，建设工程竣工经验收合格后，方可交付使用；未经验收或者验收不合格的，不得交付使用。可见，工程竣工经验收合格是交付使用的前提。建设工程的质量不仅关系发承包双方当事人的利益，更关系人民群众的生命财产安全，因而法律规定建设工程完工后必须要进行竣工验收，合格后方能投入使用。

对于发包人而言，只有质量合格的工程才能投入使用、获得收益，才能实现其签订建设工程施工合同的目的。如果因承包人原因致使工程质量不合格，发包人可以要求承包人对工程修复至质量合格。《民法典》第 801 条规定："因施工人的原因致使建设工程质量不符合约定的，发包人有权请求施工人在合理期限内无偿修理或者返工、改建。”但如承包人拒绝进行修复，应当认为承包人拒绝履行“交付质量合格工程”这一主要合格义务，符合《民法典》第563条第1款第2项“在履行期限届满前，当事人一方明确表示或者以自己的行为表明不履行主要债务”的情形，发包人可以据此解除施工合同。《2017版施工合同范本》通用合同条款第16.2.1项也约定：“在合同履行过程中发生的下列情形，属于承包人违约：……(3)因承包人原因导致工程质量不符合合同要求的；……”第16.2.3项约定：“监理人发出整改通知后，承包人在指定的合理期限内仍不纠正违约行为并致使合同目的不能实现的，发包人有权解除合同。”

三、承包人将建设工程转包、违法分包

转包，是指承包单位承包工程后，不履行合同约定的责任和义务，将其承包的全部工程或者将其承包的全部工程支解后，以分包的名义分别转给其他单位或个人施工的行为。违法分包，是指承包单位承包工程后违反法律法规的规定，把单位工程或分部分项工程分包给其他单位或个人施工的行为。

转包和违法分包违反了法律法规的强制性规定，具体包括：《民法典》第791条规定：“总承包人或者勘察、设计、施工承包人经发包人同意，可以将自己承包的部分工作交由第三人完成。第三人就其完成的工作成果与总承包人或者勘察、设计、施工承包人向发包人承担连带责任。承包人不得将其承包的全部建设工程转包给第三人或者将其承包的全部建设工程支解以后以分包的名义分别转包给第三人。禁止承包人将工程分包给不具备相应资质条件的单位。禁止分包单位将其承包的工程再分包。建设工程主体结构的施工必须由承包人自行完成。”《建筑法》第28条规定：“禁止承包单位将其承包的全部建筑工程转包给他人，禁止承包单位将其承包的全部建筑工程肢解以后以分包的名义分别转包给他人。”第29条第3款规定：“禁止总承包单位将工程分包给不具备相应资质条件的单位。禁止分包单位将其承包的工程再分包。”《招标投标法》第48条规定：“中标人应当按照合同约定履行义务，完成中标项目。中标人不得向他人转让中标项目，也不得将中标项目肢解后分别向他人转让。中标人按照合同约定或者经招标人同意，可以将中标项目的部分非主体、非关键性工作分包给他人完成。接受分包的人应当具备相应的资格条件，并不得再次分包。”《建设工程质量管理条例》第25条第3款规定：“施工单位不得转包或者违法分包工程。”

发包人将建设工程发包给承包人，一般是基于对承包人技术和能力的信赖，承包人在承包建设工程后，将工程转包、违法分包，不仅违反了施工合同的约定，侵害了发包人的利益，更是违反了法律的强制性规定，直接危及建设工程的质量安全。故承包人将建设工程转包、违法分包的行为，不仅是违约行为，更是违法行为，其不仅要承担违约责任，更是要承担行政责任，乃至刑事责任。因此，法律有必要赋予发包人在此情形下的法定解除权，以保障发包人自身的合法权益以及建筑物的质量安全。如发包人发现承包人将建设工程转包或违法分包，可以根据《民法典》第801条的规定解除施工合同。

四、发包人是否享有任意解除权

所谓任意解除权，是指合同一方或者双方可以不需要任何理由，无条件地解除已经成立的合同。任意解除权亦有法定和约定之分，由法律直接规定的为法定任意解除权，由合同当事人约定的为约定任意解除权。[1]

（一）《民法典》中的任意解除权

《民法典》合同编分则中规定了任意解除权的合同及当事人，包括：第787条[2]规定的承揽合同中的定作人，第816条[3]规定的客运合同中的旅客，第899条[4]规定的保管合同中的寄存人，第933条[5]规定的委托合同中的委托人或者受托人。此外，最高人民法院《关于审理旅游纠纷案件适用法律若干问题的规定》第12条[6]规定了旅游合同中旅游者的单方任意解除权。

---

〔1〕参见蔡恒、骆屯：《我国〈合同法〉上任意解除权的理解与适用》，载《法律适用》2014年第12期。

〔2〕《民法典》第787条规定："定作人在承揽人完成工作前可以随时解除合同，造成承揽人损失的，应当赔偿损失。"

〔3〕《民法典》第816条规定："旅客因自己的原因不能按照客票记载的时间乘坐的，应当在约定的期限内办理退票或者变更手续；逾期办理的，承运人可以不退票款，并不再承担运输义务。"

〔4〕《民法典》第899条规定："寄存人可以随时领取保管物。当事人对保管期限没有约定或者约定不明确的，保管人可以随时请求寄存人领取保管物；约定保管期限的，保管人无特别事由，不得请求寄存人提前领取保管物。"

〔5〕《民法典》第933条规定："委托人或者受托人可以随时解除委托合同。因解除合同造成对方损失的，除不可归责于该当事人的事由外，无偿委托合同的解除方应当赔偿因解除时间不当造成的直接损失，有偿委托合同的解除方应当赔偿对方的直接损失和合同履行后可以获得的利益。"

〔6〕最高人民法院《关于审理旅游纠纷案件适用法律若干问题的规定》第12条规定："旅游行程开始前或者进行中，因旅游者单方解除合同，旅游者请求旅游经营者退还尚未实际发生的费用，或者旅游经营者请求旅游者支付合理费用的，人民法院应予支持。"

任意解除权制度允许不再需要合同履行结果的一方放弃或中止尚未履行或正在履行过程中的服务，比强制不再需要合同履行结果的一方接受尚未履行或正在履行过程中的服务继续履行至完毕要有效率得多，既避免了合同双方更多的时间、精力或金钱的无谓付出，从整个社会而言也避免了资源的白白浪费。[1]

（二）承揽合同中定作人的任意解除权

《民法典》第787条规定："定作人在承揽人完成工作前可以随时解除合同，造成承揽人损失的，应当赔偿损失。"因而在承揽合同中，定作人除了享有《民法典》合同编总则部分规定的合同解除权外，还享有随时解除承揽合同的"任意解除权"。这是由承揽合同的性质所决定的。承揽合同是定作人为了满足其特殊需求而订立的，承揽人根据定作人的指示进行工作，如果定作人于合同成立后由于各种原因不再需要承揽人完成工作，则应当允许定作人解除合同。[2]

从立法本意看，赋予定作人任意解除权，是为了在交易情况发生变化，定作的成果不再为定作人所需时，防止继续为了交易稳定而维系合同可能给定作人带来不必要的经济损失，定作人可以通过解除合同救济权利。因为定作的成果通常情况下是不具有流通性的，等到成果完成后，若定作人不再需要该项成果，就很有可能出现没有途径转让而造成资源的浪费。因此，以避免资源浪费为目的，法律允许定作人在其不再需要定作成果的情况下可以及时解除合同，从而减少双方损失。[3] 如果要求合同必须完成履行，一方面，违背了定作人的利益需求；另一方面，承揽人完成的定作物将无用处，造成资源浪费。在定作人赔偿承揽人损失的前提下，并不会损害承揽人的利益。由于这一特定理由只发生在定作人这一边，因此仅有定作人任意解除权的规定，而无承揽人任意解除权的规定。[4]

---

[1] 参见蔡恒、骆屯：《我国〈合同法〉上任意解除权的理解与适用》，载《法律适用》2014年第12期。

[2] 参见黄薇主编：《中华人民共和国民法典合同编解读》（下册），中国法制出版社2020年版，第987页。

[3] 参见赵一瑾：《商事合同解除权的特殊限制》，载《国家检察官学院学报》2016年第2期。

[4] 参见吴奕锋：《论不定期继续性合同随时终止制度——兼评〈民法典合同编（二审稿）〉的规定》，载《中外法学》2019年第2期。

(三)建设工程合同的发包人是否享有任意解除权

《民法典》第808条规定:"本章没有规定的,适用承揽合同的有关规定。"在建设工程章中规定了发包人解除合同的情形,但没有明确发包人是否享有任意解除权。对于没有明确规定的内容,根据规定应当适用承揽合同的有关规定,包括《民法典》第787条规定的任意解除权。但实务中,对于建设工程合同的发包人是否享有任意解除权,存在较大的争议。

1. 勘察、设计合同发包人享有任意解除权

建设工程勘察合同、设计合同,系勘察人、设计人根据发包人的要求进行勘察、设计,并提交相应的工作成果所签订的合同。如发包人因不再进行工程建设或其他因素,不再需要该勘察、设计成果,可以单方解除合同,这与承揽合同赋予定作人任意解除权的理由是相一致的。因而司法实践中多倾向于认为建设工程勘察合同、设计合同的发包人享有任意解除权。

例如,在洛阳维达石化工程有限公司诉安徽桑铌科技股份有限公司、洛阳石化工程设计有限公司建设工程设计合同及设计转让合同纠纷案中,法院认为:"涉案的《设计合同》属于建设工程合同范畴,而建设工程合同的解除则应当适用承揽合同的有关规定,即定作人有权随时解除建设工程合同。涉案的《设计合同》属于建设工程合同,据此,被告有权随时解除《设计合同》。"[1]又如,在上海思纳建筑规划设计股份有限公司诉京山加泰房地产开发有限公司建设工程设计合同纠纷案中,法院认为:"发包人与设计人签订的《设计合同》合法有效,发包人在不享有合同约定解除权的情况下,单方面解除合同,可认定为行使任意解除权的行为,依法产生合同解除的法律后果,但发包人应当赔偿设计人因履行合同造成的损失。"[2]

2. 应严格限制建设工程施工合同发包人的解除权

对于建设工程施工合同的发包人是否享有任意解除权,分歧较大。

支持的观点认为,建设工程施工合同作为一种特殊的承揽合同,单列于承揽合同之后,且法律规定"本章没有规定的,适用承揽合同的有关规定",依此,

---

〔1〕 河南省高级人民法院民事判决书,(2016)豫民终2号。
〔2〕 湖北省荆门市中级人民法院民事判决书,(2021)鄂08民终346号。

建设工程承揽合同的发包人应与一般承揽合同的定作人一样，也享有任意解除权。[1] 在江苏广厦房地产开发有限公司诉中建二局第二建筑工程有限公司建设工程施工合同纠纷案中，法院认为："除法律另有规定外，建设工程施工合同适用承揽合同的有关规定。定作人可以随时解除承揽合同，造成承揽人损失的，应当赔偿损失。本案中，广厦公司作为建设工程施工合同关系中的建设方即定作人享有任意解除权，而且中建二局公司已经停止施工，合同陷入履行僵局，故广厦公司在2012年11月1日向中建二局公司发出解除通知，合同自通知达到时即应解除，与何方违约无关。"[2]

反对的观点[3]认为，建设工程施工合同牵涉的利益较为复杂，应当优先考虑维持建工合同稳定性的价值。如合同不能保持稳定，则相关主体之间的法律关系势必处于紊乱状态，将会造成较大的社会资源浪费。[4] 从合同解除的后果来看，如果赋予发包人和普通定作人一样的任意解除权，则其解除合同的行为不仅不属于违约，承包人还无法向发包人主张违约损害赔偿，其在合同解除后的权利救济亦会受到损害。因此，发包人的任意解除权不能滥用，应当受到一定的限制，承揽合同的任意解除权的适用范围不宜扩大至建设工程施工合同[5]。例如，在上海安富建筑安装有限公司诉重庆尚联置业有限公司、第三人上海盛恒投资发展有限公司、重庆荔港投资有限公司建设工程施工合同纠纷案中，法院认为："本案的核心焦点问题为尚联公司于2017年5月24日发出的《解除〈施工承包合同〉的函》的效力问题，即尚联公司是否享有解除双方之间签订的《施工承包合同》的权利。审查该问题，应当根据双方当事人签订的《施

---

[1] 参见蔡恒、骆屯：《我国〈合同法〉上任意解除权的理解与适用》，载《法律适用》2014年第12期。

[2] 参见江苏省无锡市中级人民法院民事判决书，(2014)锡民终字第1521号。此外，在江苏省常州市中级人民法院(2021)苏04民终2124号民事判决书、贵州省安顺市中级人民法院(2021)黔04民终472号民事判决书中，法院亦持此观点。

[3] 目前多数的司法观点均认为建设工程施工合同的发包人不享有任意解除权，如广东省高级人民法院2017年发布的《关于审理建设工程合同纠纷案件疑难问题的解答》(已失效)第4条规定："发包人或承包人行使建设工程合同的解除权应符合《建设工程司法解释》第八条和第九条的规定，其以《合同法》第二百六十八条和第二百八十七条规定为依据主张随时解除施工合同的，不予支持，合同另有约定的除外。"福建省高级人民法院2007年发布的《关于审理建设工程施工合同纠纷案件疑难问题的解答》第9条规定："发包人行使解除权必须符合最高人民法院《关于审理建设工程施工合同纠纷案件适用法律问题的解释》第八条的规定，不宜任意扩大解除权的行使。"

[4] 参见宁红丽：《〈民法典〉中定作人任意解除权的适用要件与法律效果》，载《浙江工商大学学报》2020年第6期。

[5] 参见赵一瑾：《商事合同解除权的特殊限制》，载《国家检察官学院学报》2016年第2期。

工承包合同》的约定及最高人民法院《关于审理建设工程施工合同纠纷案件适用法律问题的解释》,以及《中华人民共和国合同法》总则中关于解除权行使的相关法律规定进行审理,故一审法院认定尚联公司享有任意解除权,属于适用法律错误。"[1]

对此,最高人民法院认为,"在建设工程施工合同中,仅以合同性质否定发包人的任意解除权理由并不充分。但是,因建设工程施工合同标的额通常较高,而且除了合同双方一致意思表示之外,建设工程施工合同的成立和生效还需受到招投标制度和资质管理制度的规范,因此,应当对建设工程施工合同发包人的任意解除权作出适当限制。"[2]

承揽合同中,定作物是为了满足定作人特殊需求而定制的,缺乏可流通性,在定作人因故不再需要定作物,且其不享有法定或约定解除权的情况下,如允许承揽人继续履约,不但不能创造经济效益,反而会造成资源浪费。因而法律赋予定作人任意解除权,是基于避免资源浪费的利益考量。但建设工程施工合同作为特殊的承揽合同,应当认为,在《民法典》建设工程合同章中没有特殊约定的情况下,根据《民法典》第 808 条的规定,发包人作为建筑物的定作人应当享有任意解除权。但其前提,必须是发包人因政府规划调整等客观因素不再需要该建筑物,如承包人继续施工会导致巨大浪费,由此才能使得发包人获得任意解除合同的正当性。建设工程定作物以建筑物的形式存在,而建筑物的建设必须要有政府部门的批准,因而发包人如欲行使任意解除权,必须要有政府部门出具的相关依据。如果发包人意图通过行使任意解除权,将工程交由其他承包商施工,应当认为不能达到解除的法律效果,且要向承包人承担违约责任。

建设工程施工合同的履行,不仅关乎发承包人的利益,更关系社会公共利益。根据法律规定,发包人享有任意解除权,但该权利的行使要符合法律规定背后所蕴含的立法意图,避免损害承包人的合法权益及社会公共利益。原《建设工程司法解释》第 8 条及《民法典》第 806 条,都对发包人解除建设工程施工

---

[1] 重庆市第五中级人民法院民事判决书,(2018)渝 05 民终 4081 号。此外,在新疆维吾尔自治区高级人民法院生产建设兵团分院(2019)兵民终 19 号民事判决书、浙江省台州市中级人民法院(2020)浙 10 民终 1198 号民事判决书中,法院亦持此观点。

[2] 最高人民法院民法典贯彻实施工作领导小组主编:《中华人民共和国民法典合同编理解与适用》(第 3 册),人民法院出版社 2020 年版,第 1900 页。

合同的情形进行了列举，一方面是为了保障发包人的合同解除权，另一方面也是对发包人解除合同的限制。

第三节　承包人解除合同

原《建设工程司法解释》第 9 条规定："发包人具有下列情形之一，致使承包人无法施工，且在催告的合理期限内仍未履行相应义务，承包人请求解除建设工程施工合同的，应予支持：(一)未按约定支付工程价款的；(二)提供的主要建筑材料、建筑构配件和设备不符合强制性标准的；(三)不履行合同约定的协助义务的。"《民法典》吸收了该条司法解释的规定，且因支付工程价款是发包人的主要合同义务，已为《民法典》第 563 条所涵盖，故在第 806 条第 2 款规定："发包人提供的主要建筑材料、建筑构配件和设备不符合强制性标准或者不履行协助义务，致使承包人无法施工，经催告后在合理期限内仍未履行相应义务的，承包人可以解除合同。"

一、发包人未按约定支付工程价款

建设工程合同是承包人进行工程建设，发包人支付价款的合同，故支付工程价款是发包人的主要合同义务。根据《民法典》第 563 条的规定，当事人一方迟延履行主要债务，经催告后在合理期限内仍未履行的，当事人可以解除合同。迟延履行，指债务人无正当理由，在合同约定的履行期间届满，仍未履行合同债务；或者对于未约定履行期限的合同，债务人在债权人提出履行的催告后仍未履行。在建设工程施工合同履行过程中，如果发包人未按照合同约定的时间向承包人支付工程价款，即属于迟延履行主要债务，按照该条的规定，承包人可以解除合同。

通常来说，解除合同是合同当事人迫不得已的选择，在合同解除的情况下，往往双方利益都会受损。为保护交易的稳定性，避免当事人任意行使解除权破坏交易秩序，法律对解除合同的条件规定较为严格。同时，基于建设工程施工合同的特殊性，包括合同履行周期长、成本高、涉及利益范围广等，建设工程施工合同的解除不仅涉及发承包双方当事人的利益，更关乎社会公共利益。因而，在发包人未按约定支付工程价款时，承包人如想解除合同，还必须同时满足以下两个条件:一是发包人在承包人催告付款后的合理期限内仍未支付;二是发包人逾期支付工程款致使承包人无法施工。

基于保护合同稳定,鼓励交易的原则,在一方当事人迟延履行主要合同义务时,应当给予其补正的机会,因而法律规定另一方当事人应当先进行催告,并指定违约方在合理期限内履行合同义务。在该合理期限内,当事人可以请求违约责任的承担,但不得解除合同。合理期限根据债务履行的难易程度和所需要时间的长短确定,超过该合理期限债务人仍不履行的,表明债务人没有履行合同的诚意,或者根本不可能再履行合同。在此情况下,如果仍要债权人等待履行,不仅对债权人不公平,也会给其造成更大的损失,因此,债权人可以依法解除合同。[1]

但鉴于建设工程施工合同的履行还关乎社会公共利益,在发包人迟延支付工程款的情况下,承包人解除合同除满足上述条件外,还要求承包人在事实上由于发包人迟延付款而无法继续施工。由于建设工程施工合同纠纷案件大多较为复杂,施工企业的资金实力不尽相同,因此对于是否达到"无法继续施工"的程度,需要由法官根据具体案情来作出判断。

二、发包人提供的主要建筑材料、建筑构配件和设备不符合强制性标准

为节约建设投资或保证工程质量,有时发包人会要求由其提供部分建筑材料、建筑构配件或设备。例如,路桥工程中,为保证各标段工程质量,通常由发包人来统一对外采购并向承包人供应混凝土;又如,高层商品房项目中,为节约成本,通常发包人会提供电梯等机电设备,承包人仅负责安装。这种"甲供材"的做法在法律上是允许的,而且在实践中也较为常见。

对于由发包人提供的建筑材料、建筑构配件和设备的,发包人应当保证其质量符合合同约定的要求或国家强制性标准。《民法典》第 775 条规定:"定作人提供材料的,应当按照约定提供材料。"《建设工程质量管理条例》第 14 条第 1 款规定:"按照合同约定,由建设单位采购建筑材料、建筑构配件和设备的,建设单位应当保证建筑材料、建筑构配件和设备符合设计文件和合同要求"。《2017 版施工合同范本》通用合同条款第 8 条,也对"发包人提供材料与设备"

〔1〕 参见黄薇主编:《中华人民共和国民法典合同编解读》(上册),中国法制出版社 2020 年版,第 346 页。

进行了详细的约定，发包人自行供应材料、工程设备的，应在签订合同时在专用合同条款的附件《发包人供应材料设备一览表》中明确材料、工程设备的品种、规格、型号、数量、单价、质量等级和送达地点。发包人应按《发包人供应材料设备一览表》约定的内容提供材料和工程设备，并向承包人提供产品合格证明及出厂证明，对其质量负责。发包人提供的材料和工程设备的规格、数量或质量不符合合同约定的，或因发包人原因导致交货日期延误或交货地点变更等情况的，按照第16.1款[1]〔发包人违约〕约定办理。发包人提供的材料或工程设备不符合合同要求的，承包人有权拒绝，并可要求发包人更换，由此增加的费用和(或)延误的工期由发包人承担，并支付承包人合理的利润。

建筑工程的施工是承包人将建筑材料和劳力物化到建筑物的过程，建筑材料的质量直接决定整个建筑物的质量安全，很多建筑工程的质量事故都是由于建筑材料的质量不合格导致的。为保证建筑物的质量安全，必须要保证建筑材料、建筑构配件和设备的质量合格，因此《建筑法》第59条规定，建筑施工企业必须按照工程设计要求、施工技术标准和合同的约定，对建筑材料、建筑构配件和设备进行检验，不合格的不得使用。《民法典》第775条也规定，承揽人对定作人提供的材料应当及时检验，发现不符合约定时，应当及时通知定作人更换、补齐或者采取其他补救措施。承包人必须要对建筑材料等的质量进行最后把关，如果由于使用了不合格建筑材料、建筑构配件或设备(无论是否由发包人提供)导致工程的质量安全问题，承包人将是第一责任人。

通常由发包人提供都是施工过程中最为主要的材料或设备，如主体结构部分必须要用到的钢筋混凝土、电梯安装工程中的电梯设备，如果发包人提供的材料设备不符合强制性标准，为保证建筑物的质量安全，承包人应当拒绝使用到工程中。由此导致承包人无法继续施工的，承包人有权暂停施工，并应当通知发包人在合理期限内更换不符合强制性的材料设备，因为更换材料设备所增加的费用或延误的工期，应当由发包人承担。当事人未对合理期限进行约定

---

〔1〕《2017版施工合同范本》通用合同条款第16.1款约定，在合同履行过程中发生的下列情形，属于发包人违约：……(4)发包人提供的材料、工程设备的规格、数量或质量不符合合同约定，或因发包人原因导致交货日期延误或交货地点变更等情况的；……承包人可向发包人发出通知，要求发包人采取有效措施纠正违约行为。发包人收到承包人通知后28天内仍不纠正违约行为的，承包人有权暂停相应部位工程施工，并通知监理人。除专用合同条款另有约定外，承包人按约定暂停施工满28天后，发包人仍不纠正其违约行为并致使合同目的不能实现的，承包人有权解除合同，发包人应承担由此增加的费用，并支付承包人合理的利润。

的,可以根据《2017 版施工合同范本》通用合同条款第 16.1 款约定的 28 天确定该合理期限。如果发包人未在合理期限内更换,将使承包人一直处于无法继续施工的状态,合同目的无法实现,因而有必要赋予承包人以解除权,使得其从履行无望的合同中解脱出来,避免损失的扩大。因此《民法典》第 806 条第 2 款规定,发包人提供的主要建筑材料、建筑构配件和设备不符合强制性标准,致使承包人无法施工,经催告后在合理期限内仍未履行相应义务的,承包人可以解除合同。

三、发包人不履行协助义务

《民法典》第 509 条第 2 款规定:“当事人应当遵循诚信原则,根据合同的性质、目的和交易习惯履行通知、协助、保密等义务。”协助义务,是指在合同履行过程中,依照诚信原则,当事人一方有必要在某些情况下为对方行使权利、履行义务提供必要协助的义务。[1]《民法典》合同编分则中对一些有名合同当事人的协助义务作了具体的规定[2],但协助义务并不限于法律的明文规定,也要根据具体合同的性质、目的和交易习惯,依照诚信原则来具体判断。

(一)定作人的协助义务

《民法典》第 778 条对承揽合同履行过程中的定作人协助义务进行了规定:“承揽工作需要定作人协助的,定作人有协助的义务。定作人不履行协助义务致使承揽工作不能完成的,承揽人可以催告定作人在合理期限内履行义务,并可以顺延履行期限;定作人逾期不履行的,承揽人可以解除合同。”根据承揽合同的性质,完成承揽工作是承揽人应负的主要合同义务,但在承揽合同的履行过程中,定作人的协助是承揽人适当履行合同的保障,在定作人负有协助义务的场合,定作人未适当履行协助义务,有可能妨碍承揽人顺利完成承揽工作,甚至可能导致承揽合同无法履行,双方当事人订立合同的目的落空,因此有必要

---

〔1〕 参见黄薇主编:《中华人民共和国民法典合同编解读》(上册),中国法制出版社 2020 年版,第 163 页。

〔2〕 如《民法典》第 741 条规定:“出租人、出卖人、承租人可以约定,出卖人不履行买卖合同义务的,由承租人行使索赔的权利。承租人行使索赔权利的,出租人应当协助。”第 819 条规定:“承运人应当严格履行安全运输义务,及时告知旅客安全运输应当注意的事项。旅客对承运人为安全运输所作的合理安排应当积极协助和配合。”第 945 条规定:“业主装饰装修房屋的,应当事先告知物业服务人,遵守物业服务人提示的合理注意事项,并配合其进行必要的现场检查。”

对定作人的协助义务作出规范。[1] 定作人的协助义务不限于合同的约定，在合同未约定的情况下，依据上述法律的规定，定作人仍负有协助的义务。定作人不履行协助义务的，属于违约行为，承揽人可以要求定作人承担违约责任。定作人不履行协助义务致使承揽工作不能完成的，承揽人应当催告定作人继续履行协助义务，由此增加的费用和时间由定作人承担。如果定作人在承揽人催告的合理期限内仍未履行协助义务，因承揽工作无法进行，承揽合同的目的无法实现，法律赋予承揽人合同解除权，使其得以从合同的束缚中解脱。

（二）发包人的协助义务

建设工程施工合同作为特殊的承揽合同，发包人同样负有协助义务，根据《2017 版施工合同范本》通用合同条款的约定及相关法律的规定，主要包括：

1. 图纸的提供和交底。发包人应按照约定的期限、数量和内容向承包人免费提供图纸，并组织承包人、监理人和设计人进行图纸会审和设计交底。

2. 提供施工交通条件。包括：(1)出入现场的权利。除另有约定外，发包人应根据施工需要，负责取得出入施工现场所需的批准手续和全部权利，以及取得因施工所需修建道路、桥梁以及其他基础设施的权利，并承担相关手续费用和建设费用。(2)场外交通。发包人应提供场外交通设施的技术参数和具体条件，场外交通设施无法满足工程施工需要的，由发包人负责完善并承担相关费用。(3)场内交通。发包人应提供场内交通设施的技术参数和具体条件，并应按照专用合同条款的约定向承包人免费提供满足工程施工所需的场内道路和交通设施。

3. 办理许可或批准。发包人应遵守法律，并办理法律规定由其办理的许可、批准或备案，包括但不限于建设用地规划许可证，建设工程规划许可证，建设工程施工许可证，施工所需临时用水、临时用电、中断道路交通、临时占用土地等许可和批准。发包人应协助承包人办理法律规定的有关施工证件和批件。

4. 提供施工现场。发包人应在开工日期前约定的时间内向承包人移交施工现场。

5. 提供施工条件。发包人应负责提供施工现场所需要的条件，包括：(1)将

---

[1] 参见最高人民法院民法典贯彻实施工作领导小组主编：《中华人民共和国民法典合同编理解与适用》(第 3 册)，人民法院出版社 2020 年版，第 1845 页。

施工用水、电力、通信线路等施工所必需的条件接至施工现场内;(2)保证向承包人提供正常施工所需要的进入施工现场的交通条件;(3)协调处理施工现场周围地下管线和邻近建筑物、构筑物、古树名木的保护工作,并承担相关费用等。

6. 提供基础资料。发包人应当在移交施工现场前向承包人提供施工现场及工程施工所必需的毗邻区域内供水、排水、供电、供气、供热、通信、广播电视等地下管线资料,气象和水文观测资料,地质勘察资料,相邻建筑物、构筑物和地下工程等有关基础资料,并对所提供资料的真实性、准确性和完整性负责。按照法律规定确需在开工后方能提供的基础资料,发包人应尽其努力及时地在相应工程施工前的合理期限内提供,合理期限应以不影响承包人的正常施工为限。

7. 组织竣工验收。发包人应按照法律规定及合同约定及时组织竣工验收。《民法典》第 799 条规定:"建设工程竣工后,发包人应当根据施工图纸及说明书、国家颁发的施工验收规范和质量检验标准及时进行验收。"

因发包人原因未履行上述协助义务而增加的费用和(或)延误的工期,由发包人承担。《民法典》第 803 条规定:"发包人未按照约定的时间和要求提供原材料、设备、场地、资金、技术资料的,承包人可以顺延工程日期,并有权请求赔偿停工、窝工等损失。"

(三)发包人不履行协助义务时的承包人解除权

与一般意义上的承揽合同不同,建设工程合同具有较长的履行周期,这要求双方当事人在合同的履行过程中保持持久的、充满信任的合作。[1] 因而建设工程施工合同的发包人负有相对较多的协助义务,这些协助义务虽然非发包人的主要合同义务,但是协助义务的履行与否,也可能会直接影响承包人施工义务的履行。《民法典》第 563 条第 1 款规定,一方当事人迟延履行债务或者有其他违约行为致使不能实现合同目的,另一方当事人可以解除合同。因此,如果发包人迟延履行协助义务,并且致使不能实现合同目的时,承包人据此可以解除施工合同。对于如何判断"不能实现合同目的",《民法典》吸收原《建设工程

---

〔1〕 参见黄喆:《论建设工程合同发包人的协力义务——以德国民法解释论为借鉴》,载《比较法研究》2014 年第 5 期。

司法解释》第9条[1]的精神,在第806条第2款规定,发包人不履行协助义务,致使承包人无法施工,经催告后在合理期限内仍未履行相应义务的,承包人可以解除合同。即在发包人不履行协助义务的情况下,需要满足两点要求,承包人方可解除合同:一是发包人不履行协助义务所产生的后果必须致使承包人无法施工;二是发包人在承包人催告其履行协助义务后在合理期限内仍未履行。

【典型案例】福建省安丰建设发展有限公司与华安县北溪投资发展有限公司建设工程施工合同纠纷案[2]

【基本案情】福建省安丰建设发展有限公司(以下简称安丰建设公司)通过公开招标投标取得涉案防洪工程中标资格。2015年11月27日,安丰建设公司与华安县北溪投资发展有限公司(以下简称北溪投资公司)签订《施工合同》。安丰建设公司在施工过程中,因北溪投资公司提供的施工用地与当地村民存在纠纷,安丰建设公司的施工队多次遭到村民的暴力阻扰,致使工程进度缓慢直至无法继续施工。2016年7月23日,安丰建设公司向监理单位提交《停工报告》,内容为:由于施工用地未移交,造成无法继续施工,特此申请停工。监理单位确认:情况属实,请业主尽快给以帮助协调,让项目早日复工。经华丰镇征地办等相关单位协调,征地情况大部分解决,安丰建设公司于2018年6月22日复工继续施工后,仍多次遭到村民阻扰施工。安丰建设公司于2019年9月27日向法院提起诉讼,请求判令解除《施工合同》并支付工程款,后撤诉。撤诉后,安丰建设公司继续施工,但施工一段时间后,安丰建设公司的施工队伍仍然遭到村民暴力阻扰而无法施工,故又提起诉讼,要求解除合同。

【裁判观点】双方签订的《施工合同》"通用合同条款"中"2 发包人义务"第2.3款及"专用合同条款"中"2 发包人义务"均明确约定提供施工场地系发包人北溪投资公司应尽的义务。从安丰建设公司提交的相关证据来看,涉案工程已历经开工、停工、复工、停工。直至案件审理时,涉案工程用地仍存在

---

[1] 原《建设工程司法解释》第9条规定:"发包人具有下列情形之一,致使承包人无法施工,且在催告的合理期限内仍未履行相应义务,承包人请求解除建设工程施工合同的,应予支持:……(三)不履行合同约定的协助义务的。"

[2] 参见福建省漳州市中级人民法院民事判决书,(2021)闽06民终650号。

土地纠纷未解决、村民多次阻扰施工等多种影响工程继续施工因素，导致安丰建设公司无法继续施工，双方签订的《施工合同》已无继续履行的可能，故双方签订的《施工合同》应予解除。

第四节 因不可抗力或情势变更解除合同

因不可抗力致使不能实现合同目的，当事人可以解除合同，或因情势变更继续履行合同对于当事人一方明显不公平且协商不成的，当事人可以请求法院或者仲裁机构解除合同。

一、不可抗力与施工合同解除

（一）不可抗力的定义与主要情形

不可抗力，是指不能预见、不能避免且不能克服的客观情况。不可预见，是指行为人主观上对于某一客观情况的发生无法预测；不能避免且不能克服，是指当事人尽了最大的努力、采取了一切可以采取的措施，仍然不能避免某种事件的发生并且不能克服事件所造成的后果。客观情况，是指独立于当事人行为之外的情况。一般来说，以下情况被认为属于不可抗力：(1)自然灾害，是指因自然界的力量引发的灾害，如地震、海啸、火山喷发、台风、冰雹等；(2)战争，战争的爆发可能影响一国乃至更多国家的经济秩序，使合同履行成为不必要；(3)社会异常事件，主要指一些偶发的阻碍合同履行的事件，如罢工、骚乱等；(4)政府行为，主要指合同订立后，政府颁布新的政策、法律，采取行政措施导致合同不能履行，如禁运、交通封锁、人员隔离、进出境限制、停工停产等。[1]

（二）不可抗力是免责与合同解除的典型事由

不可抗力是典型的免责事由，因不可抗力不能履行民事义务的，不承担民

〔1〕 参见黄薇主编：《中华人民共和国民法典合同编解读》(上册)，中国法制出版社2020年版，第341页、第342页。

事责任。《民法典》第590条规定，当事人一方因不可抗力不能履行合同的，根据不可抗力的影响，部分或者全部免除责任，但是法律另有规定[1]的除外。因不可抗力不能履行合同的，应当及时通知对方，以减轻可能给对方造成的损失，并应当在合理期限内提供证明。当事人迟延履行后发生不可抗力的，不免除其违约责任。

不可抗力是法律规定的当事人可以解除合同的情形之一。《民法典》第563条规定："有下列情形之一的，当事人可以解除合同：（一）因不可抗力致使不能实现合同目的；……"但因不可抗力致使不能实现合同目的导致合同解除的落脚点在于"不能实现合同目的"，而非"不可抗力"。不可抗力或暂时阻碍合同履行，或影响合同部分内容的履行，但只有在因不可抗力达到不能实现合同目的的程度时，当事人才能解除合同。[2]

（三）施工合同因不可抗力的解除

《2017版施工合同范本》通用合同条款第17条对施工合同履行过程中的"不可抗力"进行了约定，不可抗力，是指合同当事人在签订合同时不可预见，在合同履行过程中不可避免且不能克服的自然灾害和社会性突发事件，如地震、海啸、瘟疫、骚乱、戒严、暴动、战争和专用合同条款中约定的其他情形。

1. 不可抗力的通知

合同一方当事人遇到不可抗力事件，使其履行合同义务受到阻碍时，应立即通知合同另一方当事人和监理人，书面说明不可抗力和受阻碍的详细情况，并提供必要的证明。不可抗力持续发生的，合同一方当事人应及时向合同另一方当事人和监理人提交中间报告，说明不可抗力和履行合同受阻的情况，并于不可抗力事件结束后28天内提交最终报告及有关资料。

2. 不可抗力后果的承担

不可抗力引起的后果及造成的损失由合同当事人按照法律规定及合同约

---

〔1〕《邮政法》第48条规定："因下列原因之一造成的给据邮件损失，邮政企业不承担赔偿责任：（一）不可抗力，但因不可抗力造成的保价的给据邮件的损失除外；……"《民用航空法》第124条规定："因发生在民用航空器上或者在旅客上、下民用航空器过程中的事件，造成旅客人身伤亡的，承运人应当承担责任；但是，旅客的人身伤亡完全是由于旅客本人的健康状况造成的，承运人不承担责任。"

〔2〕参见最高人民法院民法典贯彻实施工作领导小组主编：《中华人民共和国民法典合同编理解与适用》（第1册），人民法院出版社2020年版，第640页。

定各自承担。不可抗力发生前已完成的工程应当按照合同约定进行计量支付。

不可抗力导致的人员伤亡、财产损失、费用增加和工期延误等后果，由合同当事人按以下原则承担：(1)永久工程、已运至施工现场的材料和工程设备的损坏，以及因工程损坏造成的第三人人员伤亡和财产损失由发包人承担；(2)承包人施工设备的损坏由承包人承担；(3)发包人和承包人承担各自人员伤亡和财产的损失；(4)因不可抗力影响承包人履行合同约定的义务，已经引起或将引起工期延误的，应当顺延工期，由此导致承包人停工的费用损失由发包人和承包人合理分担，停工期间必须支付的工人工资由发包人承担；(5)因不可抗力引起或将引起工期延误，发包人要求赶工的，由此增加的赶工费用由发包人承担；(6)承包人在停工期间按照发包人要求照管、清理和修复工程的费用由发包人承担。

不可抗力发生后，合同当事人均应采取措施尽量避免和减少损失的扩大，任何一方当事人没有采取有效措施导致损失扩大的，应对扩大的损失承担责任。因合同一方迟延履行合同义务，在迟延履行期间遭遇不可抗力的，不免除其违约责任。

3. 因不可抗力解除合同

除另有约定外，因不可抗力导致合同无法履行连续超过84天或累计超过140天的，发包人和承包人均有权解除合同。合同解除后，由双方当事人按照约定商定或确定发包人应支付的款项，该款项包括：(1)合同解除前承包人已完成工作的价款；(2)承包人为工程订购的并已交付给承包人，或承包人有责任接受交付的材料、工程设备和其他物品的价款；(3)发包人要求承包人退货或解除订货合同而产生的费用，或因不能退货或解除合同而产生的损失；(4)承包人撤离施工现场以及遣散承包人人员的费用；(5)按照合同约定在合同解除前应支付给承包人的其他款项；(6)扣减承包人按照合同约定应向发包人支付的款项；(7)双方商定或确定的其他款项。

二、情势变更与合同解除

《民法典》颁布后，我国的情势变更法律制度得以正式确立。情势变更制度，是指合同有效成立后，因不可归责于双方当事人原因发生了不可预见的情势变更，致使合同的基础动摇或者丧失，若继续履行合同会显失公平，因此，允许变更合同或解除合同的制度。[1] 情势变更主要表现为自然灾害、政府行为（包括疫情）、社会事件、价格异常涨落等。具体判断是否构成情势变更，应以是否导致合同基础丧失或发生重大变化、是否致使合同目的落空、是否造成对价关系障碍为判断标准。[2]

（一）我国情势变更制度的沿革

在1999年《合同法》（已失效）起草过程中，就是否规定情势变更制度一直有争论。支持规定情势变更制度的观点认为，合同订立后应当严格遵守，但出现异常情况，导致当事人订立合同的基础发生变化，这种变化是当事人订立合同时不能预见并且不能避免的，由此产生当事人之间的利益重大失衡。在这种情况下，坚持严格信守合同是不公平、不合理的，应当允许当事人根据新情况重新就合同条款进行协商；协商不成的，可以请求法院变更或者解除合同。反对规定情势变更制度的观点认为，划分情势变更和正常商业风险的界限十分困难，规定情势变更制度可能成为有的当事人不履行合同的借口，在合同法中不宜规定情势变更制度。情势变更制度曾一度写进当时的合同法草案，但在合同法草案表决前夕，因为争议较大，最终删去了情势变更制度。1999年3月，《合同法》通过前夕，第九届全国人民代表大会法律委员会作出的《关于〈中华人民共和国合同法（草案）〉审议结果的报告》中提出："三、关于情势变更制度。这是一个很复杂的问题，在合同法起草过程中，就有不同意见。这次大会审议，不少代表提出，根据现有的经验，对情势变更难以作出科学的界定，而且和商业风险的界限也难以划清，执行时更难以操作，实际上只有在非常特殊的情况下才能适用情势变更制度，现在在合同法作出规定条件尚不成熟。法律委员会经过反复研究，建议对此不作规定。"

2008年，源自美国次贷危机的国际金融危机席卷全球，为了解决受金融危机影响的合同纠纷，适应司法实践的发展需求，最高人民法院于2009年颁布的原《合同法解释（二）》规定了情势变更制度，以应对合同原有的利益平衡受经

---

[1] 参见最高人民法院民法典贯彻实施工作领导小组主编：《中华人民共和国民法典合同编理解与适用》（第1册），人民法院出版社2020年版，第477页。

[2] 参见梁慧星：《中国民法经济法诸问题》，法律出版社1991年版，第226页。

济激烈动荡的影响而出现的不公平问题。[1] 该司法解释第 26 条规定:“合同成立以后客观情况发生了当事人在订立合同时无法预见的、非不可抗力造成的不属于商业风险的重大变化,继续履行合同对于一方当事人明显不公平或者不能实现合同目的,当事人请求人民法院变更或者解除合同的,人民法院应当根据公平原则,并结合案件的实际情况确定是否变更或者解除。”

《民法典》吸收了上述司法解释的规定,并完善了情势变更制度。在第 533 条规定:“合同成立后,合同的基础条件发生了当事人在订立合同时无法预见的、不属于商业风险的重大变化,继续履行合同对于当事人一方明显不公平的,受不利影响的当事人可以与对方重新协商;在合理期限内协商不成的,当事人可以请求人民法院或者仲裁机构变更或者解除合同。人民法院或者仲裁机构应当结合案件的实际情况,根据公平原则变更或者解除合同。”该规定与司法解释的规定主要存在三点不同:一是不再将不可抗力排除在情势变更事由之外;二是将适用情势变更制度的情形由“继续履行合同对于一方当事人明显不公平或者不能实现合同目的”变更为“继续履行合同对于当事人一方明显不公平”;三是增加了受不利影响当事人的再交涉(重新协商)义务。

(二)再交涉义务

再交涉义务,是指情势变更导致当事人之间权益失衡显失公平时,当事人双方负有的就合同的变更或者解除进行协商、交涉以达成合意的义务。[2]

对于情势变更发生后,受不利影响当事人的再交涉义务,世界各国及地区立法均有涉及。《德国民法典》第 313 条规定:“已经成为合同基础的情况,在订约之后发生重大变更,并且当事人在预见此种变更的情形将不会订立或者将以其他的内容订立合同的,以在考虑具体情形下的一切情况,特别是考虑合同上的危险分配或者法定的危险分配时,不能苛求一方当事人坚持履行不变的合同为限,可以请求调整合同。合同的调整为不可能,或者不能苛求当事人一方调整合同的,受到不利益的一方当事人可以解除合同。”[3]《欧洲合同法原则》第

---

〔1〕 参见黄薇主编:《中华人民共和国民法典合同编解读》(上册),中国法制出版社 2020 年版,第 240 页。

〔2〕 参见最高人民法院民法典贯彻实施工作领导小组主编:《中华人民共和国民法典合同编理解与适用》(第 1 册),人民法院出版社 2020 年版,第 486 页。

〔3〕 《德国民法典——全条文注释(上册)》,杜景林、卢谌译,中国政法大学 2015 年版,第 229 页。

6:111 条第 2 款规定:"如果由于情势的变更使合同履行变得格外困难,当事人应当进行磋商以改订合同或者解除合同。"《国际商事合同通则》第 6.2.3 条第 1 款规定:"若出现艰难情形,处于不利地位的当事人有权要求重新谈判"。我国《民法典》第 533 条规定的是,"继续履行合同对于当事人一方明显不公平的,受不利影响的当事人可以与对方重新协商"。

规定该义务的目的有三:一是有利于尽量维持合同的效力、促进合同履行,符合合同法鼓励交易的立法目的;二是基于"契约严守"原则,行为人非依法律规定或者未经对方同意,不得擅自变更或者解除民事法律行为,因此,发生情势变更事由,当事人一方认为需要变更或者解除合同的,需要与对方协商;三是尊重意思自治,节省诉讼成本和司法资源。基于私法自治原则,在解决合同纠纷时也应尊重双方的自主性和自律性。当事人之间的权利义务关系,理应由当事人通过再交涉的方式达成新的合意,这样处理,有利于处理方案符合当事人的意愿,实现契约自由与契约正义的统一,也可避免诉讼风险,节省司法资源,避免当事人增加诉讼承担。〔1〕

(三)情势变更引起的合同解除

在情势变更情形下,受不利影响的当事人在履行再交涉义务后,如果在合理期限内协商不成的,当事人可以请求法院或者仲裁机构变更或者解除合同。法院或者仲裁机构应当结合案件的实际情况,判断是否符合情势变更制度的适用条件,对此法院或者仲裁机构应当严格掌握,避免当事人以情势变更制度作为逃避履行合同的借口,损害合同的效力和权威,破坏正常的交易秩序。符合情势变更制度适用条件的,法院应当根据公平原则,就变更合同还是解除合同,变更、解除合同后的法律后果等作出裁断。〔2〕

需要注意的是,当事人适用情势变更制度请求解除合同,与其根据《民法典》合同编的第 562 条〔合同的约定解除〕和第 563 条〔合同的法定解除〕主张解除合同在本质上是不同的。后者是当事人依据约定或法定所享有的作为民事实体权利的合同解除权,其行使可以通过直接通知对方解除合同,也可以通过

---

〔1〕 参见最高人民法院民法典贯彻实施工作领导小组主编:《中华人民共和国民法典合同编理解与适用》(第 1 册),人民法院出版社 2020 年版,第 486 页。

〔2〕 参见黄薇主编:《中华人民共和国民法典合同编解读》(上册),中国法制出版社 2020 年版,第 242 页。

提起诉讼或仲裁要求解除，合同自通知到达对方当事人或起诉状副本（仲裁申请书副本）送达对方时解除。而前者的当事人本身不享有实体解除权，其仅在程序上可以向法院或仲裁机构提出变更或解除合同的请求，但最终合同是否变更或解除，则由法院或者仲裁机构结合案件实际情况，根据公平原则来确定。如最终裁判解除合同，则该合同自该判决书或裁决书送达对方当事人时解除。

三、新冠肺炎疫情对施工合同履行的影响

2019 年年底开始暴发的新冠肺炎疫情对全社会都造成了极大的影响，政府的疫情防控措施也给经济合同的履行带来了诸多不便和障碍。具体到建设工程施工合同中，由于政府疫情防控致使工程无法正常施工，则工程必然延期；人工、建材、机械价格普遍上涨，则工程费用必然增加。增加的工期和费用如何承担，施工合同能否变更或解除，是建筑行业每一个人都关心的问题。

（一）新冠肺炎疫情可以作为不可抗力及情势变更的事由

全国人大常委会法工委于 2020 年 2 月 10 日在“就疫情防控有关问题答记者问”中就指出，新冠肺炎疫情作为突发公共卫生事件，政府的疫情防控措施给群众带来了不便，对于因此不能履行的合同当事人而言，属于“不可抗力”。[1]

最高人民法院《关于依法妥善审理涉新冠肺炎疫情民事案件若干问题的指导意见（一）》第 3 条规定：“……（一）疫情或者疫情防控措施直接导致合同不能履行的，依法适用不可抗力的规定，根据疫情或者疫情防控措施的影响程度部分或者全部免除责任。当事人对于合同不能履行或者损失扩大有可归责事由的，应当依法承担相应责任。因疫情或者疫情防控措施不能履行合同义务，当事人主张其尽到及时通知义务的，应当承担相应举证责任。（二）疫情或者疫情防控措施仅导致合同履行困难的，当事人可以重新协商；能够继续履行的，人民法院应当切实加强调解工作，积极引导当事人继续履行。当事人以合同履行困难为由请求解除合同的，人民法院不予支持。继续履行合同对于一方当事人明显不公平，其请求变更合同履行期限、履行方式、价款数额等的，人民法院应当结合案件实际情况决定是否予以支持。合同依法变更后，当事人仍然主张部分或者全部免除责任的，人民法院不予支持。因疫情或者疫情防控措施导致合

---

〔1〕 参见 2020 年 2 月 10 日全国人大常委会法工委“就疫情防控有关法律问题答记者问”。

同目的不能实现,当事人请求解除合同的,人民法院应予支持。……”

最高人民法院《关于依法妥善审理涉新冠肺炎疫情民事案件若干问题的指导意见(二)》第7条规定:“疫情或者疫情防控措施导致承包方未能按照约定的工期完成施工,发包方请求承包方承担违约责任的,人民法院不予支持;承包方请求延长工期的,人民法院应当视疫情或者疫情防控措施对合同履行的影响程度酌情予以支持。疫情或者疫情防控措施导致人工、建材等成本大幅上涨,或者使承包方遭受人工费、设备租赁费等损失,继续履行合同对承包方明显不公平,承包方请求调整价款的,人民法院应当结合案件的实际情况,根据公平原则进行调整。”

(二)新冠肺炎疫情引起的工期和费用的变更与调整

住建部2020年2月26日发布的《关于加强新冠肺炎疫情防控有序推动企业开复工工作的通知》(建办市〔2020〕5号)第5条规定:“疫情防控导致工期延误,属于合同约定的不可抗力情形。地方各级住房和城乡建设主管部门要引导企业加强合同工期管理,根据实际情况依法与建设单位协商合理顺延合同工期。停工期间增加的费用,由发承包双方按照有关规定协商分担。因疫情防控增加的防疫费用,可计入工程造价;因疫情造成的人工、建材价格上涨等成本,发承包双方要加强协商沟通,按照合同约定的调价方法调整合同价款。”

各地住建部门均提出了对于新冠肺炎疫情影响施工合同履行的意见,以指导施工合同的履行及发承包双方解决争议。如杭州市城乡建设委员会于2020年2月18日发布的《关于新型冠状肺炎疫情后我市建设工程施工合同履约及工程价款调整的指导意见》中对于工期、停工损失、费用增加、防疫费用、建材价格上涨等情况如何处理提出了相应的指导意见。

新冠肺炎疫情引起的政府防疫管控措施导致合同不能履行的,属于不可抗力,但只有因此致使不能实现合同目的,当事人才可以解除合同。建设工程施工合同履行周期长,疫情管控措施可能会使工程暂时停工,但通常不会致使不能实现合同目的,当事人不能以此为由解除施工合同。但当事人可以根据《民法典》第533条规定的情势变更制度进行处理,当事人可以就合同相关事宜进行重新协商,如工期顺延、费用承担等,如协商不成的,受不利影响的当事人(通常是承包人)可以根据合同约定的争议解决方式请求变更或解除合同。

一般而言,因新冠肺炎疫情影响施工合同履行,应按照以下原则处理:

(1)因疫情影响导致工期延误的,应当顺延工期,由此引起的停工损失、费用增加等应根据合同约定由发承包双方合理分担,并免除因不可抗力导致工期延误的违约责任。合同没有明确约定的,由发包人和承包人合理分担。(2)疫情防控期间继续施工的工程项目,可参照当地住建部门发布的有关规定标准,在工程造价中单独计取疫情防控专项经费。(3)因疫情防控引起工程停工期间,承包人应发包人要求留在施工现场的必要人员费用,由发包人承担。(4)疫情解除后,遇人工单价、设备、材料、机械价格大幅上涨的,发承包双方应按合同约定的风险幅度和风险范围合理分担。如果合同约定总价包干不予调整或原调价办法显失公平,造成后续工程难以实施的,发承包双方可按照情势变更制度的要求进行协商调整。

第五节　施工合同解除后的处理

施工合同的解除通常是由于违约所致,发承包人之间对施工合同的履行存在较大的争议,很难和平地解决施工合同解除后的诸多事宜,包括工程价款的结算与支付、工程质量是否合格的认定、工期违约责任的认定、承包人撤离现场等。因此对于涉及施工合同解除的案件,认定当事人是否享有合同解除权只是其目的之一,更为重要的是如何恰当地处理合同解除后的争议。

一、施工合同因违约解除后的处理

建设工程施工合同因违约解除的,除承包人向发包人移交工程,发包人向承包人支付工程款外,享有解除权的一方还可以要求违约方承担相应的违约责任。《2017 版施工合同范本》通用合同条款第 16 条及《2013 版清单计价规范》第 12 章均对施工合同因发包人或承包人违约解除后的付款、违约赔偿等事宜进行了规定。

(一)因发包人违约解除合同后的付款

建设工程施工合同因发包人违约而解除的,发包人除应当向承包人支付合同约定的价款外,还应向承包人支付违约金,赔偿因合同解除而遭受的损失。

《2017 版施工合同范本》通用合同条款第 16.1.4 项约定,承包人因发包人违约解除合同的，发包人应在解除合同后28天内支付下列款项，并解除履约担保：(1)合同解除前所完成工作的价款；(2)承包人为工程施工订购并已付款的材料、工程设备和其他物品的价款；(3)承包人撤离施工现场以及遣散承包人人员的款项；(4)按照合同约定在合同解除前应支付的违约金；(5)按照合同约定应当支付给承包人的其他款项；(6)按照合同约定应退还的质保金；(7)因解除合同给承包人造成的损失。合同当事人未能就解除合同后的结清达成一致的，按照争议解决的约定处理。承包人应妥善做好已完工程和与工程有关的已购材料、工程设备的保护和移交工作，并将施工设备和人员撤出施工现场，发包人应为承包人撤出提供必要条件。

《2013版清单计价规范》第12.0.4项规定，因发包人违约解除合同，发包人除应向承包人支付各项价款外，应按合同约定核算发包人应支付的违约金以及给承包人造成损失或损害的索赔金额费用。该笔费用应由承包人提出，发包人核实后应在与承包人协商确定后的7天内向承包人签发支付证书。协商不能达成一致的，应按照合同约定的争议解决方式处理。

(二)因承包人违约解除合同后的处理

建设工程施工合同因承包人违约而解除的，发包人应就承包人完成的工程向其支付对应的工程价款，承包人应向发包人承担违约责任，赔偿因合同解除给发包人造成的损失，同时承包人还有义务协助将材料和设备的采购合同的权益转让给发包人。

《2017版施工合同范本》通用合同条款第16.2.4项约定，因承包人原因导致合同解除的，合同当事人应在合同解除后28天内完成估价、付款和清算，并按以下约定执行：(1)合同解除后，按约定商定或确定承包人实际完成工作对应的合同价款，以及承包人已提供材料、工程设备、施工设备和临时工程等的价值；(2)合同解除后，承包人应支付的违约金；(3)合同解除后，因解除合同给发包人造成的损失；(4)合同解除后，承包人应按照发包人要求和监理人的指示完成现场的清理和撤离；(5)发包人和承包人应在合同解除后进行清算，出具最终结清付款证书，结清全部款项。因承包人违约解除合同的，发包人有权暂停对承包人的付款，查清各项付款和已扣款项。发包人和承包人未能就合同解除后的清算和款项支付达成一致的，按照争议解决的约定处理。因承包人违约解除合同，发包人有权要求承包人将其为实施合同而签订的材料和设备的采购合同的权益转让给发包人,承包人应在收到解除合同通知后 14 天内,协助发包人与采购合同的供应商达成相关的转让协议。

《2013 版清单计价规范》第 12.0.3 项规定,因承包人违约解除合同的,发包人应暂停向承包人支付任何价款。发包人应在合同解除后 28 天内核实合同解除时承包人已完成的全部合同价款以及按施工进度计划已运至现场的材料和工程设备货款,按合同约定核算承包人应支付的违约金以及造成损失的索赔金额,并将结果通知承包人。发承包双方应在 28 天内予以确认或提出意见,并应办理结算合同价款。如果发包人应扣除的金额超过了应支付的金额,承包人应在合同解除后的 56 天内将其差额退还给发包人。发承包双方不能就解除合同后的结算达成一致的,按照合同约定的争议解决方式处理。

二、施工合同解除后的工程款结算与支付

建设工程施工合同解除后,承包人要向发包人移交工程,发包人需要向承包人支付工程价款。

(一)工程质量合格是工程款支付的前提

《民法典》第 799 条规定,建设工程竣工验收合格的,发包人应当按照约定支付价款,并接收该建设工程。可见,承包人完成建设工程质量合格是发包人支付工程价款的前提。在建设工程施工合同解除后,工程尚未完工不具备竣工验收条件时,承包人仍应当保证所施工完成的工程的质量合格,发包人在此基础上方负有支付相应工程款的义务。如果承包人所完成工程质量不合格,发包人可以拒绝支付工程款。

《民法典》第 806 条第 3 款规定:“合同解除后,已经完成的建设工程质量合格的,发包人应当按照约定支付相应的工程价款;已经完成的建设工程质量不合格的,参照本法第七百九十三条的规定处理。”第 793 条第 2 款规定:“建设工程施工合同无效,且建设工程经验收不合格的,按照以下情形处理:(一)修复后的建设工程经验收合格的,发包人可以请求承包人承担修复费用;(二)修复后的建设工程经验收不合格的,承包人无权请求参照合同关于工程价款的约定折价补偿。”施工合同解除后,发承包双方应就承包人完成的工程进行验收,验收合格的,发包人应当接收工程,并向承包人支付工程价款。如验收不合格,承包人负有将工程修复至合格的义务,因修复所产生的费用由承包人承担。如承包

人拒绝修复的，发包人有权拒绝付款，并可委托第三方进行修复，因此产生的费用及损失应由承包人承担。如工程修复后验收仍不合格，则发包人无权请求发包人支付工程价款。

需要注意的是，实践中，存在发包人为赶工期，在施工合同解除后未对工程进行验收即交付其他施工单位续建，其后又以工程质量不合格或未验收合格为由，抗辩拒绝支付工程款。此种情况下，应当认为发包人的抗辩不能成立。工程质量的验收是发包人的义务，只有在工程验收合格的情况下，发包人才能接收工程。在合同解除后，发包人未进行验收即接收工程交由第三方续建的行为，一方面，可以参照《建设工程司法解释（一）》第 14 条的规定，发包人不能以工程质量不合格为由主张权利（拒绝支付工程款）；另一方面，根据《建设工程司法解释（一）》第 27 条的规定，发包人将工程交由第三方续建即为工程已实际交付，则交付之日为应付款时间。但如工程质量问题确系承包人未按设计要求及技术规范施工所引起，承包人仍应承担相应的质量责任。

（二）不平衡报价的处理

不平衡报价是施工企业在投标时经常采用的一种报价技巧，是指相对于常规报价而言，在工程项目的投标总价不变的前提下，根据招标文件载明的付款条件，有意识地调整投标文件中工程子项目的报价，如将某些子项目的单价定得高于常规价，同时将另一些子项目的单价定得低于常规价，从而在保证投标总价具有竞争力的同时，实现早日回款或多结算的经济效益。不平衡报价以全部工程的通盘考虑为基础，但在施工合同解除后，因工程尚未全部完成，如果径直按照前期过高或过低的不平衡价格来结算价款，可能对发承包一方当事人存在不公。

1. 不平衡报价的类型

（1）时间型不平衡报价。提高前期施工项目的单价，如桩基工程，降低后期施工项目的单价，如安装工程，从而实现早回款。

（2）工程量型不平衡报价。提高预计会增加工程量项目的单价，降低预计会减少工程量项目的单价。

（3）风险型不平衡报价。如预计材料价格会有大幅上升，则提高人工和机械台班的单价，降低材料单价。

2. 不平衡报价的处理原则

我国相关法律和行政法规未对不平衡报价问题作出规制，但一些地方高级人民法院的司法文件中有所涉及。如江苏省高级人民法院在2018年发布的《关于审理建设工程施工合同纠纷案件若干问题的解答》（已失效）第8条规定：“如果合同不能履行的原因归责于发包人，因不平衡报价导致按照当事人合同约定的固定价结算将对承包人利益明显失衡的，可以参照定额标准和市场报价情况据实结算。”

根据该规则反推可以得知：

在承包人报价“前低后高”时：（1）发包人原因导致合同解除的，因发包人过错导致合同未能履行给承包人造成损失，可以按定额或市场价结算，以达到弥补损失的效果；（2）承包人或其他原因（非发包人原因）导致合同解除的，根据诚实信用原则，承包人应受其意思表示拘束；（3）双方过错导致合同解除的，按照过错比例，将承包人报价与市场价差额部分酌情分配。

在承包人报价“前高后低”时：（1）发包人原因或其他原因（非承包人原因）导致合同解除的，发包人应受工程量清单价格约束；（2）承包人原因导致合同解除的，承包人作为过错方，为避免对发包人利益失衡，可以参照定额标准或市场价据实结算；（3）双方过错导致合同解除的，按照过错比例，将承包人报价与市场价差额部分酌情分配。

3. 不平衡报价的规范与限制

合同立法的公平原则是对合同自由原则的补充，目的在于防止当事人滥用权利，维护和平衡当事人之间的利益。不平衡报价虽然基于当事人的意思自治应为有效，但应当限制在合理的范围内，如果投标文件或合同中关于不平衡报价的约定严重损害了当事人之间的利益平衡，法院可以基于当事人的请求，根据公平原则做出调整。

在工程实践中，通常会有一些原因，如工程变更等，导致某些子项目的工程量偏差过大。如实际施工中一个子项目工程量较投标时有大幅度的增加，那么当承包人在投标时运用不平衡报价的手段将该子项目的报价定得远高于正常价格，承包人显然能获取更多的利益，但对于发包人而言，要负担更多的成本。相反，如承包人对该子项目的报价远低于正常价格，那么对于承包人而言可能就会出现亏损。虽然不平衡报价是当事人对合同履行的风险预估和自由安排，但如果不平衡报价导致了发承包人双方利益的严重不平衡，则有必要对其进行调整。

《2017版施工合同范本》通用合同条款第10.4.1项规定了“变更估价原则”，变更导致实际完成的变更工程量与已标价工程量清单或预算书中列明的该项目工程量的变化幅度超过15%的，或已标价工程量清单或预算书中无相同项目及类似项目单价的，按照合理的成本与利润构成的原则，由合同当事人按照约定确定变更工作的单价。《2013版清单计价规范》第9.6.2项规定：“对于任一招标工程量清单项目，当用本节规定的工程量偏差和第9.3节规定的工程变更等原因导致工程量偏差超过15%时，可进行调整。当工程量增加15%以上时，增加部分的工程量的综合单价应予调低；当工程量减少15%以上时，减少后剩余部分的工程量的综合单价应予调高。”上述两个文件将工程量的变化幅度标准确定为15%，在结合工程惯例的基础上，一方面尊重了当事人的意思自治，另一方面也平衡了当事人之间的利益。

【典型案例】浙江佳华时代装饰工程有限公司与丽水市莲都区林业局建设工程施工合同纠纷案[1]

【基本案情】浙江佳华时代装饰工程有限公司（以下简称佳华装饰公司）经投标，中标承建丽水市莲都区林业局（以下简称林业局）办公楼装修工程，并于2007年10月19日与林业局签订《建设工程施工合同》一份，约定：工程内容为施工图范围内装修、水电安装工程；合同价款为1,158,912元；本合同采用可调价格合同。2008年4月，涉案工程施工完成。后因双方当事人对欠付工程款金额争议巨大，且工程审计结果未出，故林业局一直未支付剩余工程款，遂成讼。2016年1月6日，鉴定机构出具意见认为：“管、暗槽内放双绞线缆4对以内（网线）：投标单价122.83元/m，由于该项目存在严重不平衡报价，且工程量比标底增加约10倍，我公司根据丽水市建设工程造价管理处于2014年9月5日对建设单位作出的回复建议，根据计价规则按《浙江省建设工程计价规则（2003）版》第二十一条结算，现计入鉴定造价内的工程量为(483.8+84.9)*(1+15%)=654米。其余工程量5605.7-654=4951.7米未计入鉴定造价内。4951.7米网线根据重新组价下浮后造价12880元与按中标单价的造价630277元双方不能达成一致意见，由法院裁决。”

---

[1] 参见浙江省丽水市中级人民法院民事判决书，(2016)浙11民终585号。

【裁判观点】关于网线工程的结算价款问题,涉案工程招标投标时虽然未禁止不平衡报价,但仍应在合理范围内进行。本案中,佳华装饰公司在招标投标和增加工程量等方面采取了不正当的手段,明显存在恶意,不仅投标单价畸高,而且实际工程量比标底增加约10倍,该行为不仅有违民事活动应遵循的诚实信用原则,更有损社会公共利益、扰乱社会经济秩序。因此对超投标范围15%以内工程量按中标价计算工程价款,对超投标范围15%以外工程量按鉴定机构重新组价下浮后造价12,880元作为工程价款。

(三)固定总价合同结算的确定

对于约定固定总价的建设工程施工合同,因工程未完工而中途被解除如何结算已完工程的价款,是审理此类案件的难点。《民法典》第567条规定:"合同的权利义务关系终止,不影响合同中结算和清理条款的效力。"在施工合同被解除后,发承包双方的工程款结算仍应遵循合同的约定。在施工合同约定适用固定总价的合同价格形式时,发包人支付全部总价的前提是承包人完成所有合同约定的工程施工。而在施工合同解除的情况下,承包人未能完成全部施工,此时发包人显然不可能支付全部价款,但又因合同约定固定总价而无法据实结算。

对此,司法实践中主要采用两种方式[1],对合同解除后承包人已完工程价款进行结算:

1. 按工程款比例折算

北京市高级人民法院2012年发布的《关于审理建设工程施工合同纠纷案

---

〔1〕 江苏省高级人民法院2010年发布的《建设工程施工合同案件审理指南》第7条第1款规定:"建设工程施工合同履行过程中,当事人双方约定解除或单方法定解除合同,承包人主张其已完工程的工程款。因工程未完工,如何结算该部分工程款,往往涉及鉴定标准的把握。在工程没有全部完工的情况下,有两种不同的方式来确定工程款,一是根据实际完成的工程量,以建设行政管理部门颁发的定额取费,核定工程价款,并参照合同约定最终确定工程价款;此时,对工程造价鉴定不涉及甩项部分,只须鉴定其完工部分即可。二是确定所完工程的工程量占全部工程量的比例,按所完工程量的比例乘以合同约定的固定价款得出工程价款。此时,对工程造价鉴定涉及甩项部分,即对涉案工程总造价进行鉴定。第一种方法较为经济,也是较为常用的一种方法,一般用于工程没有总体竣工验收;第二种方法鉴定费用较高,一般用于工程竣工验收合格。上述两种方式均具有一定的合理性,应尽量寻求双方当事人意见的一致,如无法取得一致时由人民法院酌情确定。"

件若干疑难问题的解答》第13条规定:"建设工程施工合同约定工程价款实行固定总价结算,承包人未完成工程施工,其要求发包人支付工程款,经审查承包人已施工的工程质量合格的,可以采用'按比例折算'的方式,即由鉴定机构在相应同一取费标准下,分别计算出已完工程部分的价款和整个合同约定工程的总价款,两者对比计算出相应系数,再用合同约定的固定价,乘以该系数确定发包人应付的工程款。"

2. 按工程量比例折算

山东省高级人民法院2011年发布的《全省民事审判工作会议纪要》第3条第3项规定:"对于建设工程施工合同约定按固定单价结算的,则应根据固定单价核算出已完工程的实际工程量,据实结算工程价款;如果建设工程施工合同约定按固定总价结算,则按照实际施工部分的工程量占全部的工程量的比例,再按照合同约定的固定价格计算出已完部分工程价款。"

广东省高级人民法院2011年发布的《关于审理建设工程施工合同纠纷案件若干问题的指导意见》(已失效)第5条规定:"建设工程施工合同约定工程款实行固定价,如建设工程尚未完工,当事人对已完工工程造价产生争议的,可将争议部分的工程造价委托鉴定,但应以建设工程施工合同约定的固定价为基础,根据已完工工程占合同约定施工范围的比例计算工程款。当事人一方主张以定额标准作为造价鉴定依据的,不予支持。"

对于约定了固定价款的建设工程施工合同,双方未能如约履行,致使合同解除的,在确定争议合同的工程价款时,既不能简单地依据政府部门发布的定额计算工程价款,也不宜直接以合同约定的总价与全部工程预算总价的比值作为下浮比例,再以该比例乘以已完工程预算价格的方式计算工程价款,而应当综合考虑案件实际履行情况,并特别注重双方当事人的过错和司法判决的价值取向等因素来确定。[1]

三、施工合同解除后质保金的处理

对于建设工程施工合同解除后,发包人在支付工程款时是否可以扣留合同中约定比例的质量保证金,司法实践中存在不同的观点。

---

〔1〕 参见青海方升建筑安装工程有限责任公司诉青海隆豪置业有限公司建设工程施工合同纠纷案,最高人民法院(2014)民一终字第69号民事判决书。

一种观点认为，根据法律规定，合同解除后尚未履行的终止履行，而质量保证金是合同约定的在工程竣工验收完毕后，发包人扣留的用于在缺陷责任期内维修工程质量缺陷的资金，而在施工合同中途解除后，工程尚未完工，发包人不具备扣留质量保证金的条件，合同中关于扣留质量保证金的约定也因合同的解除而不再继续履行。即使发包人未扣留质量保证金，在工程发生质量问题时，发包人仍有权要求承包人承担修复义务。

例如，在河北建设集团股份有限公司诉天津国华信达实业股份有限公司、邯郸市华信实业集团有限公司建设工程施工合同纠纷案中，法院认为："现工程尚未完工、合同已经解除，结合一审法院查明和认定的本案实际情况，加之华信公司支付全部已完工程款后，并不影响其在质量保修期内如发现工程存在质量问题仍然可以依法向河北建设集团主张权利。"〔1〕

另一种观点则认为，即使施工合同已经解除，承包人仍然需要对其已完成的工程承担相应的质量责任，在缺陷责任期内，应当以承包人已完工程的价款为基数，按照合同约定的比例预留质量保证金。例如，在四川超宇建设集团有限公司诉重庆两江房地产有限公司建设工程施工合同纠纷案中，法院认为："在超宇建设公司已经依法行使约定解除权的情形下，应从合同解除之日 2014 年 9 月 11 日起 90 天后，即从 2014 年 12 月 10 日工程自动进入缺陷责任期，《施工合同》约定的缺陷责任期至 2016 年 12 月 10 日届满，自 2016 年 12 月 11 日起未退还的质量保证金开始计算利息。"〔2〕

本书认同第一种观点，施工合同解除后，发包人无权按照合同约定扣留质量保证金。根据《民法典》第 566 条的规定，在施工合同被解除的情况下，后续尚未履行的义务，不再履行，尚未主张的权利，亦不得再主张。对于施工合同解除后的质量保证金返还问题，应当结合施工合同中质量保证金的约定是否已经

---

〔1〕 最高人民法院民事判决书，(2017)最高法民终 936 号。
另参见北京市第二建筑工程有限责任公司诉唐山采宏房地产开发有限公司建设工程施工合同纠纷案，最高人民法院(2015)民一终字第 8 号民事判决书。法院认为："案涉合同已经解除，不应再按照合同约定扣除相应的工程质保金。在质保期间，如果北京二建施工的工程出现质量问题，采宏公司可另行主张权利。"

〔2〕 重庆市高级人民法院民事判决书，(2018)渝民终 38 号。
另参见华丰建设股份有限公司诉邹城市旺胜房地产开发有限公司建设工程施工合同纠纷案，最高人民法院(2017)最高法民终 347 号民事判决书。法院认为："一审法院根据双方合同约定和涉案合同已经解除的事实，扣减工程结算审定值 5% 的 30% 作为工程质量保修金，并无不当。"

履行来具体认定。《2017 版施工合同范本》通用合同条款第 15.3.2 项约定了质量保证金扣留的两种方式:一是在工程竣工结算时一次性扣留;二是在支付工程进度款时逐次扣留。对于前者,发包人有权在工程竣工结算时一次性扣留质量保证金,但因施工合同已告解除,尚未履行的扣留保证金的合同履行行为应当终止。且未完工的工程既不能进行竣工验收,又无法提交竣工验收报告时,也无法确定缺陷责任期的起算与返还时间;对于后者,发包人在每次支付工程进度款时已按比例扣留了质量保证金,属于已经履行,承包人可以请求恢复原状,即要求发包人返还已经扣留的质量保证金。质量保证金只是保证承包人对工程缺陷进行维修的资金,不扣除质量保证金并不影响发包人对承包人关于工程质量缺陷维修的权利主张。

第七章　建设工程价款优先受偿权

建设工程价款的给付请求权，是指在建设施工合同中，工程的承包方在完成建筑工程后，基于建设工程施工合同的约定，对发包方所享有的债权。[1] 为了保障承包人在施工合同中所享有的最基本的权利，就需要在立法政策上破除债权平等原则，赋予其优先于其他债权人优先受偿的权利。因此《民法典》第807条规定了“建设工程价款优先受偿权制度”，《建设工程司法解释(一)》对于建设工程优先受偿权制度作了更为明确具体的规定。根据法律和司法解释的规定，建筑工程价款优先受偿权，是指承包人在发包人不依约支付工程款时，可以与发包人协议将工程折价或申请法院将该工程拍卖，对折价或拍卖所得的价款，承包人有优先受偿的权利。[2]

第一节　建设工程价款优先受偿权概述

建设工程价款优先受偿权是1999年《合同法》(已失效)第286条确立的属于承包人所享有的权利，施行至今已有20余年，《民法典》第807条沿袭了该规定的内容。该制度对于解决工程款拖欠问题，起到了重要作用。但原《合同法》及《民法典》对于该权利仅作了原则性规定，并未对权利的性质、行使主体、行使范围、行使期限、行使方式等作出具体规定。最高人民法院在2002年发布了原

[1] 参见关丽：《建设工程优先受偿权实现的条件》，载最高人民法院民事审判第一庭编著：《民事审判前沿》，人民法院出版社2014年版，第117页。

[2] 参见王毓莹：《建设工程施工合同解除后承包人仍享有建设工程优先受偿权》，载最高人民法院民事审判第二庭编著：《民事审判指导与参考》(2013年卷)，人民法院出版社2018年版，第509页。

《优先受偿权批复》,2019 年发布了原《建设工程司法解释(二)》,2021 年发布了《建设工程司法解释(一)》,对建设工程价款优先受偿权制度的适用作了具体规定。

一、建设工程价款优先受偿权的法律性质

法律规定了建设工程施工合同的承包人可以就承建工程折价或拍卖所得的价款优先受偿,但未就承包人的该权利的性质作出规定,导致实务界和理论界一直争论不休,主要观点包括:留置权说[1]、法定抵押权说[2]、优先权说[3]。2002 年最高人民法院发布的原《优先受偿权批复》,将该权利命名为"建设工程价款优先受偿权",但所谓"优先受偿权",是担保物权普遍具有的一项权能,并不能解决该权利的性质争议。

(一)工程款优先权的权利特征

对于承包人建设工程价款优先受偿权的定性,首先要准确理解《民法典》第 807 条规定的内容。该条规定,建设工程承包人在发包人未按照约定支付价款时,有权就该工程折价或拍卖的价款优先受偿。分析该规范,可以看出建设工程价款优先受偿权具有四个特征:一是法定性,建设工程价款优先受偿权由法律直接规定;二是优先性,建设工程价款优先受偿权是一种实体性的担保性权利,根据《建设工程司法解释(一)》第 36 条的规定,该权利使得承包人的工程款债权优先于设有抵押权的债权和其他普通债权优先受偿;三是特定性,承包人仅能就承建的工程,即发包人的特定财产享有优先受偿权;四是非公示性,即建设工程价款优先受偿权的成立和生效皆不以登记或占有为条件。

---

〔1〕 参见江平主编:《中华人民共和国合同法精解》,中国政法大学出版社 1999 年版,第 223 页;孔祥俊:《合同法教程》,中国人民公安大学出版社 1999 年版,第 618 页。

〔2〕 参见梁慧星:《合同法第二百八十六条的权利性质及其适用》,载《山西大学学报(哲学社会科学版)》2001 年第 3 期;吴合振:《合同法理论与实践应用》,人民法院出版社 2000 年版,第 330 页;刘武元:《论建设工程承包人的优先受偿权的性质——兼评最高人民法院的司法解释》,载《西南民族学院学报(哲学社会科学版)》2003 年第 5 期;王一兵:《论建筑工程承包人的法定抵押权——对〈合同法〉第 286 条的理解和探讨》,载《当代法学》2002 年第 11 期。

〔3〕 参见崔建远主编:《新合同法原理与案例评释》,吉林大学出版社 1999 年版,第 1220 页;王全弟、丁洁:《物权法应确立优先权制度》,载《法学》2001 年第 4 期;夏凤英:《论建设工程承包人优先受偿权的性质》,载《河北法学》2001 年第 3 期;梅夏英:《不动产优先权与法定抵押权的立法选择》,载《法律适用》2005 年第 2 期。

基于此,有学者认为,这是一种设定在建设工程上法定非转移占有型担保[1]。一个完善的担保制度应该有四种基本的物的担保方式:约定的占有型担保、法定的占有型担保、约定的非占有型担保和法定的非占有型担保。我国担保法目前仅规定了前三种类型,即质押、留置和抵押,但在《海商法》《民用航空法》中规定的"船舶优先权"和"航空器优先权"应当属于"法定的非占有型担保",建设工程价款优先权亦属此类。[2]

(二)工程款优先权的比较考察

在大陆法系国家的立法中,对建筑工程的承包人享有的工程款债权,均作出规定予以特殊保护。如《德国民法典》第648条[3]规定的建筑工程的承揽人可以要求定作人让与建筑用地的"保全抵押权";《法国民法典》第2103条[4]规定的承包人对工程不动产有"优先权";《日本民法典》第325条[5]规定的对不动产工事产生的债权在债务人的特定不动产上有"先取特权"。

我国台湾地区"民法"第513条规定,建筑物承揽人就承揽关系产生的债权对其工作所附之定作人之不动产有"抵押权",该条规定:"承揽之工作为建筑物或其他土地上之工作物,或为此等工作物之重大修缮者,承揽人就承揽关系所生之债权,对于其工作所附之定做人之不动产,有抵押权。"2002年该条文被修改为:"承揽之工作作为建筑物或其他土地上之工作物,或为此等工作物之重大修缮者,承揽人得就承揽关系报酬额,对于其工作所附之定做人之不动产,请求定做人为抵押权之登记;或对于将来完成之定做人之不动产,请求预为抵押权

---

〔1〕 参见孙新强:《我国法律移植中的败笔——优先权》,载《中国法学》2011年第1期。

〔2〕 参见孙新强:《破除债权平等原则的两种立法例之辨析——兼论优先权的性质》,载《现代法学》2009年第6期。

〔3〕 《德国民法典》第648条规定:"建筑工程或建筑工程一部分的承揽人,以其因合同所产生的债权,可以要求定作人让与建筑用地的保全抵押权。工作尚未完成的,承揽人可以为了其已提供的劳动的相应部分的报酬以及未包括在报酬之内的垫款,要求让与保全抵押权。"

〔4〕 《法国民法典》第2013条规定:"在下列情形下,享有优先权的债权人,对债务人的不动产有优先权:建筑师、承包人、泥瓦工以及其他为建筑、重建、修缮建筑物、渠道或其他工程的工人,如经建筑物所在地民事法院依职权指定的鉴定人察看所有人声称具有图纸的施工现场情况,并在工程开始以前作成记录,在工程完工后至迟在6个月内由同样依职权指定的鉴定人验收时,对不动产有优先权。但优先权总额不得超过第二次记录所确定的价值,并限于转让不动产时及由于所进行的工程而增加的价值。"

〔5〕 《日本民法典》第325条规定:"有因下列各项原因产生的债权者,于债务人的特定不动产上有先取特权:1. 不动产的保存;2. 不动产的工事;3. 不动产的买卖。"

之登记。前项请求,承揽人于开始工作前亦得为之。前二项之抵押权登记,如承揽契约已经公证者,承揽人得单独申请之。第一项及第二项就修缮报酬所登记之抵押权,于工作物因修缮所增加之价值限度内,优先于成立在先之抵押权。”

从上述比较来看,虽然具体的制度内容上,各国家和地区的规定稍有差异,尤其是在使用的法律概念和名称上,德国使用“保全抵押权”、法国使用“优先权”、日本使用“先取特权”,而我国台湾地区使用的是“法定抵押权”,但从制度功能和目标的角度来看,显然具有共性,都就建筑工程成立赋予承揽人法定担保物权〔1〕。这些规定与我国《民法典》第 807 条规定的“建设工程价款优先受偿权”显然有异曲同工的效果,均是法律直接规定建设工程的承揽人对因履行工程承揽合同所产生的债权可以就该工程优先于抵押权和其他债权受偿。无论上述国家和地区采取何种法律概念来对建设工程承包人的债权进行保护,均是基于该国家和地区的法律传统、担保物权传统、立法习惯等因素。

罗马法基于保护弱势群体和社会公益,开排除债权平等原则之先河,创制了法定抵押制度。〔2〕《法国民法典》继受了罗马法的法定抵押制度以及不区分债权和物权的传统,并在此基础上确立了优先权制度,分为一般优先权(特定财产)和特殊优先权(一般财产)。其他罗马法系国家〔3〕的民法“由于深受法国民法典的影响基本也都规定了优先权制度,只是在优先权的种类和效力上有所不同”。〔4〕 日本在起草《日本民法典》时先后以《法国民法典》和《德国民法典第一草案》为蓝本,参照了法国和德国两种法律传统和立法例〔5〕,将《法国民法典》中的优先权制度变为了“先取特权制度”。而《德国民法典》坚持物权和债权的区分,严格遵守物权特定原则、公示原则,未在抵押权(含法定抵押权)、质权(含法定质权)之外设立优先权制度。其在民法典物权编设保全抵押权的一

---

〔1〕 刘武元:《论建设工程承包人的优先受偿权的性质——兼评最高人民法院的司法解释》,载《西南民族学院学报(哲学社会科学版)》2003 年第 5 期。

〔2〕 孙新强:《破除债权平等原则的两种立法例之辨析——兼论优先权的性质》,载《现代法学》2009 年第 6 期。

〔3〕 德国学者茨威格特和克茨教授认为,欧洲的比利时、荷兰、卢森堡、意大利、西班牙、葡萄牙,南美地区的阿根廷、智利及大洋洲的一些国家的民法典,深受法国民法典的影响,构成罗马法系。参见[德]茨威格特、[德]克茨:《比较法总论》,潘汉典等译,贵州人民出版社 1992 年版,第 183 ~217 页。

〔4〕 金世鼎:《民法上优先受偿权之研究》,载郑玉波等:《现代民法基本问题》,台北,汉林出版社 1981 年版,第 144 页。

〔5〕 孙新强:《破除债权平等原则的两种立法例之辨析——兼论优先权的性质》,载《现代法学》2009 年第 6 期。

般规定,并在债法的承揽合同中授予承揽人请求定作人让与保全抵押权的权利,学理上称之为"法定抵押权"[1]。

我国台湾地区"民法"系直接继受于德国民法,因而亦未规定优先权制度,而将抵押权依其取得方式之不同分为了约定抵押权和法定抵押权[2]。

综上可以看出,各国家立法和我国台湾地区"民法"中均有与我国《民法典》第 807 条内容相似的规定,均是对承包人工程款债权的实现作出的特殊保护,只是在法律概念上稍有不同。

(三)"法定抵押权"与"优先权"均水土不服

1. 我国法律中"优先权"并非独立的优先权制度

我国现行担保法并没有借鉴日本、法国的独立的优先权制度体系,而事实上采用了类似德国的二元结构,但立法者在 1993 年制定《海商法》时引进了英美法上的 maritime lien(设定在海上财产上的法定非转移占有型担保制度)[3]。我国出版的法律英语词典基本上将 lien 翻译为留置权[4],有些词典认为 lien 的意思除了留置权以外还包括抵押权[5]、质权[6]、优先权[7]。《北京大学法学百科全书:民法学、商法学》中则指出:"英美法商的 lien 与大陆法系的留置权并非对应概念,英美法上的'留置权'包含了大陆法系的其他担保制度。"[8]在相关国际公约中,对于此种权利,英文本称之为"maritime lien",法文本称之为

---

[1] 参见刘武元:《论建设工程承包人的优先受偿权的性质——兼评最高人民法院的司法解释》,载《西南民族学院学报(哲学社会科学版)》2003 年第 5 期。

[2] 参见高富平:《物权法原论》(上),中国法制出版社 2001 年版,第 11 页。

[3] 参见孙新强:《破除债权平等原则的两种立法例之辨析——兼论优先权的性质》,载《现代法学》2009 年第 6 期。

[4] 参见张仲绛等编:《英汉法律词典》,法律出版社 1985 年版,第 493 页;彭金瑞编著:《最新英汉法律词典》,中国法制出版社 2001 年版,第 682 页;戴维 · M. 沃克:《牛津法律大辞典》,李双元等译,法律出版社 2003 年版,第 700 页;信春鹰主编,中国社会科学院法学研究所法律辞典编委会编:《法律辞典》,法律出版社 2003 年版,第 910 页;魏焕华编著:《精选现代法商词典》,浙江大学出版社 2004 年版,第 477 页;宋雷主编:《英汉法律用语大辞典》,法律出版社 2005 年版,第 663 页。

[5] 参见张仲绛等编:《英汉法律词典》,法律出版社 1985 年版,第 493 页;魏焕华编著:《精选现代法商词典》,浙江大学出版社 2004 年版,第 477 页。

[6] 参见张仲绛等编:《英汉法律词典》,法律出版社 1985 年版,第 493 页;宋雷主编:《英汉法律用语大辞典》,法律出版社 2005 年版,第 663 页。

[7] 参见薛波主编:《元照英美法词典》,法律出版社 2003 年版,第 847 页。

[8] 参见《北京大学法学百科全书》编委会编,魏振瀛、徐学鹿、郭明瑞主编:《北京大学法学百科全书:民法学、商法学》,北京大学出版社 2004 年版,第 609 页。

“privilege maritime”[1],因此立法者对于该权利的中文译名产生了争议,主要是在“海上留置权”还是“海上优先权”无法达成共识。但因我国的法律语境下,留置权意味着转移占有,而 maritime lien 是一种非转移占有的担保权利,故最后选择了参照法文本的“privilege maritime”而将之翻译为“船舶优先权”[2]。其后制定的《民用航空法》也沿袭了此种做法,将 aircraft lien 翻译为“航空器优先权”。所以,特别需要注意的是,这里的“优先权”并非引进法国民法中的优先权制度。

我国在制定《物权法》(已失效)的过程中,学者也曾对是否将优先权制度写入《物权法》中有过激烈的争论[3],但最终出台的《物权法》中未对优先权制度予以规定。法国民法承袭于罗马法,不区分债权和物权,其设置独立的优先权制度,包括具有债权性质的一般优先权和具有物权性质的特殊优先权。而我国民法与德国民法类似,坚持物权与债权的区分原则,因而无法设立统一的优先权制度,而只能在物权法和其他法律中分别规定具有物权性质和债权性质的“优先受偿”权利。如将建筑工程优先受偿权定性为优先权,则需要改变我国物权法中的物权与债权相区分的原则,方能确立独立的优先权制度。故在我国目前的民法体系下,无法将《民法典》第 807 条定性为优先权。

2. “法定抵押权”无法解决法律适用问题

1999 年制定的《合同法》(已失效)第 286 条所规定的是设立在建筑工程上的法定非占有型担保(construction lien),但该条并未将之称为建筑工程优先权,梁慧星教授指出:“合同法第二百八十六条从设计、起草、讨论、修改、审议直至正式通过[4],始终是指法定抵押权。”[5]但依据法律规定,抵押权的设立应当

---

[1] 参见孙新强:《我国法律移植中的败笔——优先权》,载《中国法学》2011 年第 1 期。

[2] 孙新强:《我国法律移植中的败笔——优先权》,载《中国法学》2011 年第 1 期。

[3] 参见申卫星:《信心与思路:我国设立优先权制度的立法建议》,载《清华大学学报(哲学社会科学版)》2005 年第 2 期;郭明瑞、仲相:《我国未来民法典中应当设立优先权制度》,载《中国法学》2004 年第 4 期;梅夏英、方春晖:《优先权制度的理论与立法问题》,载《法商研究》2004 年第 3 期;王全弟、丁洁:《物权法应确立优先权制度——围绕合同法第 286 条之争议》,载《法学》2001 年第 4 期。

[4] 1993 年 10 月的《合同法立法方案》中规定:“为保护承包人利益,可规定承包人对建设工程有法定抵押权。”其后,《合同法建议草案》第 306 条规定:“建设工程完工后,发包人未按合同约定支付建设费用和报酬的,承包人对建设工程有法定抵押权。”1995 年全国人大常委会法制工作委员会提出的《合同法草案》第 177 条规定:“承建人对其所完成的建设工程享有抵押权。”在后来的修改中,立法者都同意保留承包人的法定抵押权,但直接在条文中规定法定抵押权的内容、效力和实现方式,以更有利于法律适用,即形成《合同法》的第 286 条。

[5] 梁慧星:《合同法第二百八十六条的权利性质及其适用》,载《山西大学学报(哲学社会科学版)》2001 年第 3 期。

以书面形式订立合同，即我国的物权法体系下，从抵押权的取得方式来看，仅有约定的抵押权，未规定法定抵押权制度，如将工程款优先受偿权解释为法定抵押权，实有违物权法定之原则。且我国担保法体系中关于抵押权的配套规定都建立在约定抵押权基础之上，将承包人优先受偿权解释为法定抵押权，会导致在具体法律适用中无法可依的困境，如强行适用现行法律约定抵押权的相关配套规定，则可能产生水土不服的问题，而法律适用的效果更是南辕北辙。

如江苏省高级人民法院在 2010 年发布的《建设工程施工合同案件审理指南》的第 5 条第 9 项中，将建设工程价款优先受偿权定性为法定抵押权，进而将其解释为担保物权，并指出，“工程款优先受偿权作为一种担保物权，是从主权利派生出来的，即对主债权工程款具有依附性，主权利无效从权利也无效”，从而规定“建设工程合同无效，承包人或实际施工人主张建设工程价款优先受偿权的，人民法院不予支持”，且“基于保证债权作为从权力将随主债权的转移而转移的制度”而规定“承包人将建设工程价款债权转让的，建设工程价款的优先受偿权随之转让”。江苏省高级人民法院的上述规定，很显然是在我国没有法定抵押权制度相关规定的情况下，强行套用物权法和担保法中关于约定抵押权和其他担保物权的规定，以期望对工程款优先受偿权在司法实践中的适用作出符合我国法律规定的解释。但该解释难以令人信服，盖因承包人的建设工程价款优先受偿权是基于法律规定而直接赋予，而非当事人约定产生的权利，故承发包双方之间的建设工程施工合同的效力，并不会对承包人的该权利造成影响。

但是，这并不能直接得出工程款优先受偿权并非法定抵押权的结论，因我国物权法没有将法律规定作为取得抵押权的方式，没有法定抵押权生长的土壤，故不能将之理解为法定抵押权。任何一项制度的确立，都需要相配套的基础理论和法律规定来支撑。单纯一个概念，仅仅套用现有的其他制度的规定，必然是寸步难行。如将建设工程价款优先受偿权解释为法定抵押权，就需要在我国现有的民法体系的基础上，增设法定抵押权制度，并设置与之相关的配套规定，方能解决法定抵押权在司法实践中的法律适用问题。

由于我国现行法律中并没有法定抵押权和优先权的相关规定，所谓的“法定抵押权”和“优先权”均是国外相关立法例中的概念。不同国家之间的法律移植，均会结合本国的特殊情况作出相应调整，故同一个法律概念在不同国家的法律环境中可能含义完全不同，而表达方式不同的法律名词在不同的国家可能表达的是同一个法律概念。[1] 因此,一个法律规范只有结合该国的法律制度的背景、体系来理解,方具有实质意义,仅将同一概念下的规范进行比较,实难得出令人信服的结论。同时,在我国担保法背景下无法界定承包人建设工程价款优先受偿权性质的情况下,无论将其界定为"法定抵押权"还是"优先权",均无实际意义。"若说有什么区别的话,也只是'关公'和'关云长'的区别。"[2]

在《合同法》(已失效)制定过程中,1993 年的建议草案曾直接规定:"建设工程完工后,发包人未按合同约定支付建设费用和报酬的,承包人对建设工程有法定抵押权。"但"在后来的修改中,考虑到法律条文仅规定承包人享有法定抵押权,而该法定抵押权的内容、效力如何实现仍有待于解释,不如直接规定其内容、效力和实现方式,更有利于法律适用。"[3] 基于此,原《合同法》第 286 条直接规定了承包人建设工程价款优先受偿权的内容、效力和实现方式,避开了直接对该权利的性质认定,从而避免了与我国现行担保法体系的冲突,但又保证了该条的法律适用不受影响。在我国目前的法律体系下,这样的做法是恰当的。《民法典》沿用了此种做法,未进行修改。

我国现行的物权法律规定了物权与债权相区分原则、物权法定原则以及公示公信原则,对物权的种类、设定、处分作出明确规定。而考虑与现行法的兼容性,以及立法的技术性和难度,未来我国法律中规定统一优先权制度的可能性较小。基于减少对我国现行法律体系的冲击的考虑,建议在未来《民法典》修订中增设法定抵押权,将法律直接规定作为设立抵押权的方式之一,同时建立预登记制度以保全法定抵押权的效力。

二、建设工程价款优先受偿权的立法目的

一般而言,债权具有平等性,故法律对债权亦应平等保护,承包人对发包人享有的建设工程价款优先受偿权应当与其他没有担保的债权平等受偿。但依《民法典》第 807 条之规定,法律赋予了承包人特殊的保护,使承包人的工程款债权优先于其他债权甚至抵押权受偿。法律本身是利益衡量的结果,显然,立

---

〔1〕 如我国的留置权属于担保物权,而德国的留置权属于债权的抗辩,德国民法中与我国担保物权性质的留置权相对应的则是法定质权。

〔2〕 孙新强:《我国法律移植中的败笔——优先权》,载《中国法学》2011 年第 1 期。

〔3〕 梁慧星:《合同法第二百八十六条的权利性质及其适用》,载《山西大学学报(哲学社会科学版)》2001 年第 3 期。

法者认为建筑工程承包人的债权利益比其他债权更应当得到保护。但为何承包人的利益应当优先保护，实践中对该问题的讨论较少，大多数文章中都一笔带过，没有进行深入的研究与探讨。然而，准确把握该条的立法目的，对于在司法实践中正确适用以解决纠纷，具有极其重要的意义。

（一）探讨《民法典》第 807 条立法目的之意义

司法实践中，对该条的立法目的的理解，从利益保护的价值取向角度考虑，存在两种不同的观点：

一种观点认为，建设工程价款优先受偿权的立法目的不在于保护承包人，而在于保护承包人背后的建筑工人，其价值取向在于生存利益或弱者利益优先保护；另一种观点认为，该条法律的主要立法目的是保障工程承包人工程价款债权的实现，是法律为保护承包人的利益而特别赋予其的权利。

表面上来看，讨论《民法典》第 807 条的立法目的似乎并无意义，因为无论其立法目的是保护建筑工人的利益还是承包人的利益，都不影响其具体的法律适用。但是，在法院具体适用该条规定时，其实际效用，包括享有该权利的主体、该权利的适用范围，却可能因立法目的是强调保护承包人还是保护建筑工人而产生不同理解，包括：

1. 对可以行使建设工程价款优先受偿权主体的影响。如将该条的立法目的界定为保护建筑工人的工资生存利益，那么，可以行使该权利的主体就应当包括实际施工人，因实际施工人背后所代表的亦是广大建筑工人的利益；如将该条的立法目的界定为保护承包人的利益，则实际施工人不能行使建设工程价款优先受偿权，盖因实际施工人并非建设工程施工合同的承包人。

2. 对建设工程价款优先受偿权涵盖范围的影响。工程款由成本、利润和税金构成。[1] 原《优先受偿权批复》中将此范围限定为“工作人员报酬、材料款等实际支出的费用”，将利润排除在优先受偿的范围之外。作为建筑企业的承包人，其承揽工程的主要目的在于盈利，如果法律旨在保护承包人的利益，那么仅

---

〔1〕 原建设部 1999 年发布的《建设工程施工发包与承包价格管理暂行规定》第 5 条规定：“工程价格由成本（直接成本、间接成本）、利润（酬金）和税金构成。工程价格包括：合同价款、追加合同价款和其他款。”2013 年住建部和财政部发布的《建筑安装工程费用项目组成》第 1 条第 1 项规定：“建筑安装工程费用按费用构成要素组成划分为人工费、材料费、施工机具使用费、企业管理费、利润、规费和税金。”

保护其“实际支出的费用”，而不保护商业利润，似不合常理。但如认为该条立法旨在保护建筑工人的利益，商业利润自然不在优先保护范围。显然，原《优先受偿权批复》认为建设工程价款优先受偿权的立法目的在于保护建筑工人利益。但是在司法解释中规定“承包人建设工程价款优先受偿的范围依照国务院有关行政主管部门关于建设工程价款范围的规定确定”，将承包人的利润纳入优先保护的范围，显然系对承包人利益的保护。

3. 对承包人放弃建设工程价款优先受偿权的效力的影响。如果建设工程价款优先受偿权的立法仅强调对承包人的利益保护，那么承包人对于优先受偿权利的放弃，系其意思自治自由的范围，应为有效；如强调的是对建筑工人的工资利益保护，则又赋予建设工程价款优先受偿权保护弱势群体的意义，承包人的意思自由就应当受到限制。故最高人民法院在司法解释中原则上认可承包人放弃优先受偿顺位的效力，但侵害建筑工人利益的除外。[1]

（二）保护建筑工人利益只是“副产品”

认为建设工程价款优先受偿权的立法目的是保护建筑工人利益的观点，主张因工程款中相当一部分是建筑工人的劳务报酬，涉及建筑工人的生存权益，自然应得到优先保护。但因建筑工人与发包人之间没有合同或劳务关系，无法直接向发包人主张劳务报酬，而只能通过保护承包人的工程款债权以求建筑工人生存权益的满足。

1. 多数司法观点认为立法目的是保护建筑工人利益

“为保护农民工等建筑工人的合法权益”[2]，法律规定了建设工程价款优先受偿权制度，“是为了解决长期以来我国建筑市场上存在的拖欠建设工程价款问题而提出的法律对策”[3]，“该制度的价值取向是保护农民工等建筑工人

---

〔1〕《建设工程司法解释(一)》第42条规定:“发包人与承包人约定放弃或者限制建设工程价款优先受偿权，损害建筑工人利益，发包人根据该约定主张承包人不享有建设工程价款优先受偿权的，人民法院不予支持。”

〔2〕最高人民法院民事审判第一庭编著:《最高人民法院建设工程施工合同司法解释(二)理解与适用》，人民法院出版社2019年版，第465页。

〔3〕最高人民法院民事审判第一庭编著:《最高人民法院建设工程施工合同司法解释(二)理解与适用》，人民法院出版社2019年版，第356页。

的利益，而非对建设工程施工合同的当事人予以特别保护”[1]，“《合同法》第286条赋予承包人此项权利，实质是为保护建筑工人的利益”[2]。浙江省高级人民法院认为，“根据《合同法》、相关司法解释的规定，均包含了优先保护处于弱势群体的建筑企业施工工人工资这一生存权利的理念”[3]。江苏省高级人民法院认为，建设工程价款优先受偿权的“目的在于解决建筑市场长期存在的农民工讨薪难问题”[4]。“建设工程价款优先受偿权的制度设计是从保护承包人的利益，最终保障民工等劳动者生存利益考虑，体现了生存利益优先于经营利益的指导思想，体现了维护社会稳定、维护劳动者权益的政策考量。”[5]重庆市第一中级人民法院则认为，建设工程价款优先受偿权的立法目的在于保护人权，认为其“系基于对生存权的关怀，对生存权赋予高于其他权利的地位，符合人权保护的根本要求”。

一些法院的裁判文书中亦持类似观点。在余某某诉重庆市长寿区第二建筑公司、重庆市豪运房地产开发有限公司建设工程施工合同纠纷案中，法院认为：“建设工程得以建成并实际存在，凝结了建筑工人的劳动，建设工程价款优先受偿权的本意在于解决拖欠工程款问题，保障建筑工人报酬。”[6]在歌山建设集团有限公司诉高德雅特(天津)化工有限责任公司建设工程施工合同纠纷案中，法院认为：“建设工程价款优先受偿的立法目的是保护劳动者的利益，因为在发包人拖欠承包人的工程款中有相当部分是承包人应当支付给工人的工资和其他劳务费用。”[7]在井冈山建设集团有限公司诉沈阳天赢微生物科技有限公司、辽宁天赢生物科技股份有限公司建设工程施工合同纠纷案中，法院认为：“优先受偿权的立法目的是为了解决建筑市场普遍存在的大量拖欠工程款的问题，保护农民工这一弱势群体的需要，作出的一种价值取舍即弱者利益优

---

[1] 程新文、刘敏、谢勇：《〈关于审理建设工程施工合同纠纷案件适用法律问题的解释(二)〉的理解与适用》，载《人民司法》2019年第4期。

[2] 最高人民法院民事审判第一庭编著：《最高人民法院建设工程施工合同司法解释(二)理解与适用》，人民法院出版社2019年版，第464页。

[3] 林一主编：《建设工程施工合同纠纷案件审判实务》，法律出版社2015年版，第294页。(该书由浙江省高级人民法院民事审判第一庭组织省内一线法官撰写而成——笔者注)

[4] 李玉生主编：《建设工程施工合同案件审理指南》，人民法院出版社2019年版，第288页。(该书系江苏省高级人民法院组织省内一线法官撰写的江苏法院类案审理指南丛书——笔者注)

[5] 李后龙、潘军锋：《建设工程价款优先受偿权审判疑难问题研究》，载《法律适用》2016年第10期。

[6] 重庆市高级人民法院民事判决书，(2016)渝民终542号。

[7] 天津市高级人民法院民事判决书，(2017)津民终49号。

先保护。”[1]

2. 保护建筑工人利益并非立法目的

建筑业属于劳动密集型行业,承包人的工程款中有很大一部分是应当支付给建筑工人的工资,因此一个施工企业的背后,往往是众多建筑工人的利益。建筑业吸收了大量进城务工的农民工就业,与之相应而生的,是农民工讨薪难的问题,以及由此引起的各种社会问题。而发包人拖欠工程款,导致承包人无力支付工人工资,被认为是上述问题产生的原因之一。建设工程价款优先受偿权制度保障承包人工程款债权的实现,从而间接保障了农民工等建筑工人的工资权益的实现。因而将保护建筑工人的生存权益作为工程款优先权的立法目的似乎在情理之中。但是将法律的实现效果反推为立法的初衷,反而有张冠李戴之嫌。农民工等建筑工人作为劳动者,其劳动报酬权益的实现,是劳动法立法者最应直接给予的关心。建筑工人工资拖欠问题,最直接的原因是劳动立法的不完善和法律适用过程中的存在问题。而农民工权益保障问题,很大部分是由于历史问题和政策问题导致的,具有一定的阶段性特征。待相应的政策转变和历史遗留问题的解决,农民工的权益保护问题自然迎刃而解。而法律并不会因为阶段性的政策性问题,而单独设置某一条款来保障某个特殊群体的利益,更何况农民工等建筑工人的工资权益问题更应当通过劳动相关的法律法规来保障。

另外,保护承包人的工程款价款债权的实现,能够在多大程度上解决农民工等建筑工人的工资拖欠问题,也需要打上一个大大的问号。承包人向法院主张工程价款优先受偿权,就工程折价或拍卖的价款优先受偿后,该笔工程款直接进入承包人的账户,而承包人是否将该笔款项用于支付工人工资,则完全取决于承包人的选择。如将建设工程价款优先受偿权的立法目的解释为保护建筑工人的利益,承包人作为建筑工人工资支付的义务承担者,法律似乎更应该规范的是承包人如何使用优先受偿的工程款。因而,我们可以说,工程款优先权制度在法律适用过程中,间接起到了缓解或解决农民工等建筑工人的工资拖欠问题的作用,这是法律在适用过程中产生的法律效果,“至多只是承包人优先权的一项副产品”[2],而绝不能将之视为立法目的。

---

[1] 辽宁省高级人民法院民事判决书,(2017)辽民终904号。

[2] 张巍:《建设工程承包人优先受偿权之功能研究》,载《北大法律评论》2005年第2期。

（三）工程款优先权旨在保护承包人利益

在《合同法》（已失效）施行前，建设单位不按合同约定支付甚至恶意拖欠工程款问题十分严重（“据不完全统计，1990 年，全国建筑施工企业被拖欠的工程款为 36 亿元，到 1992 年年底达到 200 亿元，1993 年达到 308 亿元，1995 年超过 600 亿元，据《中国建筑业年鉴》1997 年年底的不完全统计，该年度全国工程拖欠款总额为 3566 亿元。”〔1〕），严重影响了作为国民经济支柱产业的建筑业的健康发展。故有观点认为，建设工程价款优先受偿权之目的在于“强化对承包人的特殊保护，对长期以来难以解决的工程款拖欠问题提供一定的法律保障”〔2〕。“该制度从一开始是为了解决工程款拖欠问题及民工工资拖欠问题，制度出台具有时代烙印和功利色彩。”〔3〕但即使在原《合同法》制定时，社会中不存在拖欠工程款问题，或者拖欠工程款的问题不严重，法律依然需要作出对承包人工程款债权予以特殊保护的规定。

1. 各国法律对承包人均以特殊保护

从最高人民法院的司法解释、裁判文书来看，多认为工程款优先权的立法目的在于保护农民工建筑工人这一弱势群体的生存权益，或是为了解决实践中长期存在的拖欠工程款问题。然而，仅政策性的原因，就在原《合同法》中赋予承包人优先受偿的权利，似乎不太有说服力。不同的国家，政治制度、法律传统和体系不同，但在社会发展过程中遇到的问题则大同小异。在多数国家和地区的法律或判例中，都就施工的建筑工程赋予承包人法定担保，从而保障承包人工程款债权的实现。〔4〕这说明，对承包人工程款债权的特殊保护，并非出于某一国家遇到的特殊情况或政策而作出的特别规定，而是具有理论和实践的普适性的基础原因。我国在制定原《合同法》时，亦参考了其他国家和地区的立法例，从而赋予了承包人建设工程价款优先受偿权。

“农民工”欠薪以及讨薪难问题是我国特殊国情下出现的问题，主要原因在

---

〔1〕 张国香、孙贤程：《工程款拖欠引发法律思考》，载《人民法院报》2001 年 7 月 28 日，第 7 版。

〔2〕 王勇：《建设工程施工合同纠纷实务解析》，法律出版社 2017 年版，第 354 页。

〔3〕 孙科峰、杨遂全：《建设工程优先受偿权主体的争议与探究——〈合同法〉第 286 条之分析》，载《河北法学》2013 年第 6 期。

〔4〕 如《德国民法典》第 648 条规定，建筑工程的承揽人可以要求定作人让与建筑用地的保全抵押权；《法国民法典》第 2103 条规定，承包人对工程不动产有优先权；《日本民法典》第 325 条规定，对不动产工事产生的债权在债务人的特定不动产上有先取特权。

于，绝大多数农民工等建筑工人并未与建筑企业建立劳动关系，加上建筑市场层层转包、违法分包、挂靠施工等违法乱象层出不穷，农民工等建筑工人的利益根本无法得到切实保障。实践中长期存在的拖欠工程款问题，则与我国建筑市场"僧多粥少"、供需失衡有直接的关系。在法律相对完善、建筑市场相对规范的国家中，很少出现上述问题，但这些国家的法律仍然对建筑工程承包人的工程款债权予以特殊保护。可见，无论是保护建筑工人等弱势群体的利益，还是解决拖欠工程款的问题，都不能成为建设工程价款优先受偿权的直接立法目的。

2. 与留置权立法目的的比较考察

建设工程价款优先受偿权与留置权同属法定的担保方式，虽然在我国担保法体系中留置权仅适用于动产，但不可否认两者存在很多相似的地方。故在理解工程款优先权的立法目的时，应将留置权的立法目的进行对比考察。

根据法律规定，对于因保管合同、运输合同、加工承揽合同发生的债权，法律赋予债权人以留置权。抵押权或质权，通常是当事人因借款或贷款等融资需要而约定的，所担保的一般为经营利益，属于一般的债权利益。而留置权多因保管、运输、加工承揽关系所产生，所担保的债权一般具有工资或劳动报酬，甚至是共有物的性质，而"工资具有绝对神圣性，必须特予保护，始足实现社会正义"。[1] 且"依劳工法之发展趋势而言，凡处于从属地位为他人服务者，就其工资及类似之债权，于雇主破产时均享有最优先之受偿权"。[2] 同时，在加工承揽合同中，定作物已加入了承揽人的劳动价值，从一定意义上说，定作物是定作人与承揽人的共有物。若赋予抵押权优先的效力，就等于承揽人代替定作人向抵押权人承担责任，这显然不合理。[3] 故在立法时，对承揽合同的承包人予以特别保护。

对于留置权的优先效力，根据《民法典》第 456 条的规定，同一动产上已设立抵押权或者质权，该动产又被留置的，留置权人优先受偿。之所以这样规定，

〔1〕 王泽鉴：《民法学说与判例研究》（第 2 册），中国政法大学出版社 1998 年版，第 351 页。

〔2〕 王泽鉴：《民法学说与判例研究》（第 1 册），中国政法大学出版社 1998 年版，第 515 页。

〔3〕 参见最高人民法院物权法研究小组编著：《〈中华人民共和国物权法〉条文理解与适用》，人民法院出版社 2007 年版，第 692 页。

在于留置权属于费用型担保物权[1],质权和抵押权属于融资型担保物权[2],而费用型担保物权优先于融资型担保物权[3]。盖因费用型担保物权所担保的债权是为保存或增加标的物的价值而发生的,是融资型担保物权所担保的债权的基础,所以法律赋予其特别保护的优先受偿效力。

建设工程施工合同属于特殊的承揽合同,合同的标的是不动产,根据《民法典》第447条的规定,留置的对象仅限于动产,故建设工程施工合同的承包人不能对其承建的工程行使留置权。但从本质上看,建设工程施工合同仍然是一种承揽关系,如果在一般的承揽中,动产的承揽人可以享有优先于抵押权的留置权[4],那么在建设工程承包中,也应当赋予承包人对发包人的工程款债权优先于抵押权及其他债权受偿的权利。但如果不赋予承包人以优先受偿的权利,使得工程款债权与普通债权一样后于抵押权受偿,则会造成承包人的实质不公平。

3. 建设工程价款优先受偿权旨在保障承包人工程款债权的实现

建设工程的施工是承包人将建筑材料和劳力物化到建筑物的过程,正是由于承包人的施工,创造或增加了建筑物的价值,使得发包人的责任财产增加,其他债权人方有就该建筑物实现债权的可能性。从这个角度来说,建设工程价款优先受偿权与留置权一样,均属于费用型担保物权,承包人的工程款债权系基于增加建筑物的价值而发生的,是其他债权人能否就该建筑物受偿的基础,故法律对承包人的工程款债权予以特殊保护,对其他债权人而言并无不公。同时,“建设工程是靠承包人付出劳动和垫付资金建筑的,如果允许约定抵押权优先行使,则无异于以承包人的资金清偿发包人的债务,等于发包人将自己的欠债转嫁给属于第三人的承包人,违背公平及诚实信用原则。”[5]故工程款优先权事实上就是将承包人的工程款作为一种特种债权而保证其优先受偿和实现。[6]

---

〔1〕 费用型担保物权,是指依据法律规定为担保因保存或增加标的物的价值所发生的费用而产生的担保物权。

〔2〕 融资型担保物权,是指为担保融资而设立的担保物权。

〔3〕 参见傅鼎生著,吴一鸣整理:《傅鼎生讲物权法》,上海人民出版社2017年版,第11页。

〔4〕 参见汪治平:《建设工程价款优先受偿权的若干问题》,载《人民司法》2002年第8期。

〔5〕 梁慧星:《合同法第二百八十六条的权利性质及其适用》,载《山西大学学报(哲学社会科学版)》2001年第3期。

〔6〕 参见李同民:《试论建筑工程优先受偿权的性质》,载《山东审判》2004年第4期。

从《民法典》第807条的条文本身来看,规定的是承包人在发包人未按约定支付工程款时,其对发包人享有的建设工程价款债权可以就工程折价或拍卖的价款优先受偿,体现的均是对承包人利益的特殊保护,并未涉及保护建筑工人利益的问题。在1999年《合同法》(已失效)施行后,全国人大常委会法制工作委员会作出的两个版本的“准立法解释”[1]中,均指出原《合同法》第286条旨在“保障承包人价款债权的实现”。[2]

建筑业是我国国民经济的支柱性产业,且建筑施工本身是一种增加社会财富的行为,对承包人的保护亦是对建筑行业的保护。通常情况下,发包人出于资金的短缺,会选择将在建工程抵押给银行或其他金融机构,以获得贷款来满足融资需要。因而,就同一建设工程,承包人和银行均对发包人享有债权,银行基于抵押权可以优先于普通债权受偿。但一个工程拍卖后的价款,在满足银行的贷款债权后,往往所剩无几。若不赋予承包人以优先权,承包人的工程款债权将完全落空。建筑业本身即属于薄利行业,未付工程款中大部分属于承包人垫付款、未付清的材料款和建筑工人劳务工资,利润仅占很小的部分。对于规模较小的建筑企业,一个工程项目的亏损,可能造成整个企业的其他工程项目无法正常运作,进而导致企业的破产。而建筑企业破产会导致其承建的所有工程停工,且影响其他所有与之有业务往来的材料、设备供应企业的经营。故法律对承包人的特殊保护,亦是出于保障我国建筑业健康有序发展和避免社会财富、资源浪费的政策性考量。正如梁慧星教授所言,“承包人法定抵押权,是法律为保护承包人的利益而特别赋予的权利,具有保护劳动者利益和鼓励建筑、创造社会财富的目的。”[3]

---

[1] 依据宪法,正式的立法解释须经全国人大常委会作出。此处从实务观点出发,将全国人大常委会法制工作委员会的解释作为一种准立法解释。参见张巍:《建设工程承包人优先受偿权之功能研究》,载《北大法律评论》2005年第7卷第1辑。

[2] 参见全国人大法工委研究室编写组:《中华人民共和国合同法释义》,人民法院出版社1999年版,第421页;胡康生主编:《中华人民共和国合同法释义》,法律出版社1999年版,第439页。(胡康生时任全国人大常委会法制工作委员会副主任——笔者注)。

[3] 梁慧星:《合同法第二百八十六条的权力性质及其适用》,载《山西大学学报(哲学社会科学版)》2001年第3期。

第二节　建设工程价款优先受偿权的范围

《民法典》第807条规定，建设工程的价款就该工程折价或者拍卖的价款优先受偿，因此要确定建设工程价款优先受偿的范围，必须要准确理解“建设工程的价款”。根据《建设工程司法解释（一）》第40条的规定，承包人建设工程价款优先受偿的范围依照国务院有关行政主管部门关于建设工程价款范围的规定确定。发包人逾期支付工程价款的利息、违约金，以及应向承包人支付的损害赔偿金等，不在优先受偿范围内。

一、优先受偿的范围限于工程价款

原建设部于1999年发布的《建设工程施工发包与承包价格管理暂行规定》第5条规定：“工程价格由成本（直接成本、间接成本）、利润（酬金）和税金构成。工程价格包括：合同价款、追加合同价款和其他款项。”2013年住建部和财政部发布的《建筑安装工程费用项目组成》第1条第1项即指出：“建筑安装工程费用项目按费用构成要素组成划分为人工费、材料费、施工机具使用费、企业管理费、利润、规费和税金。”但2002年发布的原《优先受偿权批复》第3条对工程款优先权的范围作了规定，“建筑工程价款包括承包人为建设工程应当支付的工作人员报酬、材料款等实际支出的费用，不包括承包人因发包人违约所造成的损失。”最高人民法院对此的解释是，根据法律设立建设工程价款优先受偿权制度的本意，将建设工程价款优先受偿权的范围限定为承包人为建设工程应当支付的工作人员报酬、材料款等实际支出的费用，有利于进一步平衡各方当事人的权益。[1]

但原《优先受偿权批复》规定的优先受偿的范围过于狭窄。法律规定“建设工程的价款就该工程折价或者拍卖的价款优先受偿”，明确了优先受偿的效力范围及于“建设工程的价款”。原《优先受偿权批复》将之限定为“承包人为建设工程应当支付的人员报酬、材料款等实际支出的费用”，从而将利润、规费、税

---

〔1〕 参见最高人民法院民事审判第一庭编著：《最高人民法院建设工程施工合同司法解释（二）理解与适用》，人民法院出版社2019年版，第429页。

金等其他应属建设工程组成部分的费用排除在外。司法解释是最高人民法院在适用法律过程中对具体应用法律问题所作的解释,其解释的对象实际上是法律条文,而不是概念表述中的法律规范,故解释不宜过于突破原条文的规定。在法律明确优先受偿权范围及于所有建设工程价款,且行政主管部门对建设工程价款范围存在明确规定的情况下,原《优先受偿权批复》不应对建设工程价款的范围作进一步限定。因此,司法裁判中适用该条批复的案例较少,多数法官认为,从建设工程价款优先受偿权保护的法益看,主要系保障工程款债权的实现,故承包人因发包人违约所产生的损失不应纳入建设工程价款优先受偿权的范围,但工程价款应涵盖承包人就其完成的工程成果所产生的所有费用,包括直接费、间接费、利润、税金等。[1] 基于此,在 2019 年发布的原《建设工程司法解释(二)》第 21 条第 1 款规定,承包人建设工程价款优先受偿的范围依照国务院有关行政主管部门关于建设工程价款范围的规定确定,建设工程的价款不仅包括承包人为建设工程应当支付的工作人员报酬、材料款等实际支出的费用,还应当包括施工机具使用费、企业管理费、利润、规费和税金等。同时需要注意的是,如果以后国务院有关行政主管部门关于建设工程价款范围的规定发生了变化,则建设工程价款优先受偿权的范围也相应变化。2021 年发布的《建设工程司法解释(一)》第 40 条沿用了上述规定。

二、利息、违约金等不属于优先受偿的范围

《建设工程司法解释(一)》第 40 条第 2 款规定:"承包人就逾期支付建设工程价款的利息、违约金、损害赔偿金等主张优先受偿权的,人民法院不予支持。"明确了发包人逾期支付工程款的利息,应向承包人支付的违约金、损害赔偿金等,不属于优先受偿的范围。该条规定沿袭了原《建设工程司法解释(二)》第 21 条的规定,在此之前,原《优先受偿权批复》第 3 条也明确了优先受偿权的范围不包括"因发包人违约所造成的损失"。对于因发包人违约产生的违约金、损害赔偿金等不在优先受偿范围内,一直以来均不存在争议。但司法实践中,对于发包人逾期支付工程款的利息是否在优先受偿的范围内,存在较大争议。

---

〔1〕 参见李后龙、潘军锋:《建设工程价款优先受偿权审判疑难问题研究》,载《法律适用》2016 年第 10 期。

一种意见认为,利息属于优先受偿的范围,如河北省高级人民法院 2018 年发布的《建设工程施工合同案件审理指南》第 34 条规定:"利息属于工程价款的法定孳息,承包人主张未付工程价款利息属于工程价款属于优先受偿权范围的,应予支持。"在许某某诉宁夏新月建筑有限公司第十分公司、宁夏新月建筑有限公司、宁夏土木基业房地产开发有限公司建设工程施工合同纠纷案中,法院认为:"工程款利息属于法定孳息,是基于承包人实际支出的费用而产生的孳息,与工程款本为一体,理应属于优先权的受偿范围。"[1]

另一种意见认为,利息不属于优先受偿的范围,如江苏省高级人民法院 2018 年发布的《关于审理建设工程施工合同纠纷案件若干问题的解答》(已失效)第 17 条规定:"承包人主张将工程款利息纳入建设工程价款优先受偿权范围的,不予支持。"浙江省高级人民法院 2012 年发布的《执行中处理建设工程价款优先受偿权有关问题的解答》第 3 条规定:"工程价款的利息不在优先受偿范围内。"在江苏广宇建设集团有限公司诉江苏汇银典当有限公司、江苏国宇高科通信技术有限公司建设工程施工合同纠纷案中,法院认为:"建设工程价款包括承包人为建设工程应当支付的工作人员报酬、材料款等实际支出的费用,不包括因发包人违约所造成的损失。承包人所主张的欠付工程款利息实际属于因发包人违约所造成的损失,不属于建筑工程价款的范畴,故不应当享有优先受偿权。"[2]在浙江申泰建设有限公司诉台州万邦置业有限公司建设工程施工合同纠纷案中,法院认为:"工程价款的利息及履约保证金不在优先受偿的范围之内。"[3]

最高人民法院在司法解释中确定了发包人逾期支付工程价款的利息不属于承包人优先受偿的范围,主要理由是,建设工程价款优先受偿权不仅对发包人的利益影响巨大,对抵押权人等第三方的利益也有较大影响。在坚持工程款优先权立法精神的同时,也应做好各方当事人的利益平衡。既然为了保护建筑工人的利益,从减少诉讼成本和便于操作考虑,已经将承包人的利润纳入建设工程价款优先受偿权的保护范围,不宜再将逾期支付工程价款的利息纳入建设工程价款优先受偿权的保护范围。这也体现了司法解释保护弱者与坚持利益

---

[1] 宁夏回族自治区高级人民法院民事判决书,(2016)宁民终 281 号。

[2] 江苏省高级人民法院民事判决书,(2015)苏民终字第 527 号。

[3] 浙江省高级人民法院民事判决书,(2016)浙民终 308 号。

平衡的原则。[1]

除此之外，最根本的原因是，法律规定建设工程价款优先受偿权的目的是保护承包人工程款债权，而发包人逾期支付工程款的利息不属于建设工程价款的范围，自然不应受到特殊保护。法律赋予承包人对其工程款可以就建设工程折价或者拍卖的价款优先受偿的权利，且建设工程价款优先受偿权的受偿顺序优先于抵押权和其他债权的情况下，肯定会影响发包人的债权人、建设工程的抵押权人的债权的实现，因此，对于优先受偿权的保护范围应当进行限制，不应扩大适用，否则将导致各方利益的失衡。

三、履约保证金不属于优先受偿的范围

在签订建设工程施工合同时，如发包人要求承包人提供履约担保，由合同当事人在专用条款中约定履约担保的方式、金额及期限等。承包人提供履约担保包括现金担保、银行保函或担保公司担保等形式。根据《招标投标法实施条例》第58条的规定，履约保证金不得超过中标合同金额的10%。为减轻建筑企业的负担，国务院在2016年发布的《关于清理规范工程建设领域保证金的通知》中，明确要求转变保证金缴纳方式，建筑企业可以以银行保函方式缴纳履约保证金。目前工程项目的履约担保，承包人多是通过保函的方式提供。但在以往的工程项目中，以现金方式缴纳履约保证金的居多。

目前实务中对于履约保证金不属于建设工程价款优先受偿的范围这一认定，基本没有争议。如四川省高级人民法院2015年发布的《关于审理建设工程施工合同纠纷案件若干疑难问题的解答》第38条规定，承包人支付的履约保证金不属于优先受偿范围。在商丘市天宏建筑工程有限责任公司诉河南省商丘市宏发实业有限公司、第三人商丘市华商农村商业银行股份有限公司建设工程施工合同纠纷案中，法院认为："本案天宏建筑公司支付的20万元押金属于合同履约保证金，是承包人为担保合同的履行而向发包人支付的一种保证金，属于一般的债权债务关系，故该20万元及利息不属于建设工程价款优先受偿的范围。"[2]

---

〔1〕参见最高人民法院民事审判第一庭编著：《最高人民法院建设工程施工合同司法解释（二）理解与适用》，人民法院出版社2019年版，第434页。

〔2〕河南省商丘市中级人民法院民事判决书，（2013）商民再终字第17号。

如前文所言,《民法典》第 807 条规定"建设工程的价款就该工程折价或者拍卖的价款优先受偿",即优先受偿的范围仅限于"建设工程的价款",是发包人因承包人履行施工合同约定的工程建设义务而向其支付的对价。而履约保证金,系承包人向发包人提供的保证履行合同的担保,且在工程施工前即须提供,其性质属于担保金,并非"建设工程的价款",因而不属于建设工程价款优先受偿权的范围。

四、质量保证金不属于优先受偿的范围

建设工程质量保证金,是指发包人与承包人在建设工程承包合同中约定,从应付工程款中预留,用以保证承包人在缺陷责任期内对建设工程出现的缺陷进行维修的资金。对于质量保证金是否属于优先受偿的范围,实务中存在分歧,主要争议点在于质保金是否属于工程价款的一部分。

一种观点认为,质量保证金不享有优先受偿权,理由是质量保证金作为发包人与承包人协商确定用以担保工程施工质量的保证金,不能再作为承包人的工程款纳入优先受偿的效力范围。[1] 如四川省高级人民法院 2015 年发布的《关于审理建设工程施工合同纠纷案件若干疑难问题的解答》第 38 条规定,承包人支付的工程质量保证金不属于优先受偿范围。也有观点认为,不满足退还条件的建设工程质量保证金,不能享有优先受偿权。在江西省祥云建设工程有限公司诉会昌县富兴房地产开发有限公司建设工程施工合同纠纷案中,法院认为:"其虽然来源于工程价款,但性质已经转化为工程质量保证金。尚不符合退还条件的工程质量保证金,不属于建设工程价款优先受偿权范围。"[2]

另一种观点认为,质量保证金享有优先受偿权,理由是质量保证金属于工程价款的一部分,应在建设工程价款优先受偿权的保护范围之内。[3] 在建设工程质量合格的情况下,发包人应当向承包人支付全部建设工程价款。从建设工

〔1〕 参见王旭光:《建设工程优先受偿权制度研究——〈合同法〉第 286 条的理论与实务》,人民法院出版社 2010 年版,第 174 ~ 175 页。

〔2〕 江西省高级人民法院民事判决书,(2019)赣民终 23 号。

〔3〕 参见浙江中成建工集团有限公司诉天津万炬电子产业投资有限公司建设工程施工合同纠纷案,最高人民法院(2018)最高法民终 638 号民事判决书;中启胶建集团有限公司诉青岛北斗星空电子科技有限公司建设工程施工合同纠纷案,山东省高级人民法院(2017)鲁民终 1717 号民事判决书;舜元建设(集团)有限公司诉安徽欧蓓莎置业有限公司建设工程施工合同纠纷案,安徽省亳州市中级人民法院(2020)皖 16 民终 1364 号民事判决书。

程价款中预扣的工程质量保证金，本质上仍属于建设工程价款的一部分，只是为了确保建设工程质量，合同约定或者法律规定了缺陷责任期。从某种意义上讲，返还建设工程价款中预扣的工程质量保证金可视为附期限的工程价款支付义务。该期限即为合同约定或者法律规定的缺陷责任期。因此，发包人从建设工程价款中预扣的工程质量保证金，可就建设工程折价或者拍卖的价款优先受偿。[1]

施工合同中对于合同价款支付的约定，通常是“结算完成支付至结算价的97%，剩余3%作为质量保证金，待缺陷责任期满后返还。”根据《质量保证金管理办法》第10条、第11条的规定，缺陷责任期满后，承包人向发包人申请返还质量保证金。需要注意的是，对于工程款，所使用的应当是“支付”，而对于保证金才使用“返还”。而预留一定比例的工程款作为质量保证金，与银行保函同为承包人提供质量保证金的方式，本身应该是与履约保证金一样由承包人另行缴纳，只是为了便于处理，直接从工程结算款中预留，将该比例的工程款抵作质量保证金。也就是说，“预留”的含义，是包含了（或者说是省略了）发包人支付工程款给承包人，承包人再缴纳质量保证金的过程，即应当视为发包人已经完成了全部工程款的支付义务。发包人所预留的质量保证金，虽然从形式上来看是一定比例的工程款，但实质上这个比例只是为了确定质保金的具体数额，而不可以直接认为质量保证金系工程款的一部分。从这个角度来看，质量保证金和履约保证金一样，均不属于工程价款，而不能享有优先受偿权。

司法实践中，多数法院认可质量保证金享有优先受偿权，从保护承包人工程款权益的角度来看是可以理解的，但在最终判决的表述上多存在问题。从便于执行的角度，法院对于优先受偿权的判决需要明确具体的数额，而不能笼统判决承包人享有优先受偿权。但对于质量保证金，如果存在承包人原因造成质量缺陷且承包人拒绝维修的情形，发包人会从质量保证金中扣除该部分费用，最终得以返还的质量保证金可能就会少于预留的质量保证金数额。如果法院就全部质量保证金判决了优先受偿权，则会出现缺陷责任期满后承包人可以退还的质量保证金少于判决数额的情况。这些问题，在法院处理此类案件时均应当予以考虑。

---

〔1〕 参见最高人民法院民事审判第一庭编著：《最高人民法院新建设工程施工合同司法解释（一）理解与适用》，人民法院出版社2021年版，第417页。

第三节　建设工程价款优先受偿权的行使主体

《民法典》第 807 条规定:“发包人未按照约定支付工程价款的,承包人可以催告发包人在合理期限内支付价款。发包人逾期不支付的,除按照建设工程的性质不宜折价、拍卖的外,承包人可以与发包人协议将该工程折价,也可以请求人民法院将该工程依法拍卖。建设工程的价款就该工程折价或者拍卖的价款优先受偿。”根据该条规定,享有建设工程价款优先受偿权的主体是“承包人”。但实务中,对于能够行使优先受偿权的主体仍然存在不少争议。

一、限于与发包人订立施工合同的承包人

《建设工程司法解释(一)》第 35 条规定:“与发包人订立建设工程施工合同的承包人,根据民法典第八百零七条的规定请求其承建工程的价款就工程折价或者拍卖的价款优先受偿的,人民法院应予支持。”从而明确了“与发包人订立建设工程施工合同的承包人”享有建设工程价款优先受偿权,作为设计合同、勘察合同承包人的勘察人和设计人,以及与承包人签订分包合同的分包人,都不享有建设工程价款优先受偿权。

从法律性质上看,建设工程优先受偿权具有特殊担保物权的属性,法律直接赋予它无须登记、无须占有,即优先于抵押债权、普通债权受偿的效力。承包人因承揽建设施工而就建筑物直接支配其交换价值,基于承包人的劳动已经物化在建筑当中,承包人具有优先于建筑物上的抵押权人和其他债权人的权利。从这一点上来说,建设工程优先受偿权只能是承包人享有。

(一)无效合同承包人享有工程优先受偿权

《民法典》第 799 条规定,建设工程竣工验收合格的,发包人应当按约定支付价款。根据《民法典》第 793 条的规定,建设工程验收不合格,承包人请求参照合同关于工程价款的约定折价补偿的,不予支持。建设工程质量合格是发包人支付工程价款的前提。《民法典》第 807 条规定了建设工程价款优先受偿权制度,该制度以承包人对发包人享有建设工程价款请求权为基础。如果建设工程质量不合格,发包人有权拒绝支付工程款,承包人要求发包人支付工程价款

的主张得不到支持，建设工程价款优先受偿权也就无从谈起。故建设工程质量合格，是承包人享有建设工程价款优先受偿权的首要前提。

因《民法典》第807条未规定建设工程施工合同的效力是否影响承包人享有优先受偿权，故实践中对该问题存在较大争议。江苏省高级人民法院和广东省高级人民法院对该问题的观点都经历了从"否定"到"肯定"的过程。江苏省高级人民法院2010年发布的《建设工程施工合同案件审理指南》第5条第9项和广东省高级人民法院2004年发布的《关于在审判工作中如何适用〈合同法〉第286条的指导意见》（已失效）第7条都规定，建设工程合同无效，承包人主张建设工程价款优先受偿权的，法院不予支持。但江苏省高级人民法院2018年发布的《关于审理建设工程施工合同纠纷案件若干问题的解答》（已失效）第15条规定："建设工程价款优先受偿权不受建设工程施工合同效力的影响。建设工程施工合同无效，承包人仍然享有建设工程价款优先受偿权。"广东省高级人民法院2017年发布的《关于审理建设工程合同纠纷案件疑难问题的解答》（已失效）第13条也作如此规定："建设工程施工合同无效，但工程质量合格的，发包人仅以施工合同无效为由主张承包人无权主张工程价款优先受偿权的，不予支持。"河北省高级人民法院、浙江省高级人民法院亦持此观点。[1]

对此，依据《民法典》第793条的规定，建设工程施工合同无效的，承包人依然可以请求参照合同关于工程价款的约定进行折价补偿。而无效补偿，本身即意味着承包人就其施工的建设工程对发包人享有债权。建设工程价款优先受偿权的权利基础源于建设工程价款债权，在合同无效不影响承包人工程款债权的情况下，其亦不影响承包人建设工程价款优先受偿权的行使。只要行使主体是"与发包人订立建设工程施工合同的承包人"，且建设工程质量验收合格的，即享有建设工程价款优先受偿权。这既符合建设工程价款优先受偿权制度设计的目的，也兼顾了承包人的人力、物力、财力已经物化于建筑工程的实际情况，应尽可能保护该种权利。[2] 施工合同无效不影响承包人行使建设工程价款

---

〔1〕河北省高级人民法院2018年发布的《建设工程施工合同案件审理指南》第33条规定："建设工程施工合同无效，但建设工程质量合格，承包人主张建设工程价款就该工程折价或拍卖的价款优先受偿的，人民法院应予以支持。"浙江省高级人民法院民一庭2012年发布的《关于审理件建设工程施工合同纠纷案件若干疑难问题的解答》第22条规定："建设工程施工合同无效，但工程经竣工验收合格，承包人可以主张工程价款优先受偿权。"

〔2〕参见李后龙、潘军锋：《建设工程价款优先受偿权审判疑难问题研究》，载《法律适用》2016年第10期。

优先受偿权。

(二)未竣工工程承包人可以行使优先受偿权

《民法典》第807条规定了建设工程价款优先受偿权制度,但对于折价或拍卖的建设工程是否应当竣工未作出明确规定。2002年最高人民法院发布的原《优先受偿权批复》第4条规定:“建设工程承包人行使优先权的期限为六个月,自建设工程竣工之日或者建设工程合同约定的竣工之日起计算。”因此,即有观点认为,竣工是行使承包人优先权的一项先决条件。[1] “建设工程若未竣工,则不发生法定抵押权。建设工程未竣工而中途解除建设工程合同的情形,亦不发生法定抵押权。”[2]有观点虽然认为“承包人的优先受偿权只能在工程竣工后才能行使是不符合实际情况的,如果将承包人的优先受偿权仅限于已竣工的工程,则不利于保护承包人的合法权益”[3],但同时认为“工程停工以后、约定的竣工日期到来之前,承包人是不能行使优先权的”。[4]

建设工程的竣工验收,是指建设工程已经按照设计要求完成全部工作任务,准备交付给发包人投入使用时,由发包人或者有关主管部门依照国家关于建设工程竣工验收制度的规定,对该项工程是否合乎设计要求和工程质量标准所进行的检查、考核工作。建设工程的竣工验收是工程建设全过程的最后一道程序,是对工程质量实行控制的最后一个环节,也是发包人支付工程余款的前提条件[5],但并非所有工程款的支付条件。建设工程价款一般包括预付款、进度款、结算款和最终结清款,在建设工程竣工验收之前,发包人依然有向承包人支付工程价款的义务。但并非所有工程都会顺利施工至竣工验收的最后程序,在建设工程施工合同履行过程中,可能会出现各种发包人或承包人的原因导致合同无法继续履行,进而解除合同的情形。依据《民法典》第566条的规定,合同解除后,已经履行的,根据履行情况和合同性质,当事人可以要求恢复原状或者采取其他补救措施,并有权请求赔偿损失。在建设工程施工合同中,合同虽

---

〔1〕 参见叶安东:《谁来行使优先受偿权?——也谈建设工程价款优先受偿权》,载《中国律师》2004年第8期。

〔2〕 梁慧星:《合同法第二百八十六条的权利性质及其适用》,载《山西大学学报(哲学社会科学版)》2001年第3期。

〔3〕 汪治平:《建设工程价款优先受偿权的若干问题》,载《人民司法》2002年第8期。

〔4〕 汪治平:《建设工程价款优先受偿权的若干问题》,载《人民司法》2002年第8期。

〔5〕 参见王勇:《建设工程施工合同纠纷实务解析》,法律出版社2017年版,第279页。

然被解除,但承包人在施工过程中将劳力、物力、财力都物化于建筑物当中,只要建设工程质量合格,承包人即有权向发包人主张工程价款。

倘若以竣工为先决条件,那么假使发包人在此之前未能按约支付工程款,承包人就必须自行垫资完成工程,以满足“竣工”之条件[1]。既然承包人优先权是对工程款债权的担保,那么在每期工程款到期时,无论工程是否竣工,承包人都应该可以行使该权利。[2] 否则如发包人未能按照合同约定支付进度款,承包人要行使优先受偿权,只能等待工程竣工,对承包人而言极为不公,也不符合《民法典》第807条的立法本意。

根据《民法典》第806条的规定,建设工程施工合同解除后,已经完成的建设工程质量合格的,发包人应当按照约定支付相应的工程价款。而承包人享有建设工程价款优先受偿权的基础在于对发包人存在建设工程价款的给付请求权,故施工合同解除后,在工程无法进行竣工验收的情况下,只要已完工程质量合格,承包人亦可以对其建设工程价款就所承建的工程折价或拍卖的价款优先受偿。同时,现代民法理论已经将未完成的工程视为具备物的独立性特征,将未竣工工程列入了物权客体[3]。《民法典》第395条第5项[4]的规定认可了在建工程可以抵押。因而,未竣工工程有其独立的价值,具备行使建设工程价款优先受偿权,进行折价或拍卖的条件。因此,《建设工程司法解释(一)》第39条规定:“未竣工的建设工程质量合格,承包人请求其承建工程的价款就其承建工程部分折价或者拍卖的价款优先受偿的,人民法院应予支持。”

二、实际施工人不享有优先受偿权

在原《建设工程司法解释(二)》发布之前,虽然最高人民法院2011年发布的《全国民事审判工作会议纪要》第29条明确了实际施工人不享有建设工程价

---

〔1〕参见张巍:《建设工程承包人优先受偿权之功能研究》,载《北大法律评论》2005年第7卷第1辑。

〔2〕参见叶安东:《谁来行使优先受偿权?——也谈建设工程价款优先受偿权》,载《中国律师》2004年第8期。

〔3〕参见最高人民法院民事审判第一庭编著:《最高人民法院建设工程施工合同司法解释(二)理解与适用》,人民法院出版社2019年版,第416页。

〔4〕《民法典》第395条规定:“债务人或者第三人有权处分的下列财产可以抵押:(一)建筑物和其他土地附着物;(二)建设用地使用权;(三)海域使用权;(四)生产设备、原材料、半成品、产品;(五)正在建造的建筑物、船舶、航空器;(六)交通运输工具;(七)法律、行政法规未禁止抵押的其他财产。抵押人可以将前款所列财产一并抵押。”

款优先受偿权，规定"因违法分包、转包等导致建设工程合同无效的，实际施工人请求依据合同法第二百八十六条规定对建设工程行使优先受偿权的，不予支持。"但最高人民法院在其后的一些判决中仍然支持了实际施工人对建设工程行使优先受偿权的主张，例如，在福建省土木建设实业有限公司、福建省土木建设实业有限公司深圳分公司诉沙伯基础创新塑料（中国）有限公司、三星工程有限公司建设工程施工合同纠纷案中，法院认为："实际施工人以发包人为被告主张权利的，发包人在欠付工程价款范围内对实际施工人承担责任，且实际施工人享有工程价款优先受偿权。"[1] 又如，在杨某某诉青岛昶德建设集团有限公司、青岛泰隆商业广场有限公司建设工程施工合同纠纷案中，法院指出："昶德公司将涉案工程项目分包给了杨某某施工，双方构成事实上的劳务分包合同关系，杨某某实际对涉案工程进行了施工，其主张相应的工程价款及优先权，并不违反《中华人民共和国合同法》第二百八十六条以及《最高人民法院关于审理建设工程施工合同纠纷案件适用法律问题的解释》第二十六条的规定。"[2]

在各地高级人民法院发布的司法文件中，对于实际施工人是否享有优先受偿权的问题，基本都认定实际施工人在一定条件下可以行使优先受偿权。江苏省高级人民法院 2010 年发布的《建设工程施工合同案件审理指南》第 5 条第 9 项规定，建设工程施工合同无效的，承包人或实际施工人主张建设工程价款优先受偿权的，法院不予支持。但江苏省高级人民法院在 2018 年发布的《关于审理建设工程施工合同纠纷案件若干问题的解答》（已失效）第 16 条改变了之前的立场，规定实际施工人在一定条件下享有优先受偿权，即实际施工人在总承包人或转包人不主张或者怠于行使工程价款优先受偿权时，实际施工人就其承建的工程在发包人欠付工程价款范围内可以主张优先受偿权。安徽省高级人民法院 2009 年发布的《关于审理建设工程施工合同纠纷案件适用法律问题的指导意见》第 18 条、浙江省高级人民法院民事审判第一庭 2012 年发布的《关于审理建设工程施工合同纠纷案件若干疑难问题的解答》第 22 条、河北省高级人民法院 2018 年发布的《建设工程施工合同案件审理指南》第 33 条都作了类似规定。实践中的观点认为，建设工程价款优先受偿权系归属于承包人的权利，因此原则上只能由承包人享有建设工程价款优先受偿权。但司法解释赋予了

---

[1] 最高人民法院民事裁定书，(2013)民申字第 39 号。

[2] 最高人民法院民事裁定书，(2017)最高法民申 4000 号。

实际施工人突破合同相对性向发包人主张欠付工程款的权利,故承包人怠于行使工程款债权以及主张建设工程价款优先受偿权的,实际施工人可以代位行使建设工程价款优先受偿权。[1]

上述法院的判决或司法文件支持实际施工人享有建设工程价款优先受偿权,理由主要有以下几种:

第一种,实际施工人突破合同相对性原理。既然司法解释规定实际施工人可以突破合同相对性向发包人主张工程款权利,其自然可以主张作为工程款债权的从权利的优先受偿权。在沃某某诉江苏新秀置业有限公司、江苏水北建设工程有限公司、江苏山和投资发展有限公司、刘某建设工程施工合同纠纷案中,法院认为:"司法解释的规定实际上突破了合同相对性原则,在发包人欠付承包人工程款时赋予了实际施工人直接向发包人主张工程款债权的权利。既然实际施工人可以向发包人主张工程款债权,作为担保债务履行方式之一的工程价款优先受偿权,当然可以对实际施工人适用,只要实际施工人所主张的工程款不超过发包人拖欠承包人的工程款数额。如果不允许实际施工人行使优先受偿权,则在发包人拖欠工程款,承包人无力支付工程款但又怠于行使优先受偿权时,由于优先受偿权并非债权,实际施工人也无法通过代位权行使该项权利,这将最终导致实际施工人的工程款债权无法实现,显然与建设工程价款优先受偿权立法初衷相违背。"[2]

第二种,解决拖欠工程款的目的。由于工程价款优先受偿权主是为了解决拖欠工程款所设立,实际施工人作为实际完成工程的主体,是工程价款的实际权利人,应当享有优先受偿权。在余某某诉重庆市长寿区第二建筑公司、重庆市豪运房地产开发有限公司建设工程施工合同纠纷案中,法院认为:"建设工程得以建成并实际存在,凝结了建筑工人的劳动,建设工程价款优先受偿权的本意在于解决拖欠工程款问题,保障建筑工人报酬。故实际施工人完成了合同约定施工义务并且工程质量合格的,在承包人不主张或者同意实际施工人主张工程价款优先受偿权的情况下,应当允许实际施工人就其承建的工程部分在发包人欠付工程款范围内向发包人主张工程价款优先受偿权。"[3]

---

〔1〕 参见李后龙、潘军锋:《建设工程价款优先受偿权审判疑难问题研究》,载《法律适用》2016 年第 10 期。

〔2〕 江苏省高级人民法院民事判决书,(2017)苏民终 234 号。

〔3〕 重庆市高级人民法院民事判决书,(2016)渝民终 542 号。

第三种，保护建筑工人利益。由于自然人挂靠承建工程在司法实践中比较普遍，为了保证建筑工人的工资报酬利益，建设工程价款优先受偿权应当适用于实际施工人。在曾某某诉赣州诚信实业集团有限公司、第三人信丰中天建筑安装工程有限责任公司建设工程施工合同纠纷案中，法院认为："工程价款优先受偿权制度的价值目的是保护建筑工人的利益，解决建筑工人工资拖欠问题。而建筑市场中，由自然人挂靠施工单位来承建工程的现象普遍存在。这类施工合同在司法实践中，多数是因承包人不具备施工资质而无效。若以此类施工合同无效为由不支持承包人的工程价款优先权，则'保护建筑工人利益'这一工程价款优先权的制度目的将得以落空。"〔1〕

第四种，代位权理论。尽管建设工程价款优先受偿权系归属于承包人的权利，只能由承包人享有建设工程价款优先受偿权。但司法解释赋予了实际施工人突破合同相对性向发包人主张欠付工程款的权利，故承包人怠于行使工程款，怠于主张建设工程价款优先受偿权的，实际施工人可以代位行使建设工程价款优先受偿权〔2〕。

但从《建设工程司法解释（一）》第35条的规定内容来看，可以行使建设工程价款优先受偿权的主体只能是"与发包人订立建设工程施工合同的承包人"，并未赋予实际施工人特殊情况下的优先受偿权。本书认为，实际施工人不享有建设工程价款优先受偿权，理由如下：

首先，对实际施工人的认定以及实际施工人在诉讼中的主体地位及实体权利义务的认定，应当严格依照司法解释的规定，不能扩大适用范围和条件。实际施工人以向合同相对方提起诉讼为原则，虽然解释规定实际施工人有条件向发包人主张工程价款，但实际施工人不宜直接向发包人主张工程价款优先受偿权。毕竟司法解释赋予实际施工人有条件地向发包人主张工程价款与优先受偿权并无必然联系。〔3〕

其次，如前文所述，我国法律设立建设工程价款优先受偿权制度的目的并非保护建筑工人利益，而是保障承包人工程款权利的实现，因此从立法目的的角度也无法得出实际施工人享有建设工程价款优先受偿权的结论。

---

〔1〕 江西省高级人民法院民事判决书，（2015）赣民一终字第168号。

〔2〕 李后龙、潘军锋：《建设工程价款优先受偿权审判疑难问题研究》，载《法律适用》2016年第10期。

〔3〕 参见最高人民法院民事审判第一庭编著：《最高人民法院建设工程施工合同司法解释（二）理解与适用》，人民法院出版社2019年版，第370页。

最后，根据《民法典》第535条的规定，债权人行使代位权的前提条件是"债务人怠于行使其到期债权"，且债权人向法院以自己名义代位行使的是"债务人的债权"。最高人民法院在《关于深圳发展银行与赛格（香港）有限公司、深圳赛格集团财务公司代位权纠纷一案的请示的复函》（〔2005〕民四他字第31号）中指出："根据目前的法律规定和司法解释，债权人仅可以向人民法院请求以自己名义代位行使债务人具有金钱给付内容的到期债权，且该债权不能是专属于债务人自身的，代位权的范畴不能从债权扩张到所有权。"因而，作为专属于承包人的建设工程价款优先受偿权并不能作为代位行使的对象。

最高人民法院民事审判第一庭在2022年4月8日发布的公众号文章中明确指出，"实际施工人不属于'与发包人订立建设工程施工合同的承包人'，不享有建设工程价款优先受偿权"〔1〕。通常情况下，导致实际施工人产生的原因多为承包人违反法律规定与合同约定，在发包人没有过错，且法律禁止转包、违法分包、挂靠的情况下，如果允许实际施工人向发包人主张工程价款优先受偿权，实属变相鼓励违法行为，对发包人极为不公平，且不利于维护我国建筑市场的秩序。

三、装饰装修工程承包人有条件享有优先受偿权

对于装饰装修工程的承包人是否可以就装饰装修工程折价或拍卖所得价款优先受偿的问题，首先需要界定的是装饰装修工程是否属于建设工程。根据《建设工程质量管理条例》第2条及《建设工程安全生产管理条例》第2条的规定，建设工程，是指土木工程、建筑工程、线路管道和设备安装工程及装修工程。因此，装饰装修工程属于建设工程无疑，但因装饰装修工程需要依附建筑物本身进行施工，故装饰装修工程本身无法单独折价或拍卖，而装饰装修工程的价值通常要远远低于建筑物本身的价值，如果赋予装饰装修工程的承包人以优先受偿权，则以价值高得多的房屋折价或拍卖来清偿价值低得多的装饰装修工程款债务，是否对发包人有失公平？实务中，虽然对于装饰装修工程的承包人享有优先受偿权已经达成共识，但对于是否应当对装饰装修工程的发包人作出限定，仍存在较大争议。

---

〔1〕 最高人民法院民事审判第一庭：《实际施工人不享有建设工程价款优先受偿权》，载微信公众号"最高人民法院民一庭"2022年4月8日。

最高人民法院在《关于装饰装修工程是否享有合同法第二百八十六条规定的优先受偿权的函复》(〔2004〕民一他字第14号)中指出:“装修装饰工程属于建设工程,可以适用《中华人民共和国合同法》第二百八十六条关于优先受偿权的规定,但装修装饰工程的发包人不是该建筑的所有权人或者承包人与该建筑物的所有权人之间没有合同关系的除外。享有优先权的承包人只能在建筑物因装修装饰而增加价值的范围内优先受偿。”安徽、浙江、四川等地的高级人民法院都以司法文件的形式肯定了装饰装修工程的承包人享有建设工程价款优先受偿权。[1]《建设工程司法解释(一)》第37条规定:“装饰装修工程具备折价或者拍卖条件,装饰装修工程的承包人请求工程价款就该装饰装修工程折价或者拍卖的价款优先受偿的,人民法院应予支持。”

装饰装修工程的承包人享有优先受偿权的基础和前提是该工程发包人是建筑物的所有权人。装饰装修是依附于已经完成的建筑物之上的,且装饰装修工程的价值只有与其所依附的建筑物一起使用才能体现出来。承包人行使优先受偿权时客观上无法将装饰装修部分剥离出来单独折价或拍卖,故只能将整个房屋与装饰装修部分一起折价或拍卖。实践中,部分装饰装修工程的发包人,特别是酒店、写字楼等装饰装修工程的发包人通常是该建筑物的承租人,而非建筑物的所有权人。如果装饰装修工程的发包人并非建筑物的所有权人,承包人亦无法与发包人就该建筑物进行协商折价,且该建筑物的所有权人并非装饰装修工程价款的债务人,法院若判决将该建筑物进行拍卖,则会极大地损害了建筑物所有权人的利益。

一般而言,装饰装修工程的价值相比其所依附的建筑物来说要低很多,赋予装饰装修工程承包人以优先受偿权,有利于督促发包人履行装饰装修工程款的支付义务,以避免建筑物被拍卖后导致的更大损失。建设工程价款优先受偿

---

〔1〕 安徽省高级人民法院2009年发布的《关于审理建设工程施工合同纠纷案件适用法律问题的指导意见》第16条规定:“装饰装修工程承包人主张工程价款优先受偿权,可予支持。”浙江省高级人民法院2012年发布的《执行中处理建设工程价款优先受偿权有关问题的解答》第6条规定:“装饰装修工程承包人主张工程价款优先受偿权的,可予以支持。但装修装饰工程的发包人不是该建筑的所有人,或者承包人与该建筑物的所有权人之间没有合同关系的除外。享有优先权的承包人只能在建筑物因装修装饰而增加价值的范围内优先受偿。”四川省高级人民法院2015年发布的《关于审理建设工程施工合同纠纷案件若干疑难问题的解答》第37条第3款规定:“装饰装修工程属于建设工程,可以适用《中华人民共和国合同法》第二百八十六条的规定,但装饰装修工程的发包人不是该建筑物的所有权人或者承包人与该建筑物的所有权人之间没有合同关系的除外。享有优先受偿权的承包人只能在建筑物因装饰装修而增加价值的范围内优先受偿。”

权的基本依据是由于承包人劳力、物力、财力的投入，建设工程才能得以存在，如果没有承包人建设的工程，则其他债权人的债权也无法从建设工程的价值中实现，故承包人就工程价款享有优先受偿权应限于对工程的施工所增加的价值范围内。对于装饰装修工程亦是如此，承包人就装饰装修工程价款的优先受偿权仅限于因装饰装修而使该建筑物增加的价值范围之内。应当注意的是，建筑物因装饰装修而增加的价值并不等于装饰装修施工合同约定的或发包人应当支付的工程价款，故在承包人行使优先受偿权将整个建筑物折价或拍卖后所得的价款中，对于房屋因装饰装修而增加的部分价值，需要借助司法鉴定来查明。

四、工程款债权转让的受让人不享有优先受偿权

对于该问题，实践中存在较大争议。一种观点认为，建设工程价款优先受偿权依附于工程价款债权，故工程款债权转让的，建设工程价款优先受偿权亦随之转让。如江苏省高级人民法院 2018 年发布的《关于审理建设工程施工合同纠纷案件若干问题的解答》(已失效)第 20 条规定："建设工程价款优先受偿权依附于工程款债权，承包人将建设工程价款债权转让的，建设工程价款优先受偿权随之转让。受让人是否实际享有建设工程价款优先受偿权，仍应进行实体审查。"江苏省高级人民法院之所以持该观点，是认为建设工程价款优先受偿权的性质为法定抵押权。在江苏省高级人民法院 2010 年发布的《建设工程施工合同案件审理指南》第 5 条第 9 项中即明确指出，建设工程价款优先受偿权系法定抵押权，故应随主债权一并转让。在泰州恒兴贸易有限公司诉无锡嘉宝置业有限公司、第三人江苏银行股份有限公司建设工程施工合同纠纷案中，法院认为："建设工程款优先受偿权属于法定抵押权，担保的是工程款债权，主债权转让的，担保物权应一并转让。涉案工程的承包人为江苏一建公司，其依法应享有工程款优先受偿权，因其已将工程款债权转让给泰州恒兴公司，故优先受偿权应归泰州恒兴公司享有。"[1]

另一种观点认为，建设工程价款优先受偿权的行使主体仅限于工程承包人，故工程款债权转让的，建设工程价款优先受偿权消灭。如河北省高级人民法院 2018 年发布的《建设工程施工合同案件审理指南》第 37 条规定："建设工

---

[1] 江苏省高级人民法院民事判决书，(2016)苏民终 842 号。

程价款优先受偿权与建设工程价款请求权具有人身依附性，承包人将建设工程价款债权转让，建设工程价款的优先受偿权消灭。”深圳市中级人民法院2010年发布的《关于建设工程合同若干问题的指导意见》第31条规定：“承包人将其对发包人的工程款债权转让给第三人的，建设工程价款优先受偿权不能随之转让。”

《民法典》第807条设立建设工程价款优先受偿权制度的目的在于保护工程承包人对工程享有的特殊权益，在承包人向第三人转让建设工程价款债权的情况下，应当认为承包人已经获得了相应的对价，承包人的利益需求已经得到了满足。同时，工程价款债权的受让人并非工程的承包人，其对工程未有任何资金和劳力的投入，受让人因受让工程款债权支付的对价并未导致建设工程价值的增加，故其对工程本身不享有任何的特殊权益。《建设工程司法解释（一）》第35条明确了建设工程价款优先受偿权的行使主体限于与发包人签订建设工程施工合同的承包人，而承包人对发包人行使建设工程价款优先受偿权的前提是承包人对发包人享有建设工程价款债权。另外，《民法典》第448条规定：“债权人留置的动产，应当与债权属于同一法律关系。”前文提到，虽建设工程价款优先受偿权并非留置权，但因建设工程施工合同亦属于承揽合同，故法律类比留置权而赋予工程承包人优先受偿权的权利。因此，建设工程价款优先受偿权的行使要求建设工程与债权属于同一法律关系，更要求行使该权利的主体与债权属于同一法律关系。在承包人将建设工程价款债权转让后，受让人并不具备行使建设工程价款优先受偿权的主体条件，同时，因承包人权益已经得到保护，而受让人对工程亦无特殊的权益需要保护，因而更无赋予受让人建设工程价款优先受偿权的必要。

《民法典》第807条设立建设工程价款优先受偿权制度，赋予了承包人对其工程款可以就建设工程折价或者拍卖的价款优先受偿的权利，其目的是保护承包人工程款债权。但因建设工程价款优先受偿权的受偿顺序优先于抵押权和其他债权，故在承包人行使优先受偿权的情况下，肯定会影响发包人的其他债权人、建设工程的抵押权人的债权的实现，因此，对于建设工程价款优先受偿权的行使主体应当予以必要的限制，严守合同的相对性，不应任意扩大行使主体范围，否则将导致各方利益的失衡。

第四节 建设工程价款优先受偿权的行使期限

根据《建设工程司法解释(一)》第36条的规定,承包人根据《民法典》第807条的规定享有的建设工程价款优先受偿权优于抵押权和其他债权。承包人对建设工程价款优先受偿权的行使,直接影响发包人的其他债权人债权的实现。因而有必要明确承包人行使优先受偿权的期限,避免承包人怠于行使权利对其他债权人造成不利影响。

一、优先受偿权行使期限及起算点

1999年发布的《合同法》(已失效)第286条规定了承包人对建设工程价款可以就其承建的工程折价或者拍卖的价款优先受偿,但并未规定承包人行使建设工程价款优先受偿权的时间和期限。2002年发布的原《优先受偿权批复》第4条规定:"建设工程承包人行使优先权的期限为六个月,自建设工程竣工之日或者建设工程合同约定的竣工之日起计算。"如此规定的目的在于限制承包人行使建设工程价款优先受偿权的期限,以督促承包人积极行使该权利,维护交易的稳定和安全,平衡发包人的债权人和建设工程的抵押权人的利益。但该规定在司法实践中适用的效果并不理想,主要原因在于,实践中建设工程价款的结算周期较长,往往出现在建设工程竣工6个月后,工程价款尚未结算完毕,即已超过建设工程价款优先受偿权的行使期限,导致建设工程价款优先受偿权制度保护承包人工程价款债权的目的根本无法实现。因此,很多地方法院的司法文件,甚至最高人民法院的一些判决并未采用该条规定的意见,而主张以工程价款付款期限届满之日作为建设工程价款优先受偿权的起算时间点。

如江苏省高级人民法院2018年发布的《关于审理建设工程施工合同案件若干问题的解答》(已失效)第14条规定:"建设工程施工合同的承包人行使建设工程价款优先受偿权的期限为六个月,具体起算按照以下方式确定:(1)工程已竣工且工程结算款已届期的,自建设工程竣工之日或者建设工程施工合同约定的竣工之日起算;(2)建设工程施工合同解除、终止履行的,自合同实际解除、终止之日起算;(3)工程已竣工验收合格,但合同约定除质保金以外的工程款付款期限尚未届满的,自合同约定的工程款付款期限届满之日起算。”河北省高级人民法院2018年发布的《建设工程施工合同案件审理指南》第35条也作了类似规定:“建设工程承包人行使优先受偿权的期限为六个月,具体起算时间按照以下方式确定:(1)工程已竣工的,自建设工程竣工之日或者建设工程合同约定的竣工之日起算,上述日期不一致的,以在后的日期作为起算点,但合同约定的付款期限尚未届满的,以合同约定的付款期限届满之日作为起算点;(2)工程尚未竣工而合同解除、终止履行的,以合同实际解除、终止之日作为起算点;(3)发包人主张以《最高院建设工程案件司法解释》第十四条第(二)(三)项作为承包人行使优先受偿权起算点的,不予支持。”

建设工程价款的给付请求权是承包人享有建设工程价款优先受偿权的基础,如承包人对发包人不享有工程款给付请求权或承包人请求支付工程价款的条件尚不成立,则承包人亦无从行使优先受偿权。故在设置优先受偿权的起算时间时,应当考虑承包人向发包人主张工程价款的条件是否已经满足。建设工程价款优先受偿权制度设定的目的在于保护承包人的建设工程价款债权的实现,而原《优先受偿权批复》中为承包人行使优先受偿权设立期限的目的,在于督促承包人尽快行使权利,以保护交易稳定和安全,平衡其他债权人的利益。承包人对发包人享有的工程价款数额的确定是承包人行使优先受偿权的前提,只有在发包人应当支付工程价款而未支付时,承包人方有主张工程价款和行使优先受偿权的必要,故原《建设工程司法解释(二)》第22条进一步明确了建设工程价款优先受偿权的行使期限“自发包人应当给付工程价款之日起算。”

在《民法典》颁布后,相关司法解释在制定过程中,“考虑到建设工程施工具有复杂性,受多种因素影响,保护期限不宜过短,否则不利于保护施工单位的合法权益。但同时保护期间不宜过长,否则将导致大量社会关于处于不确定的状态之中。”[1]因此,《建设工程司法解释(一)》第41条规定:“承包人应当在合理期限内行使建设工程价款优先受偿权,但最长不得超过十八个月,自发包人应当给付建设工程价款之日起算。”即意味着,“当事人可以事先约定承包人行使优先受偿权的合理期限”[2],但为保护建筑工人的利益,维护交易稳定与安全,

---

〔1〕 最高人民法院民事审判第一庭编著:《最高人民法院新建设工程施工合同司法解释(一)理解与适用》,人民法院出版社2021年版,第421页。

〔2〕 最高人民法院民事审判第一庭编著:《最高人民法院新建设工程施工合同司法解释(一)理解与适用》,人民法院出版社2021年版,第421页。

平衡其他债权人利益的考虑，司法解释同时明确当事人约定的“合理期限”最长不得超过 18 个月。如果当事人在施工合同中未对“合理期限”进行约定的，法院应当以 18 个月作为承包人行使优先受偿权的期限。从发包人应当给付建设工程价款之日起，承包人超过 18 个月仍未主张优先受偿权的，其再主张该权利，将不能得到支持。

二、优先受偿权行使期限的法律性质

对于优先受偿权行使期限的法律性质，个别意见认为属于诉讼时效。例如，在重庆建工第七建筑工程有限责任公司诉重庆子技术有限公司建设工程价款优先受偿权纠纷案中，法院认为：“承包人在竣工后六个月内就工程款在法院执行过程中就优先受偿权提出了申请，并没有超过法律规定的诉讼失效。”[1]多数意见认为属于除斥期间[2]。例如，在湖南协和建设有限公司诉株洲市汉华房地产开发有限公司建设工程施工合同纠纷案中，法院认为：“建设工程款优先受偿权的行使期限属于除斥期间，且承包人需在法定期限内通过诉讼的方式予以主张。”[3]在海天建设集团有限公司诉泰来家美房地产开发有限公司建设工程施工合同纠纷案中，法院归纳的案件争议焦点即为“海天公司对案涉工程主张优先受偿权是否已超过除斥期间”。[4]

最高人民法院在 2008 年 2 月 29 日发布的《就广东省高级人民法院关于对人民法院调解书中未写明建设工程款有优先受偿权应如何适用法律问题的请示答复》(〔2007〕执他字第 11 号函)中指出：“依据该条规定[5]，建设工程承包人行使优先权的期限为 6 个月，且为不变期间，不存在中止、中断或延长的情形。”“为了促使承包人积极行使权利，也为了保护其他权利人的合法权益及时得到实现，未定社会经济秩序，此期限作为承包人的权利行使期，应当是除斥期

〔1〕 重庆市第五中级人民法院民事判决书，(2011)渝五中法民初字第 248 号。

〔2〕 参见李明主编：《建设工程施工合同纠纷案件裁判规则(一)》，法律出版社 2019 年版，第 341 页；常设中国建设工程法律论坛第八工作组：《中国建设工程施工合同法律全书：词条释义与实务指引》，法律出版社 2019 年版，第 462 页。

〔3〕 最高人民法院民事判决书，(2017)最高法民再 389 号。

〔4〕 最高人民法院民事判决书，(2019)最高法民终 564 号。

〔5〕 指原《优先受偿权批复》第 4 条。

间而非特殊诉讼时效。"[1]

但在《建设工程司法解释(一)》发布后,最高人民法院在该解释的理解与适用中,对于优先受偿权行使期限的性质有了不同的说法。之所以最高人民法院对于优先受偿权行使期限性质的观点有变化,在于司法解释规定本身发生了变化。对于承包人行使优先受偿权的期限,最早在原《优先受偿权批复》第4条中的规定是"建设工程承包人行使优先权的期限为六个月,自建设工程竣工之日或者建设工程合同约定的竣工之日起计算"。后来在原《建设工程司法解释(二)》中沿用了上述批复对于期限的表述,该解释第22条规定:"承包人行使建设工程价款优先受偿权的期限为六个月,自发包人应当给付建设工程价款之日起算。"可见,之前司法解释对于优先受偿权的行使期限的规定,虽然起算时间点不同,但是对于行使期限均规定的是固定的6个月,不存在中止、中断或延长的例外情形,与除斥期间的特征基本相符。

而《建设工程司法解释(一)》重新调整了对优先受偿权行使期限的表述,该解释第41条规定,"承包人应当在合理期限内行使建设工程价款优先受偿权,但最长不得超过十八个月,自发包人应当给付建设工程价款之日起算"。该条解释并未沿用此前司法解释所规定的6个月的固定期限,而是采用了"合理期限""最长不得超过"的表述。"这里的合理期限不属于诉讼时效,也不属于除斥期间,是从保护施工人和其他权利人权益的角度拟制的期限。"[2]

三、对"发包人应当给付工程价款之日"的理解

虽然司法解释明确规定了建设工程价款优先受偿权自发包人应当给付建设工程价款之日起算,但对于"应当给付之日"应当如何理解?

首先,合同对工程价款的支付时间有约定的,从其约定,建设工程价款优先受偿权从合同约定的发包人的付款条件成就时开始起算。一般而言,施工合同中对于工程款支付会有具体的约定,如"每月按照完成工程量的70%支付,竣工验收完成付至85%,结算完成付至97%,余下3%作为质量保证金"。如果施工合同得到正常履行,则发包人依据合同约定的付款之日,即发包人"应当给付工

---

〔1〕 最高人民法院民事审判第一庭编著:《最高人民法院建设工程施工合同司法解释(二)理解与适用》,人民法院出版社2019年版,第447页。

〔2〕 最高人民法院民事审判第一庭编著:《最高人民法院新建设工程施工合同司法解释(一)理解与适用》,人民法院出版社2021年版,第421页。

程价款之日”,作为建设工程价款优先受偿权行使期限的起算之日。

另外,如合同中明确约定了发包人在收到承包人提交的竣工结算材料的审核期限,逾期审核视为认可的,则应当以该审核期限届满之日作为发包人应当给付工程价款之日。《2017 版施工合同范本》通用合同条款第 14.2 款约定:“发包人在收到承包人提交的竣工结算申请书后 28 天内未完成审批且未提出异议的,视为发包人认可承包人提交的竣工结算申请单,并自发包人收到承包人提交的竣工结算申请单后第 29 天起视为已签发竣工付款证书。”

其次,当事人对付款时间没有约定或约定不明时,应当区分以下情况:第一,建设工程实际交付的,以建设工程交付之日作为应付款之日;第二,建设工程没有交付,但承包人已经在建设工程竣工验收合格后按照合同约定的时间提交了竣工结算文件,发包人如在合同约定的期限内不予答复的,应当认定此时为应付款时间;第三,建设工程价款未结算,建设工程也未交付,此时合同约定的工程价款结算条件尚未成就,当事人通过诉讼或仲裁确定工程价款的,以当事人提起诉讼或仲裁之日作为发包人应当支付工程价款的时间[1]。

最后,工程竣工之前合同即解除时,已完工程质量合格的,承包人有权向发包人主张工程价款,并享有优先受偿权。此时工程尚未完工,合同约定的工程价款结算条件尚未成就。但如果发包人和承包人就合同解除后的工程价款的支付另行达成合意,则应当以该协议确定的工程价款的支付时间作为承包人行使优先受偿权的起算时间。如果当事人就工程价款数额与支付未达成一致,并经由法院或仲裁机构确定工程款数额的,则以当事人提起诉讼或仲裁之日作为发包人应当给付工程价款之日。

第五节 建设工程价款优先受偿权的行使方式

建设工程价款优先受偿权能够使承包人对发包人享有的工程价款债权优先于抵押债权和普通债权优先受偿,对承包人能够顺利实现债权意义重大,尤

---

〔1〕 参见最高人民法院民事审判第一庭编著:《最高人民法院建设工程施工合同司法解释(二)理解与适用》,人民法院出版社 2019 年版,第 460、461 页。

其是在发包人经营不善资金能力不足甚至破产的情况下，承包人有无建设工程优先受偿权，对其最终受偿的债权金额可以说是天壤之别。因此，正确行使建设工程价款优先受偿权对承包人而言至关重要。

一、建设工程价款优先受偿权的行使方式

《民法典》第 807 条规定："发包人未按照约定支付价款的，承包人可以催告发包人在合理期限内支付价款。发包人逾期不支付的，除根据建设工程的性质不宜折价、拍卖外，承包人可以与发包人协议将该工程折价，也可以请求人民法院将该工程依法拍卖。建设工程的价款就该工程折价或者拍卖的价款优先受偿。"依据该条规定，承包人行使优先受偿权的方式有两种：

一种方式是与发包人协议将工程折价。即在发包人未能支付工程款的情况下，与承包人协商，将部分工程进行折价与应付工程价款进行等额抵销。这在商品住宅工程中较为常见，在作为发包人的开发商资金不足时，与承包人协议将部分商品房抵作工程价款。承包人将商品房进行处置，获取流动资金，或将房屋二次抵给分包人，用以抵偿承包人需要支付的分包工程价款。

另一种方式是请求法院将工程依法拍卖。这是实务中较为常见的承包人行使优先受偿权的方式。在发包人拒绝支付工程价款时，承包人在提起诉讼主张工程价款债权的同时，会提出"判令原告就涉案工程折价或拍卖的价款在××××元范围内优先受偿"的诉讼请求，从而行使优先受偿权。实务中，存在代理人遗漏了优先受偿权的诉讼请求，导致承包人胜诉后因没有优先受偿权而未能实际取得工程价款，从而被当事人投诉甚至索赔的情况。

二、承包人能否通过发函行使优先受偿权

在发包人迟延支付工程价款的情况下，部分承包人基于双方良好合作关系的考虑，避免"撕破脸皮"，不愿意贸然提起诉讼。但又担心过了建设工程价款优先受偿权的行使期限，将来工程价款债权最终无法实现。承包人会考虑通过向发包人发送函件，在催要工程价款的同时，明确自己就该工程价款对涉案工程所享有的优先受偿权。但实务中，对于此种以发函方式来主张优先受偿权的效力，存在着巨大的分歧。

一种观点认为，发函方式并不能达到行使优先受偿权的效果。理由是，法律规定已经明确优先受偿权的行使方式，仅限于承包人与发包人协议将工程折

价或者申请法院将该工程依法拍卖两种。在承包人未与发包人协议折价的情况下,只有通过提起诉讼或仲裁明确主张工程价款数额并请求确认优先受偿权的行为才属于法律规定的优先受偿权的合法行使方式。承包人的发函仅能视为其向发包人确认并强调其享有建设工程价款优先受偿权,不是承包人与发包人协议折价,不属于法律规定的优先受偿权的合法行使方式。[1]

另一种观点认为,可以通过发函方式来行使优先受偿权。理由是,法律规定虽然列出了“协议折价”或“申请法院拍卖”两种优先受偿权的行使方式,但并未禁止当事人以其他的方式行使优先权。根据私法自治的原则,只要承包人在优先受偿权行使期限内,通过发函向发包人主张了优先受偿权,即认为承包人已经有效行使了该权利。故虽然承包人起诉时超过了优先受偿权的行使期限,但承包人在期限内已发函行使了优先受偿权,故法院对承包人的优先受偿权主张予以支持。[2]

而在最高人民法院的两份再审判决书中,对于承包人通过发函主张优先受偿权效力的意见,是截然相反的。在湖南协和建设有限公司诉株洲市汉华房地产开发有限公司建设工程施工合同纠纷案中,最高人民法院认为:“承包人需在法定期间内通过诉讼的方式予以主张。湖南高院认为优先受偿权须向相对方提出,审判机关不是其权利的行使对象,属于对法律规定的错误理解,本院予以纠正。”[3]而在北京国际信托有限公司诉昆明二建建设(集团)有限公司、云南金冠源房地产开发有限公司第三人撤销之诉纠纷案中,最高人民法院又认为:

---

〔1〕 参见四川省蜀通建设集团有限责任公司诉四川省巴中市集洲房地产开发有限公司、成都润洲房地产开发有限公司、四川润洲商业经营管理有限公司建设工程施工合同纠纷案,四川省高级人民法院(2016)川民再541号民事判决书。持此类意见的,还包括苏州金螳螂装饰股份有限公司诉苏州炜华置业发展有限公司建设工程施工合同纠纷案,江苏省苏州市中级人民法院(2015)苏中民终字第04325号民事判决书;贝林集团有限公司诉江山市星安房地产有限公司破产债权确认纠纷案,浙江省高级人民法院(2017)浙民申1421号民事裁定书。

〔2〕 参见宜昌博高建设工程有限公司诉宜昌建丰置业有限公司、宜昌建丰置业有限公司秭归分公司建设工程施工合同纠纷案,湖北省宜昌市中级人民法院(2016)鄂05民终677号民事判决书。持此类意见的,还包括莱州市威兴建设有限公司诉威海荣昌房地产集团有限公司建设工程施工合同纠纷案,山东省威海市中级人民法院(2017)鲁10民终2138号民事判决书;苏州市金匠工程建设有限公司诉苏州九江实业有限公司建设工程施工合同纠纷案,江苏省苏州市中级人民法院(2017)苏05民再14号民事判决书;浙江九都建设有限公司诉浙江庆和工贸有限公司、第三人中国工商银行股份有限公司磐安支行、平安银行股份有限公司金华东阳支行建设工程合同纠纷案,浙江省金华市中级人民法院(2016)浙07民终5038号民事判决书。

〔3〕 最高人民法院民事判决书,(2017)最高法民再389号。

“承包人享有的建设工程优先受偿权系法定权利，不需要经法院确认即享有。原一审、二审判决关于承包人发函仅主张享有优先受偿权，而没有行使优先受偿权，起诉主张案涉工程享有优先受偿权已经超过了除斥期间的认定确有错误，本院予以认定。”[1]甚至在中冶天工集团有限公司诉山西龙鑫恒泰能源焦化有限公司与破产有关纠纷案中，最高人民法院进一步放宽了此类认定，认为：“从该法条规定内容看，并未规定建设工程价款优先受偿权必须以何种方式行使，因此只要中冶天工在法定期间内向龙鑫能源主张过优先受偿的权利，即可认定其已经行使了优先权。发包人称承包人仅在催款函中宣示优先受偿的权利，不属于建设工程价款优先受偿权的行使方式，没有法律依据。”[2]

建设工程价款优先受偿权优于抵押权和其他债权，之所以司法解释要对承包人工程款优先受偿权的行使设置期限，目的还是在于督促承包人尽快行使权利，避免使其他债权人的权利长期处于不确定的状态，维护交易的稳定与安全。建设工程价款优先受偿权是法律明确规定承包人所享有的权利，不需要承包人的主张即已存在，如承包人仅仅在函件中向发包人主张其享有优先受偿权，也只是说明其享有这个权利。言下之意应当是，如果你方再不付钱，我方就要行使这项权利了，会让法院拍卖工程用来付钱。而不能认为承包人已经行使了优先受偿权。好比银行享有的在建工程的抵押权，该抵押权也不可能通过银行发函告知发包人就能实现。

如前所述，《民法典》第807条规定了两种优先受偿权行使方式，一种是承包人与发包人协议折价，另一种是请求法院进行拍卖。前者实际是承包人与发包人协商，达成部分工程折价的协议，或者将该部分工程所有权转移给承包人，或者以折价金额将工程出售，承包人就所得价款优先受偿。承包人进行的施工建设，是建筑物从无到有的过程，如果发包人未支付对价，应当认为承包人实质上是对建筑物享有部分“所有权”的。类似于物品买卖，在买受人支付价款之前，所有权仍然属于出卖人。但由于建筑物需要依附于土地，承包人无法对建筑物享有完全的所有权。在发包人实在无法支付工程款的情况下，与承包人协商，就部分工程折价，将所有权转移至承包人控制之下，与应付工程款进行抵销，也符合基本的法理与逻辑。在这种处理方式中，与发包人协商是行使优先

---

〔1〕 最高人民法院民事判决书，(2018)最高法民再84号。

〔2〕 最高人民法院民事裁定书，(2021)最高法民申2026号。

权,折价协议抵销是实现优先权。故本书认为,如果承包人在函件中仅仅声称自己对工程享有优先受偿权,则不过是对既有事实的强调,而不构成对优先受偿权的行使。承包人应当在函件中表达出“与发包人协商折价”的明确意思,方能说明其行使了优先受偿权。

三、以房抵款协议与优先受偿权的行使

以房抵款,是指发包人与承包人协商,将承包人完成的部分工程,按照约定的价格折抵相应部分工程款的行为。在商品房开发项目中,发包人与承包人协议以房抵款较为常见。虽然《民法典》第 807 条规定了“协议将工程折价”是优先受偿权的行使方式之一,但是并非所有以房抵款协议都是对优先受偿权的行使。主要是通过以房抵款协议达成的时间以及所抵房屋来源进行区分:

1. 付款条件成就前达成的以房抵款协议并非以“协议折价”行使优先受偿权。实务中,一些大型的房地产开发企业为减轻自身资金压力,会利用其优势市场地位,在与施工单位签订施工合同时,即要求就一定比例(一般为 5% ~ 10%)的工程款,用将来建成的商品房来抵付,并签订相应的以房抵款协议。法律规定的承包人行使优先受偿权的前提是,发包人未按照约定支付价款,且在承包人催告后仍然不支付。即建设工程价款优先受偿权的行使,要求发包人支付工程款的条件成就。而付款条件成就前的以房抵款协议,是在工程尚未施工时即已达成,是发包人与承包人就将来的付款形式(以物抵债)所达成的协议,并非在发包人付款不能时的双方协议折价,因而不能认为是对优先受偿权的行使。

2. 付款条件成就后达成的以房抵款协议应当认定为对优先受偿权的行使。在工程进度款或结算款的支付条款成就后,承包人向发包人要求支付工程款,但发包人无力支付的情况下,尤其是某些商品房销售情况不佳,回款有限时,发包人多愿意与承包人达成以房抵款协议。此类型的多数以房抵款协议中,可能未明确是双方在实现建设工程价款优先受偿权,但其是在发包人付款不能时对工程的协议折价,其真实意思与《民法典》第 807 条的规定相符,应当认定是双方以协议折价的方式实现优先受偿权的行为。

一般情况下,以房抵款后,房屋所有权并不会马上转移至承包人名下。盖因承包人同意抵房,并非要自己使用房屋,而是通过售卖给他人来获取资金,或抵偿给分包商、材料商来折抵相应的分包工程款或材料款。同时又因为如房屋所有权先变更至承包人名下,再由承包人售卖后变更至最终买受人等情况,而

产生房屋二次销售的税费。为节约税费成本，在以房抵款协议中，多会明确将来由承包人指定的第三方来与发包人签订房屋买卖合同，由承包人最终收取相应房款。此种方式最大的风险在于，一旦发包人因无力偿还贷款被银行起诉，这些实属承包人但仍然在发包人名下的房屋会被保全或执行，承包人必然提出执行异议。如果以房抵款协议被认定仅仅是以物抵债，因没有完成过户而不能排除执行；但如果以房抵款协议被认定为实现建设工程价款优先受偿权的行为，则因其优先性而得以排除执行。

【典型案例】四川省建筑机械化工程有限公司与成都紫杰投资管理有限公司等申请执行人执行异议之诉纠纷案〔1〕

【基本案情】涉案13套房屋是大邑银都房地产开发有限公司（以下简称大邑银都公司）开发“邑都上城”楼盘的商品房。四川省建筑机械化工程有限公司（以下简称四川建筑公司）是“邑都上城”楼盘二期、三期土建、水电安装工程的施工人。因大邑银都公司拖欠工程款，双方于2013年签订《协议书》，约定大邑银都公司以包括涉案13套房屋在内的15套房屋抵偿欠付工程款，四川建筑公司可以将抵偿的房屋出售，并于2016年签订房屋买卖合同。

成都紫杰投资管理有限公司（以下简称紫杰投资公司）在与大邑银都公司等借款合同纠纷一案中申请诉讼财产保全，成都市中级人民法院于2018年5月作出裁定，对包括涉案13套房屋在内的房产、股权等财产在30,760,000元范围内予以查封。2018年7月，四川建筑公司提出执行异议，成都市中级人民法院审查后认为四川建筑公司的异议成立，裁定中止对涉案13套房屋的执行。紫杰投资公司不服裁定，提起诉讼。

【裁判观点】根据法律规定，在发包人逾期不支付工程价款的情形下，承包人既可以通过法院拍卖程序就建设工程拍卖价款优先受偿，也可以通过与发包人协商的方式将建设工程折价抵偿。本案四川建筑公司与大邑银都公司签订《协议书》及《商品房买卖合同》，其实质是通过协商折价抵偿实现四川建筑公司就涉案项目房屋所享有的建设工程价款优先受偿权，四川建筑公司与大邑银都公司以涉案房屋折价抵偿欠付工程款，符合法律规定的工程价款优先受偿权实现方式。

---

〔1〕 参见最高人民法院民事判决书，（2020）最高法民再352号。

紫杰投资公司对大邑银都公司享有的是普通借贷债权，而四川建筑公司作为涉案工程项目的承包人，对涉案房屋享有建设工程价款优先受偿权，应优先于紫杰投资公司的普通债权得到受偿，涉案房屋系工程款债权的物化载体，本案不适用最高人民法院《关于人民法院办理执行异议和复议案件若干问题的规定》第28条，四川建筑公司就涉案房屋享有的权利足以排除紫杰投资公司的强制执行。[1]

3. 以非承包人施工房屋抵款，无论何时协议折价，均不属于行使优先受偿权。实务中，一些大型房地产开发企业的区域公司下属多个项目子公司，同时会开发多个商品房建设项目。有些地段好的楼盘能够很快清盘，而有些地段差的楼盘可能会滞销。因而清盘楼盘的承包人所抵款的房屋可能是其他楼盘的房屋。因《民法典》第807条所使用的表述为“该工程”，承包人能行使优先受偿权的工程仅限于其自行施工建设的工程。且根据本章第一节所述的优先受偿权立法的立法基础，承包人享有优先受偿权的基础，是其将对人力、物力凝结在工程中，实现或增加了建筑物的价值。故即使不同工程为同一发包人，承包人也不能对非其施工的工程行使优先受偿权。故承包人与发包人签订的针对其他工程的以房抵款协议，也仅仅是以物抵债或新债清偿，并非行使优先受偿权。

四、执行程序中优先受偿权的行使

如发包人因与其他债权人的诉讼纠纷，导致承包人施工的工程被法院强制执行，在执行过程中，承包人向执行法院提出异议，并主张其享有建设工程价款优先受偿权的，应当认为承包人已经行使了优先受偿权。在后续承包人起诉发包人的工程款纠纷诉讼中，承包人请求确认建设工程价款优先受偿权的，即使起诉时间已过优先受偿权行使期限，因其已在期限内向执行法院行使了优先受偿权，承包人的优先受偿权不受影响。

[1] 本案一审、二审均认为以房抵款与法律规定的优先受偿权行使的方式不符，并按照“物权期待权”的思路进行审理，并认为未办理产权变更登记不足以排除强制执行。

【典型案例】中天建设集团有限公司诉河南恒和置业有限公司建设工程施工合同纠纷案[1]

【基本案情】2013年6月26日,河南恒和置业有限公司(以下简称恒和置业公司)与中天建设集团有限公司(以下简称中天建设公司)签订《建设工程施工合同》。合同签订后,中天建设公司进场施工。施工期间,因恒和置业公司拖欠工程款,2013年11月~2014年12月,中天建设公司多次向恒和置业公司送达联系函,要求支付拖欠的工程款。2014年11月3日,恒和置业公司委托的审价单位德汇工程管理(北京)有限公司出具《结算审核报告》。三方分别在审核报告中的审核汇总表上加盖公章并签字确认。2014年11月24日,中天建设公司收到通知,河南省焦作市中级人民法院依据恒和置业公司其他债权人的申请将对涉案工程进行拍卖。2014年12月1日,中天建设公司向焦作市中级人民法院提交的《关于恒和国际商务会展中心在建工程拍卖联系函》中载明,中天建设公司系在建工程承包方,已完成产值2.87亿元工程,请求依法确认优先受偿权并参与整个拍卖过程。中天建设公司和恒和置业公司均认可涉案工程于2015年2月5日停工。2018年1月31日,河南省高级人民法院立案受理中天建设公司对恒和置业公司的起诉。中天建设公司请求解除《建设工程施工合同》并请求确认恒和置业公司欠付中天建设公司的工程价款及优先受偿权。

【裁判观点】建设工程价款优先受偿权的效力优先于设立在建设工程上的抵押权和发包人其他债权人所享有的普通债权。法院依据发包人的其他债权人或抵押权人申请对建设工程采取强制执行行为,会对承包人的建设工程价款优先受偿权产生影响。此时,如承包人向执行法院主张其对建设工程享有建设工程价款优先受偿权的,属于行使建设工程价款优先受偿权的合法方式。因此,恒和置业公司关于中天建设公司未在6个月除斥期间内以诉讼方式主张优先受偿权,其优先受偿权主张不应得到支持的上诉理由不能成立。

---

〔1〕 参见最高人民法院民事判决书,(2019)最高法民终255号;本案例为最高人民法院指导案例171号(2021年)。

五、破产程序中优先受偿权的行使

发包人被法院裁定受理破产的，承包人应当在向管理人申报工程款债权的同时，行使建设工程价款优先受偿权。如在施工过程中，发包人即因资不抵债而进入破产程序的，根据《企业破产法》第18条的规定，“人民法院受理破产申请后，管理人对破产申请受理前成立而债务人和对方当事人均未履行完毕的合同有权决定解除或者继续履行，并通知对方当事人。管理人自破产申请受理之日起二个月内未通知对方当事人，或者自收到对方当事人催告之日起三十日内未答复的，视为解除合同”。如承包人与管理人协商确定解除合同，或未达成一致视为解除合同的，承包人行使建设工程优先受偿权的期限应自合同解除之日起算。承包人应当在该期限内向管理人申报工程款债权并主张优先受偿权。

【典型案例】通州建总集团有限公司与安徽天宇化工有限公司别除权纠纷案〔1〕

【基本案情】2006年3月，安徽天宇化工有限公司（以下简称天宇化工公司）与通州建总集团有限公司（以下简称通州建总公司）签订《建设工程施工合同》。施工工程中，因天宇化工公司未按约支付工程款，致使工程停工，后一直未竣工。2011年7月30日，双方在仲裁期间达成和解协议，约定如处置天宇化工公司土地及建筑物偿债时，通州建总公司的工程款可优先受偿。后天宇化工公司因不能清偿到期债务，其他债权人向安徽省滁州市中级人民法院申请天宇化工公司破产还债，法院于2011年8月26日作出（2011）滁民二破字第00001号民事裁定，裁定受理破产申请。2011年10月10日，通州建总公司向天宇化工公司破产管理人申报债权并主张对该工程享有优先受偿权。2013年7月19日，滁州市中级人民法院作出（2011）滁民二破字第00001－2号民事裁定，宣告天宇化工公司破产。通州建总公司于2013年8月27日提起诉讼，请求确认其债权享有优先受偿权。

〔1〕参见安徽省高级人民法院民事判决书，（2014）皖民一终字第00054号；本案例为最高人民法院指导案例73号（2017年）。

【裁判观点】本案双方当事人签订的建设工程施工合同虽约定了工程竣工时间，但涉案工程因天宇化工公司未能按合同约定支付工程款而停工。没有证据证明在工程停工后至法院受理破产申请前，双方签订的建设施工合同已经解除或终止履行，也没有证据证明在法院受理破产申请后，破产管理人决定继续履行合同。根据《企业破产法》第18条之规定，涉案建设工程施工合同在法院受理破产申请后已实际解除，本案建设工程无法正常竣工，承包人行使优先受偿权的期限自合同解除之日起计算。2011年8月26日，法院裁定受理对天宇化工公司的破产申请，2011年10月10日通州建总公司向天宇化工公司的破产管理人申报债权并主张工程款优先受偿权，因此，通州建总公司主张优先受偿权的时间是2011年10月10日。天宇化工公司认为通州建总公司行使优先受偿权的时间超过了破产管理之日6个月，与事实不符，法院不予支持。

第六节 承包人放弃优先受偿权的效力

自1999年《合同法》(已失效)设立“建设工程价款优先受偿权”以来，由于我国法律对于该权利的性质一直未有定论，对其立法目的的理解也未能统一，因而对于承包人是否能放弃优先受偿权，司法实践中一直颇有争议。直到2018年发布的原《建设工程司法解释(二)》中才规定承包人放弃或限制优先受偿权原则上有效，但不能损害建筑工人利益。2021年发布的《建设工程司法解释(一)》第42条承袭了该条规定，使得这一争议得以平息，但对于承包人放弃优先受偿权有效的例外情形，即“损害建筑工人利益”的尺度如何把握，仍有待司法实践的检验。

一、建设工程价款优先受偿权的优先性

原《优先受偿权批复》第1条规定：“人民法院在审理房地产纠纷案件和办理执行案件中，应当依照《中华人民共和国合同法》第二百八十六条的规定，认定建筑工程的承包人的优先受偿权优于抵押权和其他债权。”但该批复第2条又指出，“消费者交付购买商品房的全部或者大部分款项后，承包人就该商品房

享有的工程价款优先受偿权不得对抗买受人”。对于这里的“消费者”，应当理解为刚需购房者，而不包括投资购房者，体现了司法的人文关怀，反映了人民群众的居住生存权利优先于承包人的工程款债权这一司法价值取向。

重庆市高级人民法院2003年在《关于对最高人民法院〈关于建设工程价款优先受偿权问题的批复〉应如何理解的意见》中指出，“从该批复第一条、第二条的文意理解，应按购房消费者、承包人、抵押权人的顺序享有优先权，故购房者与抵押权人利益出现冲突时，人民法院应优先保护购房消费者的利益。人民法院在审理和执行购房消费者办理土地使用权、房屋产权证历史遗留问题的案件，优先保护购房消费者的利益时，应注意把握以下几个条件。首先，购房消费者中消费者的含义应与《消费者权益保护法》中的‘消费者’含义相同，即购房者购房是为生活消费而不是为经营需要。其次，购房消费者已交付全部或大部分购房款（超过50%），且能支付尾款。第三，购房消费者在购买商品房的过程中无恶意损害抵押权人利益的行为”。

《建设工程司法解释（一）》吸收了原《优先受偿权批复》的内容，在第36条规定：“承包人根据民法典第八百零七条规定享有的建设工程价款优先受偿权优于抵押权和其他债权。”之所以赋予建设工程价款优先受偿权高于抵押权和其他债权的优先性，主要从以下两方面予以考虑：

一方面，建筑工程的施工是承包人将建筑材料和劳力物化到建筑物的过程，正是由于承包人的施工，创造或增加了建筑物的价值，使得发包人的责任财产增加，其他债权人方有就该建筑物实现债权的可能性。从这个角度来说，建设工程价款优先受偿权与留置权一样，均属于费用型担保物权，承包人的工程款债权系基于增加建筑物的价值而发生的，是其他债权人能否就该建筑物受偿的基础，故法律对承包人的工程款债权予以特殊保护，对其他债权人而言并无不公。

另一方面，目前我国建筑市场并不完善，建筑施工的利润并不高，且施工过程中发包人支付的进度款并不能完全覆盖承包人的成本，因而发包人所应支付的工程款尾款中，不但包含承包人的应得利润，还包括其他分包商、材料商、租赁商的费用，乃至建筑工人的工资。故承包人无法取得工程款，意味着工程的亏损，分包商的分包工程款、材料商的材料款、租赁商的租赁费，以及建筑工人的工资，都无法得到实现。一旦施工企业无法承受亏损而破产，又会引发其承包的其他工程的中途退场，进而引发一系列的社会问题。因而，给予工程款债权优于抵押权和其他债权的保护，对于整个建筑市场的良性发展，社会大局的稳定，以及建筑工人的基本生存利益的保障，都有重大积极意义。

二、承包人放弃优先受偿权原则上有效

实务中，尤其是在房地产建设项目中，发包人由于建设资金的短缺，往往将在建工程抵押给银行或其他金融机构，以获得融资贷款。而银行为了保障贷款债权的实现，通常将发包人提供承包人放弃建设工程价款优先受偿权的承诺书作为其发放贷款的前置条件，发包人迫于资金的压力，则利用其在建筑市场的优势地位，迫使承包人在建设工程施工合同中约定，或另行签订承诺书，放弃对承建工程的优先受偿权。鉴于我国建筑市场“僧多粥少”，承包人为承揽工程，虽然明知放弃建设工程价款优先受偿权的后果，但不放弃则意味着无法获得工程承包权，权衡之下，多数承包人都会选择放弃优先受偿权。而在工程施工后，发包人无法清偿工程款债务时，承包人往往还是会在诉讼或仲裁中主张建设工程价款优先受偿权，此时，法院则需要认定承包人放弃优先受偿权的效力。对此，在原《建设工程司法解释(二)》施行之前，司法实践中存在两种完全不同的观点。

一种观点认为，建设工程价款优先受偿权的制度设计是从保护承包人的利益，最终保障农民工等劳动者生存利益考虑，体现了生存利益优先于经营利益的指导思想，体现了维护社会稳定、维护劳动者权益的政策考量，不应认可放弃承诺有效。[1] 此外，此类观点还认为，多数情况承包人对于优先受偿权的放弃，是发包人利用其优势市场地位的变相强迫，并非承包人的真实意思表示。

另一种观点认为，建设工程优先受偿权是法律赋予建设工程施工承包人的法定权利，属于具有担保性质的民事财产权利。作为民事财产权利，权利人可以自由选择是否行使，当然也应当允许其通过约定放弃。“对于建设工程价款优先受偿权，承包人有权予以抛弃。因为只要不损害第三人利益，民事主体有权放弃其权利。”[2] 而且，放弃优先受偿权并不必然侵害建设工程承包人或建筑工人的合法权益，承包人或建筑工人的合法权益还可通过其他途径的保障予

---

〔1〕 参见李后龙、潘军锋：《建设工程价款优先受偿权审判疑难问题研究》，载《法律适用》2016 年第 10 期。

〔2〕 王旭光：《建设工程价款优先受偿权制度研究——〈合同法〉第 286 条的理论与实务》，人民法院出版社 2010 年版，第 229 页。

以实现[1]。

在一些地方高级人民法院发布的司法文件中，对于承包人放弃优先受偿权的效力均予以认可。广东省高级人民法院2004年发布的《关于在审判工作中如何适用〈合同法〉第286条的指导意见》（已失效）第9条规定："承、发包双方当事人在建设工程承包合同中约定承包人不能行使建设工程价款优先权，事后承包人以建设工程价款优先权是法定权利为由向人民法院主张合同约定无效并要求行使建设工程价款优先权的，人民法院不予支持。"江苏省高级人民法院2018年发布的《关于审理建设工程施工合同纠纷案件若干问题的解答》（已失效）第19条规定："法律并未禁止承包人放弃建设工程价款优先受偿权。承包人自愿放弃建设工程价款优先受偿权的，只涉及承包人自身利益的，该放弃行为有效。但该放弃行为损害实际施工人等第三人利益的，对该第三人不产生效力。"

原《建设工程司法解释（二）》第23条原则上认可了承包人放弃优先受偿权的效力，《建设工程司法解释（一）》沿袭了该条规则，在第42条规定："发包人与承包人约定放弃或者限制建设工程价款优先受偿权，损害建筑工人利益，发包人根据该约定主张承包人不享有建设工程价款优先受偿权的，人民法院不予支持。"

三、承包人优先受偿权的相对放弃

基于承包人作出放弃建设工程价款优先受偿权意思表示的具体内容，可以分为优先受偿权的绝对放弃和优先受偿权的相对放弃。前者是承包人对优先受偿权这一权利本身的放弃，后者是承包人对优先受偿权优于抵押权的受偿顺位的放弃。

承包人对优先受偿权的绝对放弃，是指承包人所作出的意思表示直截了当地表明其放弃对承包工程所享有的优先受偿权，或在发包人欠付工程款时，承包人不得行使优先受偿权，不作任何例外。

承包人对优先受偿权的相对放弃，是指承包人所作出的放弃优先受偿权的意思表示，具有一定的限制条件。实务中较为常见的情况，是发包人为获取银

---

〔1〕参见大连安泰建设有限公司诉大连中裕嘉合房地产开发有限公司、第三人河南省恒源热力股份有限公司建设工程施工合同纠纷案，最高人民法院（2016）最高法民终532号民事判决书。

行贷款，而银行为保证贷款的偿还，要求发包人必须拿出承包人放弃建设工程价款优先受偿权的书面承诺方能发放贷款。则承包人若想顺利承接工程，必须要承诺放弃优先受偿权。此时，承包人会选择相对放弃的方式，向银行作出承诺，在发包人还清银行贷款之前放弃优先受偿权，或者表明在银行所享有的贷款债权范围内放弃优先受偿权。若承包人作出此类承诺，则意味着承包人的工程款债权将后于银行的抵押贷款债权受偿。例如，在龙元建设集团股份有限公司诉安防城控股有限公司、第三人浙越资产管理有限公司建设工程施工合同纠纷案中，承包人作出了工程款优先受偿权劣后于抵押权的承诺，第三人请求确认对发包人的抵押债权优先于承包人的工程款债权，法院判决："确认浙越资产管理有限公司就绍兴市中级人民法院(2017)浙06民初237号民事判决第四项所享有的抵押权优先于龙元建设集团股份有限公司享有的优先受偿权。"[1]

但如果发包人已经还清该笔银行贷款，则意味着承包人放弃优先受偿权的限制条件丧失，承包人可以完全地行使优先受偿权。还需要特别注意的是，承包人对优先受偿权的相对放弃，是针对特定对象的受偿顺位的放弃，不影响承包人工程款债权对该银行贷款债权以外的其他抵押权和债权的优先性。在中国工商银行股份有限公司枣庄薛城支行诉江苏南通二建集团有限公司、山东浙商联合实业股份有限公司第三人撤销之诉纠纷案中，法院认为："《承诺函》是承包人针对特定抵押权人作出的，故其承诺放弃工程价款优先受偿权的意思表示，是对工程价款优先受偿权的相对放弃而非绝对放弃，因该种权利放弃的意思表示不及于发包人的其他债权人，而且此种放弃的意思表示仅应视为对法律规定的工程价款优先于抵押权受偿顺位的一种放弃，而非法定权利本身的放弃。"[2]法院在审理此类案件时，不应武断地否认承包人的优先受偿权，而应当结合承包人放弃的具体内容来作出认定。

---

〔1〕参见浙江省高级人民法院民事判决书，(2020)浙民终798号。

〔2〕最高人民法院民事判决书，(2019)最高法民终978号。该判决还指出："作为银行业金融机构的工行薛城支行，在从事贷款业务过程中有检查、监督贷款使用情况的责任，其在与浙商公司签订的《房地产借款合同》中也约定有相关条款，南通二建基于对工行薛城支行的信赖，在浙商公司未按承诺将案涉贷款全部用于支付其承建工程的工程款情况下，有理由认为《承诺函》所附生效条件未成就。此前判决虽确认南通二建对于案涉工程享有工程价款优先受偿权，但是在浙商公司欠付工程款范围之内，二者所争实质是执行程序中执行款项的分配顺位，但在执行结果未明确情况之下，工行薛城支行的民事权益是否实际受到损害亦不明确。"

【**典型案例**】安阳中广发汇成置业有限公司与杭州建工集团有限责任公司建设工程施工合同纠纷案[1]

【**基本案情**】安阳中广发汇成置业有限公司(以下简称中广发公司)将涉案工程发包给杭州建工集团有限责任公司(以下简称杭建工公司)施工。2015年中广发公司向中原银行安阳邺城支行申请1.2亿元贷款,杭建工公司向中原银行安阳邺城支行出具承诺书。承诺书中列明:"中广发公司开发的位于安阳市紫薇大道与朝霞路交叉口的大美城项目工程由我公司承建,我公司同意并支持中广发公司以该项目在建工程(建筑面积:36884.96平方米,明细附后)为抵押向贵行申请贷款1.2亿元,对此,我公司郑重承诺如下:我公司自愿放弃对上述在建工程项目的优先受偿权及留置权,优先受偿权由贵行享有。"后杭州建工在诉讼中主张建设工程价款优先受偿权。

【**裁判观点**】杭建工公司的工程款债权就涉案工程享有优先受偿权。理由如下:(1)杭建工公司放弃建设工程价款优先受偿权的承诺是向中原银行安阳邺城支行作出,并非向中广发公司作出,中广发公司不能以此为由来作出对杭建工公司的不利主张。(2)杭建工公司向银行放弃上述权利的目的是便利中广发公司向银行借款以确保银行的贷款权益。因涉案借款已向银行还清,杭建工公司的优先受偿权不会影响银行的权益,所以杭建工公司可以继续行使其优先受偿权。

四、承包人放弃优先受偿权不得损害建筑工人利益

最高人民法院以司法解释的形式肯定了承包人放弃建设工程价款优先受偿权的效力,但要求不得损害建筑工人利益。只要不违反法律的禁止性规定和社会公序良俗,民事权利主体有权自由处分其财产权利,包括放弃财产权利或

---

[1] 参见最高人民法院民事判决书,(2020)最高法民终1113号。此类判决还有贵州建工集团第一建筑工程有限责任公司诉松原市金滩源房地产开发有限公司建设工程施工合同纠纷案,最高人民法院(2017)最高法民终225号民事判决书。法院认为:"贵州一建吉林分公司虽曾向九台商业银行出具《放弃优先受让权承诺书》,承诺在金滩源公司结清该行贷款8000万元前,放弃工程优先受让权,但金滩源公司在原审中自认上述贷款已经清偿,贵州一建放弃工程受让权或者放弃工程价款优先受偿权的前提条件已经不存在,本案没有证据证明原审判令贵州一建对其承建的工程享有优先受偿权可能损害九台商业银行的合法权益,金滩源公司主张贵州一建不享有优先受偿权,缺乏事实和法律依据。"

者限制该财产权利。如果民事主体放弃或者限制财产权利的行为损害第三人利益,对第三人不发生效力。虽然原则上承包人有权自由处分自身财产权利,但其放弃行为不能损害第三方利益,因而,司法解释明确了承包人对优先受偿权的放弃不得损害建筑工人的利益。

建筑行业是劳动密集型产业,建筑工人的报酬占据了工程价款很大一部分比例。《民法典》第807条规定的建设工程价款优先受偿权制度保护的是承包人的建设工程价款债权,同时也是为进一步保护建筑工人获得报酬的生存权益。建筑工人的报酬由承包人支付,虽然承包人亦可以从公司自有资金中支付,但建筑行业为薄利行业,巨额的工程价款亏损,势必会造成承包人企业的资金困难,影响承包人企业的经营,建筑工人的报酬自然也难以得到保障。承包人放弃建设工程价款优先受偿权,最直接的影响是实现建设工程价款债权的可能性,如因此导致承包人无法实现工程款债权,进而造成承包人公司资产状况恶化,以至于无法支付建筑工人报酬,则承包人放弃优先受偿权的行为即违背了立法本意。

在判断承包人放弃建设工程价款优先受偿权是否损害建筑工人利益时,应当看这一放弃的行为是否整体上导致承包人丧失了支付建筑工人报酬的能力。另外需要考虑的是,若承包人放弃优先受偿权的行为导致其无法支付建筑工人的报酬,该行为是全部无效,还是仅在建筑工人报酬范围内无效,仍需要进一步明确。

【典型案例】中国华融资产管理股份有限公司福建省分公司与苏州市凤凰建筑安装工程有限公司、第三人上海浦东发展银行股份有限公司福州分行合同纠纷案[1]

【基本案情】2013年2月27日,发包人与上海浦东发展银行股份有限公司福州分行(以下简称浦发银行福州分行)签订《房地产开发项目贷款合同》,约定金瑞公司向浦发银行福州分行贷款38,000万元,贷款具体用途为项目建设需要。同日,苏州市凤凰建筑安装工程有限公司(以下简称苏州凤凰公司)向浦发银行福州分行出具了《承诺书》,承诺放弃工程款优先权,以使该行依抵押权享有对抵押物的完整的优先权。2015年12月2日,浦发银行

〔1〕 参见最高人民法院民事判决书,(2019)最高法民终1951号。

福州分行与中国华融资产管理股份有限公司(以下简称华融公司)签订《上海浦东发展银行不良资产批量转让协议》,约定浦发银行福州分行向该公司转让贷款债权及一切附属权益。因苏州凤凰公司起诉发包人并在涉案工程拍卖后优先受偿,华融公司起诉请求其优先受偿所得价款归其所有。

【裁判观点】苏州凤凰公司已进入破产清算程序,若还允许苏州凤凰公司基于意思自治放弃建设工程价款优先受偿权,必然使其整体清偿能力恶化,影响建筑工人工资的正常支付,侵犯建筑工人利益。华融公司虽主张政府部门垫付的建筑工人工资已经通过执行款项得到了受偿,但是苏州凤凰公司取得相应执行款正是其行使建设工程价款优先受偿权的结果。故法院认为,《承诺书》中苏州凤凰公司放弃优先受偿权的相关条款因损害建筑工人利益而无效。

第八章　建设工程合同纠纷争议解决

随着我国经济建设的发展，大量工程的建设不断铺开，由于履行建设工程合同产生争议而引起的纠纷案件也呈逐年增多的态势。建设工程合同较其他类型的合同，除具有标的金额大、履行周期长、涉及利益面广等特点以外，其履行引起的纠纷案件在争议解决的程序上较其他纠纷也存在不少特殊的地方。

第一节　建设工程合同纠纷案由与管辖

建设工程合同纠纷作为三级案由，其项下有 9 个四级案由，分别是：(1)建设工程勘察合同纠纷；(2)建设工程设计合同纠纷；(3)建设工程施工合同纠纷；(4)建设工程价款优先受偿权纠纷；(5)建设工程分包合同纠纷；(6)建设工程监理合同纠纷；(7)装饰装修合同纠纷；(8)铁路修建合同纠纷；(9)农村建房施工合同纠纷。

一、建设施工合同相关纠纷适用专属管辖

《民事诉讼法解释》第 28 条第 2 款规定："农村土地承包经营合同纠纷、房屋租赁合同纠纷、建设工程施工合同纠纷、政策性房屋买卖合同纠纷，按照不动产纠纷确定管辖。"《民事诉讼法》第 34 条第 1 项规定："因不动产纠纷提起的诉讼，由不动产所在地人民法院管辖。"因此，建设工程施工合同纠纷，由工程所在地法院管辖。但对于建设工程合同纠纷项下的其他子案由的管辖，法律及司法解释没有作出特别规定，司法实践中存在诸多争议。最高人民法院在深圳市美达芙装饰工程有限公司诉中建二局第一建筑工程有限公司建设工程分包合同

纠纷案中对该问题作出了明确:“对该项涉及的建设工程施工合同纠纷的理解,应不限于《民事案件案由规定》的建设工程合同项下的第三级、第四级案由‘建设工程施工合同纠纷’,还包括该项下的建设工程施工相关案件:建设工程施工合同纠纷、建设工程价款优先受偿权纠纷、建设工程分包合同纠纷、建设工程监理合同纠纷、装饰装修合同纠纷、铁路修建合同纠纷、农村建房施工合同纠纷。”[1]

在《民事诉讼法解释》施行之前,“因建设工程合同纠纷提起的诉讼,由建设工程合同履行地人民法院管辖”[2],对于建设工程施工合同纠纷、建设工程价款优先受偿权纠纷、建设工程分包合同纠纷、建设工程监理合同纠纷、装饰装修合同纠纷、铁路修建合同纠纷、农村建房施工合同纠纷的管辖,因其合同履行地均为建设工程所在地,故最高人民法院在(2017)最高法民辖 30 号案件中关于“建设工程施工相关案件”均按照工程所在地法院确定管辖的认定并无不妥。

二、建设工程勘察、设计合同纠纷不宜专属管辖

对于建设工程勘察、设计合同纠纷案件是否应按照专属管辖原则由工程所在地法院管辖,法律和司法解释未作规定,司法实践中各地法院对此认定不一。

一种观点认为,应当对《民事诉讼法解释》第 28 条中的“建设工程施工合同纠纷”作扩大理解,所有建设工程合同纠纷都应按照专属管辖原则确定管辖法院。如江苏省高级人民法院 2018 年出台规定,认为“建设工程施工合同纠纷”还包括建设工程勘察合同纠纷、建设工程设计合同纠纷等,一律由建设工程所在地法院管辖。[3] 因而江苏地区法院对于建设工程勘察、设计合同纠纷多数认

---

〔1〕 最高人民法院民事裁定书,(2017)最高法民辖 30 号。

〔2〕 最高人民法院民事案件案由规定课题组编著:《最高人民法院民事案件案由规定理解与适用》,人民法院出版社 2011 年版,第 169 页。

〔3〕 江苏省高级人民法院《关于审理建设工程施工合同纠纷案件若干问题的解答》第 1 条规定:“《最高人民法院关于适用〈中华人民共和国民事诉讼法〉的解释》第 28 条规定建设工程施工合同案件按照不动产专属管辖确定受诉法院,即建设工程施工合同纠纷一律由建设工程所在地人民法院管辖。‘建设工程施工合同纠纷’还包括建设工程价款优先受偿权纠纷、建设工程分包合同纠纷、建设工程监理合同纠纷、装饰装修合同纠纷、建设工程勘察合同纠纷、建设工程设计合同纠纷。”

定由工程所在地法院管辖。[1] 此外,也有其他一些地方法院持此观点。[2]

另一种观点认为,建设工程勘察、设计合同与建设工程施工合同属同一级序列,均归于建设工程合同纠纷。司法解释仅规定建设工程施工合同纠纷适用专属管辖,未对建设工程合同以及建设工程勘察、设计合同纠纷的管辖作出特殊规定,不应作扩大理解。且勘察、设计发生在施工之前,应按照不动产管辖缺乏依据。[3]

不动产纠纷专属管辖的设置目的在于方便法院调查相关不动产状况,便利当事人参加诉讼。"如建设工程施工合同纠纷,往往涉及建筑物工程造价评估、质量鉴定、留置权优先受偿、执行拍卖等,由建筑物所在地人民法院管辖,有利于案件审理与执行。"[4]但对于建设工程勘察合同纠纷、建设工程设计合同纠纷,"由于承包人的工作成果主要是提供勘察报告或者设计方案及文件,与其他案由中承包人的合同义务主要系在工程现场完成、工程成果直接物化至不动产中显著不同,且承包人的主要工作系在勘察单位或者设计单位内完成。"[5]故对于此二者,不宜直接纳入专属管辖范围。

---

〔1〕 参见苏州工业园区九寸钉空间设计工作室诉南阳市万泓房地产开发有限公司建设工程设计合同纠纷案,江苏省苏州市中级人民法院(2020)苏05民辖终43号民事裁定书。法院认为:"建设工程施工合同纠纷,按照不动产纠纷确定管辖,由不动产所在地人民法院管辖。建设工程设计合同纠纷属于建设工程施工合同纠纷范畴。"

陈某某诉李某建设工程设计合同纠纷案,江苏省南京市中级人民法院(2019)苏01民辖终414号民事裁定书。法院认为:"建设工程设计合同纠纷,属于不动产纠纷范畴,依法应适用不动产纠纷确定管辖。"

〔2〕 参见武汉松森设计有限公司诉太康县恒德房地产开发有限公司建设工程设计合同纠纷案,湖北省武汉市中级人民法院(2021)鄂01民辖终92号民事裁定书;中十冶集团有限公司诉辽宁工程勘察设计院建设工程设计合同纠纷案,陕西省西安市中级人民法院(2019)陕01民终15035号民事裁定书;东莞市汉阳装饰有限公司诉东莞市合丰装饰有限公司、黄某某建设工程设计合同纠纷案,广东省东莞市中级人民法院(2018)粤19民辖终63号民事裁定书。

〔3〕 参见欧利生东邦涂料(江苏)有限公司诉福斯特惠勒(河北)工程设计有限公司建设工程设计合同纠纷案,江苏省泰州市中级人民法院(2020)苏12民辖终45号民事裁定书。法院认为:"案涉合同为建设工程设计合同纠纷,设计行为发生在施工之前,不动产尚未形成,也不应当根据不动产所在地确定管辖。"

〔4〕 最高人民法院修改后民事诉讼法贯彻实施工作领导小组编著:《最高人民法院民事诉讼法司法解释理解与适用》(上),人民法院出版社2015年版,第181页。

〔5〕 周利明:《解构与重塑:建设工程合同纠纷审判思维与方法》,法律出版社2019年版,第42页。

【典型案例】中外建华诚工程技术集团有限公司与北京贞玉民生药业有限公司建设工程设计合同纠纷案[1]

【基本案情】2018年9月7日，北京贞玉民生药业有限公司（以下简称贞玉公司）与中外建华诚工程技术集团有限公司（以下简称华诚公司）签订《建设工程设计合同》，约定了贞玉公司委托华诚公司设计贞玉民生药业公司滦南分公司工程等事宜。合同签订后，华诚公司陆续将原施工图、重新设计总方案和重新设计的施工图交付贞玉公司，并由贞玉公司指定的审图机构审查通过。后因贞玉公司拖欠设计费，遂成讼。北京市大兴区人民法院经审查认为，本案审理可能涉及现场勘查。工程施工地位于河北省滦南县，为便于现场勘查，遂作出(2019)京0115民初25704号民事裁定，将本案移送河北省滦南县人民法院。河北省高级人民法院经审查认为，本案系建设工程设计合同纠纷，虽然与不动产有关联，但并非建设工程施工合同纠纷，不适用专属管辖，华诚公司依法向贞玉公司住所地北京市大兴区人民法院提起诉讼符合法律规定，北京市大兴区人民法院对本案具有管辖权，不应将本案移送河北省滦南县人民法院审理。河北省高级人民法院经与北京市高级人民法院协商，未达成一致意见，遂依照《民事诉讼法》(2017年)第36条[2]的规定，报请最高人民法院指定管辖。

【裁判观点】《民法典》第788条规定，建设工程合同是承包人进行工程建设，发包人支付价款的合同。建设工程合同包括工程勘察、设计、施工合同，这三种合同均属为建设房屋而订立的合同，但是各自具有不同的特点。工程勘察合同，是指发包人与勘察人就完成建设工程地理、地质状况的调查研究工作而达成的协议；设计合同，是指建设工程为项目决策提供可行性资料的设计及具体施工设计达成的协议；施工合同，主要包括建筑和安装两方面内容。在审理建设工程施工合同纠纷中，建设工程施工合同的履行基本是在建设工程所在地，即不动产所在地，其争议会经常涉及建筑物工程造价评估、质量鉴定、留置权优先受偿、执行拍卖等，故由不动产所在地法院管辖。依照《民事案件案由规定》的有关规定，与建设工程施工合同具有同样性质、

---

〔1〕 参见最高人民法院民事裁定书，(2021)最高法民辖16号。
〔2〕 参见2021年《民事诉讼法》第37条。

具有建筑和安装内容的建设工程分包合同纠纷、装饰装修合同纠纷、铁路修建合同纠纷、农村建房施工合同纠纷，其合同履行基本也在建筑物所在地，故应适用不动产专属管辖，同时建设工程价款优先受偿权纠纷、建设工程监理合同纠纷与建设工程施工具有密切关联性，同样应适用不动产专属管辖。虽然建设工程勘察合同、建设工程设计合同的履行与工地有一定的联系，如设计合同，设计工作必须从工地勘察开始，但设计工作主体实际是在设计单位内完成；勘察合同的履行尽管数据采集等大部分工作在工地进行，但后期作图、报告制作等也是在承揽单位完成，故建设工程勘察合同纠纷、建设工程设计合同纠纷不应适用不动产专属管辖。

三、项目经理表见代理签订合同的仲裁协议效力

《仲裁法》第 4 条规定："当事人采用仲裁方式解决纠纷，应当双方自愿，达成仲裁协议。没有仲裁协议，一方申请仲裁的，仲裁委员会不予受理。"据此，当事人自愿达成仲裁协议，是仲裁委员会受理案件的前提。对于公司员工无权代理签订的合同（含仲裁协议），仲裁庭适用表见代理规则认定仲裁协议成立且效力及于被申请人。在仲裁裁决作出后，被申请人以"没有仲裁协议"为由向法院申请撤销仲裁时，法院又以表见代理规则的适用属于仲裁庭对案件实体处理的范畴，不属于《仲裁法》第 58 条规定的审查范围，予以驳回。但此类认定似乎并不符合仲裁协议的"自愿"原则，仲裁协议的有无，能否通过表见代理来认定，也是值得探讨的问题。

（一）法院多以表见代理属于实体处理为由驳回撤裁申请

查诸司法类案，对此问题似乎有较为一致的观点。查询的类案争议背景是，仲裁案件中被申请人向法院申请撤销仲裁，理由为在仲裁协议（或含有仲裁条款的合同）上签字之人的行为系无权代理行为，故仲裁协议对仲裁案件的被申请人无约束力，仲裁案件双方之间不存在仲裁协议。

但这些案例中，法院最终均驳回了当事人的申请，认为表见代理是否成立属于实体审理范畴，根据《仲裁法》第 58 条的规定，仲裁庭对于实体问题的判断

不在法院的法定审查范围之内,予以驳回。[1]

(二)"实体处理"不能成为法院拒绝审查的理由

仲裁案件的处理,案件的事实认定和法律适用均由仲裁庭负责,法院不作干涉。对仲裁案件,法院的职权范围主要规定在《仲裁法》第五章关于当事人向法院申请撤销仲裁裁决的规定之中。从有关具体规定中可以看出,对某个案件是否属于仲裁管辖有争议时,任一方当事人均有权将争议交由法院判断,法院有决定权;而仲裁庭正常审理得出的结论,法院也无权干涉,除非仲裁庭是基于虚假证据或不完整的证据得出的结论。

从法律规定上看,仲裁委员会与法院的分工,不在于某个争议是否属于"实体审理范畴",而应按法律规定各司其职。当某项争议依法应由法院决定,而争议点的分析认定需要进行实质性分析判断时,法院当然有权进行实体判断。例如,在《仲裁法》第58条规定的法院应当撤销仲裁的法定事由中,第4项"裁决所根据的证据是伪造的",第5项"对方当事人隐瞒了足以影响公正裁决的证据的"两项中关于"伪造""足以影响公正裁决"的判断即为实体判断。

因而,本书认为,前述类案中,法院以表见代理系实体审理为由,驳回了当事人的申请,其法律依据不足。

(三)不宜适用表见代理规则认定仲裁协议的成立

本书认为,仲裁委不宜适用表见代理规则认定仲裁协议成立,而法院也不宜以仲裁委通过表见代理对仲裁协议的认定属于实体认定而不予审查。

第一,代理制度属于民事法律行为制度中的规定,是私法自治的扩张,代理行为内容为民事权利义务,其后果也限定在民事权利义务范畴内,属私法制度,表见代理制度作为代理制度的一项内容亦然。而案件是否应由仲裁管辖,属于对诉权行使的规定,属公法范畴,本身不能全部委诸当事人的意思。

---

〔1〕类案裁判文书可参见:山东省济南市中级人民法院民事裁定书,(2020)鲁01民特10号;北京市第四中级人民法院民事裁定书,(2019)京04民特405号;重庆市第一中级人民法院民事裁定书,(2020)渝01民特44号;河南省郑州市中级人民法院民事裁定书,(2012)郑民三撤仲字第43号;广东省东莞市中级人民法院民事裁定书,(2018)粤19民特337号;北京市第三中级人民法院民事裁定书,(2016)京03民特41号;上海市第一中级人民法院民事裁定书,(2017)沪01民特400号;陕西省汉中市中级人民法院民事裁定书,(2017)陕07民特9号;江苏省南通市中级人民法院(2020)民事裁定书,苏06民特23号等。

依据《民事诉讼法》和《仲裁法》的规定,当事人可以约定仲裁,也可以在民事诉讼中约定管辖,但这种约定,是公法制度赋予当事人在一定范围内对诉权的行使方式进行约定,并不是民事主体的民事法律行为,不属于私法制度范畴。并且,当事人对仲裁管辖和诉讼约定管辖的约定,必须符合法律的规定,而运用表见代理规则来认定仲裁协议并不符合法律规定。

第二,《仲裁法》第4条规定,"当事人采用仲裁方式解决纠纷,应当双方自愿,达成仲裁协议。没有仲裁协议,一方申请仲裁的,仲裁委员会不予受理"。其中,从"应当双方自愿"的表述可见,仲裁协议的达成必须是由当事人自愿表达出相应的意思。而表见代理属于无权代理,本身就不存在当事人的意思,更何谈"自愿"?并且该条中并无"但书"等除外规定,说明《仲裁法》并没有为"表见代理""追认"等留下适用空间。

因此,在仲裁案件受理后,被申请人提出仲裁协议不存在的,仲裁庭无权以表见代理规则来认定当事人之间存在仲裁协议;若仲裁庭以表见代理规则认定双方存在仲裁协议,并作出了仲裁裁决,被申请人向法院申请撤销仲裁裁决的,法院也不能以"仲裁庭运用表见代理来认定仲裁协议的存在系仲裁庭职权范围内的实体认定权力"为由直接不予理涉。

第三,在申请撤销仲裁裁决的案件中,即便法院审理后认为,当事人在仲裁协议上签字的行为构成表见代理,从而包含仲裁条款的合同对被代理人有效,也应仅仅限于合同中相关民事权利义务部分对被代理人有效,而不发生仲裁条款有效的效力,进而应当以仲裁协议不存在为由,撤销仲裁裁决。

仲裁协议的成立,是仲裁委员会受理案件的前提条件。仲裁案件受理后移交审理,适用表见代理规则认定仲裁协议成立且有效,进而法院认为仲裁委员会有权受理该案。法院以仲裁审理后的结论来证明仲裁委员会受理案件的合法性,几似逻辑空转。根据《仲裁法》第4条的规定,当事人自愿达成仲裁协议,是仲裁委员会受理案件的前提。但表见代理规则本身即蕴含着"非自愿"的前提,与仲裁协议的前提天然排斥。基于前文分析,应排除表见代理规则在认定仲裁协议成立中的运用,法院不能坐等无为,任由仲裁委员会的自我赋权。

第二节 实际施工人向发包人主张工程款的路径

实际施工人并非法律概念,而是由司法解释创设的概念,在司法适用的过程中难免会有水土不服的情况,各地法院的意见难以统一。一方面,实际施工人制度对于解决工程款及农民工工资拖欠问题起到了积极的作用;另一方面,实践中大量存在滥用实际施工人规定损害发包人、承包人利益的情况。因此,如何正确理解和适用实际施工人制度进行裁判,也就成为建设工程合同纠纷案件审理过程中的重点和难点。

一、实际施工人概述

实际施工人是我国特有的司法政策性产物,从2004年首次提出以来已逾18年,但对其的理解与适用至今仍存有争议。

(一)实际施工人的概念

建设工程施工活动中,参与主体有发包人、承包人、施工人、分包人等,这些是《建筑法》《民法典》等法律所规定的合法概念。但实践中普遍存在挂靠、转包、违法分包等非法行为,导致实际进行施工的主体与发包人签订合同的主体不一致的情况,为区别于合法的施工人、承包人的概念,最高人民法院总结司法实践经验,在2004年发布的原《建设工程司法解释》中创设了“实际施工人”的概念。最高人民法院在2016年发布的《关于统一建设工程施工合同纠纷中“实际施工人”的司法认定条件的建议的答复》(对十二届全国人大四次会议第9594号建议的答复)中指出,“实际施工人”是指依照法律规定被认定为无效的施工合同中实际完成工程建设的主体,包括施工企业、施工企业分支机构、工头等法人、非法人团体、公民个人等。

(二)实际施工人的范围

实际施工人的范围,是指转包、违法分包、借用资质情况下,实际完成工程施工的主体,包括:(1)转包合同的承包人;(2)违法分包合同的承包人;(3)缺乏相应资质而借用有资质的建筑施工企业名义与他人签订建设工程施工合同的单位或者个人。[1] 一些地方高级人民法院出台的司法文件对司法解释规定的“实际施工人”的范围也作了规定，如河北省高级人民法院2018年发布的《建设工程施工合同案件审理指南》第29条规定：“实际施工人与名义上的承包人相对，一般是指非法转包合同、违法分包合同、借用资质（挂靠）签订合同的承包人。”[2] 班组长、农民工等不属于实际施工人的范畴。

需要注意的是，在层层转包情况下，只有最终实际进行工程施工的主体属于实际施工人，中间仅转手工程而未实际施工的主体不属于实际施工人的范畴。四川省高级人民法院2015年发布的《关于审理建设工程施工合同纠纷案件若干疑难问题的解答》第12条规定：“建设工程经数次转包或分包的，实际施工人应当是实际投入资金、材料和劳力进行工程施工的企业或个人。”

（三）实际施工人制度沿革

由于我国一段时间以来建筑市场管理较为混乱，拖欠工程款和农民工工资的情况屡见不鲜，出于保障农民工工资这一生存权利的考虑，最高人民法院在原《建设工程司法解释》中赋予了实际施工人在一定条件下可以突破合同相对性向发包人主张工程款的权利，该解释第26条规定：“实际施工人以转包人、违法分包人为被告起诉的，人民法院应当依法受理。实际施工人以发包人为被告主张权利的，法院可以追加转包人或者违法分包人为本案当事人，发包人只在欠付工程价款范围内对实际施工人承担责任。”

其后，在2019年发布的原《建设工程司法解释（二）》中，最高人民法院对实际施工人制度进行了补充规定，该解释第24条规定：“实际施工人以发包人为被告主张权利的，人民法院应当追加转包人或者违法分包人为本案第三人，在查明发包人欠付转包人或违法分包人建设工程价款的数额后，判决发包人在欠付建设工程价款范围内对实际施工人承担责任。”第25条规定：“实际施工人根

---

〔1〕 参见最高人民法院民事审判第一庭编著：《最高人民法院新建设工程施工合同纠纷司法解释（一）理解与适用》，人民法院出版社2021年版，第445页。

〔2〕 此外，北京市高级人民法院2012年发布的《关于审理建设工程施工合同纠纷案件若干疑难问题的解答》第18条、四川省高级人民法院2015年发布的《关于审理建设工程施工合同纠纷案件若干疑难问题的解答》第12条、山东省高级人民法院2011年发布的《全省民事审判工作会议纪要》第3条第6项均作了类似规定。

据合同法第七十三条规定,以转包人或者违法分包人怠于向发包人行使到期债权,对其造成损害为由,提起代位权诉讼的,人民法院应予支持。”2021 年发布的《建设工程司法解释(一)》沿袭了该解释对于实际施工人制度的规定。

二、实际施工人向发包人主张权利

《建设工程司法解释(一)》第 43 条规定:“实际施工人以转包人、违法分包人为被告起诉的,人民法院应当依法受理。实际施工人以发包人为被告主张权利的,人民法院应当追加转包人或者违法分包人为本案第三人,在查明发包人欠付转包人或者违法分包人建设工程价款的数额后,判决发包人在欠付建设工程价款范围内对实际施工人承担责任。”该条解释规定了实际施工人主张工程价款的两条路径:一是依据转包或违法分包合同向转包人或违法分包人主张;二是突破合同相对性向发包人主张。

(一)原则上向合同相对方主张

合同相对性原则是合同制度的基本原则之一,《民法典》第 465 条第 2 款规定:“依法成立的合同,仅对当事人具有法律约束力,但是法律另有规定的除外。”合同的相对性原则意味着合同约定的权利义务只能对合同的当事人发生效力,对合同当事人之外的第三人不具有法律约束力,合同当事人不能向当事人之外的第三方主张合同权利。转包合同的当事人是转包人和作为实际施工人的转承包人,违法分包合同的当事人是违法分包人和作为实际施工人的违法分包承包人。对于实际施工人而言,其原则上只能向合同相对方,即转包合同的转包人以及为违法分包合同的违法分包人主张权利。因此,《建设工程司法解释(一)》第 43 条第 1 款规定:“实际施工人以转包人、违法分包人为被告起诉的,人民法院应当依法受理。”该条规定意在说明,实际施工人应当首先向合同相对方主张权利,而不是径行向发包人主张权利。

(二)可突破合同相对性向发包人主张权利

我国建筑市场转包、违法分包的情况较为普遍,一方面,转包、违法分包收取管理费导致实际施工人利润微薄,极易引发偷工减料、克扣农民工工资等违法现象;另一方面,由于工程盈亏都由实际施工人负担,转包人和违法分包人难有动力向发包人催讨工程款,再加上工程款中很大一部分都属于农民工工资,直接影响广大农民工的生存权利。“为了根治拖欠农民工工资问题，人民法院有必要在特定情况下、一定范围内，并在兼顾其他当事人权益的情况下，突破合同相对性原则，对弱势方当事人尤其是广大的农民工提供司法保护，打通农民工权益保护的通道。”[1]因此，最高人民法院在司法解释中明确赋予了实际施工人突破合同相对性向发包人主张工程款的权利，《建设工程司法解释（一）》第 43 条第 2 款规定：“实际施工人以发包人为被告主张权利的，人民法院应当追加转包人或者违法分包人为本案第三人，在查明发包人欠付转包人或者违法分包人建设工程价款的数额后，判决发包人在欠付建设工程价款范围内对实际施工人承担责任。”

（三）应当追加转包人或违法分包人为第三人

根据《建设工程司法解释（一）》第 43 条第 2 款的规定，实际施工人以发包人为被告主张权利的，法院应当追加转包人或者违法分包人为本案第三人。《民事诉讼法》第 59 条第 2 款规定：“对当事人双方的诉讼标的，第三人虽然没有独立请求权，但案件处理结果同他有法律上的利害关系的，可以申请参加诉讼，或者由人民法院通知他参加诉讼。”“允许第三人参加诉讼，通过主张、举证、辩论等诉讼活动寻求对案件处理结果的影响，无疑既有利于为第三人提供基本的程序保障，也有利于查明事实、扩大一次性解决纠纷的程序容量，更加简化诉讼、方便当事人。”[2]实际施工人突破合同相对性向发包人主张权利的，涉及两个合同关系，即实际施工人与转包人或者违法分包人之间的转包合同关系或者违法分包合同关系，以及转包人或者违法分包人与发包人之间的建设工程施工合同关系，因此，转包人或者违法分包人均是两个合同关系中的主体，其作为第三人参加诉讼，既有利于裁判者查明案件事实，也有利于保障转包人或者违法分包人的合法权益。司法解释采用“应当”的表述，意在要求法院在此类案件中，必须要追加转包人或者违法分包人作为第三人参加诉讼。

（四）发包人承担责任的范围

实际施工人提出的请求中，可能包括工程款，以及利息、违约金、停窝工损

---

〔1〕 最高人民法院民事审判第一庭编著：《最高人民法院新建设工程施工合同纠纷司法解释（一）理解与适用》，人民法院出版社 2021 年版，第 442 页。

〔2〕 江必新：《新民事诉讼法条文理解与适用》（上），人民法院出版社 2022 年版，第 245 页。

失等。但根据《建设工程司法解释(一)》第43条第2款"在查明发包人欠付转包人或者违法分包人建设工程价款的数额后,判决发包人在欠付建设工程价款范围内对实际施工人承担责任"的规定,应当认为实际施工人突破合同相对性向发包人主张的权利限于工程价款,不包括违约金、损失、赔偿金等。且"从本条款保护农民工工资的本意出发,发包人在欠付工程款范围内承担责任,数额上已足以保障农民工工资的支付,故倾向性意见对工程款利息不予支持"。[1]

(五)发包人欠付金额的查明

根据《建设工程司法解释(一)》第43条第2款的规定,法院应当在查明发包人欠付转包人或者违法分包人建设工程价款的数额后,判决发包人在欠付工程款范围内对实际施工人承担责任。因此,发包人欠付工程款是其承担责任的前提,而查明发包人欠付工程款的金额,是法院判决支持实际施工人诉讼请求的前提。

原《建设工程司法解释》第26条第2款规定,"发包人只在欠付工程款范围内对实际施工人承担责任",在其后的司法实践中,一些法院径直判决"发包人在欠付工程款范围内承担责任",而未明确欠付的具体金额,导致判决无法有效执行。鉴于此,修改后的司法解释明确规定了必须要"查明发包人欠付工程款的金额",才能判决发包人承担责任。

此外,解释所规定的"查明",是指法院根据案件当事人提交的证据进行事实认定,查明发包人欠付工程款的金额。这就涉及该待证事实的举证证明责任的承担问题。应当认为,由实际施工人承担该举证证明责任较为合适,理由如下:

首先,实际施工人请求发包人在欠付范围内承担工程款的支付责任,则实际施工人请求所依据的"要件事实"即发包人欠付以及欠付的具体金额,需要由其来提供证据予以证明。如其不能证明,导致该待证事实处于真伪不明的状态,则应由实际施工人承担举证不能的不利后果。

其次,实际施工人是实际参与工程具体施工的主体,对于合同的履行情况,包括工程的结算情况,是知悉的,即使与发包人的结算需要由转包人或违法分

---

[1] 最高人民法院民事审判第一庭编著:《最高人民法院新建设工程施工合同纠纷司法解释(一)理解与适用》,人民法院出版社2021年版,第449页。

包人进行,但基础资料的提供以及结算的具体进展,都是由实际施工人把控的。因此,实际施工人进行举证并不会存在客观上的障碍。

最后,司法解释规定允许实际施工人突破合同相对性向发包人主张工程款,已使作为“无辜者”的发包人受累于诉讼程序,再由发包人承担举证责任对其也不甚公平。

在查明发包人欠付工程款金额时,通常存在两种情况,一是发包人与转包人或者违法分包人已经完成结算,此时只需要将结算总额减去发包人已付工程款,即可得到欠付金额;二是发包人与转包人或者违法分包人未完成结算,实际施工人可以申请进行造价鉴定,确定工程结算金额,进而计算欠付金额。如果经释明后实际施工人仍不申请造价鉴定的,由其承担举证不能的法律后果,其请求将不能得到支持。

实际施工人也可以将转包人或者违法分包人以及发包人作为共同被告,请求转包人或者违法分包人支付工程价款,发包人在欠付范围内承担责任,这样更有利于查明案件事实,一次性解决纠纷。

(六)挂靠人不适用《建设工程司法解释(一)》第43条规定

前文提到,司法解释规定的实际施工人包括转包、违法分包和挂靠的实际施工主体,但从《建设工程司法解释(一)》第43条的表述内容,以及挂靠行为本身性质来看,应当认为挂靠人不能适用该条规定主张权利。具体分析如下:

第一,对司法解释规定的理解应当限于文义,不宜对司法解释进行再解释。司法解释是最高人民法院、最高人民检察院根据法律的授权,对如何具体运用法律问题作出的具有普遍司法效力的规范性解释。[1]《立法法》第104条规定:“最高人民法院、最高人民检察院作出的属于审判、检察工作中的具体应用法律的解释,应当主要针对具体的法律条文,并符合立法的目的、原则和原意。”《建设工程司法解释(一)》第43条第2款的规定本身即已突破法律规定的合同相对性原则,因而在适用该解释时应当严格按照解释规定内容,避免对司法解释的扩大适用。从具体表述来看,该条规定的实际施工主张权利的法律关系限于转包和违法分包,未提及借用资质或挂靠,因而挂靠情形下的实际施工人不能适用该条规定行使诉权。

---

〔1〕 参见刘风景:《司法解释权限的界定与行使》,载《中国法学》2016年第3期。

第二，挂靠情形下，实际施工人与发包人之间成立施工合同法律关系，可直接向发包人主张权利。转包和违法分包情形下，由于实际施工人系与转包人和违法分包人成立的合同关系，与发包人之间并无直接的合同关系，在现有法律框架下，受合同相对性原则的限制，实际施工人无法直接向发包人主张权利。为保障农民工工资这一生存权利，对于转包和违法分包情形的实际施工人，只有赋予其突破合同相对性的特殊诉权，才能实现其直接向发包人起诉，主张权利的目的。而对于挂靠情形的实际施工人，其借用有资质的建筑施工企业与发包人签订建设工程施工合同，一方面，挂靠人与被挂靠人之间成立借用名义的关系，未成立建设工程施工合同法律关系，因此挂靠人不能依据挂靠协议向被挂靠人主张工程款〔1〕；另一方面，挂靠情形下的实际施工人与发包人之间直接成立建设工程施工合同法律关系，实际施工人可以直接基于该法律关系向发包人主张权利，无须突破合同相对性。

（七）实际施工人突破合同相对性的限制

司法解释赋予实际施工人突破合同相对性向发包人主张工程款的权利，虽然对于保障农民工工资权益具有一定的积极作用，但不可否认的是，司法实践中也出现了大量突破司法解释原意，滥用该规定的情形，损害了发包人、总承包人的合法权益。因此，对于该条司法解释规定的适用应当予以严格限制。

最高人民法院曾在诸多场合强调过要严格限制该条司法解释的适用。如在 2015 年召开的第八次全国民事商事审判工作会议中指出："对于《建设工程司法解释》第二十六条规定，目前实践中执行得比较混乱，要根据该条第一款规定严守合同相对性原则，不能随意扩大该条第二款规定的适用范围，只有在欠付劳务分包工程款导致无法支付劳务分包关系中农民工工资时，才可以要求发包人在欠付工程价款范围内对实际施工人承担责任，不能随意扩大发包人责任范围。"〔2〕在 2016 年发布的《关于统一建设工程施工合同纠纷中"实际施工人"

---

〔1〕 如广东省高级人民法院 2017 年发布的《关于审理建设工程合同纠纷案件疑难问题的解答》（已失效）第 23 条规定："因发包人欠付工程款，挂靠人主张被挂靠人和发包人承担欠付工程款的连带责任的，不予支持，但挂靠人和被挂靠人之间的合同明确约定被挂靠人承担支付工程款义务的除外。挂靠人主张被挂靠人支付已收取但尚未转付工程款的，应予支持。"

〔2〕 杜万华主编：《〈第八次全国法院民事商事审判工作会议（民事部分）纪要〉理解与适用》，人民法院出版社 2017 年版，第 60 页。

的司法认定条件的建议的答复》(对十二届全国人大四次会议第 9594 号建议的答复)中明确规定:“十余年来,最高人民法院反复强调准确理解、限缩适用《解释》第二十六条第二款规定,为此,通过在专业审判工作会议上领导讲话、发布指导性案例、撰写理论文章、答新闻记者问等形式反复阐明司法解释该条本意,指导地方法院审理好此类案件。特别是,2011 年最高人民法院民事审判工作会议纪要规定,对实际施工人向与其没有合同关系的转包人、分包人、总承包人、发包人提起的诉讼,要严格按照法律、司法解释的规定进行审查,不能随意扩大建设工程施工合同司法解释第二十六条第二款规定的适用范围,并且要严格根据相关司法解释规定明确发包人只在欠付工程价款范围内对实际施工人承担责任。2015 年第八次全国法院民事商事审判工作会议上,再次强调,要根据《解释》第二十六条第一款规定严守合同相对性原则,不能随意扩大该条第二款规定的适用范围,只有在欠付劳务分包工程款导致无法支付劳务分包关系中农民工工资时,才可以要求发包人在欠付工程价款范围内对实际施工人承担责任,不能随意扩大发包人责任范围。”

此外,最高人民法院在《建设工程司法解释(一)》第 43 条的理解与适用中指出,“该款是为了保护农民工的合法权益作出的规定,其目的在于解决农民工组成的实际施工人在与其有合同关系的相对人,因下落不明、破产、资信状况恶化等原因导致缺乏支付能力,实际施工人又投诉无门的情况下,为实际施工人提供的特殊救济途径。”浙江省高级人民法院民事审判第一庭在 2012 年发布的《关于审理建设工程施工合同纠纷案件若干疑难问题的解答》第 23 条规定:“实际施工人的合同相对人破产、下落不明或资信状况严重恶化,或实际施工人至承包人(总承包人)之间的合同均为无效的,可以依照最高人民法院《关于审理建设工程施工合同纠纷案件适用法律问题的解释》第二十六条第二款的规定,提起包括发包人在内为被告的诉讼。”

可见,最高人民法院至少在两个层面上意图限制该条解释的适用:一是行使主体限于劳务分包合同的实际施工人;二是行使前提限于合同相对方缺乏支付能力。但遗憾的是,最高人民法院的努力并未能限制该条司法解释的滥用,目前的司法实践中,转包及违法分包的实际施工人可以任意突破合同相对性向发包人主张工程款的情况仍较为常见,相关案件的受理及审判中,未考虑最高人民法院所强调的限制条件。

三、实际施工人提起的代位权诉讼

《建设工程司法解释(一)》第 44 条规定:“实际施工人依据民法典第五百三十五条规定,以转包人或者违法分包人怠于向发包人行使到期债权或者与该债权有关的从权利,影响其到期债权实现,提起代位权诉讼的,人民法院应予支持。”该规定从司法解释的角度将实际施工人对发包人的请求权引入代位权诉讼的法律框架内。该条与第 43 条都是对实际施工人的权利保护,都只适用于转包、违法分包情形下的实际施工人,不适用于挂靠情形。

(一)代位权制度

代位权,是指债务人怠于行使权利,债权人为保全债权,以自己的名义代位行使债务人对相对人的权利。代位权虽有代位诉权、间接诉权之称,但其仍属债权人的实体权利。从大陆法系立法例来看,并不是所有国家和地区的民法都有代位权制度。《德国民法典》《瑞士民法典》中没有代位权制度,这两个国家主要是通过强化对债务人责任财产(如债务人的债权等)的执行手段,达到保障债权人的债权实现的功能。而法国、日本、意大利等国家的民法典,以及我国台湾地区的“民法”都有代位权制度。《法国民法典》第 1341 - 1 条规定:“如果债务人怠于行使自己具有财产性质的权利或者提起具有财产内容的诉讼,对其债权人的权利造成损害的,债权人可以以债务人的名义行使权利或提起诉讼,但该权利或诉讼与债务人人身相关的除外。”《日本民法典》第 423 条第 1 款规定:“债权人有为保全自己债权之必要时,得行使属于债务人之权利,但专属于债务人的权利及禁止扣押的权利除外。”《意大利民法典》第 2900 条规定:“为保障债权人的债权可以实现或者保持其权利,债权人得行使其债务人对第三人享有的权利和诉权,但是以这些权利和诉权包括财产内容并且不涉及根据权利的性质或法典的规定只能由权利人行使的权利或诉权为限。”[1]

我国《民法典》第 535 条规定:“因债务人怠于行使其债权或者与该债权有关的从权利,影响债权人的到期债权实现的,债权人可以向人民法院请求以自己的名义代位行使债务人对相对人的权利,但是该权利专属于债务人自身

---

〔1〕 参见黄薇主编:《中华人民共和国民法典合同编解读》(上册),中国法制出版社 2020 年版,第 250 页。

的除外。代位权的行使范围以债权人的到期债权为限。债权人行使代位权的必要费用,由债务人承担。相对人对债务人的抗辩,可以向债权人主张。”根据该条规定,债权人行使代位权需要符合四个条件:(1)债权人对债务人享有已到期的合法债权;(2)债务人对外享有已到期债权;(3)债务人怠于行使其债权或者与该债权有关的从权利,并且影响债权人到期债权的实现;(4)债务人的债权不是专属于债务人自身的债权,如基于抚养关系所产生的抚养费、赡养费等。

(二)实际施工人的代位权行使规则

实际施工人与转包人或者违法分包人之间的转包或者违法分包合同虽然因违反法律强制性规定而无效,但根据《民法典》第793条的规定,只要实际施工人完成的工程质量验收合格,转包人或者违法分包人仍然需要参照合同中关于工程价款的约定来折价补偿实际施工人,即实际施工人对转包人或者违法分包人享有合法的债权。一般而言,实际施工人能够从转包人或者违法分包人处获得支付工程款的数额,有赖于发包人向转包人或者违法分包人支付的数额。在工程款已届支付条件的情况下,如发包人一直未予支付,而转包人或者违法分包人在合理期限内未通过诉讼或者仲裁方式向发包人主张工程款的,应当认为其怠于向发包人主张债权,由此致使无法向实际施工人支付工程款的,应当认为转包人或者违法分包人怠于向发包人主张债权的行为影响实际施工人的债权实现。实际施工人可以通过诉讼或者仲裁,请求以自己的名义代位行使转包人或违法分包人对发包人的权利。实际施工人代位行使权利的范围以其对转包人或者违法分包人所享有的到期工程款债权为限。同时,转包人或者违法分包人与发包人之间的债权债务关系并不限于建设工程施工合同项下的债权债务关系。[1] 另外,虽然司法解释没有规定,但从查明事实以及权益保护的角度,人民法院可以追加转包人或者违法分包人参加实际施工人对发包人提起的代位权诉讼。

需要注意的是,实际施工人代位行使的权利不包括建设工程价款优先受偿权。根据《民法典》第807条及《建设工程司法解释(一)》第35条的规定,

---

〔1〕 参见最高人民法院民事审判第一庭编著:《最高人民法院新建设工程施工合同纠纷司法解释(一)理解与适用》,人民法院出版社2021年版,第455页。

只有与发包人订立建设工程施工合同的承包人才可以行使建设工程价款优先受偿权,具有一定的“专属性”,根据《民法典》第535条“但是该权利专属于债务人自身的除外”的规定,实际施工人不能代位行使建设工程价款优先受偿权。

四、仲裁协议对实际施工人起诉发包人的限制

因履行合同产生的争议,合同当事人应当按照合同约定的争议解决方法来解决争议。由于实际施工人与发包人之间没有合同关系,两者之间是通过两个合同串联起来的,即发包人与承包人签订的建设工程施工合同、承包人与实际施工人签订的转包合同或违法分包合同。对于实际施工人向发包人主张工程价款是否受两个合同约定的争议解决方法限制,法律和司法解释没有作规定,而司法实践中各地法院对此也是观点不一。

(一)承包人与实际施工人之间的转包或违法分包合同中约定仲裁,实际施工人能否向法院起诉发包人

一种观点认为,合同中约定的争议解决方法只能约束合同当事人,发包人并非转包或违法分包合同的当事人,实际施工人向发包人主张权利并不受转包或违法分包合同中的仲裁协议条款的限制,可以向法院提起诉讼。在福建省隧道工程有限公司诉中铁建大桥工程局集团第一工程有限公司、泉州泉三高速公路有限责任公司建设工程施工合同纠纷案中,法院认为:“虽然承包人中铁建一公司与实际施工人隧道公司之间在《工程施工合同书》中约定有仲裁条款,但根据合同相对性原则,此仲裁条款只能约束合同当事人,即只能约束承包人中铁建一公司与实际施工人隧道公司,不能约束作为非合同当事人的发包人泉三高速公司。虽然本案承包人中铁建一公司与实际施工人之间的法律关系承继于承包人中铁建一公司与发包人泉三高速公司之间的法律关系,但承包人与实际施工人之间的仲裁条款不能当然的约束于泉三高速公司。”[1]

另一种观点认为,实际施工人主张工程款价款的基础法律关系是其与承包人之间的转包或者违法分包合同,实际施工人向没有合同关系的发包人主张工程价款的,其作为转包或者违法分包合同的当事人,在合同中约定了仲裁条款,

---

〔1〕 福建省高级人民法院民事判决书,(2017)闽民终1052号。

排除了法院管辖的情况下，不能向法院起诉发包人。在甘肃杰出建筑工程有限公司诉中交第二公路工程局有限公司、兰渝铁路有限责任公司建设工程施工合同纠纷案中，法院认为："本案中，杰出建筑公司主张工程价款的基础法律关系是其与中交公路公司之间的合同关系，而双方在合同中约定了仲裁条款，排除了法院管辖权。杰出建筑公司将兰渝铁路公司、中交公路公司作为共同被告起诉至甘肃省陇南市中级人民法院，违背了杰出建筑公司与中交公路公司通过仲裁处理双方争议的约定。"[1]

本书认为，实际施工人向发包人主张工程价款的，应受转包或违法分包合同中约定的仲裁条款的约束，只能向约定的仲裁机构申请仲裁，而不能向法院提起诉讼。对此，应分三种情况进行分析：

(1)实际施工人根据《建设工程司法解释(一)》第 43 条第 1 款的规定，以转包人、违法分包人作为被告起诉的，因实际施工人作为转包或违法分包合同的当事人，受合同中约定的争议解决方法的约束，法院应当根据《民事诉讼法》第 124 条第 2 项的规定，告知实际施工人向仲裁机构申请仲裁。

(2)实际施工人以转包人、违法分包人、发包人作为共同被告起诉的，虽然发包人不是合同当事人，不受转包或违法分包合同中仲裁条款的约束，但转包人、违法分包人作为被告系该合同的当事人，有权以其与实际施工人存在仲裁协议为由，要求法院驳回实际施工人的起诉。

(3)实际施工人仅以发包人作为被告起诉的，根据《建设工程司法解释(一)》第 43 条第 2 款的规定，实际施工人以发包人为被告主张权利的，法院应当追加转包人或者违法分包为本案第三人。故该案必然呈现实际施工人作为原告，发包人作为被告，转包人、违法分包人作为第三人的形态，而实际施工人和转包人、违法分包人受到转包或违法分包合同中仲裁条款的约束，法院仍然应当据此驳回实际施工人的起诉。

另外，对于如果实际施工人向合同中约定的仲裁机构申请仲裁，能否申请仲裁机构追加发包人为仲裁当事人的问题，上海仲裁委员会《仲裁规则》(2022 年版)第 23 条第 1 项规定："符合下列条件之一的，当事人或者案外人可以向仲裁委或者仲裁庭书面申请人追加当事人：1. 根据表面证据判断，被追加的当事人受案涉仲裁协议的约束；2. 包括被追加当事人在内的各方当事人均同意被追

---

〔1〕 最高人民法院民事裁定书，(2014)民申字第 1591 号。

加的当事人加入该仲裁程序。”深圳国际仲裁院《仲裁规则》(2022 年版)第 10 条第 1 项规定:“已经进入仲裁程序的任何一方当事人可以依据相同仲裁协议书面追加当事人。”中国国际经济贸易仲裁委员会《仲裁规则》(2015 年版)第 18 条第 1 项、北京仲裁委员会《仲裁规则》(2019 年版)第 14 条第 1 项等均有相同意思的规定。根据上述规则的规定,仲裁程序中申请追加的当事人必须受到涉案仲裁协议的约束。而发包人并非转包、违法分包合同的当事人,不受该合同的仲裁协议的约束,如实际施工人或转包人、违法分包人申请追加发包人作为仲裁当事人的,仲裁机构有权决定不予追加。

因此,在承包人与实际施工人之间约定仲裁的情况下,实际施工人无论是诉讼还是仲裁,在现行法律框架下均不能向发包人主张《建设工程司法解释(一)》第 43 条的权利。换言之,这是仲裁协议的相对性,与该条司法解释突破合同相对性之间的天然排斥,因而实际施工人向发包人直接主张权利只能在诉讼的框架内进行。

(二)发包人与承包人之间的建设工程施工合同中约定仲裁,实际施工人能否向法院起诉发包人

一种观点认为,实际施工人向发包人主张工程款权利,涉及实际施工人与转包人、违法分包人,转包人、违法分包人与发包人之间的工程款结算问题。根据《建设工程司法解释(一)》第 43 条第 2 款的规定,法院应当在查明发包人欠付工程款数额后,判令发包人在欠付范围内对实际施工人承担责任,因而必然涉及对承包人与发包人之间的权利义务审查。但发包人与承包人之间的建设工程施工合同中约定了仲裁协议,合意排除了法院的管辖,法院无权对发包人与承包人之间的合同纠纷进行审理。且实际施工人向发包人主张权利具有代位权的性质,对发包人和承包人的合同具有承继关系,实际施工人对发包人的权利限于承包人对发包人的权利,实际施工人实际履行施工义务应视为接受总包合同管辖条款的约定。同时为维护发包人对管辖约定的正常预期,实际施工人应受承包人与发包人之间仲裁协议的约束,法院应当驳回实际施工人对发包

人的起诉。[1]

另一种观点认为,应当坚守合同的相对性原则,承包人与发包人在签订的建设工程施工合同中约定的仲裁协议,仅能对合同当事人产生约束力,实际施工人并非该合同的当事人,不受仲裁协议的约束。司法解释规定实际施工人可以突破合同相对性向发包人主张工程款权利,是基于保护农民工利益而作出的特殊制度安排,并非对承包人权利义务的承继,因而承包人与发包人之间关于仲裁协议的约定,并不能当然对实际施工人产生约束力。实际施工人向法院起诉发包人,要求其在欠付工程款范围内承担责任的,法院应当进行实质审理并作出裁判,不能以存在仲裁协议为由驳回起诉。[2]

本书认为,当承包人与发包人之间的建设工程施工合同约定仲裁的,实际施工人仍然可以向法院起诉发包人,要求发包人在欠付工程款范围内承担责任,法院不能以发包人和承包人之间存在仲裁协议为由驳回实际施工人对发包人的起诉。

首先,《民法典》第465条第2款规定,依法成立的合同,仅对当事人具有法律约束力。承包人与发包人签订的建设工程施工合同中约定的仲裁协议仅能约束作为合同当事人的承包人和发包人,并不能当然约束并非合同当事人的实

---

〔1〕 参见大庆瑞成建筑劳务分包有限公司诉大庆庆南新城城市开发建设有限公司、大庆建筑安装集团有限公司建设工程施工合同纠纷案,黑龙江省高级人民法院(2016)黑民终183号民事裁定书。法院认为:"实际施工人瑞成公司作为合同的受让人,没有证据证明其不知晓建安公司与庆南公司的合同有仲裁条款的约定,其受让合同权利或承担合同义务同时应视为接受合同管辖条款的约定。根据司法解释的规定,发包人只在欠付工程价款范围内对实际施工人承担责任。由此可见,实际施工人瑞成公司对庆南公司享有的权利限于建安公司对庆南公司享有的权利范围。鉴于瑞成公司向庆南公司主张权利具有代位请求的性质,因此,瑞成公司、庆南公司之间的关系源于建安公司、庆南公司之间的法律关系且具有承继性质,瑞成公司施工人的权利义务源于发包人庆南公司及承包人建安公司之间签订的建设工程施工合同,故瑞成公司须受到建安公司与庆南公司合同中仲裁条款的约束,瑞成公司无权单方改变仲裁条款的约定。"

〔2〕 参见王某某诉荣盛(蚌埠)置业有限公司、合肥市华星建筑安装工程有限公司建设工程施工合同纠纷案,最高人民法院(2014)民申字第1575号民事裁定书。法院认为:"需要指出的是,存在于双方当事人之间的、合法有效的仲裁协议,是当事人排除人民法院主管采取仲裁方式解决纠纷的必要条件。司法解释规定,实际施工人在一定条件下可以向与其没有合同关系的发包人主张权利。该规定是一定时期及背景下为解决拖欠农民工工资问题的一种特殊制度安排,其不等于代位权诉讼,不具有代位请求的性质。同时,该条款规定发包人仅在欠付工程价款范围内对实际施工人承担责任,目的是防止无端加重发包人的责任,明确工程价款数额方面,发包人仅在欠付承包人的工程价款数额内承担责任,这不是对实际施工人权利范围的界定,更不是对实际施工人程序性诉讼权利的限制。实际施工人向发包人主张权利,不能简单地理解为是对承包人权利的承继,也不应受承包人与发包人之间仲裁条款的约束。"

际施工人。承包人将工程转包、违法分包给实际施工人，是违反法律规定、合同约定的不法行为，并非实际施工人承继转包人、违法分包人在总承包合同约定的权利义务，更不能理解为实际施工人对总承包合同条款的接受而受到仲裁协议的约束。

其次，司法解释规定实际施工人可以突破合同相对性要求发包人承担欠付责任，是为解决实践中长期存在的农民工工资拖欠的民生问题而作出的特殊制度安排。如果认为承包人与发包人签订的总承包合同中的仲裁协议效力及于实际施工人而驳回实际施工人对发包人的起诉，但实际施工人与发包人之间没有仲裁协议，不能向仲裁机构对发包人申请仲裁[1]，将导致这一制度设计的目的不能得到实现。

最后，按照司法解释的规定，实际施工人起诉发包人的，应当追加转包人或违法分包人作为第三人。如果发包人与承包人对欠付款金额没有争议，或仲裁机构已对发包人欠付金额作出了裁决的，法院可以直接判决发包人在该欠付数额内向实际施工人承担责任。如发包人和承包人对欠付款金额存在争议，则必然要审查承包人和发包人之间的合同履行情况，以查明发包人欠付工程款数额。鉴于发包人和承包人之间存在仲裁协议，两者之间的纠纷并不属于法院主管，法院无法在诉讼程序中查明发包人的欠付工程款金额。此时，有两种处理路径值得探讨：

第一种，法院认为实际施工人要求发包人承担欠付责任，证据不足，驳回实际施工人对发包人的诉讼请求，待承包人和发包人通过仲裁确定了欠付款金额后，实际施工人再通过诉讼向发包人主张权利。但根据现行《民事诉讼法》的规定，此时实际施工人只能以发现“新证据”为由提起再审。该路径的问题是，因发包人欠付工程款最后归属于实际施工人，承包人并无动力提起仲裁。若承包人一直不申请仲裁，发包人欠付金额仍然不能得到查明。并且，如果承包人提起了仲裁，仲裁机构裁决了发包人向承包人付款，在发包人履行裁决或承包人申请执行使债权获得满足后，发包人即不再“欠付”，实际施工人又丧失了对发

---

〔1〕 参见丁某某诉中国邮政集团公司承德市分公司、承德市金城建筑有限公司申请撤销仲裁裁决纠纷案，河北省承德市中级人民法院(2020)冀08民特6号民事裁定书。法院认为：“本案中，案涉施工合同的合同相对方分别是邮政公司与金城公司，丁某某并非施工合同主体。尽管丁某某是实际施工人，但根据合同相对性原则，其并不能视为合同相对人。丁某某与邮政公司之间并不存在仲裁协议，故丁某某不具有提起仲裁的主体资格。”

包人的权利基础，只能向承包人主张权利。

第二种，法院认为承包人和发包人构成证明妨碍，中止本案审理，责令两者进行工程款结算，或限期承包人向仲裁机构申请仲裁以查明发包人欠付款金额，待得到结算结果或裁决结果后再作出判决。该路径的问题是，"欠付"这一事实的证明责任，根据《民事诉讼法解释》第 91 条"主张法律关系存在的当事人，应当对产生该法律关系的基本事实承担举证证明责任"的规定，应当由实际施工人承担。承包人和发包人拖延结算或申请仲裁是否构成证明妨碍，尚存疑问。另外，法院是否有权责令承包人和发包人进行结算或申请仲裁，如承包人未进行结算或提起仲裁会产生什么样的法律后果，这些问题均无法解决。

【典型案例】衡阳市交通建设投资有限公司与王某芳申请撤销仲裁裁决案〔1〕

【基本案情】衡阳市交通建设投资有限公司（以下简称交投公司）将涉案工程发包给湖南嘉原景观建设有限公司（以下简称嘉原建设公司），并签订《建设工程施工合同》，合同中约定争议提交衡阳仲裁委员会解决。涉案工程由王某芳完成实际施工。后因工程款争议，王某芳向衡阳仲裁委员会申请仲裁，请求发包人交投公司承担欠付责任。衡阳仲裁委员会作出裁决，认定交投公司支付工程款。交投公司认为双方没有仲裁协议，向法院申请撤销该仲裁裁决。

【裁判观点】虽然司法解释规定了实际施工人突破合同相对性直接向发包人主张工程价款的权利，但是本案发包人与承包人之间的建设工程施工合同约定有仲裁条款，根据合同相对性原则，该仲裁条款应当约束申请人与案外人嘉原建设公司，而不能约束本合同中非合同当事人的实际承包人，故实际承包人应当根据上述司法解释的规定向法院主张权利，该权利不受原申请人与案外人仲裁条款的限制。基于上述理由，应当认定申请人与被申请人之间无仲裁协议，根据《仲裁法》第 58 条第 1 款第 1 项撤销仲裁。

司法解释赋予实际施工人直接向没有合同关系的发包人主张权利的权利，本身即是突破了"合同相对性"这一合同法基本原则，违背了相关的法律规定，

〔1〕 参见湖南省衡阳市中级人民法院民事裁定书，(2020)湘 04 民特 18 号。

而司法解释仅“赋权”,并未对相应权利的实现程序进行具体规定,以合法程序实现“非法”权利,必然导致诸多“不适症状”。近些年来,国家针对农民工工资支付问题出台了众多法律、法规、政策文件,尤其是随着《保障农民工工资支付条例》的出台,农民工工资拖欠问题已经不再显著。司法解释赋予实际施工人直接向发包人主张工程款权利,对解决农民工工资拖欠问题还有多大成效,需要打个大大的问号。

第三节　联合体模式下的责任承担

在大型或结构复杂的工程中,法律允许承包人以组成联合体的方式承接工程,尤其是近些年国家大力推广工程总承包模式,由设计院与施工企业组成联合体承接大型建设项目的现象已十分普遍。

一、联合体概述

《建筑法》第 27 条第 1 款规定:“大型建筑工程或者结构复杂的建筑工程,可以由两个以上的承包单位联合共同承包。”此处的“联合共同承包”,是指由两个以上的单位共同组成非法人的联合体,以该联合体的名义承包某项建筑工程的承包形式。在联合承包形式中,由参加联合的各承包单位共同组成的联合体作为一个单一的承包主体,与发包方签订承包合同,承担履行合同义务的全部责任。在联合体内部,则由参加联合体的各方以协议约定各自在联合承包中的权利、义务,包括联合体的管理方式及共同管理机构的产生办法、各方负责承担的工程任务的范围、利益分享与风险分担的办法等。[1]《招标投标法》第 31 条第 1 款规定:“两个以上法人或者其他组织可以组成一个联合体,以一个投标人的身份共同投标。”《2020 版工程总承包合同范本》通用合同条款第 1.1.2.4 目对“联合体”的定义,是指经发包人同意由两个或两个以上法人或者其他组织组成的,作为承包人的临时机构。

综合上述规定,对于“联合体”的理解,需要注意以下几个方面:

(1)联合体的性质,属于“承包人的临时机构”,不属于法人或其他组织,无

---

〔1〕 卞耀武主编:《中华人民共和国建筑法释义》,法律出版社 1999 年版,第 92 页。

法进行工商登记,且仅在当事工程项目中存在。

(2)组成联合体的主体必须是持有依法取得的资质证书的承包建筑工程的单位,不包括自然人以及其他不具备建筑行业资质的法人或其他组织。

(3)如两个工程承包单位共同出资注册一家具有法人资格的公司来承揽工程,则属于法人实体单独承包工程,不属于联合体承包。

二、联合体投标的限制

《建筑法》第27条、《招标投标法》第31条,以及《招标投标法实施条例》第37条对于联合体承包工程以及招标投标作了相应的规定,具体如下:

第一,招标人决定是否接受联合体投标,并应进行公开。是否允许联合体投标,由招标人根据招标项目的实际情况和潜在投标人的数量自主决定。一些大型复杂项目对投标人的资格能力要求较高,能够满足要求的单个潜在投标人较少,具备一定资格能力的潜在投标人只有组成联合体,才具备参与竞争的条件。为保证充分竞争,招标人有必要对潜在投标人进行摸底调查。如果市场上单个潜在投标人的数量能引起竞争,且单个潜在投标人具备独立承担招标项目的能力,可以不接受联合体投标,以防止潜在投标人利用组成联合体降低竞争效果。如果单个潜在投标人不具备独立承担招标项目的能力,或者不容易引起竞争,则应允许联合体投标。无论何种情形,招标人不得通过限制或者强制组成联合体达到排斥潜在投标人、造成投标失败以规避招标等目的。[1]《招标投标法实施条例》第37条第1款规定:“招标人应当在资格预审公告、招标公告或者投标邀请书中载明是否接受联合体投标。”无论招标人决定是否接受联合体投标,都应当遵循招投标活动的公开原则进行公开公布。对于公开招标的项目,招标人应当在资格预审公告或者招标公告中载明是否接受联合体投标;邀请招标的项目,招标人应当在投标邀请书中明确是否接受联合体投标。

第二,通过资格预审的联合体组成不得改变。根据《招标投标法实施条例》第19条的规定,招标人采用资格预审办法对潜在投标人进行资格审查的,未通过资格预审的申请人不具有投标资格。因此该条例第37条第2款规定,招标人接受联合体投标并进行资格预审的,联合体应当在提交资格预审申请文件前

〔1〕 参见国家发展和改革委员会法规司等编著:《中华人民共和国招标投标法实施条例释义》,中国计划出版社2012年版,第97、98页。

组成。同时,由于联合体成员的变动可能会影响联合体的资质资格条件和履约能力,影响招标活动的公正性,资格预审后联合体增减、更换成员的,其投标无效。

第三,联合体成员不得在同一招标项目中同时投标。《招标投标法实施条例》第 37 条第 3 款规定:“联合体各方在同一招标项目中以自己名义单独投标或者参加其他联合体投标的,相关投标均无效。”如承包单位在某一招标项目中以自己的名义单独投标,又与其他承包单位组成联合体进行投标,则该承包单位的单独投标以及联合体投标均为无效。如此规定的目的是避免投标人滥用联合体,以多重身份参与投标,导致不公平竞争。

第四,联合体各方均应具备承担招标项目的相应能力,资质等级不同的,按资质等级较低的单位确定。《建筑法》第 27 条第 2 款规定:“两个以上不同资质等级的单位实行联合共同承包的,应当按照资质等级低的单位的业务许可范围承揽工程。”《招标投标法》第 31 条第 2 款规定:“联合体各方均应当具备承担招标项目的相应能力;国家有关规定或者招标文件对投标人资格条件有规定的,联合体各方均应当具备规定的相应资格条件。由同一专业的单位组成的联合体,按照资质等级较低的单位确定资质等级。”《房建市政总承包管理办法》第 10 条第 1 款规定:“工程总承包单位应当同时具有与工程规模相适应的工程设计资质和施工资质,或者由具有相应资质的设计单位和施工单位组成联合体。”

第五,联合体各方应当签订投标协议,并提交给投标人。《招标投标法》第 31 条第 3 款规定:“联合体各方应当签订共同投标协议,明确约定各方拟承担的工作和责任,并将共同投标协议连同投标文件一并提交招标人。”《房建市政总承包管理办法》第 10 条第 2 款规定:“设计单位和施工单位组成联合体的,应当根据项目的特点和复杂程度,合理确定牵头单位,并在联合体协议中明确联合体成员单位的责任和权利。联合体各方应当共同与建设单位签订工程总承包合同,就工程总承包项目承担连带责任。”

三、联合体的责任承担

联合体作为临时性机构,不具有独立民事主体资格,相应的责任由联合体成员实际承担。联合体成员之间的内部责任按照签订的协议书的约定进行分担。联合体对外的责任承担,包括“对上”与“对下”,前者是指联合体各方对发包人所承担的责任,后者是指联合体各方对下游分包商、材料商等所承担的责任。

(一)联合体对发包人承担连带责任

联合体各方就合同的履行对发包人承担连带责任。《建筑法》第 27 条规定:“共同承包的各方对承包合同的履行承担连带责任。”《招标投标法》第 31 条第 3 款规定:“联合体中标的,联合体各方应当共同与招标人签订合同,就中标项目向招标人承担连带责任。”《2020 版工程总承包合同范本》通用合同条款第 4.6 款约定,经发包人同意,以联合体方式承包工程的,联合体各方应共同与发包人订立合同协议书。联合体各方应为履行合同向发包人承担连带责任。承包人应在专用合同条件中明确联合体各成员的分工、费用收取、发票开具等事项。联合体各成员分工承担的工作内容必须与适用法律规定的该成员的资质资格相适应,并应具有相应的项目管理体系和项目管理能力,且不应根据其就承包工作的分工而减免对发包人的任何合同责任。由于法律以及示范文本关于联合体各方对发包人承担连带责任的规定十分清楚明确,实务中对此基本没有争议。

(二)联合体各成员对下游主体的责任承担

联合体成员之间应当明确约定所分担的工作、费用收取和发票开具等事项,如工程总承包项目中的联合体通常是由一家设计单位与一家施工单位组成,并由设计单位负责项目的设计,施工单位负责项目的施工。在项目实施过程中,联合体的施工单位仅以自己的名义对外签订工程分包、材料采购或设备租赁合同,在发生纠纷时,债权人可能会将联合体成员作为共同被告,要求联合体各方对债务承担连带责任。在此情形下,联合体各方是否应对下游主体承担连带责任,实务中存有很大争议:

一种观点认为,联合体各成员应对下游主体承担连带责任。虽然合同由联合体中一方成员对外签订,但是工程项目由联合体中标,因工程施工所产生的债务承担主体也应为联合体,即由联合体各成员承担连带责任。在江苏源汇环境工程有限公司诉南京龙源环保有限公司、中国天然气股份有限公司玉门油田分公司、南京利朗科技有限公司建设工程施工合同纠纷案中,法院认为,联合体不具备法人的主体身份,其没有独立承担民事责任的行为能力,根据《民法通则》(已失效)第 52 条[1]关于联营各方承担连带责任的规定,并参照联合体协

〔1〕《民法典》中已无相关规定。

议书中对招标人承担连带责任的约定，组成联合体后具体施工工程中产生的债务，应当由联合体组成成员各方共同承担。[1]

另一种观点认为，联合体各成员对下游主体不承担连带责任。联合体成员一方与第三方签订的合同，根据合同相对性，仅能约束合同当事人，不能突破合同相对性要求联合体其他成员承担连带责任。在四川恒彩建筑装饰工程有限公司诉四川俏世钢结构有限公司、四川乾亨建设工程有限公司建设工程施工合同纠纷案中，法院认为，联合体其他成员未在合同上签章，该合同仅对合同当事人发生法律效力，不能突破合同相对性。联合体协议中约定的连带责任是联合体内部的责任分担，该约定不能成为第三人主张权利的依据。本案分包人的表意对象、签订合同、履行合同的对象都不涉及联合体其他成员，其要求联合体各方承担连带责任没有依据。[2]

本书认同后一种观点。一方面，《民法典》第 178 条第 3 款规定："连带责任，由法律规定或者当事人约定。"在法律未规定及合同未约定的情况下，不宜认定联合体成员的连带责任。另一方面，下游合同的签订与履行，均是由施工承包方实施。从合同当事人的真实意思来看，下游分包商、材料商等在合同签订履行过程中均是将施工承包方作为唯一的表意对象，并不涉及其他联合体成员。因此，此种情形下不宜认定联合体各方承担连带责任。

第四节　建设工程质量抗辩与反诉

在承包人提起的工程款诉讼中，发包人通常会主张承包人施工的工程存在质量问题，以此要求承包人承担修复责任、支付违约金或不支付、减少支付工程款。法院应当就发包人提出的主张，准确区分是抗辩还是反诉，进而正确适用法律作出裁判。

一、民事诉讼中的抗辩与反诉

民事诉讼中，针对原告提出的诉讼请求，被告所作出的回应包括承认、反

---

〔1〕 参见甘肃省高级人民法院民事裁定书，(2017)甘民申 697 号。
〔2〕 参见重庆市第一中级人民法院民事判决书，(2018)渝 01 民终 670 号。

对、部分承认、部分反对。如果被告对原告的请求全部或部分反对的,则其必须要针对原告主张的事实与理由作出回应。针对原告提出的“要件事实”,被告所作出的回应可以分为自认、否认和抗辩三类。被告的自认意味着免除了原告对自己主张的事实所负的举证证明责任。与自认相反的是被告对原告主张事实的否认,否认又可分为“单纯的否认”和“附理由的否认”,前者是直接否定原告事实主张的消极防御,后者则是说明反对理由的积极防御。而抗辩则是被告虽然认可原告主张的某一事实,但主张因另一事实的存在而致该事实已不能作为法律效果发生的要件,包括“妨碍法律效果”“消灭法律效果”“阻却法律效果”三种抗辩。被告的回应不仅可以从“诉讼请求”延伸到“要件事实”的层面,还可能由防御转为攻击而回到请求层面,提出与原告的诉讼请求有关联却能够部分或全部抵销、吞并甚至超出原告诉讼请求并与之并列的新请求,即为反诉。〔1〕

民事诉讼中的反诉,是指在已经开始的民事诉讼程序中,被告针对原告提出的与本诉有牵连的诉讼请求。被告反诉的目的,旨在通过反诉,抵销或者吞并本诉的诉讼请求,或者使本诉的诉讼请求失去意义。〔2〕《民事诉讼法》第 54 条规定:“原告可以放弃或者变更诉讼请求。被告可以承认或者反驳诉讼请求,有权提起反诉。”《民事诉讼法解释》第 233 条规定:“反诉的当事人应当限于本诉的当事人的范围。反诉与本诉的诉讼请求基于相同法律关系、诉讼请求之间具有因果关系,或者反诉与本诉的诉讼请求基于相同事实的,人民法院应当合并审理。反诉应由其他人民法院专属管辖,或者与本诉的诉讼标的及诉讼请求所依据的事实、理由无关联的,裁定不予受理,告知另行起诉。”提起反诉是被告的一项诉讼权利,《民事诉讼法》规定反诉制度,一方面,是为了便于法院通过对反诉与本诉的合并审理,以同一诉讼程序解决相关民事纠纷,提高诉讼效率;另一方面,是为了避免因分别审理而造成的裁判矛盾。〔3〕

二、发包人作为被告提出质量主张的性质识别

鉴于建设工程施工合同纠纷存在一定的专业性和复杂性,为便于审判工作

---

〔1〕 参见王亚新、陈杭平、刘君博:《中国民事诉讼法重点讲义》(第 2 版),高等教育出版社 2021 年版,第 22、23 页。

〔2〕 参见全国人大常委会法制工作委员会民法室编:《中华人民共和国民事诉讼法条文、立法理由及相关规定》,北京大学出版社 2007 年版,第 239 页。

〔3〕 参见最高人民法院修改后民事诉讼法贯彻实施工作领导小组编著:《最高人民法院民事诉讼法司法解释理解与适用》(上),人民法院出版社 2015 年版,第 609 页。

的开展，最高人民法院和各地高级人民法院均出台了一些意见加以指导，但存在一些分歧。建设工程施工合同纠纷的审理，与其他合同纠纷并无本质的不同，对于作为被告的发包人提出来的质量主张是属于抗辩还是反诉，仍然应从民事诉讼法理论着手，避免根据司法文件的规定“照猫画虎”。

（一）各地高级人民法院司法文件的分歧

对于发包人在工程款诉讼中，以质量不合格为由提出的权利主张，是属于抗辩还是反诉，司法实践中存在争议，尤其是各地高级人民法院自行制定的司法指导意见，对该问题没有一致的观点，包括：

1. 以是否竣工验收合格作为主要判断标准

北京市高级人民法院 2012 年发布的《关于审理建设工程施工合同纠纷案件若干疑难问题的解答》第 28 条规定：“承包人要求支付工程款，发包人主张工程质量不符合合同约定给其造成损害的，应按一些情形分别处理：（1）建设工程已经竣工验收合格，或虽未经竣工验收，但发包人已实际使用，工程存在的质量问题一般应属于工程质量保修的范围，发包人以此为由要求拒付或减付工程款的，对其质量抗辩不予支持，但确因承包人原因导致工程的地基基础工程或主体结构质量不合格的除外；发包人反诉或另行起诉要求承包人承担保修责任或者赔偿修复费用等实际损失的，按建设工程保修的相关规定处理。（2）工程尚未进行竣工验收且未交付使用，发包人以工程质量不符合合同约定为由要求拒付或减付工程款的，可以按抗辩处理；发包人要求承包人支付违约金或者赔偿修理、返工或改建的合理费用等损失的，应告知其提起反诉或另行起诉。（3）发包人要求承包人赔偿因工程质量不符合合同约定而造成的其他财产或者人身损害的，应告知其提起反诉或另行起诉。”四川省高级人民法院 2015 年发布的《关于审理建设工程施工合同纠纷案件若干疑难问题的解答》第 31 条的规定也与之类似。

2. 以发包人主张的内容作为主要判断标准

江苏省高级人民法院 2010 年发布的《建设工程施工合同案件审理指南》第 8 条第 1 项规定：“发包人工程质量问题的主张，有的属于反诉，有的属于抗辩。发包单位（发包人）以工程质量问题为由要求施工单位（承包人）支付违约金或赔偿金的，应当提起反诉。发包人以质量不符约定为由仅请求拒付或减付工程款的，或者合同中明确约定可以将工程质量违约金或赔偿金从应付工程款中扣减的，属于抗辩，无须反诉。建设工程案件中，发包人以工程质量问题为由请求拒付、减付工程款，以及请求承包人支付违约金或赔偿损失，是否必须另行反诉，一直存在争议。对此，应当根据发包人主张的内容，区分情况对待：(1)发包方以工程质量存在问题为由要求承包人支付违约金或赔偿金的，其诉求不仅明确而且具体，具备民事诉讼法'诉'的全部条件，属于独立的诉。发包人不提出反诉的，原则上不在本诉中审查。(2)发包人以质量不符约定为由请求拒付或减付工程款，但没有提出承包人因质量不符合约定应当承担的违约金或赔偿金的，其请求不具备民事诉讼法'诉'的全部条件，只是对承包人请求的一种对抗理由，根据《民事诉讼法》第108条的规定，这种情形下的诉求视为抗辩权的行使，发包人无须提起反诉，对发包人这一抗辩意见应当审查。发包人抗辩成立的，应当直接支持其意见。(3)如双方在合同中明确约定可以直接将工程质量违约金或赔偿金从应付工程款中扣减的，发包人提出扣减请求的，因双方已有了明确的约定，故该请求可以应视为抗辩，发包人也无须提起反诉。”

(二)应以发包人具体回应内容区分

针对承包人提出的支付工程款的诉讼请求，发包人以质量主张作为回应，包括以下几种情形：

(1)对承包人主张的工程价款数额全部否认，认为涉案工程未竣工验收或验收质量不合格，不具备支付工程款的条件。此种主张显然是一种“阻却法律效果”的抗辩。

(2)对承包人主张的工程价款数额部分否认，认为已达到付款条件，但因工程存在部分不符合质量约定的情形，未付工程款金额应当相应减少。此种主张显然是一种“消灭部分法律效果”的抗辩。

(3)对承包人主张的工程价款数额全部认可，但认为承包人存在质量违约行为，要求承担违约责任，或赔偿修复费用等损失。此种主张包含了“要件事实”和“法律效果”的全部内容，意图通过新的请求吞并或抵销原告的全部或部分的请求，显然属于新的诉，应当提起反诉或另行起诉。

如发包人针对作为原告的承包人提出的诉讼请求以及所依据的要件事实作出回应，全部否认，或直接在承包人请求基础上进行减少的，即属于抗辩。《建设工程司法解释(一)》第12条规定的“因承包人的原因造成建设工程质量不符合约定，承包人拒绝修理、返工或者改建，发包人请求减少支付工程价款”，即属于此类抗辩。如发包人系在承包人提出的诉讼请求以及所依据的要件事实以外，依据新的事实及相应的法律效果意图吞并或抵销原告的请求，则构成了新的诉，应提起反诉或另行起诉，《建设工程司法解释（一）》第16条即规定："发包人在承包人提起的建设工程施工合同纠纷案中，以建设工程质量不符合合同约定或者法律规定为由，就承包人支付违约金或者赔偿修理、返工、改建的合理费用等损失提出反诉的，法院可以合并审理。"

实践中，有的发包人拖延支付建设工程价款，承包人起诉请求发包人支付建设工程价款后，发包人又以质量不符合约定为由，企图继续拖欠工程价款。在此情况下，发包人就承包人支付违约金或者赔偿修理、返工、改建的合理费用等损失提出反诉的，法院可以合并审理。换言之，发包人仅提出抗辩、未提出反诉的，法院不应支持，应告知其提出反诉或者另诉解决，以保障承包人及时获得建设工程价款。[1]

三、发包人提出的质量反诉可以合并审理

《民事诉讼法》第143条规定："原告增加诉讼请求，被告提出反诉，第三人提出与本案有关的诉讼请求，可以合并审理。"《民事诉讼法解释》第233条第2款规定："反诉与本诉的诉讼请求基于相同法律关系、诉讼请求之间具有因果关系的，或者反诉与本诉的诉讼请求基于相同事实的，人民法院应当合并审理。"

合并审理，就是把两个或两个以上的诉合并在一个程序中进行审理。合并审理的目的，在于贯彻"两便原则"[2]，减轻当事人和法院不必要的诉累，从而节约司法资源；又能防止法院在处理有关联的问题时作出相互矛盾的裁判，从而保证法院裁判的正确性和统一性。关于反诉的审理，我国《民事诉讼法》的规定是可以合并审理。根据法律规定，反诉与本诉可以合并审理，也可以不合并审理。可见合并审理并未反诉的目的，只是一种解决纠纷的方式，分开审理也不应影响反诉的成立。我国立法没有对本诉与反诉的合并审理程序加以明确

---

〔1〕参见《最高人民法院民一庭负责就〈最高人民法院关于审理建设工程施工合同纠纷案件适用法律问题的解释（二）〉答记者问》，载最高人民法院民事审判第一庭编著：《最高人民法院建设工程施工合同司法解释（二）理解与适用》，人民法院出版社2019年版，第16页。

〔2〕"两便原则"，是指最高人民法院在2005年9月19日发布并施行的《关于全面加强人民法庭工作的决定》第2条提出的"坚持便于当事人诉讼，便于人民法院依法独立、公正和高效行使审判权的原则。"

和细化。《民事诉讼法解释》第 232 条第 2 款规定，当反诉与本诉的请求基于相同法律关系、诉讼请求之间具有因果关系，或者基于相同事实的，应当合并审理。因为此类反诉与本诉联系紧密，在事实认定和责任的归属等方面容易处于交叉重叠状态，合并审理有利于事实的认定、纠纷的解决和裁判矛盾的剔除。[1]

但实践中大量存在发包人任意以工程存在质量问题为由提起反诉，并提出质量鉴定、成因鉴定、修复方案及修复费用鉴定，从而拖延诉讼进程，达到拖延支付工程款的目的。为保障承包人的工程款权益，避免发包人通过司法程序恶意拖欠工程款，《建设工程司法解释（一）》第 16 条规定的是“人民法院可以合并审理”，即也可以不合并审理，可以根据具体案件的情况，发包人未能证明工程存在明显的质量问题，或发包人提起的质量反诉金额较工程款金额要少很多，则法院可以要求发包人另行起诉，而对本诉工程款部分尽快作出判决，维护承包人权益。

第五节 建设工程司法鉴定

建设工程合同纠纷案件中的事实认定往往涉及一些专门性、技术性的问题，包括工程造价数额、工期可顺延天数、工程质量是否合格、成因以及修复方案、修复费用等，都需要借助于司法鉴定予以认定。司法鉴定在建设工程合同纠纷案件中十分常见，包括造价鉴定、工期鉴定、质量鉴定等，因而司法鉴定在建设工程案件的代理以及审理中都处于极为重要的地位。

一、司法鉴定的基本内容

司法鉴定，是指在诉讼活动中鉴定人运用科学技术或者专门知识对诉讼涉及的专门性问题进行鉴别和判断并提供鉴定意见的活动。[2]《民事诉讼法》第 79 条规定：“当事人可以就查明事实的专门性问题向人民法院申请鉴定。”民事诉讼中，当事人对于支撑其诉讼请求的要件事实负有举证证明责任，而对于当

〔1〕 参见最高人民法院修改后民事诉讼法贯彻实施工作领导小组编著：《最高人民法院民事诉讼法司法解释理解与适用》（上），人民法院出版社 2015 年版，第 612 页。

〔2〕 参见全国人大常委会 2015 年 4 月 24 日发布并施行的《关于司法鉴定管理问题的决定》（中华人民共和国主席令第 25 号）第 1 条的规定。

事人不具有证明能力的专门性问题，当事人可以向法院申请进行司法鉴定。

（一）鉴定意见是法定证据形式之一

《民事诉讼法》第 7 条规定：“人民法院审理民事案件，必须以事实为依据，以法律为准绳。”依据该条规定，民事案件的裁判必须要以事实为依据，而法院认定事实必须依赖于当事人提交的证据。当事人若要说服法官作出有利于己方的裁判，必须要提供能够证明能够作为裁判依据的事实的证据。如果当事人不能提供证据证明其主张的事实，则会承担举证不能的法律后果，法院将不能将该事实作为定案事实，更不能作为裁判的依据。这就是民事裁判的基本原则之一的“证据裁判原则”。如当事人所主张的事实属于专门性问题，但依据当事人提交的证据，法官因专业知识的局限，无法直接进行认定，此时可以通过司法鉴定来查明该事实。司法鉴定机构出具的鉴定意见，属于当事人为证明其主张事实的证据，可以作为法院认定事实的依据。

鉴定意见属于法律规定的证据种类之一，是由有资质或者能力的鉴定人接受法院的委托，通过运用科学技术或者专门知识对相关专门性问题所作的供审理参考的意见。《民事诉讼法》第 66 条规定：“证据包括：（一）当事人的陈述；（二）书证；（三）物证；（四）视听资料；（五）电子数据；（六）证人证言；（七）鉴定意见；（八）勘验笔录。”需要注意的是，该条规定所指的“鉴定意见”，是指在诉讼过程中，法院依当事人申请或依职权委托司法鉴定机构所作出的鉴定意见，而对于诉讼外当事人合意或单方委托社会鉴定机构作出的鉴定报告，不属于该条第 8 项规定的“鉴定意见”，而属于该条第 2 项规定的“书证”的范畴。

（二）司法鉴定的启动

1. 启动司法鉴定的前提

当事人提出鉴定申请是其积极主张相关事实成立的权利，也是其承担举证责任的法定义务体现，具有证据意义上的属性，属于证明的方法，但鉴定申请并不当然产生鉴定启动的法律后果。是否启动司法鉴定，本质上必须是法官在案件审理过程中对相关专门性问题缺乏判断认定能力的情况下，才会决定通过委托相关鉴定机构，以科学的办法和手段来查明该专门性问题的相关事实。因此,鉴定不是以当事人提出为前提,恰恰是以法官查明事实的需要为前提。[1] 某一事实是否属于"专门性问题",是否需要通过鉴定的方式来证明,都有赖于法院的认定。如在案件审理过程中,法院认为当事人主张的某一事实属于"专门性问题",需要通过鉴定意见证明的,应当向当事人释明,要求当事人在一定期限内明确是否申请鉴定,并向当事人告知不申请鉴定所产生的法律后果。

此外,《民事诉讼法解释》第 121 条第 1 款规定:"申请鉴定的事项与待证事实无关联,或者对证明待证事实无意义的,人民法院不予准许。"由于法院委托鉴定在性质上为法院调查收集证据,当事人申请鉴定应当遵守当事人申请法院调查收集证据的要求。[2] 当事人申请鉴定的事项必须要与当事人主张的待证事实有直接的关联,否则该鉴定为不必要,法院不应准许。

2. 启动司法鉴定的方式

民事诉讼中的司法鉴定程序可以因当事人的申请,也可以因法院依职权而启动。但以依申请启动为原则,依职权启动为例外,只有符合法律、司法解释规定的情形时,法院才可以依职权启动司法鉴定。

当事人的申请可以分为主动申请和法院释明后的申请。《民事诉讼法》第 79 条规定:"当事人可以就查明事实的专门性问题向人民法院申请鉴定。"《民事诉讼证据规定》第 30 条第 1 款规定:"人民法院在审理案件过程中认为待证事实需要通过鉴定意见证明的,应当向当事人释明,并指定提出鉴定申请的期间。"

当事人未申请鉴定的,法院根据法律、司法解释的规定,认为需要鉴定的,可以依职权启动鉴定。《民事诉讼法》第 79 条第 2 款规定:"当事人未申请鉴定,人民法院对专门性问题认为需要鉴定的,应当委托具备资格的鉴定人进行鉴定。"《民事诉讼证据规定》第 30 条第 2 款规定:"符合《最高人民法院关于适用〈中华人民共和国民事诉讼法〉的解释》第九十六条第一款规定情形的,人民法院应当依职权委托鉴定。"《民事诉讼法解释》第 96 条第 1 款规定:"民事诉讼

---

〔1〕 参见最高人民法院民事审判第一庭编著:《最高人民法院新民事诉讼证据规定理解与适用》(上),人民法院出版社 2020 年版,第 314 页。

〔2〕 参见最高人民法院修改后民事诉讼法贯彻实施工作领导小组编著:《最高人民法院民事诉讼法司法解释理解与适用》(上),人民法院出版社 2015 年版,第 392 页。

法第六十七条第二款[1]规定的人民法院认为审理案件需要的证据包括：(一)涉及可能损害国家利益、社会公共利益的；(二)涉及身份关系的；(三)涉及民事诉讼法第五十八条[2]规定诉讼的；(四)当事人有恶意串通损害他人合法权益可能的；(五)涉及依职权追加当事人、中止诉讼、终结诉讼、回避等程序性事项的。"

3. 启动司法鉴定的时间

法院委托鉴定机构进行司法鉴定的行为，实质上属于法院调查收集证据，因此当事人申请鉴定的行为，应属向法院申请调查收集证据，应当遵守关于举证期限的规定。《民事诉讼法解释》第94条第2款规定："当事人及其诉讼代理人因客观原因不能自行收集的证据，可以在举证期限届满前书面申请人民法院调查收集。"《民事诉讼证据规定》第20条规定："当事人及其诉讼代理人申请人民法院调查收集证据，应当在举证期限届满前提交书面申请。"《民事诉讼法解释》第121条规定："当事人申请鉴定，可以在举证期限届满前提出。"

可以看出，《民事诉讼证据规定》的表述是"应当"，而《民事诉讼法解释》的表述是"可以"，并不完全一致，后者较前者从严格程度上有所放宽。这是因为我国《民事诉讼法》规定[3]的举证期限规则并不严格，"立足我国司法实践中律师诉讼代理尚不普遍充分、当事人对自身程序利益认识比较模糊、相关配套制度还不完善的现实，对于逾期举证采取相对宽容态度"。[4] 此外，当事人对己方提出证据的认识程度可能会发生变化，如在举证时认为足以证明待证事实，但质证过程中对方当事人提出了反驳证据，使得之前提交的证据已不足以

---

[1] 《民事诉讼法》第67条第2款规定："当事人及其诉讼代理人因客观原因不能自行收集的证据，或者人民法院认为审理案件需要的证据，人民法院应当调查收集。"

[2] 《民事诉讼法》第58条规定："对污染环境、侵害众多消费者合法权益等损害社会公共利益的行为，法律规定的机关和有关组织可以向人民法院提起诉讼。人民检察院在履行职责中发现破坏生态环境和资源保护、食品药品安全领域侵害众多消费者合法权益等损害社会公共利益的行为，在没有前款规定的机关和组织或者前款规定的机关和组织不提起诉讼的情况下，可以向人民法院提起诉讼。前款规定的机关或者组织提起诉讼的，人民检察院可以支持诉讼。"

[3] 《民事诉讼法》第68条第2款规定："人民法院根据当事人的主张和案件审理情况，确定当事人应当提供的证据及其期限。当事人在该期限内提供证据确有困难的，可以向人民法院申请延长期限，人民法院根据当事人的申请适当延长。当事人逾期提供证据的，人民法院应当责令其说明理由；拒不说明理由或者理由不成立的，人民法院根据不同情形可以不予采纳该证据，或者采纳该证据但予以训诫、罚款。"

[4] 最高人民法院修改后民事诉讼法贯彻实施工作领导小组编著：《最高人民法院民事诉讼法司法解释理解与适用》(上)，人民法院出版社2015年版，第606页。

证明待证事实的，此时应当允许当事人申请鉴定。如果当事人在举证期限后提出鉴定申请的，法院应当根据案件具体情况判断是否有鉴定的必要，如待证事实确需鉴定意见证明，则法院应当准许当事人的鉴定申请。

如果案件审理过程中，法院认为当事人提交的证据不足以证明待证事实，需要进行鉴定的，应当向当事人释明，告知其可以申请鉴定以及不申请鉴定的法律后果，并指定申请鉴定的期限。当事人应当在该期限内申请鉴定，如未申请的，将承担举证不能的法律后果。《民事诉讼证据规定》第 30 条第 1 款规定："人民法院在审理案件过程中认为待证事实需要通过鉴定意见证明的，应当向当事人释明，并指定提出鉴定申请的期间。"

4. 当事人不申请鉴定的后果

当事人未主动申请鉴定，或经法院释明后在指定期间内未申请鉴定，以及在申请鉴定后不预交鉴定费用致使鉴定无法进行的，对于需要鉴定的待证事实负有举证责任的当事人，应承担举证不能的法律后果，即待证事实将不能被法院认定，不能作为裁判的依据。《民事诉讼证据规定》第 31 条第 2 款规定："对需要鉴定的待证事实负有举证责任的当事人，在人民法院指定期间内无正当理由不提出鉴定申请或者不预交鉴定费用，或者拒不提供相关材料，致使待证事实无法查明的，应当承担举证不能的法律后果。"

《民事诉讼法》第 79 条第 2 款规定："当事人未申请鉴定，人民法院对专门性问题认为需要鉴定的，应当委托具备资格的鉴定人进行鉴定。"因此，有意见认为，如果当事人不申请鉴定，但相关专门性问题确属案件必须查明的基本事实，可以由法院依职权启动鉴定，并预交相关费用。但是，该意见不仅与《民事诉讼法解释》第 96 条规定的法院应当依职权查明的事实范围相冲突，还与当事人申请鉴定这一诉讼权利与诉讼负担的基本设定发生根本矛盾，且在实际操作过程中因各级法院无此项财政支出而无法操作。因而《民事诉讼证据规定》最终以加强法院对鉴定的审查、强化待证事实需要以鉴定方式证明的释明为总体思路，解决鉴定启动的问题。此外，对于应当由法院依职权查明的事实涉及专门性问题需要通过鉴定方能查明的，明确规定法院应当依职权委托鉴定。[1] 对于法院应当依职权查明的事实以外的待证事实，如果当事人经法院释明仍未申

---

〔1〕 参见最高人民法院民事审判第一庭编著：《最高人民法院新民事诉讼证据规定理解与适用》(上)，人民法院出版社 2020 年版，第 312、313 页。

请鉴定的,法院仍应运用举证责任规则处理,认定当事人举证不能致使待证事实无法查明,由负举证证明责任的当事人承担相应的法律后果。

(三)鉴定的过程

法院在准许当事人提出的鉴定申请后,应当委托鉴定人进行鉴定,提出鉴定申请的一方当事人应当预交鉴定费用,鉴定人运用科学技术或专门知识进行鉴定并作出鉴定意见。

1. 鉴定人的确定

鉴定人的确定有当事人协商和法院指定两种方式,当事人可以先协商选定鉴定人,经法院认可后确定。当事人协商不成时,可以由法院指定。

《民事诉讼法》第 79 条第 1 款规定:"当事人申请鉴定的,由双方当事人协商确定具备资格的鉴定人;协商不成的,由人民法院指定。"《民事诉讼证据规定》第 32 条规定:"人民法院准许鉴定申请的,应当组织双方当事人协商确定相应资格的鉴定人。当事人协商不成的,由人民法院指定。人民法院依职权委托鉴定的,可以在询问当事人的意见后,指定具备相应资格的鉴定人。"《人民法院对外委托司法鉴定管理规定》第 10 条规定:"人民法院司法鉴定机构依据尊重当事人选择和人民法院指定相结合的原则,组织诉讼双方当事人进行司法鉴定的对外委托。诉讼双方当事人协商不一致的,由人民法院司法鉴定机构在列入名册的、符合鉴定要求的鉴定人中,选择受委托人鉴定。"

法院应当尊重当事人意愿,询问当事人是否可以协商确定鉴定人,在得到否定答复或协商不成后,法院才可以指定鉴定人。由于当事人双方之间的争议已进入诉讼,通常难以通过友好协商确定鉴定人。同时为保证司法的公正公开,法院也不会直接指定某一鉴定人,而多是通过在法院鉴定人名册中摇号随机抽取的方式确定鉴定人。在未形成委托关系之前,鉴定人可以选择接受委托,也可以拒绝委托,法院无权强迫鉴定人接受委托进行鉴定。

在确定鉴定人后,法院应当向鉴定人出具司法鉴定委托书,委托书中应当载明鉴定事项、鉴定范围、鉴定目的和鉴定期限。鉴定事项与鉴定范围需要根据不同案件的不同需要来确定,主要围绕查明待证事实所需要的具体事项和内容展开。明确鉴定目的、确定合理的鉴定期限,是为了避免鉴定期限过长,损害当事人利益。

2. 鉴定费用的负担

鉴定人接受法院委托进行司法鉴定，本身属于一种经营行为，可以按照规定收取鉴定费用。对于因当事人申请而启动的鉴定，鉴定费用由申请鉴定的当事人预交；对于法院依职权启动的鉴定，鉴定费用由法院先行垫付。《民事诉讼证据规定》第 31 条规定："当事人申请鉴定，应当在人民法院指定期间内提出，并预交鉴定费用。"最终鉴定费用的承担，由法院结合案件具体情况，根据判决结果，判令由败诉的一方当事人承担，或者判令由各方当事人按照一定比例分担。

3. 鉴定材料的提交与质证

在司法鉴定启动后，鉴定申请人除负有预交鉴定费的义务外，还负有提交与鉴定相关证据材料的义务，如当事人不提交相关材料致使鉴定无法进行的，则负有举证责任的一方当事人对需要通过鉴定来证明的待证事实承担举证不能的后果。一些鉴定所需的材料可能不在负有举证责任一方当事人的控制之下，但其可以通过申请书证提出命令、主张证明妨碍以及向法院申请调查取证等方式来使该材料的控制人提交。

鉴定意见系鉴定人依据法院移交的鉴定材料作出，因此鉴定材料的真实性、合法性直接关系鉴定意见的真实性、合法性。《司法鉴定程序通则》第 12 条规定："委托人委托鉴定的，应当向司法鉴定机构提供真实、完整、充分的鉴定材料，并对鉴定材料的真实性、合法性负责。"而对鉴定材料的真实性、合法性的确认，有赖于鉴定材料的出示与质证。《民事诉讼法》第 71 条规定："证据应当在法庭上出示，并由当事人互相质证。"《民事诉讼证据规定》第 34 条第 1 款规定："人民法院应当组织当事人对鉴定材料进行质证。未经质证的材料，不得作为鉴定的根据。"这就要求，鉴定人进行鉴定所依据的材料，必须是由当事人提交给法院，经双方当事人质证后，由法院转交给鉴定人。案件当事人不得私下向鉴定人递交材料，鉴定人也不得私下收取当事人的材料。

同时，鉴定人在鉴定过程中，如认为法院移交的鉴定材料不够充分，可以通知法院要求当事人补充提交，也可以在法院准许的情况下，调取证据、勘验物证和现场、询问当事人或者证人。《民事诉讼法》第 80 条第 1 款规定："鉴定人有权了解进行鉴定所需要的案件材料，必要时可以询问当事人、证人。"《民事诉讼证据规定》第 34 条第 2 款规定："经人民法院准许，鉴定人可以调取证据、勘验物证和现场、询问当事人或者证人。"鉴定人的调查必须要经过法院准许，同时要保证当事人充分参与，如勘验现场、询问证人时各方当事人均应在场，必要时应当组织当事人进行质证、辩论。

4. 鉴定意见的作出

《民事诉讼法》第 80 条第 2 款规定：“鉴定人应当提出书面鉴定意见，在鉴定书上签名或者盖章。”《民事诉讼证据规定》第 35 条第 1 款规定：“鉴定人应当在人民法院确定的期限内完成鉴定，并提交鉴定书。”鉴定人出具的鉴定书应当包括以下内容：(1)委托法院的名称；(2)委托鉴定的内容、要求；(3)鉴定材料；(4)鉴定所依据的原理、方法；(5)对鉴定过程的说明；(6)鉴定意见；(7)承诺书。鉴定书应当由鉴定人签名或者盖章，并附鉴定人的相应资格证明。委托机构鉴定的，鉴定书应当由鉴定机构盖章，并由从事鉴定的人员签名。

(四)鉴定意见的异议与采信

鉴定人应当在期限内作出鉴定意见，并将鉴定书送交法院，法院在收到鉴定书后，应当及时将副本送交当事人。

1. 当事人异议与鉴定人出庭

当事人对鉴定书的内容有异议的，应当在法院指定期间内以书面方式提出。对于当事人的异议，法院应当要求鉴定人作出解释、说明或者补充。法院认为有必要的，可以要求鉴定人对当事人未提出异议的内容进行解释、说明或者补充。当事人在收到鉴定人的书面答复后仍有异议的，法院应当通知有异议的当事人预交鉴定人出庭费用，并通知鉴定人出庭。有异议的当事人不预交鉴定人出庭费用的，视为放弃异议。双方当事人对鉴定意见均有异议的，分摊预交鉴定人出庭费用。鉴定人出庭费用按照证人出庭作证费用的标准计算，由败诉的当事人负担。因鉴定意见不明确或者有瑕疵，需要鉴定人出庭的，出庭费用由其自行负担。法院委托鉴定时已经确定鉴定人出庭费用包含在鉴定费用中的，不再通知当事人预交。同时，《民事诉讼法》第 81 条还规定，经法院通知，鉴定人拒不出庭作证的，鉴定意见不得作为认定事实的依据；支付鉴定费用的当事人可以要求返还鉴定费用。

2. 专家辅助人制度

《民事诉讼法》第 82 条规定：“当事人可以申请人民法院通知有专门知识的人出庭，就鉴定人作出的鉴定意见或者专业问题提出意见。”该条规定的“有专门知识的人”即为“专家辅助人”，是专家证据的一种形式。

专家辅助人与专家证人二者的性质并不相同,在功能上存在实质性差别。专家辅助人在诉讼中的功能只是单一地协助当事人就有关专门性问题提出意见,或者对鉴定意见进行质证,回答审判人员和当事人的询问、与对方当事人申请的专家辅助人对质等活动也是围绕对鉴定意见或者专业问题的意见展开的。其功能和目的只是辅助当事人充分有效地完成诉讼活动,并不具有法官的“专业助手”的功能。而专家证人的功能是双重的,其在诉讼中既要在事实发现上为法庭提供帮助,也要辅助当事人进行诉讼,而辅助法庭事实发现的功能是其最主要和优先的功能。[1]

《民事诉讼法解释》第 122 条、第 123 条对专家辅助人作了进一步规定,当事人可以在举证期限届满前申请 1 ~ 2 名具有专门知识的人出庭,代表当事人对鉴定意见进行质证,或者对案件事实所涉及的专业问题提出意见。具有专门知识的人在法庭上就专业问题提出的意见,视为当事人的陈述。法院准许当事人申请的,相关费用由提出申请的当事人负担。法院可以对出庭的具有专门知识的人进行询问。经法庭准许,当事人可以对出庭的具有专门知识的人进行询问,当事人各自申请的具有专门知识的人可以就案件中的有关问题进行对质。具有专门知识的人不得参与专业问题之外的法庭审理活动。

3. 重新鉴定

重新鉴定的初衷是保证法院对相关专门性问题进行查明的质量,避免因采信错误的鉴定意见而造成认定事实错误的严重后果。重新鉴定既是鉴定意见的重要纠错机制,又是当事人捍卫自身权益的有效手段,过度放纵或武断阻拦都会带来消极后果。[2] 为避免任意重新鉴定,同时保障鉴定意见的真实性与合法性,《民事诉讼证据规定》第 40 条列举了法院应当准许当事人申请重新鉴定的情形,主要包括:

(1)鉴定人不具备相应资格的。由于司法鉴定是科学的实证活动,鉴定人的水平直接决定了鉴定意见的质量,因此我国对鉴定人资格采用准入制度,从源头上保证司法鉴定质量。如果鉴定人不具备相应的资格,其作出的鉴定意见本身即不具备合法性,不能作为证据采纳,应当允许当事人申请重新鉴定。

---

〔1〕 参见最高人民法院修改后民事诉讼法贯彻实施工作领导小组编著:《最高人民法院民事诉讼法司法解释理解与适用》(上),人民法院出版社 2015 年版,第 394 页。

〔2〕 参见最高人民法院民事审判第一庭编著:《最高人民法院新民事诉讼证据规定理解与适用》(上),人民法院出版社 2020 年版,第 385 页。

(2)鉴定程序严重违法的。鉴定意见作出的程序应当合法,程序严重违法的,难以保证鉴定意见的合法性,应当允许当事人申请重新鉴定。程序严重违法主要包括两个方面,一是鉴定人应当回避而没有回避的;二是鉴定材料未经当事人质证和法院认证。

(3)鉴定意见明显依据不足的。主要是指鉴定意见明显违反客观规律或与当事人提供的证据明显不一致的,鉴定意见不应采纳,应当允许当事人申请重新鉴定。

存在上述三种情形的,鉴定人已经收取的鉴定费用应当退还。法院对于重新鉴定应当持慎重态度。鉴定意见作出后,当事人没有异议的,应当作为认定事实的依据。如当事人提出异议,但鉴定人作出合理答复的,或有科学依据证明异议不成立的,鉴定意见应作为认定事实的依据。如鉴定意见确实存在瑕疵或缺陷,但可以采取修正、补充鉴定等方式处理的,则不应当进行重新鉴定。

二、工程造价司法鉴定

工程造价鉴定是鉴定机构接受法院或仲裁机构委托,在诉讼或仲裁案件中,鉴定人运用工程造价方面的科学技术和专业知识,对工程造价争议中涉及的专门性问题进行鉴别、判断并提供鉴定意见的活动。司法实践中发生的建设工程施工合同纠纷案件,大多是由于发包人与承包人就工程款的结算与支付发生争议产生的。发承包双方对工程造价无法达成一致,又各执一词的情况下,法院无法直接认定工程造价数额,只能依靠工程造价鉴定。因而工程款纠纷中多涉及工程造价鉴定。

(一)工程造价鉴定机构

工程造价鉴定机构,是指接受委托从事工程造价鉴定的工程造价咨询企业。工程造价咨询企业,是指接受委托,对建设项目投资、工程造价的确定与控制提供专业咨询服务的企业。根据《工程造价咨询企业管理办法》第20条的规定,工程造价咨询业务范围包括“工程造价经济纠纷的鉴定和仲裁的咨询”。工程造价咨询企业依法从事工程造价咨询活动,不受行政区域限制,其资质等级分为甲级、乙级,甲级工程造价咨询企业可以从事各类建设项目的工程造价咨询业务,乙级工程造价咨询企业可以从事工程造价2亿元人民币以下的各类建设项目的工程造价咨询业务。

根据全国人大常委会2015年发布的《关于司法鉴定管理问题的决定》的规定,国务院司法行政部门主管全国鉴定人和鉴定机构的登记管理工作,省级人民政府司法行政部门依照该决定的规定,负责对鉴定人和鉴定机构的登记、名册编制和公告。申请从事司法鉴定业务的个人、法人或者其他组织,由省级人民政府司法行政部门审核,对符合条件的予以登记,编入鉴定人和鉴定机构名册并公告。因此工程造价咨询企业要承接司法鉴定业务,必须向有关部门进行登记,并纳入司法鉴定人和鉴定机构名册。

(二)工程造价鉴定的申请

鉴定申请应当由对待证事实负有举证责任的一方当事人提出。在工程款纠纷中,承包人请求发包人支付欠付的工程款,而欠付工程款由结算总额减去已付工程款得出,因而承包人欲使其诉讼请求得到法院支持,需要就"工程结算总额"和"已付工程款数额"两项事实进行举证。若"工程结算总额"这一事实无法得到证明,则承包人关于工程款数额的主张将无法成立,因而这一待证事实的举证责任在承包人,应由承包人提出工程造价鉴定的申请。

实践中,承包人在工程竣工后向发包人提交竣工结算书,发包人拖延审核或审核结果与承包人期望相差甚远,双方对结算数额无法达成一致;或是施工合同中途解除后,发承包双方对承包人已完工程的造价无法达成一致的,由此所产生的争议通常会涉及工程造价鉴定。承包人在起诉时以其向发包人提交的结算书作为证明"工程结算总额"的证据,发包人会以其作出的结算审核报告来作为抗辩证据,此时因双方无法对结算金额达成一致,致使该待证事实无法得到证明。法院应当向承包人进行释明,指定承包人在一定期间内申请工程造价鉴定,若其在该期间内不申请的,其关于支付工程款的请求将会因证据不足被驳回。

因工程造价不属于《民事诉讼法解释》第96条规定的法院应当调查收集证据的情形,因而工程造价鉴定只能依申请启动。在法院释明后,承包人仍不申请工程造价鉴定,或申请鉴定后不预交鉴定费用时,法院不能依职权启动鉴定,而只能认定承包人未完成其举证责任,致使工程造价这一待证事实无法查明,判决承包人承担举证不能的法律后果。

（三）工程造价鉴定的费用

司法鉴定收费，是指司法鉴定机构依法接受委托，在诉讼活动中运用科学技术或者专门知识对诉讼涉及的专门性问题进行鉴别和判断并提供鉴定意见，由司法鉴定机构向当事人或委托人收取服务费用的行为。各地司法行政部门都颁布了司法鉴定的收费标准，如《北京市司法鉴定收费标准》《上海市司法鉴定标准》《浙江省司法鉴定收费标准》等。司法鉴定收费实行政府指导价和市场调节价管理。为法院审判工作提供法医类、物证类、声像资料类司法鉴定收费施行政府指导价管理，各地的司法鉴定收费标准通常会有"司法鉴定项目基本目录和收费标准"作为附件，列明上述三类司法鉴定范围内的各项目的政府指导基准价；其他类型的司法鉴定，包括建设工程造价、质量、工期司法鉴定的收费实行市场调节价管理，由司法鉴定机构与委托人协商确定。司法鉴定机构与委托人协商司法鉴定收费主要应当考虑以下因素：(1)司法鉴定工作的成本；(2)司法鉴定工作的难易程度；(3)委托人的承受能力；(4)司法鉴定机构、司法鉴定人可能承担的风险和责任；(5)司法鉴定机构、司法鉴定人的社会信誉和工作水平等；(6)相近司法鉴定项目的收费标准。

对于工程造价司法鉴定的收费标准，有些地方高级人民法院会发布相应的鉴定收费标准，如上海市高级人民法院2006年发布了其与各司法鉴定名册机构达成的《关于法院司法委托鉴定收费标准和工作时限的约定》，明确工程审价收费的标准，上海地区工程造价司法鉴定机构即按此文件计取鉴定费；有些地方则是按照当地物价局和住建部门发布的工程造价咨询服务收费标准来计取鉴定费，如江苏省按照省物价局与省住建厅2014年发布的《关于规范工程造价咨询服务收费标准及有关事项的通知》中的有关标准计取鉴定费。工程造价鉴定的鉴定费一般以承包人所主张工程造价金额，按"差额定率累进"的方法进行计算。

上述收费标准只是对工程造价鉴定收费上限进行了规定，具体应在限额以内协商确定价格。司法实践中，法院在确定司法鉴定机构后向其出具委托书，司法鉴定机构则直接按照当地规定的标准上限发出缴费通知，要求当事人在指定期限内缴纳。工程造价鉴定涉及的标的额巨大，鉴定费往往高达数十万元乃至数百万元，给承包人造成巨大的经济压力。根据司法鉴定收费标准的规定，对于工程造价鉴定实行市场调节价管理，由司法鉴定机构与委托人协商确定。

在司法鉴定机构报价过高的情况下，法院作为委托人应当主动与司法鉴定机构进行协商，避免损害当事人利益。

（四）工程造价鉴定的期限

法院在确定鉴定人后应当出具委托书，委托书中应当载明鉴定期限。《建设工程造价鉴定规范》第3.7款规定了“鉴定期限”，明确鉴定期限由鉴定机构与委托人根据鉴定项目争议涉及的工程造价金额、复杂程度等因素在“鉴定期限表”规定的期限内确定。鉴定期限表如表8－1所示。

表8－1　工程造价鉴定期限表

争议标的涉及工程造价	期限（工作日）
1000万元以下（含1000万元）	40
1000万元以上3000万元以下（含3000万元）	40
3000万元以上10,000万元以下（含10,000万元）	80
10,000万元以上（不含10,000万元）	100

鉴定机构与委托人对完成鉴定的期限另有约定的，从其约定。鉴定期限从鉴定人接收委托人按规定移交证据材料之日起的次日起计算。鉴定事项涉及复杂、疑难、特殊的技术问题，需要较长时间的，经与委托人协商，完成鉴定的时间可以延长，每次延长时间不得超过30个工作日。每个鉴定项目延长次数一般不得超过3次。在鉴定过程中，经委托人认可，等待当事人提交、补充或者重新提交证据、勘验现场等所需的时间，不计入鉴定期限。

但《建设工程造价鉴定规范》规定的期限并不具有强制效力，司法实践中工程造价鉴定所用时间通常都远远超过该期限，这也直接导致案件久拖不决，一审建设工程纠纷案件因为鉴定两三年未能审完的情况十分常见。一方面，是由于工程纠纷案件较为复杂，鉴定材料繁多，还需要勘验现场，当事人不断补充提交证据，这些情况都会拖延鉴定进程；另一方面，也是由于我国工程造价鉴定市场并不十分规范，鉴定人的水平差异较大，同时也与裁判者对鉴定相关事宜的把握是否准确有直接的关系。

(五)工程造价鉴定的过程[1]

1. 鉴定方法

鉴定项目可以划分为分部分项工程、单位工程、单项工程的,鉴定人应分别进行鉴定后汇总。鉴定人应根据合同约定的计价原则和方法进行鉴定。如因证据所限,无法采用合同约定的计价原则和方法的,应按照与合同约定相近的原则,选择施工图预算或工程量清单计价方法或概算、估算的方法进行鉴定。

2. 鉴定步骤

鉴定过程中,鉴定人、当事人对鉴定范围、事项、要求等有疑问和分歧的,鉴定人应及时提请委托人处理,并将结果告知当事人。鉴定人宜采取先自行按照鉴定依据计算,再与当事人核对等方式逐步完成鉴定。鉴定机构应在核对工作前邀请当事人参加,当事人不参加核对工作的,不影响鉴定工作的进行。在鉴定核对过程中,鉴定人应对每一个鉴定工作程序的阶段性成果提请所有当事人提出书面意见或签字确认。当事人既不提出书面意见又不签字确认的,不影响鉴定工作的进行。鉴定机构在出具正式鉴定意见书之前,应提请委托人向各方当事人发出鉴定意见书征求意见稿和征求意见函,征求意见函应明确当事人的答复期限及其不答复行为将承担的法律后果,即视为对鉴定意见书无意见。鉴定机构收到当事人对鉴定意见书征求意见稿的复函后,鉴定人应根据复函中的异议及其相应证据对征求意见稿逐一进行复核、修改完善,直到对未解决的异议都能答复时,鉴定机构再向委托人出具正式鉴定意见书。当事人逾期未对鉴定意见书征求意见稿提出修改意见,不影响正式鉴定意见书的出具,鉴定机构应对此在鉴定意见书中予以说明。鉴定项目组实行合议制,在充分讨论的基础上用表决方式确定鉴定意见,合议会应作详细记录,鉴定意见按多数人的意见作出,少数人的意见也应如实记录。

3. 合同争议的鉴定

合同效力应由法院进行认定,认定合同有效的,鉴定人应根据合同约定进行鉴定;认定合同无效的,鉴定人应按照委托人的决定进行鉴定。鉴定项目合同对计价依据、计价方法没有约定的,鉴定人可以建议"参照鉴定项目所在地同时期适用的计价依据、计价方法和签约时的市场价格信息进行鉴定",由委托人

---

〔1〕 本节内容主要参考《建设工程造价鉴定规范》第5章的内容。

决定。鉴定项目合同对计价依据、计价方法约定条款前后矛盾的,鉴定人应提请委托人决定适用条款,委托人暂不明确的,鉴定人应按不同的约定条款分别作出鉴定意见,供委托人判断使用。当事人分别提出不同的合同签约文本的,鉴定人应提请委托人决定适用的合同文本,委托人暂不明确的,鉴定人可按不同的合同文本分别作出鉴定意见,供委托人判断使用。

4. 证据欠缺的鉴定

鉴定项目的施工图(或竣工图)缺失,鉴定人应按以下规定进行鉴定:(1)建筑标的物存在的,鉴定人应提请委托人组织现场勘验计算工程量作出鉴定;(2)建筑标的物已经隐蔽的,鉴定人可以根据工程性质、是否为其他工程的组成部分等作出专业分析进行鉴定;(3)建筑标的物已经灭失,鉴定人应提请委托人对不利后果的承担主体作出认定,再根据委托人的决定进行鉴定。

在鉴定项目施工图或合同约定工程范围以外,承包人以完成了发包人通知的零星工程为由,要求结算价款,但未提供发包人的签证或书面认可文件,鉴定人应按以下规定作出专业分析进行鉴定:(1)发包人认可或承包人提供的其他证据可以证明的,鉴定人应作出肯定性鉴定,供委托人判断使用;(2)发包人不认可,但该工程可以进行现场勘验,鉴定人应提请委托人组织现场勘验,依据勘验结果进行鉴定。

5. 计量争议的鉴定

当事人对项目图纸鉴定完备,当事人就计量依据发生争议时,鉴定人应以现行国家相关工程计量规范规定的工程量计算规则计量;无国家标准的,按行业标准或地方标准计量。但当事人在合同中约定了计量规则的除外。一方当事人对双方当事人已经签认的某一工程项目的计量结果有异议的,鉴定人应按以下规定进行鉴定:(1)当事人一方仅提出异议未提出具体证据的,按原计量结果进行鉴定;(2)当事人一方既提出异议又提出具体证据的,应对原计量结果进行复核,必要时可到现场复核,按复核后的计量结果进行鉴定。当事人就总价合同计量发生争议的,总价合同对工程计量标准有约定的,按约定进行鉴定;没有约定的,仅就工程变更部分进行鉴定。

6. 计价争议的鉴定

(1)当事人因工程变更导致工程量数量变化,要求调整综合单价发生争议的,或对新增工程项目组价发生争议的,鉴定人应按以下规定进行鉴定:①合同中有约定的,应按合同约定进行鉴定;②合同中约定不明的,鉴定人可按现行国家标准计价规范的相关规定进行鉴定;③合同中没有约定的,应提请委托人决定并按其决定进行鉴定,委托人暂不决定的,可按现行国家标准计价规范的相关规定进行鉴定。

(2)当事人因物价波动,要求调整合同价款发生争议的,鉴定人应按以下规定进行鉴定:①合同约定了计价风险范围和幅度的,按合同约定进行鉴定;合同中约定了物价波动可以调整,但没有约定风险范围和幅度的,应提请委托人决定,按现行国家标准计价规范的相关规定进行鉴定;但已经采用价格指数法进行了调整的除外;②合同中约定物价波动不予调整的,仍应对实行政府定价或政府指导价的材料按相关法律规定进行鉴定。

(3)当事人因人工费调整文件,要求调整人工费发生争议的,鉴定人应按以下规定进行鉴定:①如合同中约定不执行的,鉴定人应提请委托人决定并按其决定进行鉴定;②合同中没有约定或约定不明的,鉴定人应提请委托人决定并按其决定进行鉴定,委托人要求鉴定人提出意见的,鉴定人应分析鉴别:如人工费的形成是以鉴定项目所在地工程造价管理部门发布的人工费为基础在合同中约定的,可按工程所在地人工费调整文件作出鉴定意见;如不是,则应作出否定性意见。

(4)当事人因材料价格发生争议的,鉴定人应提请委托人决定并按其决定进行鉴定。委托人未及时决定,可按以下规定进行鉴定:①材料价格在采购前经发包人或其代表签批认可的,应按签批的材料价格进行鉴定;②材料采购前未报发包人或其代表认质认价的,应按合同约定的价格进行鉴定;③发包人认为承包人采购的材料不符合质量要求,不予认价的,应按双方约定的价格进行鉴定,质量方面的争议应告知发包人另行申请质量鉴定。

(5)发包人以工程质量不合格为由,拒绝办理工程结算而发生争议的,鉴定人应按以下规定进行鉴定:①已竣工验收合格或已竣工未验收但发包人已投入使用的工程,工程结算按合同约定进行鉴定;②已竣工未验收且发包人未投入使用的工程,以及停工、停建工程,鉴定人应对无争议、有争议的项目分别按合同约定进行鉴定。工程质量争议应告知发包人申请工程质量鉴定,待委托人分清当事人的质量责任后,分别按照工程造价鉴定意见判断采用。

三、工程质量司法鉴定

工程质量司法鉴定,是指在诉讼活动中鉴定机构接受司法机关的委托,指派鉴定人员运用建设工程相关理论和技术标准,对有质量争议的工程进行调查、勘验、检测、分析、复核、验算、判断,并由鉴定机构和鉴定人出具鉴定意见的活动。[1] 工程质量司法鉴定包括施工质量类鉴定,规划、勘察、设计质量类鉴定,服役工程质量类鉴定,环境变化对工程质量影响的鉴定,工程事故鉴定,相邻关系鉴定,工程现状质量类鉴定,工程修复方案鉴定等。[2]

(一)工程质量鉴定的申请

工程质量纠纷通常有两种情形:一是因工程质量出现问题,发承包人就工程修复和费用、损失的承担未能达成一致,发包人主动起诉请求承包人修复或承担修复费用,并赔偿损失的;二是在承包人提起的工程款纠纷中,发包人主张工程质量问题作为抗辩或反诉的事由,要求减少支付工程款或由承包人承担修复义务或修复费用,赔偿损失的。

该两种情形下,工程质量存在问题都是作为发包人请求所依据的要件事实出现在诉讼中的,发包人欲使其请求得到法院支持,必须举证证明该要件事实成立,即发包人对工程质量存在问题这一待证事实负有举证责任,在发包人提交的证据不足以证明这一待证事实时,发包人应当申请工程质量鉴定。因而工程质量鉴定的申请人通常是发包人。

(二)工程质量鉴定的启动

对于发包人提起的工程质量鉴定的申请,法院不能一概准许,需要综合案件的具体情况来判断是否准许。在承包人提起的工程款纠纷中,发包人通常会主张工程质量不合格或存在缺陷进行抗辩或反诉,此类纠纷中发包人提起的工程质量鉴定申请,在存在下列情形时,裁判者应当不予准许或慎重决定是否准许:

1. 发包人未提供初步证据的

发包人主张承包人施工的工程存在质量问题进而申请鉴定,应当提供初步证据。实践中,一些发包人在工程款纠纷中,抗辩或反诉提出工程存在质量问

---

〔1〕 参见常设中国建设工程法律论坛第八工作组:《中国建设工程施工合同法律全书:词条释义与实务指引》(第2版),法律出版社2021年版,第852页。

〔2〕 参见马德云等:《建设工程质量司法鉴定实践综述》,载《中国司法鉴定》2012年第6期。

题,但未举出任何能够证明工程质量存在问题的证据,而欲通过工程质量鉴定来证明。在这种情况下,法院应当不予准许发包人的鉴定申请。纠纷的解决是以纠纷的存在为前提,应当避免通过司法鉴定来寻找纠纷。尤其是在承包人提起的工程款纠纷中,由发包人提起的工程质量抗辩或反诉,在其已经拖欠工程款的情况下,再启动质量鉴定势必会损害承包人的利益,因而此时应当让发包人承担更高的举证责任,即必须以现实存在质量问题作为启动工程质量司法鉴定的前提,不可由发包人借助司法鉴定来寻找工程质量问题。

2. 工程已经验收合格的

在工程已经验收合格的情况下,应当认为发包人对承包人施工完成的工程质量是认可的,工程款支付条件已成就。此时,如发包人以工程质量不合格为由拒绝支付工程款,并以为由此申请工程质量司法鉴定的,除非发包人有证据证明工程存在的质量问题已经严重到威胁工程的使用安全,否则不应当准许其鉴定申请。在陕西君寿堂制药有限公司诉咸阳古建集团有限公司建设工程施工合同纠纷案中,法院认为:"在涉案工程主体、基础已经验收合格的基础上,君寿堂公司并未提交充足的证据予以证明工程质量存在问题,故原审未予同意其鉴定申请并无不当。"[1]

3. 发包人未经验收擅自使用的

在工程未经竣工验收,但发包人擅自使用的情况下,根据《建设工程司法解释(一)》第14条的规定,发包人无权再以使用部分质量不符合约定为由主张权利,但是承包人应当在建设工程的合理使用寿命内对地基基础工程和主体结构质量承担民事责任。因此,发包人主张工程质量未经竣工验收或不合格,工程款支付条件未成就的,法院不予支持,对于发包人因此提起的工程质量鉴定申请,同样应当不予准许。但如发包人能够证明地基基础工程和主体结构存在质量问题,对其针对地基基础工程和主体结构工程提起的质量鉴定申请应当准许。同样发包人应当提供初步证据,证明地基基础工程或主体结构工程确实存在质量问题,如发包人未提供任何证据的,其鉴定申请不应准许。

4. 发包人仅提出质量抗辩而未提起反诉的

实践中,在承包人提起的工程款诉讼中,发包人以工程质量作为抗辩或反诉的事由十分普遍,有的确实是工程存在质量问题,有的则是发包人拖延支付

---

〔1〕 陕西省高级人民法院民事判决书,(2020)陕民终636号。

工程款的诉讼策略。裁判者应当根据具体案件的情况进行区分,既要维护承包人的工程款权益,又要保障发包人的合法诉权。同时,鉴于工程质量鉴定通常耗时良久,拖延诉讼将严重影响承包人及时获得工程款的权利,故对于发包人仅主张质量抗辩,而未提起反诉的,对其工程质量鉴定申请,不应予以准许。

5. 保修期内的质量问题,发包人未通知维修或承包人承诺维修的

工程在保修期内发生质量问题的,发包人应当先履行通知义务,书面通知承包人进行维修,承包人应在约定的合理期限内到达工程现场并进行修复,修复费用由责任方承担。如果承包人在收到通知后拒绝维修或未能在约定期限内修复,经发包人书面催告后仍未修复的,发包人有权自行修复或委托第三人修复,所需费用由承包人承担。如发包人在诉讼中主张的工程质量问题尚处在保修期内,应当按照双方约定的保修程序进行处理,避免司法强制破坏当事人合意。也就是说,如果发包人在诉讼前未通知承包人进行维修的,可以认为发包人在诉讼中的主张到达承包人即属履行了维修通知义务,法院可以向承包人进行释明,询问其是否愿意进行维修,如承包人承诺进行维修,法院可以对发包人的质量主张暂时搁置,在本案中不予处理,并明确发包人可在承包人履行维修义务后,根据情况另行主张权利。此时,对于发包人因其质量主张而提起的工程质量鉴定申请,也应当不予准许。

(三)工程质量鉴定意见的出具与采信

一个工程从勘察,到设计,再到施工完成,投入使用,过程十分复杂。当工程出现质量问题时,其成因往往是多方面的,可能仅仅是施工质量所致,也可能是勘察、设计及施工质量都存在问题,还可能与业主的使用、自然环境的变化等因素有关。工程质量的鉴定,除鉴定工程是否存在质量问题以外,更重要的是要分析为什么工程会出现质量问题,即工程质量问题的成因。工程参建各方的建设行为与工程质量问题之间是否存在因果关系,以及原因力的大小,直接关系法院认定质量责任的承担主体以及承担责任的大小。

鉴定意见作为法律规定的证据形式的一种,属于专家证据的范畴,因而鉴定意见只是法院认定事实的依据之一,而不能直接成为案件事实。工程质量鉴定是鉴定人从工程技术的角度对工程质量进行判定,分析工程质量问题产生的原因,因而工程质量鉴定意见的内容应仅限于工程技术层面,而不能对责任分担、行政管理类过错进行分析论述。工程质量鉴定意见是工程质量问题的技术

性参考意见,进而作为裁判者事实认定、责任分担的依据,认定勘察、设计、施工等行为是否符合约定以及相关强制性规定。此外,裁判者还应当考虑参建各方是否存在其他过错,包括:违法违规行为,如发包人支解发包、承包人违法分包等;未尽到相应职责或专业单位的合理注意义务,如监理单位疏于质量监督、设计单位的设计虽然符合勘察报告,但未充分考虑工程实际情况等。裁判者应当综合质量问题技术成因以及参建各方的过错,分析各当事人与质量问题的产生、损失的发生以及扩大之间的因果关系及原因力大小,来合理认定质量责任的承担。

【典型案例】山东省倪氏房地产开发有限公司诉威海建设集团股份有限公司、第三人文登利丰建设管理有限公司、深圳市建筑设计研究总院有限公司、山东富尔工程咨询管理有限公司、威海地质工程勘察院建设工程合同纠纷案〔1〕

【基本案情】2011 年 8 月 20 日,山东省倪氏房地产开发有限公司(以下简称倪氏房开公司)将涉案工程发包给威海建设集团股份有限公司(以下简称威海建设公司)施工,并签订《建设工程施工合同》。同时,倪氏房开公司将涉案工程交由威海地质工程勘察院(以下简称威海勘察院)与文登利丰建设管理有限公司(以下简称利丰公司)联合进行勘察,深圳市建筑设计研究总院有限公司(以下简称深圳设计院)进行设计,山东富尔工程咨询管理有限公司(以下简称富尔公司)进行监理,并分别签订合同。威海建设公司于 2011 年 9 月进行施工,2012 年 4 月 28 日涉案工程地基和基础工程验收合格。2012 年 7 月该工程主体竣工并于 2012 年工程主体结构验收合格。2012 年 8 月,该工程地下室防水底板出现开裂、渗漏、隆起现象,并存在地下室积水。后威建公司于 2013 年 5 月对工程进行加固施工,2013 年 11 月该工程再次出现防水底板开裂、隆起现象,部分框架柱底底板开裂,同时伴有大量地下水涌出。2013 年 12 月 30 日,整体工程竣工验收合格。

2018 年 4 月,倪氏房开公司委托山东建筑工程司法鉴定中心对涉案工程地下车库积水情况进行司法鉴定,鉴定意见为:造成地下室底板隆起、开裂积

〔1〕 山东省高级人民法院民事判决书,(2020)鲁民终 2572 号。

水等现象的原因是勘察报告未提供地下水位变化幅度，补充说明提供的地下水位建议值不准确，不符合勘察规范。部分框架柱基础附近未连续浇筑，存在施工冷缝。防水底板厚度偏小。部分底板存在南北方向裂缝，裂缝沿板厚贯通至板底。以上三点不符合《地下防水工程质量验收规范》。防水底板厚度偏小，依上述规范防水混凝土结构厚度应不小于250毫米。混凝土施工存在施工偏差，地下室外墙及顶板存在多处渗漏现象，不符合《混凝土结构工程施工质量验收规范》。施工养护未按规范进行造成柔性防水破坏，是工地管理、防水措施不到位造成的，不符合《建筑施工组织规范》。该鉴定意见同时建议：增加地质勘察的补充勘察，根据勘察结果确定是否对基础或底板进行加固，目前已经出现问题部位必须进行防水、强度加固处理。2018年9月12日，倪氏房开公司起诉要求被告承担修复费用及租金损失。诉讼过程中，法院委托鉴定单位对加固处理方案及造价进行了鉴定。

【裁判观点】(1)勘察单位的责任。鉴定意见认为，利丰公司出具的地勘报告中未提供地下水位变化幅度，补充说明提供的地下水位建议值不准确，不符合《岩土工程勘察规范》要求。法院据此认为，利丰公司作为勘察单位，未按照上述勘察规范要求掌握水文信息，在勘察报告中未提供地下水位变化幅度，补充说明提供的地下水位建议值不准确，后设计单位依据该勘察报告对地下室，未做相应的抗浮设计，最终导致地下室底板破裂，是造成本案建设工程质量问题的主要原因，酌定利丰公司承担25%的责任。

(2)设计单位的责任。深圳设计院以勘察单位出具的勘察报告为据，抗辩因涉案场地未见地下水，故无须对涉案工程地下室进行抗浮设计，理由并不充分。第一，根据检验报告，发生工程质量问题的主要原因是勘察单位未提供地下水变化幅度及建议值。虽然在此情况下，尚无强制性规范要求必须进行抗浮设计，但深圳设计院作为专业的设计机构，其履行合同不仅应当符合国家法律法规，符合工程行业的标准和规范，还应当秉持专业的精神，最大限度地尽到专业机构的注意义务，提供合理可使用的设计方案，保证工程按照设计方案施工后能够正常投入使用。第二，勘察报告指出涉案工程地处丘陵地区，深圳设计院在设计涉案工程时未考虑地表水大量渗入及进行相应的抗浮设计，其以谷歌地图照片显示附近丘陵已经平整为由，不予考虑地面水因素，未尽到专业机构的合理注意义务。第三，勘察报告记载的勘察范围长

214米、宽36.5米,但设计方案长210米、宽78米,设计面积远超勘察面积。在此情况下,深圳设计院没有建议勘察单位进行补充勘察或做出明确说明,未尽到合理的注意义务。综上,本案工程抗浮设计上存在疏漏,且该疏漏与工程受损之间存在因果关系,故深圳建筑设计公司应当承担相应的责任。考虑抗浮设计存在遗漏主要是由于勘察报告缺失相关记载,故深圳设计院承担10%的赔偿责任为宜。

(3)施工单位的责任。鉴定意见表明,威海建设公司存在未按设计图纸和施工技术标准施工的情形,即存在施工瑕疵。同时,鉴定人当庭表示:"如果说没有其他原因,光施工企业这点质量瑕疵不足以导致地下室出现渗水、漏水。"据此,虽然涉案工程已完成验收手续,但威海建设公司存在施工瑕疵,且该瑕疵与工程质量存在一定的因果关系,故其仍应承担相应责任。考虑施工瑕疵并非造成本案工程质量问题的主要原因,酌定威海建设公司承担10%的赔偿责任为宜。

本案当事人包括倪氏房开公司、威海建设公司、利丰公司、深圳设计院、富尔公司、威海勘察院六方。因倪氏房开公司与富尔公司、威海勘察院之间还存在仲裁条款,故本案仅审查确定倪氏房开公司起诉的威海建设公司、利丰公司、深圳设计院的民事责任。关于其他主体的民事责任问题,不属于本案审理范围,当事人依法解决。

四、工期司法鉴定

工程价款、工程质量、工程期限是建设工程施工合同履行的三大核心要素,因而建设工程施工合同纠纷中的司法鉴定也主要围绕这三个方面。与发包人利益切实相关的,一是工程质量,二是工期,工程质量影响发包人能否安全使用工程,工期则影响发包人能否按计划使用工程,能否及时获得投资收益。因而工期争议在司法实践中也十分常见,围绕工期相关事实的证明,也是争议的焦点之一,必要时需要借助于司法鉴定。

(一)工期鉴定的申请

工期争议,是指因工程实际完成期限超过合同约定期限,发包人与承包人就工期延长的责任与损失的承担产生分歧所引起的争议。司法实践中,工期争议诉讼主要包括两种情形:一是发包人主动提起的工期违约索赔诉讼;二是在承包人作为原告的工程款诉讼中,发包人提起的工期违约反诉。

在发包人提起的工期违约索赔诉讼中,发包人的诉讼请求一般为要求承包人按照合同约定支付工程逾期违约金或赔偿相应损失,为支撑该请求,发包人需要证明的要件事实包括承包人工程逾期的事实以及合同约定工程违约条款或损失实际发生的事实。对于发包人而言,其只需要证明承包人实际完成工程的期限超过了合同所约定的期限,就应当认为其完成了对工程逾期的事实举证的义务。承包人如抗辩工期延误并非其原因所致,工期应当顺延,工程未逾期或逾期天数比发包人主张要少,那么承包人应当就存在可以延长工期的抗辩事实进行举证,如涉及专门性问题需要鉴定的,承包人可以申请工期鉴定。因而,工期鉴定的申请人一般为承包人。

(二)工期鉴定的对象

《民事诉讼法》第 79 条规定,当事人可以就查明事实的专门性问题向法院申请鉴定。因而工期鉴定的对象必须是查明工期相关事实的专门性问题。在工期争议诉讼中,结合需要证明的所有工期相关事实具体分析如下:

(1)合同约定工期。该事实由发包人负证明责任,由施工合同即可证明,不属于专门性问题,不能作为工期鉴定的对象。

(2)实际工期。该事实由发包人负证明责任,可由证明开工日期和竣工日期两个基本事实计算得出,而开工、竣工日期可以根据当事人提交的证据进行认定,不属于专门性问题,不能作为工期鉴定的对象。

(3)工期干扰[1]事件。该事实由承包人负证明责任,可由施工过程中的签证、联系单、会议纪要、政府文件等来证明,属于对过去已发生事实的证明,不属于专门性问题,不能作为工期鉴定的对象。

(4)工期干扰事件对工期的影响。该事实由承包人负证明责任,属于对因果关系的证明,即工期干扰事件是否会导致工期延误,这要具体分析工期干扰事件是否属于关键线路上的工作,而且需要通过专业的工期延误分析方法进行

[1] 英国工程法学会的准则认为,干扰,是指对承包商正常进度的扰乱、阻碍、打断,导致本应能达到的效率和生产率的降低。

分析，属于专门性问题，可以作为工期鉴定的对象。

(5)可顺延工期的具体天数。该事实由承包人负证明责任，在认定工期干扰事件与工期延误存在因果关系的前提下，还需要证明工期干扰事件影响工期的具体天数，这同样需要结合工程进度计划并通过专业的分析方法进行分析，属于专门性问题，可以作为工期鉴定的对象。

(6)工期延误的责任主体。此并非当事人所需要证明的事实，而是裁判者根据当事人的举证进行事实认定后的判断，因而不可作为工期鉴定的对象。

(7)工期延误违约金或者损失。该事实由发包人负证明责任，工期延误违约金可以根据延误天数与合同约定的违约金标准进行计算，裁判者可以根据当事人请求和案件具体情况进行调整。由于工期延误给发包人造成的损失，如资金成本增加、租金损失等，属于专门性问题，发包人可以申请鉴定。但该事实并非工期直接相关的专门性问题，不属于工期鉴定的对象。

综上所述，工期鉴定的对象仅限于工期干扰事件对工期的影响，以及可顺延工期的具体天数。

(三)工期鉴定的机构

目前我国的法律法规并未对工期鉴定的资质问题作出规定，中华全国律师协会《律师办理建设工程法律业务操作指引》第5.6.3.2目认为："目前法律、行政法规并未对工期鉴定机构的资质作出相关规定，但由于工期鉴定一般牵涉工期延期后应承担的违约金、损失赔偿的数额，故以委托具有工程造价咨询资质的机构进行鉴定为宜。"但该操作指引并不具备强制性效力，委托何种机构进行工期鉴定，不同法院有不同的做法。在法律法规没有对工期鉴定相关资质作出规定的情况下，法院委托工期鉴定时应考虑的是该机构是否具有工期鉴定的能力，包括是否具备工期相关专业技能的人员以及相关的实践经验。

中华全国律师协会《律师办理建设工程法律业务操作指引》认为，工期鉴定"以委托具有工程造价咨询资质的机构进行鉴定为宜"，但《工程造价咨询企业管理办法》第3条规定："本办法所称工程造价咨询企业，是指接受委托，对建设项目投资、工程造价的确定与控制提供专业咨询服务的企业。"可见，工程造价咨询企业的经营范围与工期无关。《注册造价工程师管理办法》第15条规定："注册造价工程师执业范围包括：(一)建设项目建议书、可行性研究投资估算的编制和审核，项目经济评价，工程概、预、结算、竣工结(决)算的编制和审核；

(二)工程量清单、标底(或者控制价)、投标报价的编制和审核,工程合同价款的签订及变更、调整、工程款支付与工程索赔费用的计算;(三)建设项目管理过程中设计方案的优化、限额设计等工程造价分析与控制,工程保险理赔的核查;(四)工程经济纠纷的鉴定。"可见,注册造价工程师的执业范围中并不包含工期事宜。因而,造价咨询机构并不具备工期鉴定的能力。且工期鉴定的对象并不应当包括"工期延期后应承担的违约金、损失赔偿的数额",上述操作指引中认为"以委托具有工程造价资质的机构进行工期鉴定"的意见并不妥当。

工期鉴定宜委托工程监理机构进行鉴定。《建筑法》第 32 条规定:"建筑工程监理应当依照法律、行政法规及有关的技术标准、设计文件和建筑工程承包合同,对承包单位在施工质量、建设工期和建设资金使用等方面,代表建设单位实施监督。"《工程建设监理规定》(已失效)第 9 条规定:"工程建设监理的主要内容是控制工程建设的投资、建设工期和工程质量;进行工程建设合同管理,协调有关单位间的工作关系。"可见,监理单位的主要业务中包括对工期的监督管理和控制。《建设工程监理规范》第 5.4 节对监理的"工程进度控制"职责进行了规定,明确监理机构应当审查施工进度计划以及实施情况,比较分析工程施工实际进度与计划进度,预测实际进度对工程总工期的影响等。可见,监理工程师具备与工期相关的专业技能。因而,工期鉴定以委托工程监理机构为宜。

(四)工期鉴定应当慎重启动

我国未对工期鉴定的机构或人员资质以及相关内容作出具体的规定或规范,仅在《建设工程造价鉴定规范》第 5.7 节对于"工期索赔争议的鉴定"稍有提及,但其中的内容仅是对工期责任识别与认定的原则性规定,缺乏可操作性,且不属于鉴定机构的职责范畴,不具有参考性与可行性。

司法实践中的工期争议十分常见,但工期鉴定相对少见,究其原因,一方面,工期鉴定缺乏相应管理,很多法院无法委托可以进行工期鉴定的机构,或是委托后又被鉴定机构以没有鉴定能力为由退回;另一方面,工期鉴定所依据的材料主要是施工过程中形成的与工期相关的材料,若缺乏此类材料,工期鉴定无法进行,司法实践中存在很多以材料不足退回鉴定的情况;但若工期签证等材料齐全,可能不需要进行鉴定,法院可以直接进行认定。另外,由于工程管理不规范,承包人工期索赔意识不强,发包人拒绝签收或签认工期函件的情况也十分普遍,这就导致工期纠纷中承包人所提出的证明存在"工期干扰事件"的联系单、函件等都只有承包方单方签章，且发包人都不予认可。此种情况下，如果直接认定承包人主张因未与发包人形成工期签证而不予认可，将严重损害承包人利益，且发包人也因其违约行为而获益。因而司法实践中，多数工期纠纷案件均采取了模糊化处理的方式，不追求延误工期或可顺延工期的具体天数，而是根据施工合同的约定、履行的具体情况，以及发包人因工期延误造成的实际损失大小，综合认定工期责任的承担。

第六节　建设工程争议评审

建设工程争议评审，是指根据当事人约定，在建设工程合同（包括但不限于勘察合同、设计合同、施工合同、监理合同、项目管理合同等）履行中发生纠纷时，当事人将争议提交专家评审组，对争议出具评审意见的争议解决方式。[1] 建设工程争议评审是当今国际建设工程领域解决纠纷的一种有效方式。我国在学习国际建设工程领域先进管理经验的同时，也引进了作为纠纷解决方式的争议评审，并在仲裁活动中不断发展。

一、争议评审制度的起源与发展

争议评审制度源自美国。20 世纪 60 年代，华盛顿的边界大坝工程在建设中成立了“共同咨询委员会”，通过设立该委员会，一些建设工程在发生争议时能够得以迅速解决。这种快速有效解决争议的做法很快在建设工程争议解决中赢得好评并受到尊崇。20 世纪 70 年代，科罗拉多州高速公路管理局在建设艾森豪威尔隧道时也要求工程双方当事人成立一个委员会，以在发生合同争议时给当事人作出无约束力的建议。[2] 在之后的更多实践中，争议评审展现了简洁、快捷、方便、专业化、成本低等优势，并逐步推广到世界范围的工程建设领域。从 1995 年 1 月开始，世界银行作出了强制规定，要求世界银行的贷款项目中必须采用争议评审方式。FIDIC 也在同一年以橘皮书（设计—建造与交钥匙工程合同条件）的形式，明确了争议评审的概念，并将争议评审机制在其他类型合

---

〔1〕 参见北京仲裁委员会 2009 年 3 月 1 日起施行的《建设工程争议评审规则》第 2 条的规定。

〔2〕 参见李韶华：《争议评审制度探析》，载《长江论坛》2018 年第 6 期。

同条件中逐步引入。国际商会在2004年9月1日推出了《争议小组规则》。[1]

我国世界银行贷款项目如小浪底、二滩水电站、万家寨水利工程等大型工程亦采用了争议评审方式，效果良好。2007年11月1日，国家发改委、原建设部、原信息产业部等九个部门联合制定并颁布了《标准施工招标文件》，该招标文件的“通用合同条款”的争议解决条款中引入了争议评审机制，尝试在国家投资建设工程项目中通过争议评审方式解决争议。为促进争议评审方式在建设工程领域的应用推广，及时化解纠纷，保障工程建设顺利进行，北京仲裁委员会参照标准合同、国际商会的《争议小组规则》以及FIDIC合同条件的相关规定，制定了北京仲裁委员会《建设工程争议评审规则》。[2] 中国国际经济贸易仲裁委员会于2010年发布了《建设工程争议评审规则（试行）》，并于2014年修订。住建部2013年颁布的《建设工程施工合同（示范文本）》（GF－2013－0201，已失效）首次在施工合同示范文本中引入了争议评审，其通用合同条款第20.3款作了较为具体的约定。2017年更新的施工合同示范文本与《2020版工程总承包合同范本》通用合同条款（条件）中同样对争议评审作了约定。

二、建设工程争议评审的流程[3]

《2017版施工合同范本》通用合同条款第20.3款对“争议评审”作了具体约定，北京仲裁委员会和中国国际经济贸易仲裁委员会发布的建设工程争议评审规则对于争议评审的具体流程和规则作了更为详细具体的规定。

（一）争议评审小组的确定

当事人应当自工程开工之日[4]起28日内或者争议发生后一方当事人收

---

〔1〕参见刘云飞：《建设工程争议评审的发展及其在仲裁中的运用》，载《贵州警官职业学院学报》2012年第3期。

〔2〕参见王红松：《〈北京仲裁委员会建设工程争议评审规则〉起草说明》，载《北京仲裁》（第68辑），中国法制出版社2009年版，第121页。

〔3〕本节主要参考2009年发布的《北京仲裁委员会建设工程争议评审规则》。

〔4〕《2017版施工合同范本》通用合同条款第20.3.1项约定的是“合同签订后”，该项约定：“合同当事人可以共同选择一名或三名争议评审员，组成争议评审小组。除专用合同条款另有约定外，合同当事人应当自合同签订后28天内，或者争议发生后14天内，选定争议评审员。选择一名争议评审员的，由合同当事人共同确定；选择三名争议评审员的，各自选定一名，第三名成员为首席争议评审员，由合同当事人共同确定或由合同当事人委托已选定的争议评审员共同确定，或由专用合同条款约定的评审机构指定第三名首席争议评审员。”

到对方发出的要求评审解决争议的通知之日起 14 日内各自选定一名评审专家。当事人逾期未能选定评审专家的,评审机构可以根据一方或者各方当事人的请求指定。当事人另有约定的除外。第三名评审专家由上述两名评审专家向当事人提名,由当事人共同确定。如果上述两名评审专家自被选定之日起 5 日内未向当事人提名第三名评审专家或者当事人自收到提名名单后 5 日内未共同确定第三名评审专家,则评审机构根据一方或者各方当事人的请求指定。第三名评审专家为评审组的首席评审专家。

（二）争议评审的过程

1. 提交评审申请报告。当事人申请评审组解决争议时,应当向评审组提交评审申请报告,并转交其他当事人和监理。评审申请报告包括但不限于下列内容:(1)争议的事实及相关情况;(2)提交评审组作出决定的争议事项;(3)申请方对争议处理的建议和意见等。申请报告应当附有与争议相关的必要文件、图纸以及其他证明材料。

2. 对方当事人提交答辩报告。对方当事人应当自收到评审申请报告之日起 28 日内,提交答辩报告,陈述对争议的处理意见并附证明材料。上述材料应当转交提出申请的当事人和监理。不提交答辩报告,不影响评审程序的进行。

3. 评审组调查。评审组应当自对方当事人答辩期满后 14 日内,召开调查会,并通知当事人到场。当事人可以委托代理人参加调查会。申请评审的当事人无正当理由不到场的,评审组可以决定终结本次评审活动;另一方当事人无正当理由不到场的,评审组有权决定继续召开调查会。评审专家均应参加调查会。除非各方当事人同意,评审组不得在任何一名评审专家缺席的情况下召开调查会。评审组可以在充分考虑案情、当事人意愿以及快速解决争议需要的情况下,采取其认为适当的程序和方式进行调查,包括但不限于:(1)询问当事人;(2)要求当事人补充提交材料和书面意见;(3)进行现场勘查;(4)采取其他措施保证正常履行评审组的职责。

（三）评审意见的作出

评审组应当在调查会结束后 14 日内作出书面评审意见,并说明理由。当事人对评审意见作出的期限另有约定的,从其约定。由三名评审专家组成评审组的,评审意见应当按照多数评审专家的意见作出;不能形成多数意见时,应当按照首席评审专家的意见作出。评审意见由评审专家签名。持不同意见的评审专家,可以不签名,但应当出具单独的个人意见,随评审意见送达当事人,但该意见不构成评审意见的一部分。不签名的评审专家不出具个人意见的,不影响评审意见的作出。

(四)当事人对评审意见的异议

当事人对评审意见有异议的,应当自收到评审意见之日起 14 日内向评审组或者对方当事人书面提出。当事人在上述期限内提出异议的,评审意见不具约束力;未提出异议的,则评审意见在上述期限届满之日起对各方当事人有约束力。当事人应当按照评审意见执行。如当事人约定评审意见自作出或者当事人收到之日起即对当事人有约束力,即使当事人在收到评审意见之日起 14 日内提出了书面异议,仍应按照评审意见执行。在当事人将该争议提交仲裁庭或者法院对该项争议作出不同的裁决或判决前,评审意见仍对当事人有约束力。评审意见对当事人不具约束力,当事人可就相关争议直接交付仲裁或诉讼。

三、争议评审意见的效力

对于争议评审专家作出的评审意见或评审决定,如果双方当事人签字确认的,应当认为合同当事人订立了新的协议,自然对双方具有约束力;如果当事人提出异议,不接受评审意见的,则评审意见对当事人不产生约束力,当事人可以采用其他争议解决方式解决争议;但如果当事人既未签字确认,也未提出异议,如何认定争议评审意见的效力,存在不同意见。

北京仲裁委员会《建设工程争议评审规则》第 21 条第 1 款与中国国际经济贸易仲裁委员会《建设工程争议评审规则》第 37 条第 1 款均规定,当事人对评审意见有异议的,应当自收到评审意见之日起 14 日内向评审组或者对方当事人书面提出。当事人在上述期限内提出异议的,评审意见即不具约束力;未提出异议的,则评审意见在上述期限届满之日起对各方当事人有约束力。可见,两个仲裁机构的争议评审规则均采用了沉默视为认可的规则,当事人在 14 日内未提出异议的,评审意见即对当事人产生约束力。

但《2017 版施工合同范本》通用合同条款第 20.3.3 项约定:“争议评审小组作出的书面决定经合同当事人签字确认后,对双方具有约束力,双方应遵照执行。任何一方当事人不接受争议评审小组决定或不履行争议评审小组决定的,双方可选择采用其他争议解决方式。”可见示范文本未采用沉默视为认可的规则,而是明确只有当事人签字确认后,争议评审决定才对双方具有约束力。当事人不接受或不履行评审决定的,对当事人不产生约束力。当事人未提出异议,也未明确接受或履行评审决定的,也应当认为评审决定未产生约束力。

虽然我国在建设工程争议解决领域引入了争议评审机制,但从法律性质上看,争议评审是当事人自治的产物,仍然属于调解的范畴,只有当事人表达出受其约束的意思表示,争议评审决定才能对当事人产生效力。《民法典》第140条第2款规定:“沉默只有在法律规定、当事人约定或者符合当事人之间的交易习惯时,才可以视为意思表示。”因此,如果当事人在合同中明确了争议评审决定作出后提出异议的期限,并约定期限内未提出异议即视为同意争议评审决定的,在当事人未在约定期限内提出异议时,其应受争议评审决定约束。或者当事人在选定评审机构时,同意适用该评审机构的争议评审规则进行评审,而该评审规则中规定了“未在期限内提出异议视为认可”规则的,也应当认为当事人通过同意该评审规则而就该问题达成了约定,进而可以适用沉默,视为认可规则。

建设工程争议评审制度源于美国,发展于FIDIC,均属英美法系,采判例法,只要所争议的问题已有判例,则此判例即可作为争议解决的依据,因而只要评审专家所作出的评审决定能够“遵从先例”,多数情况下当事人均会予以接受,因为即使进行仲裁或诉讼,裁判者仍然是“遵从先例”。但我国属于成文法国家,而且目前法律制度并不十分完善,尤其在建设工程法律领域,政策性规定、司法指导文件繁多,同案不同判的情况较为普遍。因而对于评审专家所作出的评审决定,可能在司法案例中能够找到不同的观点,这就给评审不利的当事人以极大的希望,认为其只要拒绝接受评审决定,通过诉讼或仲裁解决争议,就存在“反败为胜”的可能性。同时,建设工程具有较高的专业性,这就要求评审专家不但要具备优秀的法律素养,还应具备较高的工程知识,但由于我国相关领域发展较晚,目前这样的人选较少。再加上我国人情关系传统的影响,当事人对于个人所作出的评审决定在本能上即持怀疑的态度。正因为此,虽然建设工程争议评审制度已引入我国多年,但一直未有较大发展。但争议评审制度作为一种高度自治的争议解决方式,随着我国整个建筑市场和法律制度的发展完善,将会在建设工程争议解决中发挥越来越大的作用。